VOYAGE

PITTORESQUE

DE

NAPLES ET DE SICILE.

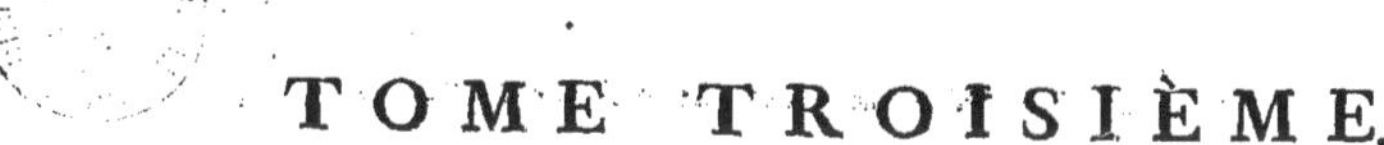

TOME TROISIÈME.

The cloud cap't Towers,
The gorgeous Palaces,
The ſolemn Temples,
Yea! the great Globe itſelf
And all which it inherits,
Shall diſſolve!
And like the baſeleſs Fabrick of a viſion
Leave not a Wreck behind.

SHAKESPEAR.

VOYAGE PITTORESQUE

OU

DESCRIPTION DES ROYAUMES

DE

NAPLES ET DE SICILE.

TROISIÈME VOLUME,

CONTENANT

LE Voyage ou Circuit de la partie Méridionale de l'Italie, anciennement appellée GRANDE-GRÈCE.

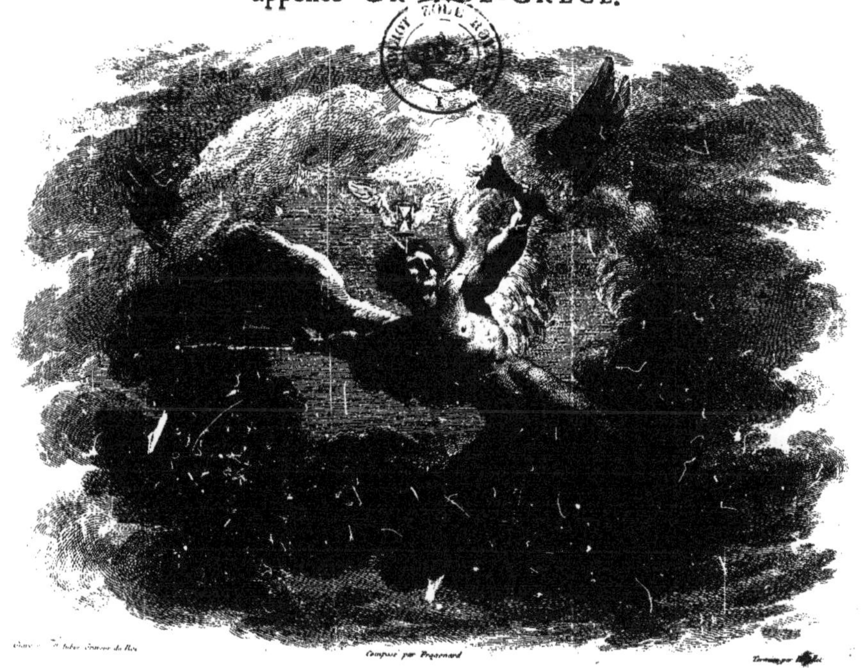

A PARIS.

M. DCC. LXXXIII.

AVEC APPROBATION, ET PRIVILÈGE DU ROI.

AVANT-PROPOS.

NOUS allons donner dans ce troisième Volume le récit d'un Voyage fait dans la partie la plus méridionale du Royaume de *Naples*, cette extrémité de l'Italie, à laquelle les Anciens donnèrent pendant long-temps le nom de Grande-Grèce, & que nous connoissons aujourd'hui sous ceux de la *Pouille*, de la *Basilicate*, & de la *Calabre citérieure* & *ultérieure*.

Ce Voyage ne contiendra presque, comme on pourra l'observer, que le circuit maritime de toute cette partie de l'Italie, parce qu'effectivement, presque tous les Etablissemens que les Grecs formèrent autrefois dans ce Pays, ces Colonies jadis si puissantes & dont nous irons rechercher le peu de vestiges qui y existent encore, étoient absolument situées le long des Côtes. Ce ne sera que vers la fin de cette intéressante Tournée, que nos Dessinateurs, en rentrants dans les Terres, & pénétrants au milieu des Montagnes, dont la Calabre sur-tout est remplie, pourront nous faire parcourir avec eux, & nous peindre l'intérieur d'un des plus beaux, des plus extraordinaires Pays qu'il y ait en Europe, & sûrement depuis long-temps un des moins connus. *Magna Græcia nunc non est*, écrivoit *Cicéron*, en parlant de cette partie de l'Italie que l'on regardoit dès-lors comme un Pays perdu, abandonné, & duquel, disoit-il encore, on ne pouvoit avoir des nouvelles à Rome que trois fois au plus dans une année. *Qui in Salentinis aut in Brutiis habitant unde vix ter in anno nuntium audire possunt* (1).

Le nombre de toutes ces Vues, soit du peu de Monumens antiques qui y existent encore, soit des Sites curieux & pittoresques que ces

(1) Cic. pro Roscio.

Artiſtes ont rencontrés ſur toute leur route, ne laiſſant pas d'être conſidérable, nous avons cru devoir les diviſer, & en former dix Chapitres qui renfermeront le Voyage entier de la Grande-Grèce, ainſi qu'on le voit tracé ſur la Carte générale du Royaume de *Naples*, par une ligne coloriée qui indique tous les Monumens & les lieux où ils ſe ſont arrêtés.

En jettant les yeux ſur cette Carte, nous voyons que partants de *Naples*, nos Voyageurs ont traverſé d'abord une partie de la Pouille, en paſſant par *Bénévent*, *Ariano*, *Troja*, *Lucera*, *Siponto*, & *Monte Sant-Angelo*, au ſommet d'un Promontoire élevé ſur la Mer Adriatique, aujourd'hui le Golfe de *Veniſe*; c'eſt ce qui forme le ſujet du premier Chapitre.

Deſcendants enſuite, & après avoir fait le tour du Golfe de *Manfredonia*, nous les verrons parcourir les Plaines immenſes de l'*Apuglia* juſqu'aux bords de l'*Offanto*, où ſe donna la fameuſe bataille de *Canne*; de là, en côtoyant les bords de la Mer, paſſer par *Barletta*, *Trani*, *Bari* & *Polignano*.

Ils feront dans le troiſième Chapitre le circuit de la Terre d'*Otrante*, cette Iſthme ou Péninſule autrefois connue ſous le nom de *Meſſapie* ou *Yapigie*, & qui étoit terminée par ce Pays des Salentins dont parloit *Cicéron* dans le paſſage que nous venons de citer.

Dans le quatrième, après avoir décrit le peu qui exiſte aujourd'hui de cette *Tarente*, jadis ſi voluptueuſe, nos Deſſinateurs nous donneront des Vues de l'ancien Temple de *Métaponte*, un des Monumens les plus conſervés de la Grande-Grèce; & ayant fait enſuite le tour du Golfe & de cette partie de l'Italie que les Anciens appelloient *Lucania*, aujourd'hui la *Baſilicate*, ils s'arrêteront ſur les rives du *Syris*, où étoit l'antique *Héraclée*.

Le cinquième Chapitre contiendra les Vues & les Sites délicieux qu'ils auront à nous donner du Pays où exiſtoit autrefois la fameuſe *Sybaris*, près de la Ville appellée aujourd'hui *Corigliano*.

Continuant dans le ſixième le circuit de la *Calabre*, ils nous conduiſent juſqu'à *Catanzaro*, qui en eſt la Capitale, après avoir paſſé par *Strongoli* ou l'ancienne *Pétilie*, *Crotone*, la rivale de *Sybaris*, & le Cap *delle Colonne*, ainſi nommé à cauſe des reſtes d'un Temple de *Junon Lacinienne*. Ce Temple, célèbre dans l'antiquité, étoit élevé ſur le bord de la Mer, à l'extrémité du Cap, mais il n'en reſte plus aujourd'hui pour tout débris qu'une ſeule Colonne iſolée, & encore en place.

Nous terminerons avec eux dans le Chapitre ſuivant le circuit de la pointe de l'Italie, ou l'extrémité de la *Calabre ultérieure*, ce qui formoit autrefois le Pays des Brutiens, & paſſants par *Squillace*, anciennement *Syllatium*, & ſur les Ruines de *Locres*, près de *Gérace*, nous arriverons enfin avec eux à *Reggio* (1).

C'eſt toute cette partie du Royaume de *Naples* qui vient d'être ſi horriblement bouleverſée par le tremblement de terre arrivé dans les mois de Février, Mars & Avril de cette année 1783, & qui s'eſt étendu non-ſeulement dans toute la *Calabre ultérieure*, mais encore juſqu'à la Ville de *Coſenza*, dans la *Calabre citérieure*. L'on trouvera à la tête des Chapitres ſept & huit des détails de ce terrible évènement, tels qu'ils ſe ſont répandus alors dans toute l'Europe. Nous avons cru devoir les inſérer dans cet Ouvrage & y conſacrer le ſouvenir d'un évènement auſſi mémorable dans l'Hiſtoire de ce Pays, & qui devenoit ſi intéreſſant à la deſcription que nous avions à en faire.

Au retour de la Sicile, & après avoir traverſé le Détroit, nos Voyageurs rentrent dans la Calabre, à *Tropea*, & remontants les Côtes de la Mer de *Naples*, ils paſſent par *Bivona*, où étoit jadis *Hypponium*, de là à *Nicaſtro*, à *Coſenza*, & parcourent dans ce huitième Chapitre les Montagnes de l'*Apennin*, juſqu'au Fleuve de *Nerino*, qui ſépare la Baſilicate d'avec la Calabre.

Une partie de la Baſilicate, *Salerne* & ſes environs feront le ſujet du neuvième Chapitre, & particulièrement les Temples de *Pæſtum*,

(1) Quoique nos Voyageurs aient paſſé directement de *Reggio* en Sicile, nous avons penſé devoir interrompre ici leur marche, & nous avons préféré de terminer dans ce Volume, la tournée entière de la Grande-Grèce, en réſervant pour notre quatrième & dernier Volume le Voyage & la Deſcription de la Sicile.

dont nos Artiſtes nous donneront des Vues & des Plans très-détaillés.

Enfin dans le dixième, nous retournerons avec eux à Naples, après avoir paſſé par les petites Villes de *la Cava*, *Nocera*, *Sorrente* & *Caſtellamare*, & nous être ſur-tout arrêtés pour voir avec quelque détail la fameuſe Iſle de *Caprée*.

Il étoit difficile, en parcourant un Pays auſſi intéreſſant que cette ancienne Grande-Grèce, le théâtre de tant d'évènemens mémorables dans l'Hiſtoire, de ne pas déſirer de ſe former au moins une idée de ſon antique ſplendeur: c'eſt ce dont nous nous ſommes occupés dans un Chapitre particulier que nous avons cru ne point être déplacé à la tête de ce Voyage, & qui lui ſert d'Introduction.

Après avoir parcouru dans cette partie de l'Italie pluſieurs des anciennes Voies des Romains, dont quelques-unes exiſtent encore aſſez entières dans beaucoup d'endroits, nous avons penſé qu'il ſeroit agréable à nos Lecteurs de leur faire connoître quelles étoient ces antiques Voies des Romains. Nous terminerons donc ce Volume par une courte Notice ſur la Table Théodoſienne, connue aujourd'hui ſous le nom de Carte de *Peutinger*. Cette Carte ou *Itinéraire* des Romains ayant été faite pour déſigner les noms & la deſcription de toutes ces Voies antiques, nous a paru mériter d'autant plus de curioſité, que c'eſt le ſeul Monument connu que les Anciens nous aient laiſſé en ce genre.

INTRODUCTION

DISCOURS PRÉLIMINAIRE

OU

INTRODUCTION AU VOYAGE

ET

À LA DESCRIPTION DE LA GRANDE-GRÈCE.

LES limites de cette partie de l'Italie que les Anciens ont appellée proprement Grande-Grèce, ne ſont déterminées que d'une manière aſſez confuſe dans les Ecrivains de l'Antiquité qui en ont fait mention. Les uns n'ont entendu parler que de ce qui eſt aujourd'hui connu ſous le nom de *Calabre*, & d'autres y ont compris toute la partie méridionale de l'Italie, en y faiſant même entrer juſqu'à la *Campanie*; opinion qui pouvoit être fondée ſur ce que les Villes de Naples & de *Cumes* furent bâties inconteſtablement par des Grecs.

Les Géographes modernes ne ſont pas plus d'accord entre eux ſur cette dénomination; quelques-uns ne donnent le nom de Grande-Grèce qu'au Territoire ſitué entre la *Campanie* & *Tarente*, d'autres n'y veulent comprendre que l'extrémité même de l'Italie, ce qui formoit le Pays des anciens Brutiens; &

quoique toute la Côte de la Mer Adriatique jusqu'à la hauteur des Isles de Diomède, aujourd'hui les Isles de *Tremiti*, ait été occupée par des Colonies Grecques, ils aiment mieux faire de chacune de ces diverses Colonies un Peuple particulier, que de les ranger sous une dénomination commune.

Avant de nous fixer à celle de toutes ces opinions que l'on peut trouver la plus vraisemblable, nous croyons à propos de nous occuper d'abord de l'origine même des Peuples, qui les premiers, ont dû habiter le Pays que nous avons à décrire; quoique nous soyons obligés de convenir que toutes les recherches que nous avons pu faire sur des temps & des évènemens aussi éloignés, nous aient été d'un bien foible secours. Toujours arrêtés par la disette des Monumens & le silence des Historiens, ce n'est que par des conjectures seules que l'on peut acquérir quelques notions à ce sujet, & se former des idées plus ou moins probables.

L'Italie étant presqu'entourée de tous côtés par la Mer, il paroît que cette partie de l'Europe n'a été peuplée, dans l'origine, que par les Nations déja établies soit dans les Gaules, soit dans la Germanie, & qui, attirées par la beauté du Pays, ont de proche en proche, passé d'un Canton dans un autre, & formé successivement divers établissemens.

C'est d'après ce raisonnement, assez fondé, que le savant *Freret*, un des hommes les plus livrés à l'étude de l'Antiquité, observe que la *Ligurie* & l'*Illyrie* (aujourd'hui l'Etat de *Gênes* & l'*Esclavonie*), étant les Contrées les plus voisines des Montagnes qui ferment la partie la plus septentrionale de l'ancienne Italie, ce furent les Nations déja existantes dans ces deux Pays qui durent occuper d'abord les Cantons de l'Italie qui étoient le plus à leur portée. L'on peut croire encore que les *Ombres* qui formoient une partie des anciens *Celtes*, ainsi que les *Sicules*, originaires de la Dalmatie, se joignirent à eux; & qu'enfin les premiers Habitans de la Grèce, connus sous le nom de *Pelasges*, étant aussi entrés en Italie par la partie du Nord, vinrent s'y établir à leur tour, & en chassèrent les *Sicules* qui se réfugièrent en Sicile & lui donnèrent leur nom (1).

C'est du mêlange de toutes ces Nations & de ces diverses origines que se font formées ces Peuplades ou Sous-divisions différentes de *Sabins*, de *Samnites*, de *Lucaniens*, & enfin de *Brutiens* qui occupèrent toute l'Italie méridionale. C'étoient à ces anciennes époques les Habitans primitifs de toute l'Italie; mais toujours concentrés dans l'Apennin & l'intérieur des Terres. Ce ne fut que plusieurs siècles après que les Grecs des Isles de l'Archipel, resserrés dans leur domaine & attirés par la beauté d'un Pays qui étoit d'ailleurs aussi voisin d'eux,

---

(1) Consultez sur ces recherches intéressantes l'excellent Mémoire de *Freret* rapporté dans les Recueils faits par l'Académie des Inscriptions & Belles-Lettres. *Hist. Vol. IX*, *p.* 79 *& suiv. édit. in*-12.

vinrent s'établir ſur ſes Côtes, & y formèrent des Colonies qui devinrent très-puiſſantes dans la ſuite des temps.

On voit d'après ce que nous venons de dire, que ce nom de *Grande-Grèce* ne put être donné, dans l'origine & à proprement parler, qu'aux Côtes ſeules de l'Italie, & que ce ne fut que ſucceſſivement & lorſque les *Aborigènes* ou les Habitans naturels du Pays ſe furent réunis à ces Colonies Grecques, que toute cette Contrée prit la dénomination de Grande-Grèce qu'elle a portée depuis. Ce dont on ne peut douter, c'eſt que ce furent les Grecs eux-mêmes qui par la ſuite des temps l'appellèrent ainſi, ſoit à raiſon de ſon étendue, ſoit encore, ſuivant le ſentiment de quelques Auteurs, à cauſe de la vénération qu'ils avoient pour les grands-Hommes qu'elle produiſit.

M. d'*Anville*, un de nos plus ſavans Géographes modernes, en comprenant ſous ce nom toute la partie méridionale de l'Italie, la termine au Fleuve *Silar*, le *Selo*, qui ſe jette dans le Golfe de *Pœſtum.* Mais nous penſons qu'il eſt plus naturel d'y comprendre encore la *Campanie*, & d'étendre les bornes de la Grande-Grèce juſqu'au *Vulturne* où finiſſoit le Territoire de *Cumes*; & de l'autre côté de l'Italie juſqu'au *Frento*, aujourd'hui le *Fortore*, qui ſe jette dans le Golfe Adriatique & termine l'*Apulie*, puiſque, comme nous venons de le dire, les Villes de Naples, de *Cumes* & de *Capoue* furent toutes originairement habitées par des Grecs.

De l'Epoque des Établiſſemens des Colonies Grecques en Italie.

Les temps qui précèdent le ſiége de Troye ne ſont dans l'Hiſtoire qu'un tiſſu de fables ſouvent peu d'accord entre elles. S'ils ne préſentent, relativement aux autres Peuples connus de l'Antiquité, que des faits vagues & iſolés, ils ſemblent encore devenir plus obſcurs dans ceux qui concernent l'ancienne Italie. Il paroît que l'opinion la plus généralement adoptée ſur l'époque où ſe ſont formés dans ce Pays les établiſſemens des Colonies Grecques, eſt que ce fut après la deſtruction de Troye. Les Athéniens & les Phocéens, ainſi que quelques Troyens, en ſe réfugiant en Italie y tranſportèrent les Dieux & le ſouvenir de leur ancienne Patrie.

Tous les Compagnons d'Enée, au rapport de *Denys d'Halicarnaſſe*, ne s'établirent pas dans le même endroit de l'Italie : les uns vinrent avec pluſieurs Vaiſſeaux débarquer dans l'*Hyapigie*, qu'on appelloit alors *Campus Salentinus*, aujourd'hui *Terre d'Otrante.* Les autres ſe répandirent des deux côtés de l'Apennin, dans les Territoires où ils purent, de gré ou de force, former des établiſſemens. Les Romains de leur côté envoyèrent auſſi par la ſuite pluſieurs

Colonies dans la Calabre, soit dans les occasions où des fléaux publics dépeuplèrent des Villes entières, soit après avoir soumis celles qui ne connoissoient pas encore leur puissance, ou qui l'ayant connue avoient secoué le joug : ce fut ainsi que Rome devint enfin successivement la maitresse & la Ville dominante de toutes celles qui étoient de fondation Grecque, comme *Locres*, *Tarente*, *Reggio*, &c. Il en est résulté que la Langue Latine portée en Calabre par les Romains, s'y maintint conjointement avec le Grec, & que ces deux Nations parlèrent long-temps les deux Langues à la fois. C'est par cette raison que dans plusieurs anciens Historiens, tous ces différens Peuples de l'Italie méridionale étoient appellés *Bilingues*.

De tout temps les Habitans de la Calabre furent partagés entre les Grecs & les Romains, pour leur Langage, pour leurs Loix, & leurs mœurs qu'ils adoptèrent indifféremment des uns & des autres, & l'on peut remarquer que ce mélange se fait encore sentir aujourd'hui. Leurs cérémonies funéraires semblent tenir à-peu-près de celles des Romains ; & comme chez les Grecs, dans une grande partie de la Calabre, des pleureuses à gage précèdent le convoi, ayant à leur tête la plus ancienne d'entre elles qui dirige le *Cantus lamentabilis*, & en marque la mesure. Nous voyons même encore que plusieurs de leurs Communautés Religieuses y fêtent souvent leurs Saints selon le *Rit* Grec, & le suivent dans leurs Offices.

Tout ce Pays autrefois si habité, si florissant, nous est actuellement presque inconnu ; nous ne trouvons dans les Auteurs Grecs & Latins qui en ont parlé que des Fragmens isolés & des lambeaux épars. Arrêtés par tous ces obstacles, nous nous sommes bornés à réunir dans des articles particuliers ce que nous avons pu rassembler de plus probable & de plus avéré sur chacune de ces Colonies célèbres, ainsi que sur quelques-uns des grands-Hommes qu'elles ont produit.

Des Philosophes de la Grande-Grèce.

Si nous nous en rapportons au savant *Mazocchi*, que nous avons cru devoir particulièrement consulter sur toutes ces recherches, nous penserons ainsi que lui que l'établissement des Républiques Grecques en Italie & celui des Ecoles de Pythagore, sont du même temps & de la même époque (1). Il est certain qu'aucun Philosophe n'a eu une plus grande influence sur les affaires politiques de son siècle, que presque toutes les Loix de la Grande-Grèce lui sont dues ou à ses Disciples,

(1) *Prior Periodus magnæ Græciæ ad ea tempora pertinet, quibus Pythagoras in vivis erat, & Philosophantium conventus agebat circa ducentesimum ab Urbe condita annum.* Mazocchi, ch. I.

&

& que ceux-ci y furent long-temps ſeuls chargés de l'éducation publique & particulière (1).

L'opinion la plus généralement adoptée eſt que Pythagore naquit à *Samos*, entre la quarante-troiſième & la cinquante-neuvième Olympiade, environ cinq cent quarante ans avant J. C. Peu d'Hommes ont eu, ſoit pendant leur vie, ſoit après leur mort, une réputation auſſi étendue que ce grand Philoſophe. L'on pourroit même ajouter que toutes les fables qu'on a imaginées ſur ſon ſujet & que l'on retrouve dans les Hiſtoriens, en ſont une preuve. Ce dont on ne ſauroit douter, c'eſt que Pythagore a été un des plus grands génies qui aient paru dans l'Antiquité, & que c'eſt à lui que les Hommes doivent pour ainſi dire les premiers élémens des arts & des ſciences.

Né pour le bonheur de la Grande-Grèce, Pythagore fut loin de ſa Patrie acquérir de nouvelles lumières; non content d'avoir parcouru la Syrie, l'Egypte, & la Chaldée, il fut juſques chez les Perſes & les Indiens, puiſer dans la Doctrine des Mages & des Brachmanes cette ſageſſe ſublime, qui pendant tant de ſiècles le fit regarder comme un Dieu. Ce fut à la ſuite de tous ces Voyages que Pythagore vint habiter la Grande-Grèce, & particulièrement *Crotone* qui en étoit une des Villes les plus conſidérables. Il y établit une Ecole publique, & après y avoir enſeigné vingt ans la Philoſophie, il fut s'établir à *Métaponte*, & porta ſucceſſivement dans preſque toutes les Villes de cette partie de l'Italie ſes lumières & ſa Doctrine.

Sous un génie ſi vaſte & ſi profond, ce Pays arraché aux ténèbres commença à entrevoir les élémens de toutes les ſciences; car Pythagore étoit non-ſeulement grand Philoſophe & grand politique, mais encore Géomètre, Aſtronome, & Mathématicien. Il ne négligea pas même les arts d'agrément qu'il regardoit comme des reſſources néceſſaires à l'homme. L'on aſſure qu'il avoit ordonné à ſes Diſciples non-ſeulement de cultiver la Muſique, mais même de l'employer comme une préparation à l'étude; & nous voyons à ce ſujet dans tous les anciens Auteurs, que ce fut Pythagore qui découvrit dans la nature même des ſons les premiers principes & les premières règles de l'Harmonie (2).

Ce fut enfin d'après les conſeils de ce grand-Homme que les Crotoniates

---

(1) *Pythagoras tum ipſe, tum qui ejus familiaritate uſi fuerant, diù in Italiâ [id eſt in magnâ Græciâ] tantæ admirationi fuerunt, ut etiam ſingulæ Civitates, ſuas Reſpublicas ejus Diſcipulis regendas permitterent.* Malchus.

(2) On raconte que ce Philoſophe voyant un jour des Forgerons travailler, remarqua que les ſons de leurs marteaux ſur l'enclume, rendoient ſucceſſivement l'Octave, la Quarte & la Quinte. Il entra dans leur Attelier, fit peſer les marteaux, & de retour chez lui ayant appliqué à des cordes tendues par des poids ſemblables, l'expérience dont il avoit été témoin, Pythagore découvrit & forma ainſi la Gamme du genre Diatonique. *Mém. de l'Acad. Vol. LVII*, *p.* 41.

élevèrent aux Muſes un des plus beaux Temples de l'Antiquité : il les leur peignoit comme les Bienfaitrices des Mortels, le principe de toute union & la ſource de leur bonheur. Il ne croyoit point du tout que la nature eût mis une barrière entre le ſexe & les ſciences : les Femmes aſſiſtoient à ſes leçons dans les Temples, & il n'en donnoit aux Hommes que dans les *Gymnaſes* & les Places publiques. L'Antiquité nous a conſervé le nom de *Theano* qui étoit la Femme de Pythagore, & qui mérita par ſa ſageſſe & ſes profondes connoiſſances, de juſtifier la bonne opinion qu'il avoit de ſon ſexe.

Rien n'eſt plus incertain que les circonſtances qui accompagnèrent la fin de ce grand Philoſophe, ainſi que le lieu & la Ville même où il mourut. Quelques Auteurs ont écrit qu'après avoir ſéjourné pluſieurs années à *Crotone*, il ſe retira à *Métaponte*, où il termina ſa carrière tranquillement, & dans un âge très-avancé. Ils nous aſſurent que ſa mémoire y étoit en ſi grande vénération, que la maiſon qu'il y habitoit fut convertie en un Temple magnifique & qu'on l'y adora comme un Dieu (1).

D'autres Hiſtoriens au contraire nous diſent qu'il périt dans une ſédition à *Crotone*, & que ſa fin fut tragique & malheureuſe. Voici ce que l'on trouve dans Strabon à ce ſujet. Il raconte que Pythagore ayant refuſé l'entrée de ſon Ecole à *Cylon*, l'un des premiers Habitans de *Crotone*, dont il craignoit le caractère violent & emporté, celui-ci, à la tête d'une partie de ſes Concitoyens qu'il avoit ameutés pour ſe venger, mit le feu à la maiſon de *Milon* où Pythagore donnoit des leçons à ſes Diſciples. Elle fut bientôt réduite en cendres. Tous ceux qui voulurent échapper aux flammes furent maſſacrés, & de ce nombre fut ce grand & reſpectable Philoſophe. Quoi qu'il en ſoit, il eſt certain qu'à ſa mort les Ecoles de la ſageſſe parurent comme anéanties dans la Grande-Grèce ; la vérité n'y faiſoit plus entendre ſa voix. Cependant quelques-uns de ſes Diſciples, & entre autres *Archyppus* & *Lyſis*, relevèrent peu-à-peu ces

(1) La haute idée qu'on avoit de la vertu & de la ſcience de ce Philoſophe étoit telle, que ſes Diſciples regardoient comme un crime de mettre en doute la vérité de ſes opinions. *Le Maître l'a dit*, étoit toute leur réponſe. Le nombre de ſes Diſciples fut ſi grand dans toutes les Villes de la Grande-Grèce, que l'on donna par cette raiſon à ſa Secte le ſurnom d'*Italique*. Jamais il n'y eut une ſoumiſſion, une obéiſſance plus aveugle que celle de ſes Diſciples. Elle étoit portée au point d'obtenir d'eux les choſes les plus difficiles, comme de garder le ſilence le plus abſolu pendant pluſieurs années, & ſi l'on en croit les Hiſtoriens, quelques-uns de ces Enthouſiaſtes tourmentés par des Tyrans pour les forcer à parler, aimèrent mieux ſe couper la langue que de trahir le ſecret qui leur étoit ordonné. *Mém. de l'Acad. des Belles-Lettres, Vol. LV, p. 226.*

Au reſte, Pythagore ne s'exprimoit que par ſymboles devant le vulgaire, & il défendoit à ſes Diſciples de communiquer au Peuple ce qu'il leur enſeignoit en particulier. L'on pourroit croire, d'après ce trait & malgré tout le reſpect dû à la Philoſophie, que Pythagore tout grand Philoſophe qu'il a été regardé par toute l'Antiquité, paſſeroit peut-être de nos jours pour un grand Charlatan

Gymnases célèbres, & les sciences parurent reprendre quelque chose de leur ancien éclat.

Parmi les grands-Hommes qui succédèrent à Pythagore dans la Grande-Grèce, on distingue *Architas* né à *Tarente*, & qui par la sagesse de ses Loix, ses lumières & ses connoissances dans la Géométrie sur-tout, se rendit recommandable à sa Patrie. Dans ces temps anciens, les Hommes que la nature avoit rendus supérieurs aux autres par le génie & les talens, étoient regardés comme les Législateurs de leur Pays, & souvent la reconnoissance ou l'ignorance des autres Hommes les fit regarder comme des Dieux. C'est ce qui arriva après la mort de Pythagore, ainsi qu'après celle de Platon, d'Empedocle, de Charondas, de Zaleucus & de plusieurs autres; mais tous ces Hommes célèbres ayant été l'ornement des Villes & des Pays dans lesquels ils ont vécu, nous nous réservons d'en parler plus amplement dans la suite.

Notre projet dans cette Introduction au Voyage de la Grande-Grèce n'est point, comme nous l'avons observé, d'en faire une Histoire suivie, nous nous bornerons donc à donner une idée de ses Colonies principales. Mais pour répandre de l'ordre dans ces recherches, nous suivrons la division de ce Pays adoptée par les Anciens. Elle comprenoit d'abord la *Campanie*, puis l'*Apulie*, ensuite l'*Hyapigie*, la *Lucanie* & le *Brutium*. Ces divisions sont encore à-peu-près les mêmes actuellement, elles n'ont fait que changer de noms, & nous les connoissons sous les dénominations de la *Terre de Labour*, de la *Pouille*, de la *Terre d'Otrante*, de la *Basilicate*, & de la *Calabre* citérieure & ultérieure, Provinces qui composent aujourd'hui le Royaume de Naples.

Les Républiques les plus célèbres qui ont existé dans toutes ces Contrées, furent celles des Tarentins, des Sybarites, des Crotoniates, des Possidoniens, des Locriens, & des Rhégiens. Toutes ces Colonies si renommées & si puissantes autrefois, durent pour la plupart leur fin & leur anéantissement au luxe & à la mollesse dans lesquels elles se plongèrent. Presque toujours en guerre les unes contre les autres, elles furent enfin subjuguées par l'Empire Romain.

Nous ne parlerons point ici de la *Campanie* qui formoit la première Partie de la Grande-Grèce, puisque nous en avons déja fait la description dans le douzième Chapitre de cet Ouvrage, à la fin de notre second Volume. Nous en avons même donné une Carte ou Plan très-exact à la page 226 de ce Volume.

DE L'APULIE,

NOMMÉE AUJOURD'HUI

LA PUGLIA.

L'APULIE qui formoit, comme nous venons de le dire, la seconde division de la Grande-Grèce, commençoit vis-à-vis des Isles de *Diomède*, & s'étendoit le long de la Mer Adriatique. Ces Isles, peu distantes du Rivage, sont au nombre de cinq : la plus considérable étoit l'Isle de *Trimetus*, aujourd'hui *Tremiti*; c'est là, selon Tacite, où mourut la fameuse Julie, chassée de Rome par Auguste à cause de ses débordemens.

En descendant vers le Midi, après avoir quitté les Terres des Freutaniens, on entroit dans la *Daunie*, dont *Arpi* pouvoit être regardée comme la Capitale. Virgile en parle sous le nom d'*Arpos* (1). Nous voyons dans *Tite-Live* qu'Annibal hiverna dans cette Ville, après avoir dans la campagne précédente ravagé tous ses environs. Près du Rivage sont deux Lacs assez considérables, dont l'un mêle ses eaux à celles de la Mer. Ils sont voisins du Port de *Garne* dont il est fait mention dans Pline.

Le Mont *Garganus*, maintenant *Monte Sant-Angelo*, s'élève à l'extrémité de la Contrée. Il s'avance à trois cents stades dans la Mer, pour y former un Promontoire du même nom. L'on voit sur ses bords les Villes d'*Hyrium*, autrefois *Hyria*, ou *Huria*, l'ancien *Apenestle* dont Strabon seul a parlé, qui paroît être le *Porto Greco* moderne, & *Sipuntum*, aujourd'hui *Siponto*, au-dessus duquel le *Cerballus* ou *Candelaro* va se jetter dans la Mer. Le Mont *Gargano* forme dans cet endroit un Golfe assez profond, que l'on appelle le Golfe de *Manfredonia*, où se jette la petite Rivière de *Carapella*, près des Marais Salapiens : Marais dont les exhalaisons empoisonnées répandent souvent la contagion dans tout le voisinage. On croit même que ce fut la raison pour laquelle les Habitans de *Salpa*, l'ancienne *Salapia*, après avoir vu leur Ville dépeuplée plusieurs fois par des maladies épidémiques, l'abandonnèrent & en bâtirent une nouvelle à quatre milles de là.

Æsculum, surnommé *Apulum*, aujourd'hui *Ascoli*, Ville dont il est fait mention dans

(1) *Nomen Patriamque docemus*
Qui bellum intulerint, quæ causa attraxerit Arpos.
Eneid. L. XI.

dans tous les Auteurs qui ont parlé de la Guerre des Romains contre Pyrrhus, eſt ſituée un peu plus loin dans les Montagnes qui bordent l'*Apulie*. L'*Auſidus* ou l'*Ofanto* arroſe ſes campagnes. A ſa droite eſt *Canuſium*. Horace nous apprend dans ſes Satyres que cette Ville avoit été bâtie par Diomède, *qui locus à forti Diomede eſt conditus olim*. Et en parlant de ſes Habitans qui étoient moitié Grecs & moitié Latins, il nous dit qu'ils parloient également les deux Langues; auſſi les appelle-t-il *Canuſinos Bilingues*. On comptoit peu de Villes auſſi anciennes en Italie. Son nom moderne eſt *Canoſa*. Elle eſt bâtie en Amphithéâtre ſur une Colline aſſez élevée, au milieu de Plaines très-étendues & très-fertiles en grains.

Cannes, fameuſe par la victoire d'Annibal, étoit voiſine de *Cannuſie*; elle avoit été bâtie ſur deux Collines: quelques Perſonnes ont cru que c'étoit la raiſon pour laquelle les Romains la nommoient *Cannæ* & non pas *Canna*; & effectivement l'on ſait que chez les Anciens un grand nombre de Villes étoient ainſi nommées, comme *Syracuſæ*, *Pompeii*, *Athenæ*, &c. L'une de ces Collines eſt couverte de Tombeaux & d'Inſcriptions funéraires. C'eſt ſur les bords de l'*Auſidus* que l'on voit le Champ de bataille du malheureux *Terentius Varro*; les Habitans le nomment encore *il Campo del ſangue*. Les Laboureurs y trouvent aſſez ſouvent des armures & des débris de caſques antiques (1).

Mais aucune découverte n'approcheroit ſans doute de la curioſité du Tombeau même élevé au Conſul *Paul Emile* qui périt, comme l'on ſait, dans cette journée ſi fatale aux Romains. Si l'on s'en rapporte à l'Hiſtorien Napolitain *D. Placido Troyli*, ce Tombeau a été découvert depuis peu d'années, & voici l'Inſcription qu'on y a trouvé.

ANNIBAL, PAVLI AEMILII, ROMANORVM CONSVLIS,
APVD CANNAS TRVCIDATI,
CONQVISITVM CORPVS,
SVMMO CVM HONORE, ROMANIS MILITIBVS
MANDAVIT, SVB HOC MARMORE REPONENDVM,
ET OSSA EIVS AD VRBEM DEPORTANDA (2).

Près de *Cannes* coule auſſi le *Vergellus* dont la même journée a conſacré le nom. Annibal le paſſa, diſent les Hiſtoriens, ſur un Pont fait avec les corps

(1) *Scilicet & tempus veniet, cum finibus illis*
Agricola incurvo terram mollitus aratro
Exeſa inveniet ſcabra rubigine pila,
Aut gravibus raſtris galeas pulſabit inanes
Grandiaque effoſſis mirabitur oſſa ſepulchris.
Virg. Geo. L. I.

(2) *Eſſendoſi ſcoverto pochi anni ſono, vicino à Canne, il di lui Avello, con queſta iſcrizione rapportato da Franceſco Orlandio, nel ſuo orbe ſacro è profano.* Pla. Troyli. Iſtoria Generale del Reame di Napoli, T. I, Part. II, p. 282.

Le ſtyle & la forme de cette Inſcription, la manière dont elle eſt conçue, nous la font croire également douteuſe, & nous ne la rapportons ici que ſur la foi de ces deux Auteurs qui auroient dû nous apprendre au moins où ſe trouve ce Monument antique & ce qu'il eſt devenu.

morts de ſes Ennemis. On préſume que la Plaine appellée le *Champ de Diomède*, étoit arroſée par cette petite Rivière ou Torrent.

Dans l'intérieur des Terres, au pied du Mont *Vultur*, les Dauniens, ſelon Pline, avoient fondé deux Colonies, *Lucerie* & *Venuſe*. La poſition de la dernière paroît douteuſe à Horace. Il ne ſait s'il doit la placer dans la *Lucanie* ou dans l'*Apulie* (1). C'eſt ſur le Mont *Vultur* qu'Horace dit que, dans ſon enfance, tandis qu'il s'abandonnoit aux douceurs du ſommeil, des Ramiers le couvrirent de feuillage (2).

Lucerie eſt une des Villes les plus anciennes de l'*Apulie*, Strabon & tous les Hiſtoriens qui en ont parlé fixent l'époque de ſa fondation quatre ſiècles avant celle de Rome. Mais ſon hiſtoire nous eſt abſolument inconnue juſqu'à la Guerre des Samnites: l'on ſait ſeulement qu'alliée des Romains, elle fut, par le ſtratagême dont ſe ſervirent les Samnites, la cauſe de la défaite honteuſe des Légions Romaines à la fameuſe journée des *Fourches Caudines*.

La fortune ayant changé, les Romains ſe vengèrent cruellement de l'affront qu'ils avoient reçu à *Caudium*, & *Lucerie* ayant pris le parti de leurs Ennemis, les Romains s'en emparèrent, paſsèrent au fil de l'épée tous les Habitans, & y envoyèrent enſuite une Colonie Romaine. Elle reſta par la ſuite fidèle aux Romains, ſoit dans les temps de leurs Guerres avec les Carthaginois, ſoit encore à l'époque de la Guerre ſociale. On lit dans Sénèque que la neuvième année du règne de Néron, *Lucerie* fut renverſée preſqu'entièrement. par un tremblement de terre. Priſe enſuite par *Tejus*, Roi des Goths, & repriſe par *Narsès*, Général de Juſtinien, elle paſſa en différentes mains, juſqu'à ce qu'enfin *Roger*, premier Roi des Normands, après l'avoir priſe, l'enſevelit ſous ſes ruines & n'en conſerva que la Citadelle.

Depuis, ſous l'Empereur Frédéric II, petit-fils de Barberouſſe, les Sarraſins qu'il avoit vaincus dans la Sicile, obtinrent de lui la permiſſion de s'établir à *Lucerie*; il y a même lieu de croire que ce fut la raiſon pour laquelle cette Ville a été ſurnommée *Luceria degli Saraceni*, afin de la diſtinguer de *Nuceria* près de Salerne que l'on confond avec *Lucera*, & que l'on appelle vulgairement *Nocera dei Pagani*. Frédéric permit à ces Sarraſins d'élever à *Lucerie* une Moſquée ſuperbe qui fut ornée de Colonnes des Marbres les plus rares; ces Colonnes ont été découvertes depuis peu d'années.

(1) *Sequor hunc, Lucanus, an Apulus, anceps.*
Nam Venuſinus arat finem ſub utrumque Colonus.
Horat.

(2) *Me fabuloſæ Vulture in Apulo*
Altricis extra limen Apuliæ.
Ludo fatigatumque ſomno,
Fronde nova puerum texere
Palumbes.
Horat.

Nous avons peu de Médailles de cette ancienne Ville ; des deux ſeules que l'on connoiſſe, celle qui eſt rapportée par *Marco Mayer*, repréſente d'un côté la Tête d'Hercule coëffée d'une Tête de Lion, & ſur le revers, où eſt l'Inſcription Latine Lovceri, on apperçoit différens Emblêmes dont la ſignification paroîtra intéreſſante. L'Arc que l'on y voit & qui eſt analogue à la Tête du demi-Dieu, indique un Peuple guerrier & toujours prêt à combattre ; ſur le même revers eſt une Colonne quarrée, ou ſorte de Piedeſtal élevé, que les Romains nommoient *Columna Bellica*, parce qu'elle étoit placée devant le Temple de Bellone, & que ſuivant l'uſage des anciens Romains, c'étoit devant une ſemblable Colonne, que le Conſul, après avoir ouvert le Temple de Janus, annonçoit que la Guerre étoit déclarée contre telle ou telle Nation, en lançant un trait vers le côté de l'Ennemi.

L'eſpèce de Colonne que l'on voit au milieu de la Médaille, formée de feuillages poſés les uns ſur les autres en Chapiteaux, au nombre de cinq, avoit rapport aux cinq eſpèces de Jeux publics qui ſe célébroient chez les Romains, ſavoir la Courſe, le Diſque ou Palet, le Jet du Dard, la Lutte & l'Exercice du Saut. Tous ces Jeux, également en uſage chez les Grecs, & qu'ils nommoient *Penthathli*, furent appellés *Quinquertii* par les Romains. Il y a lieu de croire que cette eſpèce de Colonne en feuillages, repréſentée ſur la Médaille de *Lucerie*, déſignoit les cinq Couronnes deſtinées à ceux qui remportoient les Prix à ces Jeux publics.

L'autre Medaille de *Lucerie* eſt rapportée dans l'Ouvrage de M. *Pelerin*, & eſt actuellement au Cabinet du Roi : elle eſt de bronze ; d'un côté l'on voit la Tête d'Apollon couronnée de lauriers, & ſur le revers il y a une Tête d'Animal que l'on croit être celle d'un Loup, & pour Légende Lovceri (1).

En ſuivant les bords de la Mer Adriatique, l'on rencontre entre l'*Apulia* & l'*Yapigia*, une petite Contrée que les Anciens nommoient *Peucetia*. Ses Villes les plus connues étoient *Barium*, ou *Barinon* qui exiſte encore aujourd'hui dans le même lieu, ſous le nom de *Bari*. L'autre étoit *Egnatia*, mais ce n'eſt plus qu'un monceau de ruines.

---

(1) Voyez au Fleuron, à la fin du premier Chapitre, les Médailles de *Luceria*, page 22.

DE L'YAPIGIE OU MESSAPIE,

MAINTENANT

TERRE D'OTRANTE.

CETTE partie de l'Italie Méridionale formant une Péninſule ou Preſqu'Iſle que nous nommons aujourd'hui *Terre d'Otrante*, compoſoit une diviſion de la Grande-Grèce, connue ſous le nom d'*Yapigie* ou de *Meſſapie.* Les Villes les plus conſidérables de cette Preſqu'Iſle étoient *Brunduſium* & *Hydruntum*, aujourd'hui *Brindes* & *Otrante* : on y diſtinguoit encore *Salente*, *Mandurium*, & ſur-tout *Tarente*, qui a donné ſon nom à une République célèbre par ſon luxe & ſes richeſſes.

BRUNDUSIUM ET HYDRUNTUM.

Les anciens Auteurs ſont peu d'accord ſur l'origine de *Brunduſium*; nous ne chercherons pas à les concilier, mais tout ce que l'on peut dire de plus certain ſur cette ancienne Ville, c'eſt que la beauté de ſon Port ſur la Mer Adriatique & formé entièrement par la nature, l'a rendu célèbre dans l'Antiquité ; que les Romains ayant connu de quel avantage il ſeroit pour eux d'avoir un Port qui leur devenoit auſſi commode, pour leurs fréquens Voyages dans la Grèce, ne tardèrent pas à s'en emparer, & à y établir une Colonie.

Brunduſium dut à ſa ſituation avantageuſe, & à l'importance de ſon Port la néceſſité d'entrer dans les Guerres civiles qui déſolèrent l'Empire Romain ; elle devint l'objet de l'ambition des différens Partis qui s'élevèrent à Rome pendant les Guerres fameuſes de Céſar & de Pompée, & elle eut alors pluſieurs Siéges à ſoutenir. Dans les ſiècles poſtérieurs, & lorſque *Totila*, Roi des Goths, ſe fut emparé de toute l'Italie, elle fut entièrement ravagée & ſes murs renverſés, juſqu'au temps où l'Empereur Frédéric II fit bâtir le Château que l'on y voit actuellement.

La ſituation d'*Otrante*, l'ancien *Hydruntum*, encore plus voiſine de la Grèce que *Brindes*, fut cauſe que les Romains préférèrent de s'embarquer à *Hydruntum* pour paſſer en Grèce, & effectivement la largeur du Golfe Adriatique n'eſt dans cet endroit que de cinquante ou ſoixante milles, & dans les beaux temps on apperçoit facilement les Montagnes d'Albanie couvertes de neige. Les anciens Hiſtoriens prétendent même que Pyrrhus, Roi d'Epire, & après lui *Marcus*

Varro,

Varro, avoient eu l'idée de faire conſtruire un Pont de bateaux pour paſſer de Grèce en Italie.

Les Inſcriptions Grecques ΒΡΕΝΔΗΣΙΝΩΝ & ΤΑΡΩΝΤΙΝΩΝ, ainſi que la beauté des Médailles de ces deux anciennes Villes, ne peuvent laiſſer douter qu'elles ne ſoient antérieures à la domination des Romains. Les Figures de Poiſſon, la Tête de Neptune & le Trident ſont les ſymboles les plus caractériſtiques de ces deux Villes qui devoient leur célébrité à la ſûreté de leur Port & à leur ſituation avantageuſe. Pluſieurs Antiquaires croient auſſi appercevoir à la reſſemblance de ces Médailles & de celles de *Tarente*, que ce furent des Tarentins qui fondèrent ces deux Villes, & cette opinion n'eſt peut-être pas ſans vraiſemblance.

SALENTE ET MANDURIUM.

Nul doute, ſuivant *Mazocchi*, que dans cette partie de la Grande-Grèce, & vers l'extrémité du Promontoire de l'*Yapigie*, il y ait eu autrefois une Ville célèbre, l'ancienne *Salentum*. Le Promontoire de *Salente*, connu dans l'Antiquité, & tel que nous le voyons déſigné dans la Carte de Peuttinger, *PORTUS SALENTINUS*, en feroit ſeul une preuve (1). Tout l'embarras eſt de décider & de s'aſſurer poſitivement du lieu où elle étoit placée, c'eſt ſur cette difficulté qu'il y a, comme on peut croire, plus d'un avis, & ſur quoi *Mazocchi* lui-même ne veut prendre aucun parti. Une petite Ville moderne, appellée *Soletta* près de *Lecce*, a pu faire croire que l'ancienne *Salente* étoit bâtie dans ce lieu : mais rien n'eſt plus incertain. Nous nous en occuperons encore en paſſant par les lieux mêmes avec nos Voyageurs qui nous feront part de leurs idées & de leurs conjectures à ce ſujet, peut-être aſſez bien fondées.

Pour *Mandurium*, ou *Manduriæ*, ſa poſition eſt plus certaine, puiſque, comme nous le verrons, on diſtingue encore ſes Ruines près d'un lieu aujourd'hui nommé *Caſal nuovo* à peu de diſtance de *Tarente*. *Mazocchi* en paroît d'autant plus ſûr qu'il en rapporte lui-même une Médaille ſur laquelle l'on diſtinguoit le nom de cette ancienne Ville, quoique l'on n'y voye que les trois lettres initiales MAN. Mais ce ſavant Antiquaire prouve par d'autres exemples que rien n'étoit plus ordinaire chez les Grecs, que de déſigner ainſi par une ou deux lettres, le nom de leurs Villes, & cela eſt certain. *Pæſtum*, *Sybaris*, & tant d'autres ne ſont pas indiquées autrement (2).

(1) L'on trouvera à la fin de ce Volume une partie de cette curieuſe Carte ; ſeul Monument connu des Anciens en ce genre.

(2) Voyez cette Médaille de *Mandurium* au Fleuron du troiſième Chapitre, page 68, ainſi que celles de *Salente*, *Brindes* & *Otrante*.

TARENTE.

Tarente a toujours été regardée, non-ſeulement comme une des Villes les plus célèbres de l'Italie, mais auſſi comme une des plus anciennes. Parmi les Hiſtoriens, & les Poètes de l'Antiquité qui ſe ſont plu à chanter les charmes de ſa ſituation & la douceur de ſon climat, les uns nous ont dit qu'elle devoit ſon origine à *Taras*, fils de Neptune, d'autres à Hercule; mais le plus grand nombre s'eſt accordé à croire qu'elle avoit été fondée par des Lacédémoniens ſous la conduite de *Phalante*; ce ſentiment fut adopté par Horace, comme il paroît par ces Vers.

Unde ſi Parcæ prohibent iniquæ
Dulce pellitis ovibus Galeſi
Flumen, & regnata petam Laconi
Rura Phalanto.

ODE VI, L. II.

C'étoit auſſi l'opinion de *Florus*; le paſſage de cet Auteur devient même d'autant plus curieux ici qu'il renferme en très-peu de mots la peinture & la deſcription des forces & de la puiſſance de cette ancienne République, & qu'il indique en même-temps les cauſes de ſa ruine. » *Tarente*, dit cet Hiſtorien, fondée par les » Lacédémoniens, fut regardée autrefois comme la Ville principale de la Calabre, » de l'Apulie & de toute la Lucanie, ſoit par la grandeur & l'étendue de ſes » murs, ſoit par la beauté & l'admirable ſituation de ſon Port; placée au milieu » de la Mer Adriatique, ſon commerce étoit très-étendu, puiſqu'elle envoyoit » des Vaiſſeaux en Sicile, en Iſtrie, en Illirie, dans toute la Grèce, & juſqu'en » Afrique. Ce qu'elle avoit encore de plus remarquable, étoit un immenſe Théâtre » qui dominoit ſur ſon Port & ſur la Mer, mais ce fut ce Théâtre même qui » devint la cauſe de ſa deſtruction & de tous ſes malheurs « (1).

Une ſituation auſſi heureuſe, l'excellence de ce Port fameux & l'étendue de ſon commerce, avoient effectivement rendu la République des Tarentins une des plus floriſſantes qu'il y eut alors. Mais ce fut ſur-tout par les ſoins d'*Architas*, originaire de cette Ville & un des plus grands-Hommes de l'Antiquité, que *Tarente* vit accroître ſes richeſſes & ſa puiſſance. Cet Homme célèbre, auſſi grand politique que ſavant Mathématicien, perfectionna ſa légiſlation, ou plutôt

(1) *Tarentus Lacedemoniorum opus, Calabriæ quondam, & Apuliæ, totiuſque Lucaniæ caput, cùm magnitudine & muris, portuque nobilis, tum mirabilis ſitu: quippe in ipſis Adriatici Maris faucibus poſita in omnes terras, Iſtriam, Illyricum, Epirum, Achaïam, Africam, Siciliam vela dimittit. Imminet portui ad proſpectum Maris poſitum majus Theatrum, quod quidem cauſa miſeræ Civitati fuit omnium calamitatum.* Flo. L. I, ch. XVIII.

il lui en donna une nouvelle & plus conforme aux mœurs d'une Société qui commence à se former par le commerce. Tant que cette République fut fidèle à ses sages institutions, sa prospérité & ses richesses augmentèrent de plus en plus, mais ces richesses mêmes devinrent la cause de sa ruine. Uniquement occupés des Jeux du Théâtre & de leurs plaisirs, les Tarentins se firent par leur faste insolent autant d'ennemis qu'ils avoient de voisins. Les Romains sur-tout qu'ils avoient insultés leur ayant déclaré la guerre, ils ne purent leur opposer que des Combattans énervés par la mollesse, sans courage, sans discipline, & bientôt ils furent asservis.

Voici, d'après les anciens Historiens, le fait qui amena la chûte de cette République. Des Jeux qu'on célébroit à *Tarente* avoient attiré une grande affluence de Citoyens au Théâtre, situé, comme nous venons de le dire, sur le bord de la Mer. Le hasard ayant amené quelques Romains qui vinrent à passer dans des Barques le long du Rivage, les Tarentins les insultèrent de loin par des cris & des huées : on lit même dans quelques Auteurs que plusieurs d'entre eux tombèrent inopinément sur les Barques des Romains & en firent périr quelques-unes. Le Sénat de Rome, instruit d'une insulte & d'une hostilité aussi imprévue, envoya des Ambassadeurs à *Tarente* pour en porter des plaintes: mais les Tarentins reçurent ces Ambassadeurs avec mépris, & les renvoyèrent de leur Ville, en joignant les railleries à l'outrage. Il n'en fallut pas davantage pour exciter la plus terrible guerre entre ces deux Républiques.

Rome mit sur pied une armée nombreuse & marcha aussi-tôt contre *Tarente* qui, de son côté appella à son secours *Pyrrhus*, le plus grand Capitaine de son siècle. Supérieur aux Romains, le Roi d'Epire eut d'abord quelque avantage, mais il fut ensuite vaincu lui-même dans deux batailles consécutives : & après celle qui se donna sous les murs de *Bénévent*, l'an de Rome 478, il fut enfin forcé d'abandonner *Tarente* à ses Ennemis. Les Romains y mirent une Garnison & en restèrent les Maîtres pendant quelques années ; mais cinquante ou soixante ans après, les Tarentins, las d'un joug qui leur étoit devenu insupportable, eurent recours à Annibal pour recouvrer leur liberté ; ils lui offrirent de lui livrer leur Ville & la lui livrèrent en effet ; une partie de la Garnison Romaine fut égorgée, & le reste fut bloqué dans la Citadelle par les Généraux Carthaginois (1).

Cette trahison de *Tarente* devoit amener de nouvelles Guerres & de nouvelles horreurs : Rome irritée, envoya une puissante armée commandée par *Fabius* ;

(1) Le détail des ruses dont Annibal se servit pour prendre *Tarente* sont très-curieux à lire dans les anciens Auteurs, on peut aussi les voir dans l'Histoire Romaine du Père *Catrou*. T. VIII, L. XXIX.

ce Général, après s'être emparée de *Tarente* par ſtratagême, & avoir maſſacré une partie des Habitans, en enleva trente mille Eſclaves, quatre-vingt mille livres d'or peſant (dit-on) & une immenſité d'autres richeſſes.

Les Romains envoyèrent depuis une Colonie à *Tarente* avec le droit de Cité Romaine, mais cette malheureuſe Ville ne put jamais ſe relever de l'état déplorable dans lequel elle avoit été réduite. *Tarente*, autrefois ſi célèbre, ſi puiſſante par ſon commerce, dont le luxe étoit porté au plus ſuprême degré & égaloit même alors celui de *Syracuſe*, eſt à peine maintenant connue dans le reſte de l'Europe. Réduite à un très-petit nombre d'Habitans; preſque ſans commerce & ſans induſtrie, les Tarentins modernes ne connoiſſent aujourd'hui d'autre bonheur que l'oiſiveté & l'oubli dans lequel on les laiſſe.

Il ne nous reſte rien de tous les Monumens élevés à *Tarente* du temps de ſa proſpérité, ſi ce n'eſt beaucoup de Médailles qui déſignent toutes par leur perfection le plus beau temps des arts. Une grande partie repréſente un Guerrier armé d'un Trident & traverſant la Mer ſur un Dauphin; ſeroit-ce une allégorie ſur la fondation de cette Ville qu'une partie de l'Antiquité croyoit, comme nous l'avons dit, fondée par *Taras*, fils de Neptune? Preſque toutes ces Médailles portent le même revers: il repréſente des Chevaux montés par un Cavalier dans l'action de combattre, ou de poſer une Couronne ſur la tête du Cheval. Ce qui étoit ſans doute une alluſion relative au goût des anciens Tarentins pour les Exercices à Cheval, & à leur ſuccès dans les Courſes des Jeux Olympiques (1).

(1) Nous voyons dans Strabon, L. VI, que les Tarentins avoient près de leur Ville un *Gymnaſe* ſuperbe: c'étoit le lieu deſtiné aux Exercices de la Courſe & de la Lutte. Les Tournois, le Manège & les Courſes des Chevaux y avoient été fort en uſage. Et avant que la molleſſe & la débauche euſſent énervé le courage des Tarentins, ils formoient de bonne-heure leur Jeuneſſe aux Combats à cheval dans leſquels elle avoit une grande réputation par toute la Grèce. Voyez les Médailles de *Tarente* dans le Fleuron placé à la fin du quatrième Chapitre, page 84.

DE

DE LA LUCANIE

OU

PROVINCE DE LA BASILICATE.

La Lucanie étoit cette partie de l'Italie, ſéparée des Apuliens par le *Bradanus* qui ſe jette dans le Golfe de *Tarente*, des Picentins par le *Silare*, & des Brutiens par le *Laüs* & le *Sybaris*, dont l'un ſe rend dans la Mer Tyrrhénienne & l'autre dans le Golfe de *Tarente*. C'eſt aujourd'hui cette partie du Royaume de Naples que l'on appelle la *Baſilicate*. La ſituation, la fertilité de ſon Territoire engagea pluſieurs Colonies à s'y établir, elles conſtruiſirent pluſieurs Villes, dont les plus célèbres furent *Syris*, *Héraclée*, *Métaponte*, *Pæſtum* ou *Poſſidonia*, *Velie* ou *Helia*, & *Sybaris*.

SIRIS.

Les Hiſtoriens ne nous ont laiſſé aucuns détails ſur l'antique Ville de *Siris*, une des plus anciennes de la Grande-Grèce, que l'on confond ſouvent avec *Héraclée*, & de l'exiſtence même de laquelle on pourroit douter ſi quelques Médailles, quoiqu'en très-petit nombre, ſur leſquelles nous voyons le nom de cette Ville, n'en étoient une preuve inconteſtable. Les Antiquaires ne rapportent que trois Médailles de *Siris* qui ſont très-curieuſes par leur extrême antiquité. L'on croit même que cette Ville exiſtoit long-temps avant l'époque de la Guerre de Troye.

Sur l'une de ces Médailles l'on voit la Proue d'un Vaiſſeau avec l'Inſcription ΣΕΙΡΙΣ au-deſſus; le revers repréſente un Vaſe orné de deux grandes Anſes. Sur la ſeconde Médaille eſt d'un côté une Tête que l'on a cru être celle de Mercure, à cauſe d'une eſpèce de Bonnet ou de Toque qui ſembloit le déſigner, & de l'autre côté eſt un Oiſeau aſſez ſemblable à l'Aigle; au-deſſous l'on voit une Couronne de laurier, & pour Légende ΣΕΙΡΙ. La troiſième Médaille porte la même Tête & également coëffée, mais n'a d'autre Inſcription que ces trois lettres initiales ΓΕΙ, & au revers un Vaſe d'une forme allongée & agréable.

HÉRACLÉE.

Héraclée fut bâtie par les Tarentins ſur la rive droite de l'*Aciris*, à peu de diſtance des débris de *Siris*, beaucoup plus ancienne encore. Cette Ville, dont les Historiens ont fait souvent mention, passoit dans l'antiquité pour avoir toujours observé & rempli inviolablement ses Traités avec ses Alliés. Sa conduite & sa réputation méritèrent que Cicéron, en parlant d'*Héraclée*, la désigne par cet éloge; *Civitas aquissimo jure ac fœdere. Héraclée* fut long-temps le lieu du Conseil général de toute la Grande-Grèce, c'est dans cette Ville que de toutes les Provinces on envoyoit des Députés pour conférer des affaires les plus importantes, où l'on décidoit de la Paix & de la Guerre, & enfin où l'on régloit les intérêts communs des Grecs d'Italie.

Jusqu'à l'an 427 de Rome, *Héraclée* demeura sous la domination de *Tarente.* Strabon la nomme *Heraclea Tarentinæ ditionis*; & le Roi d'Epire n'en fit le siége que pour humilier, dans une de leur Colonie, les Tarentins avec lesquels il fut en Guerre pendant quelque temps. Après la mort de Pyrrhus, elle fut alternativement la proie de ses Ennemis & de ses Alliés. Mais ces détails, fort étendus & souvent fort obscurs dans les anciens Historiens, ne peuvent nous intéresser aujourd'hui. Tout ce que nous savons, c'est qu'*Héraclée*, dans ses beaux jours, fut ainsi que *Métaponte*, une des Villes où Pythagore séjourna le plus long-temps, qu'il y tenoit une Ecole, & y forma des Disciples dont plusieurs enseignèrent la Philosophie après lui.

Les sciences & les arts furent cultivés dans cette ancienne Ville, mais parmi les Hommes célèbres auxquels elle donna le jour, aucun ne le fut autant que le Peintre *Zeuxis.* On s'accorde à le croire originaire d'*Héraclée* dans la Grande-Grèce, quoiqu'il y ait eu d'autres Villes de ce nom dans la Grèce propre & dans la Sicile. Elève & Emule d'*Apollodore*, *Zeuxis* porta la Peinture à un degré de perfection où les Anciens n'étoient pas encore parvenus. Pline nous parle avec le plus grand éloge de ses Tableaux, & nous en a même décrit plusieurs; ils étoient recherchés avec tant d'empressement que ce célèbre Peintre, après avoir acquis de grandes richesses, avoit fini par donner généreusement ses Tableaux, attendu, disoit-il lui-même, qu'aucun prix n'étoit capable de les payer.

La beauté des Médailles d'*Héraclée* est une des meilleures preuves que les arts y ont été portés à une grande perfection; le Père Magnan, dans son curieux Ouvrage de la *Lucania Numismatica*, en rapporte un très-grand nombre qui sont toutes du meilleur & du plus grand caractère, il y en a peu en or, mais beaucoup en argent & un peu moins en bronze. Presque toutes ont d'un côté une Tête armée d'un Casque, & au revers un Hercule avec la Massue; souvent ce Héros y est représenté combattant, & étouffant dans ses bras le Lion de la forêt de Némée. La Légende ΗΡΑΚΛΗΙΩΝ, y est entière sur le plus grand nombre, & quelquefois simplement les lettres initiales ΗΡΑ.

MÉTAPONTE.

Les Historiens anciens ne nous ont pas laissé plus de détails, ni de faits plus intéressans sur *Métaponte*. Son nom a fourni à ceux qui en ont voulu approfondir l'origine, plusieurs conjectures qui nous paroissent dénuées de fondement. Quelques-uns, entre autres, ont cru qu'elle fut ainsi nommée à cause de sa situation à l'opposite de la Grèce Asiatique : *Metapontum quasi transpontum dicta est.* Ce qu'il y a de plus vraisemblable, c'est que l'établissement de cette Colonie fut également attribué aux Grecs, que la douceur du climat & la beauté du Pays attirèrent en Italie sur toutes ses Côtes. Elle devint sur-tout célèbre, comme nous venons de le dire, par le séjour qu'y fit Pythagore, en se retirant de Crotone.

Il y a tout lieu de croire que *Métaponte* fut détruite par les Samnites qui la ravagèrent, ainsi que toute la Lucanie ; c'est près du lieu où est actuellement la petite Ville de *Torre di Mare* qu'elle étoit située, mais on ignore également l'époque & les causes de sa destruction. Il ne reste plus aujourd'hui de l'ancienne *Métaponte* que les Ruines imposantes d'un Temple qui, par sa construction, paroît être de la plus haute antiquité, on le croit même du temps de Pythagore.

Ce que nous pouvons encore regarder comme autant de Monumens, & de preuves de la puissance de cette ancienne Colonie, c'est la quantité considérable de ses Médailles. *Métaponte* étoit une des Villes de la Grande-Grèce dont on en connoît le plus ; toutes portent pour revers, un ou deux Epis de bled, ce qui ne peut être regardé que comme le Symbole des richesses qu'elle avoit acquises par l'agriculture : les Historiens rapportent même à ce sujet, que ses Habitans envoyèrent en présent au Temple de Delphes une Statue d'or qui représentoit l'Eté.

Quant aux variétés des Types de ces Médailles de *Métaponte*, ainsi qu'à la différence des métaux, il paroît que celles qui sont en or sont infiniment rares, ainsi que le moyen bronze, mais en argent & en petit bronze, elles sont plus communes. Toutes assez généralement portent pour empreinte une Tête casquée qui représente le Dieu Mars. Parmi ces Médailles il y en a aussi beaucoup dont le Type est une Tête de Femme couronnée d'Epis de bled entrelacés, ce qui caractérise absolument Cérès, la Déesse du Labourage & de l'Agriculture, richesse principale de tout le Pays. L'on voit encore sur quelques-unes l'Aigle de Jupiter ou la Chouette de Minerve, mais celles-ci sont en petit nombre ; enfin on en coenoît une sur laquelle on voit d'un côté une Tête de Mercure, le Dieu du

Commerce, & de l'autre des Grains de bled, avec le Caducée & les lettres initiales METAΠ. Inscription ordinaire à toutes les Médailles de *Métaponte*.

PÆSTUM.

Pæstum ou *Possidonia*, bâti au-delà des rives du *Silare*, fut une Ville des plus renommées de la *Lucanie*. Les restes encore existants de ses Temples & de ses Edifices, ne peuvent que donner une grande idée de son ancienne magnificence. L'enceinte de ses murs, peu endommagés par le temps, étoit presque quarrée; c'est dans cette enceinte que l'on voit les débris de plusieurs Monumens publics, & particulièrement trois Temples d'Ordre Dorique, beaucoup plus entiers & plus conservés peut-être qu'aucun Édifice de l'Antiquité; ils sont composés & entourés de Colonnes d'une proportion courte, & d'une Architecture extrêmement grave & massive, mais qui n'aura pas peu contribué par là à leur conservation.

Cette Ville de *Pæstum* fut une des plus anciennes & un des premiers établissemens que les Grecs formèrent dans cette partie de l'Italie; aussi paroît-il, d'après le sentiment & les recherches de *Mazocchi*, qu'elle a plusieurs fois changé de nom & de Maître. Ce savant Antiquaire pense que cette ancienne Ville, fondée en premier lieu par les Phéniciens, porta d'abord le nom de *Pæstan* ou *Pesitan*; que depuis, les Sybarites s'en étant emparés, après la destruction de *Sybaris*, lui donnèrent le nom de *Possidonia* qu'elle a porté fort long-temps, & qu'enfin elle ne prit celui de *Pæstum* que vers les derniers temps & à l'époque où elle devint Colonie Romaine.

Quoi qu'il en soit de toutes ces savantes recherches, il y a lieu de croire que si l'origine de ces anciennes Villes Grecques fut à-peu-près égale, nous pouvons penser que leur chûte & leur fin a été due aux mêmes causes, & arrivèrent à-peu-près aux mêmes époques. Nous avons vu qu'étant devenues également jalouses de la puissance des Romains, & craignant d'être asservies chacune à leur tour, elles appellèrent Pyrrhus à leur secours, que ce fameux Roi d'Epire ayant réuni toutes les forces de la Grande-Grèce fit pendant six années une Guerre violente aux Romains, mais qu'après avoir eu quelques succès il fut entièrement défait, l'an de Rome 478.

Ce fut sans doute à cette époque que *Pæstum* subit le sort de presque toutes ces Colonies Grecques. Sa situation & son Port sur les bords de la Mer Thyrrénienne étant favorables aux Romains, ils y envoyèrent une Colonie s'y établir & en prendre possession au nom de la République. Il paroît que de ce moment *Pæstum*

resta

resta fidèlement attachée aux Romains ; elle leur envoya des Ambassadeurs, & même des secours dans plus d'une occasion. Ce qu'il y a de certain, c'est que les Monumens que l'on y voit encore, ainsi qu'une très-grande quantité de Médailles, dont nous nous occuperons dans un autre moment, attestent que les arts furent cultivés dans cette ancienne Ville & qu'ils y étoient même portés à une grande perfection.

VELIA.

A peu de distance de *Pæstum*, il y avoit dans la Lucanie une Ville considérable qui se nommoit *Velia* ou *Helia* : elle étoit située sur le bord de la Mer à vingt-cinq milles de *Pæstum*, & près d'une petite Rivière nommée aujourd'hui *Halenta*, dans l'endroit où est le Bourg de *Castel a Mare della Bruca*. Strabon nous dit que les Phocéens en furent les Fondateurs, & que la stérilité du Terrein où elle fut bâtie, ainsi que le voisinage de la Mer, engagèrent les Habitans à se livrer au commerce maritime avec lequel ils acquirent de grandes richesses.

Tite-Live fait mention de cette ancienne *Velia*, & l'on peut croire, d'après Virgile, que son Port devoit être renommé de son temps, puisqu'il le cite dans son Enéide, en parlant de *Palinure*, & de la prière que ce Pilote faisoit à Enée de lui accorder les honneurs de la sépulture.

Eripe me his, invicte, malis ; aut tu mihi terram
Injice, namque potes, portusque require *Velinos* (1).

Eneid. L. VI.

Il y a au reste peu de Villes anciennes dont on ait une aussi grande quantité de Médailles. Elles annoncent par la beauté de leur Type & leur grand caractère, une Ville riche & où les arts étoient perfectionnés. Toutes ont pour Inscription le nom de ΥΕΛΗΤΩΝ, & presque toutes portent une Tête de Minerve avec le Casque, & au revers un Lion avec différens attributs. Souvent ce Lion est représenté devant un Cerf qu'il a terrassé, ce qui sans doute faisoit allusion à quelque conquête ou à quelque victoire remportée par les Habitans de *Velie*. Quelquefois elles portent pour Type une Tête de Jupiter, & au revers un Aigle, & plus souvent une Chouette.

---

(1) Ce Cap de *Palinure* avoit, ainsi que celui de *Misène*, fourni à Virgile le sujet d'une fiction dont il embellit son Poëme : il suppose qu'un Pilote d'Enée avoit péri près de ce Cap, & qu'il y fut inhumé suivant la promesse de la Sibylle. Nous voyons effectivement dans ce lieu un Cap très-connu qui en porte encore aujourd'hui le nom, *Capo di Palinuro*.

SYBARIS.

L'ancienne Ville de *Sybaris* étoit située à l'extrémité de la *Lucanie* sur les bords du Golfe de *Tarente*, près du Fleuve *Sybaris* qui lui donna son nom, & qui séparoit son Territoire d'avec le *Brutium*. Le Père *Magnan* & quelques Auteurs placent cette Ville, ou au moins le lieu où elle étoit située, dans la dernière division de la Grande-Grèce. Mais indépendamment de ce que le site délicieux de la Plaine où étoit *Sybaris* ne nous a point paru devoir faire partie d'un Pays montagneux, comme est presque en totalité cette extrémité de l'Italie qui formoit le *Brutium*, les mœurs efféminés de ces anciens Habitans nous ont paru si fort contraster avec le caractère âpre & sauvage des Brutiens, que nous avons cru ne pouvoir les confondre (1).

Strabon & Athenée sont les Historiens de l'antiquité dans lesquels on trouve le plus de détails sur cette Colonie. Elle dut au luxe & à la mollesse sa célébrité & sa perte. Le premier de ces Historiens, dans sa description de l'Italie, dit que *Sybaris* étoit à deux cents stades de *Crotone*, qu'elle avoit été bâtie par les *Athéniens*, & qu'elle étoit située entre deux Fleuves, le *Sybaris* & le *Crathis* qui se jettent l'un & l'autre dans le Golfe de *Tarente*; il ajoute que cette Ville s'éleva à un tel point de grandeur qu'elle commandoit à quatre Nations voisines, que vingt-cinq autres Villes en dépendoient, & que son enceinte occupoit un espace de cinquante stades. Le même Historien raconte qu'elle se vit en état de mettre trois cents mille hommes sous les armes pour faire la Guerre aux Crotoniates.

Il est plus que probable que Strabon exagère la puissance des Sybarites, au moins du côté de la population; mais ce dont nous ne pouvons douter, c'est que *Sybaris* ne se soit sur-tout rendue célèbre dans l'antiquité par les recherches de ses Habitans dans toutes les jouissances de la vie. » C'est là (dit Athenée) que le » bruit & le travail des Artisans qu'on entend dans toutes les Villes, ainsi que » le chant du Coq, sont interdits comme un désordre public : c'est là que, » livrés au sommeil, à l'amour & à toutes les voluptés, les hommes cherchent » à embellir le court passage de la vie par toutes les sensations agréables «.

Des parfums délicieux, des bains qui rendoient la peau plus sensible à toutes les impressions extérieures, toutes les délices de l'amour, des festins animés par des vins exquis remplissoient, pour ces efféminés Sybarites, tous les instans de la vie qu'ils ne donnoient pas au sommeil. L'on sait que dans les descriptions que les Auteurs anciens se sont plu à nous faire de leur mollesse & de leur sensualité,

(1) Nous nous conformons d'ailleurs en cela à la Carte même de l'Italie ancienne faite par M. Danville en 1764.

ils ont été jufqu'à nous dire, que dans leurs lits jonchés de rofes une feuille féchée ou roulée les importunoit.

Une Nation ainfi amollie par tous les genres de volupté, devoit être bientôt fubjuguée par fes Voifins. On trouve dans Diodore de Sicile l'origine de la Guerre qui s'éleva entre les Sybarites & les Crotoniates, à la fuite d'une divifion furvenue à *Sybaris* & dont il importe peu de favoir le fujet. *Thelys*, Préteur de cette Ville, très-accrédité & très-puiffant auprès du Peuple, le porta à profcrire cinq cents Citoyens des plus diftingués dont il craignoit le crédit ou les richeffes, & fit confifquer leurs biens. Ces infortunés fe retirèrent à *Crotone* où l'on voulut bien les recevoir. *Thelys* irrité de ce que les Crotoniates avoient donné un afyle aux victimes de fa haîne, leur envoya des Députés pour les fommer de rendre les Exilés, & leur fignifier que l'on regarderoit leur refus comme une déclaration de Guerre.

L'affaire fut portée au Sénat de *Crotone* où fe trouvoit Pythagore ; ce Philofophe prit vivement la défenfe de ces malheureux, & foutint que ce feroit une lâcheté indigne des Crotoniates que d'abandonner ainfi ceux qu'ils avoient pris fous leur protection. L'avis de Pythagore prévalut & la Guerre fut décidée ; cependant on voulut encore tenter toutes les voies de conciliation, & on envoya trente Citoyens en Ambaffade à *Sybaris* (1).

Les mêmes Hiftoriens ajoutent que contre le droit de l'humanité & celui des gens, ces Ambaffadeurs furent égorgés fur des prétextes frivoles, & que pour comble d'horreur, les Sybarites jettèrent leurs corps dans les foffés de leur Ville où ils reftèrent fans fépulture. *Crotone* révoltée d'une telle barbarie, mit fur pied une armée nombreufe, & *Milon*, cet athlète célèbre par fon courage & fes forces extraordinaires, fut chargé d'en aller tirer la vengeance la plus éclatante.

Ces Guerriers redoutables n'eurent pas de peine à triompher d'une Nation molle & efféminée, & l'on voit dans *Athenée* & *Strabon*, que non contents de leur victoire, ces terribles Crotoniates voulurent exterminer entièrement une Ville qui leur étoit devenue en horreur. Pour en détruire jufqu'aux moindres traces, ils imaginèrent de creufer de larges canaux dans lefquels ils raffemblèrent les deux Fleuves dont *Sybaris* étoit entourée, leurs flots y étant réunis, fe précipitèrent fur cette malheureufe Ville, en renversèrent les murs & les

(1) *Erat vero illa tempeftate Prætor quidam Populi, nomine Telys. Is potentiffimum quemque ad Populum criminando, hoc tandem apud Sybaritas obtinuit, ut Civium quingentos opulentiffimos Urbe ejicerent, bonaque eorum publicarent. Exules hi Crotonem petunt & ad aras confugiunt. Mox Telys Legatos Crotonem mittit qui denunciarent ut vel dedant exules vel bellum à Sybaritis expectent. Advocata igitur concione, & ad deliberandum ratione propofita, utrum dedi fupplices, an vero bellum fufcipere contra potentiores expediret ? Pythagora Philofopho fupplices protegendo fuadente, bellum decreverunt.* Diod. Sicil. L. XII.

couvrirent de fable & de fange, à tel point que l'on cherche envain le lieu où elle a pu exifter. Telle fut la fin funefte de la fameufe *Sybaris* (1).

Quelque temps après fon entière deftruction, les reftes de fes Habitans, errants, fugitifs, fe réunirent pour la rebâtir, & demandèrent des fecours à *Lacédémone*. Cette République, plus fage qu'avide de nouveautés, rejetta les propofitions des Sybarites qui implorèrent alors la puiffance d'*Athènes*: *Athènes* plus entreprenante, accepta les conditions avantageufes que les Sybarites faifoient à ceux qui voudroient concourir avec eux à la conftruction d'une nouvelle Ville. L'on équipa dix Vaiffeaux, & *Zenocrite* fut mis à la tête de l'expédition; quelques *Achéens*, Habitans du *Péloponèse*, fe joignirent encore aux Sybarites, & tous enfemble ayant abordé à peu de diftance de l'endroit où étoit l'ancienne Ville, ils choifirent pour la reconftruire une Plaine fertile & fituée près d'une Fontaine que l'on nommoit *Thuria*. Ce fut fans doute le nom de cette Fontaine qui fut caufe que la nouvelle *Sybaris* prit celui de *Thurium* qu'elle porta depuis cette époque, ainfi que nous le voyons fur un grand nombre de Médailles de cet ancien Peuple. Il paroît que la nouvelle Ville fut bientôt élevée, & qu'elle devint même en peu de temps riche & opulente.

Une Colonie formée d'Habitans dont les mœurs, le langage & les opinions étoient fi différens, ne devoit pas jouir long-temps d'une grande tranquillité.

(1) L'Hiftorien *Athenée* nous a laiffé fur le luxe & la molleffe de cet ancien Peuple, des détails qui font à peine croyables; c'eft lui qui nous peint fur-tout ces Sybarites au milieu des délices dans lefquels ils paffoient leurs jours, vêtus de robes de pourpre, & les cheveux treffés avec des tiffus d'or. La laine de *Milet* qui dans ce temps-là étoit regardée comme la plus fine & la plus moëlleufe, étoit la feule qu'ils employaffent pour leurs habillemens. Une couronne d'or étoit le prix de celui qui avoit donné le repas le plus fomptueux, & fon nom étoit publié avec éloge par les Hérauts, dans les Affemblées & dans les Jeux publics. Les Femmes étoient invitées fouvent une année d'avance, afin de leur ménager le temps de paroître à ces repas avec plus de magnificence, & avec tout l'éclat qu'elles pouvoient tirer de leur parure; & pour qu'aucune intempérie de l'air ne pût en troubler la volupté, les Sybarites avoient imaginé de faire conftruire fous terre de vaftes falles pour y être plus à l'abri de la chaleur. Ceux qui inventoient quelques mêts nouveaux étoient les feuls que l'Etat regardât comme fes bienfaiteurs; l'émulation n'avoit point d'autre but, & fi quelques Artiftes étoient diftingués dans cette Ville corrompue, c'étoient les Parfumeurs, les Cuifiniers, tous ceux dont les talens & l'induftrie pouvoient flatter le goût & la fenfualité.

Les Pêcheurs, ceux qui fourniffoient les efpèces de poiffons les plus rares, étoient exempts de toute impofition publique, ainfi que ceux qui mettoient en œuvre la forte de coquillage que l'on employoit alors pour la teinture de pourpre. Enfin les Hiftoriens citent parmi les Hommes célèbres qui s'étoient fait un nom à *Sybaris*, un certain *Alcyfthènes* pour avoir fait une Tunique de plumes réunies avec tant d'art, qu'elles repréfentoient diverfes figures des Dieux, d'Oifeaux, d'Animaux du Pays. Des perles bien moins rares & moins précieufes que l'ouvrage même, l'embelliffoient encore; cette Tunique fut vendue cent vingt Talents, ce qui devoit être un prix exceffif, fuivant la valeur que l'on s'accorde à donner au Talent des Anciens.

Une des dépenfes, & un des goûts les plus chers des Sybarites, c'étoit, à ce que nous affurent plufieurs Hiftoriens, de fe procurer, à grands frais, des Singes & des Nains. Les plus étranges & les plus difformes étoient les plus recherchés.

Les

Les Sybarites, comme anciens Possesseurs du Pays, voulurent en être les Législateurs, & s'arroger le droit de faire exécuter les Loix. Ils s'emparèrent encore des Terres les plus fertiles & les plus voisines de la Ville. Une ambition aussi injuste leur devint funeste, & les rendit si odieux aux autres Citoyens qu'ils les massacrèrent tous dans une sédition.

Depuis ce temps, *Denys*, Tyran de *Syracuse*, forma le dessein de s'emparer de *Thurium*, mais la Flotte qu'il avoit armée ayant été battue par une violente tempête, il fut obligé de renoncer à son projet. La crainte de ce nouvel Ennemi engagea les Thuriens à chercher un appui dans une alliance qu'ils firent avec les Romains. Ceux-ci leur envoyèrent le Consul *Fabricius* pour les défendre, non-seulement contre *Denys*, mais même contre les Brutiens leurs voisins, ainsi que contre les Lucaniens qui leur faisoient la Guerre. Ce fut alors que cette Ville changea encore de nom pour la troisième fois, elle prit celui de *Copia* que lui donnèrent les Romains, & qui, à ce que l'on peut croire, semble faire allusion à l'extrême abondance de son Territoire.

Les plus anciennes Médailles de *Sybaris* sont fort rares, elles représentent toutes un Bœuf avec la tête recourbée sur le côté; la plupart sont de l'espèce qu'on distingue sous le nom d'*incuses*, c'est-à-dire qu'elles sont frappées en creux, & sur le revers elles portent en saillie la même figure du Bœuf. Pour toute Légende l'on n'y voit que les deux lettres initiales ΤΜ écrites de droite à gauche suivant le plus ancien usage des Grecs & le *sigma* renversé, c'est-à-dire Μ au lieu de Σ. On n'en connoît qu'en argent, fort peu en bronze, & point en or.

Les Médailles de *Thurium*, quoique fort rares, sont en plus grand nombre, soit en argent, soit en bronze; car en or elles sont aussi de la plus grande rareté. Toutes sont frappées d'une Tête de Minerve casquée, & au revers un Taureau dans l'action de combattre, quelques-unes ont pour Type un Trépied, une Lyre ou un Trophée d'armes.

Les Médailles de *Sybaris* sous le nom de ΚΟΠΙΑ, portent toutes une Tête de Mars ou d'Hercule, coëffée de la Tête du Lion, & au revers une Corne d'Abondance; on n'en connoît qu'en petit bronze.

DE L'ANCIEN BRUTIUM,

AUJOURD'HUI

LA CALABRE CITÉRIEURE ET ULTÉRIEURE.

IL ne nous reste actuellement à parler que du Pays des Brutiens, cette Péninsule qui forme l'extrémité de l'Italie méridionale. Elle est entourée d'un côté par le Golfe de *Tarente*, & de l'autre par la Mer Tyrrhénienne. C'est la partie du Royaume de Naples connue aujourd'hui sous le nom de Calabre, citérieure & ultérieure. Ses Villes principales étoient autrefois *Pandosia*, *Petilia*, *Croton*, *Syllacium*, *Themesa*, *Terina*, *Hypponium* ou *Valentia*, *Locri* & *Rhegium*.

Il paroît que les Brutiens furent les Peuples de la Grande-Grèce les plus adonnés à la Guerre & les plus courageux; ils étoient l'effroi de leurs Voisins & devinrent très-puissans par les conquêtes qu'ils firent sur les meilleures Contrées de cette partie de l'Italie. Après s'être séparés des Lucaniens dont ils descendoient, ils s'en déclarèrent bientôt les ennemis, & remportèrent sur eux tous les avantages que la valeur & l'exercice continuel des armes devoient leur procurer. Ils ravagèrent leurs champs, pillèrent leurs troupeaux, brûlèrent leurs habitations & ne leur donnèrent la paix qu'à des conditions onéreuses.

Justin nous a conservé quelques détails sur l'éducation qu'ils donnoient à leurs enfans. Au sein des forêts, parmi les Pâtres, ils les endurcissoient dès leur plus bas-âge à la fatigue, sans vêtemens, sans feu, exposés à toutes les intempéries de l'air, aux attaques imprévues des bêtes féroces, enfin à cette lutte perpétuelle de la nature contre l'homme sauvage.

Ces jeunes Elèves de la nécessité exerçant ainsi toutes leurs forces, contractoient de bonne-heure cette vigueur & cette âpre rudesse qui fit seule les Guerriers dans les temps, où le succès, & tout l'art de la Guerre ne dépendoit que de l'agilité & de la force du corps. Habitans sauvages des forêts dans lesquelles ils passoient leur vie entière, ces Barbares n'avoient d'autre nourriture que le gibier qu'ils tuoient à la chasse, d'autre boisson que l'eau des fontaines, ou le lait de leurs troupeaux, & même, disent quelques Auteurs, le sang des bêtes féroces. Redoutables aux Nations voisines par leurs excursions continuelles, ils les forcèrent à chercher des secours & des vengeurs dans la Sicile. Telle est la peinture que nous trouvons dans tous les anciens Auteurs, de la vie & du caractère des premiers Habitans du *Brutium*.

Denys, Tyran de Syracuſe, fatigué des plaintes que lui portoient les Alliés des Terres Italiques contre les Brutiens, leva une armée pour exterminer ces ennemis de la paix publique ; mais trop foible pour attaquer une Nation ſi redoutable, ſon entrepriſe échoua, & depuis cette époque, la puiſſance des Brutiens s'accrut de plus en plus. Nous voyons dans l'Hiſtoire qu'ils taillèrent en pièces l'armée d'*Alexandre*, Roi des Moloſſes, lorſqu'il alloit au ſecours des Tarentins.

PANDOSIA ET CONSENZA OU BRETTIA.

Les Géographes & les Hiſtoriens ſont partagés ſur la ſituation exacte de *Pandoſia*; quelques-uns, & Pline, entre autres, nous diſent qu'elle faiſoit partie de la *Lucanie*; d'autres la placent dans le *Brutium*, à peu de diſtance de *Conſenza*, que l'on a auſſi nommée *Brettia.* De toutes ces Villes, autrefois célèbres, à peine nous reſte-t-il aujourd'hui que des noms & quelques Ruines éparſes. Elles étoient ſûrement ſituées à peu de diſtance de la Mer Tyrrhénienne dans la partie du *Brutium* dont *Conſenza* étoit autrefois la capitale, ainſi que l'on n'en peut douter d'après ce paſſage de Strabon qui, dans la deſcription qu'il fait de ce Pays, nous dit préciſément. *Inde ſequitur Conſentia, Brutiorum caput ; paulum ſupra ſita eſt Pandoſia, caſtellum validum, juxta quod Alexander Moloſſus periit* (1).

Il nous reſte très-peu de Médailles de cette ancienne Ville de *Pandoſia.* L'Ouvrage intitulé *Brutia Numiſmatica* ne nous en préſente que trois, qui ſont en argent. Sur l'une, c'eſt une Tête aux cheveux rayonnants, & pour revers, un Trépied avec l'Inſcription ΠΑΝΔΩΣΙΕΩΝ. Sur une autre Médaille ſe voit le même Bœuf qu'aux plus anciennes de *Sybaris* & dans la même attitude, avec un autre Trépied pour revers. Une autre petite Médaille de *Pandoſie* porte pour empreinte de chaque côté une Tête, l'une d'un Guerrier ou du Dieu Mars, & l'autre une Tête de Femme avec la Couronne Murale ou Civique, & la même Inſcription ΠΑΝΔΩΣΙΕΩΝ.

Quant aux Médailles de *Conſenza*, on n'en connoît point qui ſoient déſignées autrement que par le monogramme >B qui ſe trouve joint à l'Inſcription ΒΡΕΤΤΙΩΝ, ce qui ſembleroit prouver encore plus poſitivement que cette Ville étoit regardée

(1) Tite-Live dit qu'Alexandre, Roi des Moloſſes, fut conſulter l'Oracle de Dodone ſur le lieu de ſa mort, & qu'il en eut pour toute réponſe de prendre garde à ne point aller à *Pandoſia* proche le Fleuve Acheron. Comme il y avoit une autre Ville de ce nom plus connue en Epire auprès de laquelle couloit un Fleuve Acheron, Alexandre ne penſa point à *Pandoſia* ſituée en Italie, où ayant été appellé au ſecours des Tarentins contre les Lucaniens & les Brutiens, il trouva la mort en voulant l'éviter. *Tit. Liv. L. VIII.*

comme la Métropole de tout le Pays des Brutiens. Au reste toutes les Médailles connues de cet ancien Peuple, & qui sont en très-grand nombre, attestent que c'est avec raison que tous les Historiens nous l'ont peint comme très-belliqueux & passant sa vie dans les combats, puisque presque toutes représentent ou un Guerrier armé d'une lance & prêt à combattre, ou une Victoire couronnant un Trophée d'armes, ou bien Jupiter lançant la foudre; & sur les revers, c'est tantôt une Tête de Mars ou d'Hercule, ou enfin une Pallas armée de la lance & du bouclier & dans l'action de courir au combat.

Une grande partie de ces Médailles des Brutiens porte encore pour empreinte la figure d'un Crabe, espèce d'Ecrevisse de Mer, & de l'autre côté une Tête de Mars & quelquefois coëffée par le même Animal au lieu de casque. Ce qui paroît être une sorte d'Emblême, pour désigner par le nombre des bras & des pinces dont le Crabe est armé, la force & la volonté toujours active de conquérir. Peut-être auroit-on voulu aussi indiquer par cet Emblême la patience & le courage de ce Peuple pour soutenir les travaux & les fatigues de la Guerre.

THEMESA.

En suivant la Côte & descendant le long de la Mer Tyrrhénienne; l'on rencontre encore les Ruines de plusieurs anciennes Villes; une des plus considérables, selon Strabon, fut *Themesa* ou *Thempsa*, dont le nom moderne est *Amantea*, située sur le bord de la Mer. Cette Ville, citée par Homère & Ovide pour l'abondance de ses mines de cuivre & de fer, fut bâtie & habitée par les Ausoniens; mais les Brutiens s'en emparèrent dans la suite & la possédèrent jusqu'à l'arrivée des Romains. Les richesses de cette Ville attirèrent l'attention & l'avarice du Préteur *Verrès* que Cicéron a rendu fameux par ses harangues.

Les Médailles de *Themesa* sont extrêmement rares; l'on n'en connoît que trois rapportées dans le *Brutia Numismatica*. Sur la première, c'est une Tête d'Homme, les cheveux courts & ceints d'un bandeau; au revers, on voit une Tête de Lion, la gueule ouverte & menaçante, avec l'Inscription ΤΕΜΕΣΕΩΝ. Sur la seconde, une Femme assise sur un Trophée d'Armes & entourée de plusieurs branches de laurier, semble désigner la Figure d'une Victoire. Elle porte la même Inscription de *Themèse*; le revers de cette Médaille représente un Temple qui sans doute a pu avoir rapport à quelque Edifice existant anciennement dans cette Ville; & la Légende est ΒΡΕΤΙΩΝ. Enfin sur la troisième, c'est le même Temple, avec la même Inscription, & au revers la Figure d'un Gladiateur.

TERINA.

TERINA.

A très-peu de distance de Themesa, & sur la même Côte, on apperçoit les Ruines fort étendues d'une autre Ville qui se nommoit *Terina*. Elle étoit placée sur une hauteur & entourée de Forteresses qui furent rasées par Annibal. Les Historiens ne nous donnent aucuns détails sur cette ancienne Ville, & cependant il paroît par ses Médailles, qui sont en assez grand nombre & presque toutes en argent, que les arts y étoient très-cultivés. L'on y voit pour Type une Tête de Divinité qui ne paroît distinguée par aucun attribut. Sur quelques-unes elle est entourée de deux branches d'olivier, qui suivent & font le tour de la Médaille; & au revers, une Victoire ailée tenant une Couronne à la main ou un Caducée, & quelquefois un Oiseau : l'Inscription est ΤΕΡΙΝΑΙΩΝ.

HYPPONIUM.

Cette Ville fut encore une des plus célèbres de la Grande-Grèce; on croit qu'elle fut d'abord fondée par les Locriens, ensuite possédée par les Brutiens & de là elle passa sous la domination des Romains. A cette époque, *Hypponium* changea de nom & s'appella *Valentia*. Elle étoit située sur une hauteur & dans le même lieu où est aujourd'hui la petite Ville de *Monte Leone*. La beauté de ses prairies, toujours émaillées de fleurs, fit dire à la Fable que Proserpine qui avoit à *Hyppone* un Temple célèbre y venoit cueillir des bouquets : & de là vint, à ce qu'on a prétendu, l'usage anciennement établi parmi les Femmes de cette Ville d'aller cueillir elles-mêmes les fleurs dont elles composoient des guirlandes pour se parer les jours de fêtes. Les plaines d'*Hyppone* étoient souvent au lever du soleil couvertes de jeunes beautés qui y cherchoient une parure simple & fraîche comme elles-mêmes. C'est-là que *Gelon* fit planter & décorer cet agréable Verger auquel il donna le nom de *Corne d'Amalthée* (1).

Un grand nombre de Médailles de l'ancienne *Hyppone* portent pour empreinte une Tête de Pallas, ou Minerve casquée, & au revers, la Figure de la Victoire

(1) Il paroît que le nom de *Corne d'Amalthée* fut donné par les Anciens à plusieurs Contrées d'une extrême fécondité. On connoît l'origine que la Fable avoit donné à cette dénomination de la Corne d'Amalthée; la Chèvre *Amalthée* ayant nourri Jupiter, l'Antiquité la mit par reconnoissance au rang des Constellations, & ses Cornes furent changées en Cornes d'Abondance, comme ayant le don & la vertu de créer tous les fruits & des richesses de toute espèce. Nous voyons encore dans quelques anciens Auteurs, & Diodore surtout, que plusieurs lieux célèbres par leur fertilité comme pouvoit être *Hypponium*, furent ainsi nommés dans l'antiquité. *Et quoniam ea Regio esset vineis cæterisque fructiferis arboribus referta, Amalthea cornu eam dixere. Propterea & posteri homines ob tam copiosamque fructibus regionem ab ea similitudine Amalthea Cornu appellarunt.* Diod. Sic. Rerum antiq. L. III.

tenant une Couronne. Ou bien c'eſt une Tête de Jupiter, & de l'autre côté un Vaſe entre différens attributs; ſouvent c'eſt une Corne d'Abondance, quelquefois grouppée & liée avec la Foudre de Jupiter. Mais cette dernière empreinte ſe voit ſeulement à l'époque où la Ville d'*Hypponium* prit le nom de *Valentia* qui eſt écrit ſur ſes Médailles; temps où, comme venons de le dire, elle fut au pouvoir des Romains. Cicéron ſéjourna quelque temps dans cette Ville, lorſque, pour éviter le reſſentiment de *Sylla* contre lequel il avoit déclamé avec véhémence, il prit le parti de voyager. On peut remarquer à cette occaſion que l'Orateur en nous racontant ſon Voyage, fait l'éloge de l'hoſpitalité & de l'accueil qu'il reçut des Habitans de la Grande-Grèce par toutes les Villes où il paſſa.

PETILIA.

Revenons actuellement ſur les Côtes de la Mer Adriatique, & nous trouverons *Petilia*, une des premières Villes du *Brutium*, ſituée entre *Sybaris* & *Crotone*. Les Antiquaires & les Géographes modernes ſont peu d'accord ſur la ſituation de cette ancienne *Petilia*. Cette diverſité d'opinions n'eſt venue que de ce qu'il y a eu deux Villes de ce nom dans la Grande-Grèce : nous ne pouvons douter d'après Strabon & Diodore, qu'il n'y en ait eu une dans la *Lucanie* (1), mais elle fut moins célèbre apparemment, que celle qui étoit ſituée dans le *Brutium*, au lieu même où eſt la petite Ville de *Strongoli*, conſtruite en grande partie de ſes ruines & de ſes débris.

Nous voyons dans *Tite-Live* que *Petilie* ſe rendit fameuſe par le ſiége qu'en fit Annibal; ſes Habitans ſe défendirent avec valeur pendant pluſieurs mois, & ne ſe rendirent aux Carthaginois que faute d'avoir été ſecourus par les Romains, & après avoir ſupporté toutes les horreurs de la famine. On lit dans l'Hiſtoire que ces infortunés Habitans, réduits à vivre de cuirs d'animaux, d'herbes, de racines ou d'écorces d'arbres, défendirent leur Ville tant qu'ils eurent aſſez de force pour monter ſur les murailles & y ſoutenir le poids de leurs armes (2).

Sur le plus grand nombre des Médailles de *Petilie*, l'on voit un Jupiter lançant la foudre, ou une Tête d'Apollon couronnée de laurier; au revers, un

(1) *Petilia quidem Metropolis Lucanorum putatur, ſatis ad hoc tempus incolarum habens.* Strab. L. VI.

(2) *Petellia in Bruttiis, aliquot poſt menſibus quam cæpta oppugnari erat, ab Himilcone, præfecto Annibalis, expugnata eſt. Multoque ſanguine ac vulneribus ea Pœnis victoria ſtetit: nec ulla magis vis obſeſſos, quam fames expugnavit. Abſumptis enim frugum alimentis, carniſque omnis generis quadrupedum, ſutrinæ poſtremo coriis, herbiſque & radicibus, & corticibus teneris, ſtrictiſque rubis vixere; nec antequam vires ad ſtandum in muris, ferendaque arma deerant, expugnati ſunt.* Tit. Lib. XXIII.

Trépied, ou la Figure de la Victoire tenant une Couronne, & pour Inscription ΠΕΤΕΛΗΝΩΝ. Sur quelques autres, l'on voit une Tête de Jupiter avec la Foudre & la même Inscription, & de l'autre côté une Tête d'Hercule avec sa massue.

CROTONE.

Les Historiens sont si partagés sur l'origine de *Crotone*, leurs opinions sont si peu fondées, qu'on ne sait à laquelle s'arrêter. Les uns croyent qu'Hercule en fut le Fondateur, d'autres un certain *Croton* de *Samotrace*, une des Isles de l'Archipel, d'autres enfin veulent que ce soit le vaillant *Diomède*. Si l'on s'en rapportoit à ce que nous représente le plus grand nombre de ses Médailles, on pourroit être tenté de croire au moins qu'Hercule y a eu grande part, puisque sur presque toutes on voit la Tête de ce Héros, ou sa peau de Lion, ou simplement une massue. Mais à cet égard toutes ces Médailles ne prouveroient rien, si ce n'est que ce demi-Dieu avoit eu des Temples à *Crotone*, & que cet ancien Peuple ne faisoit presque point frapper de Monnoie qu'il n'y eût quelque attribut d'Hercule, pour faire allusion sans doute à la force de ses Guerriers.

Quoi qu'il en soit, nous ne pouvons douter d'après tous les anciens Historiens, que *Crotone* n'ait été une des plus puissantes Villes de la Grande-Grèce; elle étoit d'une si grande étendue, selon le témoignage de Pline, qu'à l'époque de l'arrivée de Pyrrhus en Italie, ses murs formoient un circuit de quatre-vingt-dix-neuf stades (1). Ce qu'il y a encore de constant, c'est que cette Ville étoit devenue si célèbre dans toute la Grèce par la force & l'adresse de ses Athlètes qu'elle donna lieu à cet *Adage* si connu dans l'antiquité, que *le dernier des Crotoniates étoit le premier d'entre tous les Grecs*. L'on vit effectivement très-souvent ses Habitans remporter les prix des Jeux Olympiques, & une année les sept Vainqueurs furent sept Crotoniates.

(1) Le stade des Grecs étoit, suivant Pline, de six cents vingt-cinq pieds de longueur ou cent quatre toises. Tite-Live dit que *Crotone* avoit douze milles de circonférence, ce qui feroit environ quatre de nos lieues. Cette étendue n'auroit rien d'incroyable, si, comme le disent Valère-Maxime & Diodore, cette Ville pouvoit armer plus de cent mille combattans. Il est dit encore dans ces mêmes Historiens que dans le nombre de ses Magistrats on comptoit mille Sénateurs. Cicéron regardoit *Crotone* comme la plus belle Ville de l'Italie; & l'ancien Commentateur de Théocrite, après avoir peint d'après ce Poëte la richesse & la fertilité de son sol, fait sur-tout mention de la force prodigieuse & des exploits inconcevables de plusieurs de ses Athlètes.

Laudo Crotonem pulchra Civitas
Et Orientale Lacinium, ubi quidam pugil
Ægon octoginta solus comedit panes.
Illic & taurum de monte duxit
Capiens ungulâ & dedit Amaryllidi.

Tous les anciens Auteurs conviennent que la température de *Crotone* étoit parfaitement ſalubre, & Pline, entre autres, nous aſſure qu'elle n'avoit jamais éprouvé aucune maladie contagieuſe ; de ſorte que l'on pourroit croire que cette extrême ſalubrité de l'air a pu contribuer autant à la vigueur de ſes Athlètes, que le ſoin qu'ils prenoient d'endurcir leurs corps par les exercices les plus pénibles.

Nous pouvons nous rappeller avec quelle barbarie ces redoutables Crotoniates triomphèrent des Sybarites, & tirèrent la plus terrible vengeance de l'outrage fait à leurs Ambaſſadeurs : mais il ſemble que ce triomphe même qu'ils ne devoient qu'à leur courage, à la ſévérité & à l'auſtérité de leurs mœurs, ſoit devenu l'époque de leur chûte & de la ruine de leur République. Bientôt ce même luxe qui avoit perdu *Sybaris*, s'introduiſit à *Crotone*, ſes Chefs ne paroiſſoient plus que ſous la pourpre, & une couronne d'or ſur la tête.

Dès ce moment tous les exercices du corps furent négligés ; l'amour de la gloire, le reſſouvenir de leurs triomphes paſſés ceſsèrent de les animer : énervés par le luxe & la molleſſe, ces terribles Crotoniates ne furent plus que des hommes ordinaires, & une Guerre qu'ils eurent à ſoutenir contre les Locriens fut le terme de leur puiſſance & l'époque de leur deſtruction. Ces Locriens, quoique très-inférieurs en nombre, combattirent en déſeſpérés, & quoiqu'ils ne fuſſent que quinze mille, ils défirent les Crotoniates au nombre de plus de cent mille Combattans. Le paſſage de *Juſtin* eſt formel ſur ce fait ; & jamais *Crotone* depuis cet échec ne put ſe relever ni réparer ſes forces (1).

Nous avons déja vu en parlant de Pythagore, que *Crotone* dans ſa ſplendeur avoit été une de ces anciennes Villes Grecques où ce grand-Homme avoit établi ſon Ecole la plus renommée, & que ce qui avoit particulièrement caractériſé ces Gymnaſes célèbres, étoit ſur-tout d'avoir réuni les exercices du corps à l'étude de toutes les ſciences. On ne peut même douter que ce ne ſoit aux principes de ce Philoſophe & à l'attention qu'il avoit portée à perfectionner & à étendre la force phyſique de l'homme, que *Crotone* a dû la gloire de s'être fait un nom dans l'antiquité par l'agilité, la vigueur & la force de ſes Habitans.

L'Athlète *Milon* en eſt une preuve trop conſtatée pour n'en pas faire mention ici. Tous les Hiſtoriens s'accordent à le citer comme un des hommes les plus

(1) *Itaque cum in aciem proceſſiſſent, & Crotonienſium*, centum vigenti millia Armatorum *conſtitiſſent, Locrenſes paucitatem ſuam conſpicientes, nam ſola quindecim millia militum habebant, omiſſa ſpe victoriæ, in deſtinatam mortem conſpirant... dùm mori honeſte quærunt, feliciter vicerunt.* Juſt. L. XX.

étonnans

étonnans qui aient existé, par sa force extraordinaire. Il remporta six fois le prix aux Jeux Olympiques, &c. on a peine à croire plusieurs faits & plusieurs exemples d'une force que l'on peut dire avoir été véritablement plus qu'humaine. On lit dans Strabon qu'étant dans un Temple où Pythagore donnoit ses leçons, & qui étoit prêt à s'écrouler, Milon soutint seul une colonne principale d'où dépendoit la chûte entière de l'Edifice, donnant par ce moyen à tous les Disciples de Pythagore le temps de s'échapper. Un jour il porta un bœuf sur ses épaules à un Sacrifice, & l'assomma d'un coup de poing. On y lit encore que Milon ayant fait lier un cable autour de sa tête, le rompit par l'effort qu'il fit en gonflant les veines de son front.

La confiance que Milon avoit dans ses forces fut la cause de sa perte. Les mêmes Historiens nous rapportent que s'étant égaré dans une forêt, il y rencontra un tronc d'arbre qu'on avoit voulu fendre avec des coins de fer, & qu'on avoit abandonné : voulant essayer de le séparer avec ses seules forces & sans aucuns secours, ses efforts firent tomber les coins qui tenoient l'arbre entr'ouvert, ses mains restèrent alors prises comme dans un piége, & sur ces entrefaites des animaux féroces étant venus l'attaquer, Milon ne put se débarrasser de l'arbre & fut dévoré (1).

Pour en revenir aux Médailles de *Crotone*, comme c'est absolument le seul Monument qui nous reste de cette Ville si célèbre dans l'antiquité, il ne sera peut-être point hors de propos de s'en occuper encore un instant. Le plus grand nombre semble rappeller, comme nous avons dit, le Culte que les Crotoniates se plaisoient à rendre à Hercule. Il y est représenté dans diverses attitudes, entouré de ses armes, & le plus souvent on y voit ce Héros jouissant d'un repos bien mérité après tous ses travaux; les dépouilles du Lion de la forêt de Némée lui servent de siége, & devant lui l'on voit un Trépied ; Hercule tient à la main un Vase, & paroît être dans l'action d'offrir aux Dieux un Sacrifice.

Sur d'autres Médailles, & toujours avec la même Inscription Grecque

(1) *Ferunt igitur cum profundam densamque per silvam iter faceret, longe à tramite deviasse, truncum deinde ingentem, adactis cuneis inveniens, insertis manibus pariter ac pedibus in scissura ejus hiantem, ut penitus discenderet, esse conatum. Tantum autem solum modò valuisse, ut exilirent Cunei, ligni verò partibus statim in se coeuntibus, derelictum in ejus generis laqueo, à feris devoratum fuisse.* Strab. p. 252.

Ce fait cité par trop d'Historiens pour pouvoir en douter, a été souvent traité par plus d'un Artiste à cause de l'expression dont il étoit susceptible. Nous devons citer à cette occasion deux Sculpteurs François qui y ont excellé & dont les Compositions sont universellement regardées comme des chef-d'œuvres. Celui sur-tout qu'on peut comparer à tout ce que les Anciens ont fourni de plus admirable est du *Puget*. Le Grouppe, plus grand que nature, est placé dans les jardins de Versailles.

Le second morceau bien moins considérable pour la grandeur, mais ne le cédant point au Marbre du *Puget* pour l'expression qui y est portée au suprême degré, a été fait de nos jours par *Falconet*, un de nos plus célèbres Sculpteurs; c'est l'Ouvrage sur lequel il a été reçu à notre Académie.

ΚΡΟΤΩΝΙΑΤΑΝ, on le voit tenant dans ſes mains deux ſerpens, pour rappeller ce que la Fable nous dit qu'Hercule étant encore au berceau étouffa deux ſerpens qui avoient été envoyés contre lui par la jalouſe Junon. Mais une des Médailles de *Crotone* qui nous a paru mériter le plus d'attention, eſt celle où l'on voit d'un côté la Tête d'Apollon, & de l'autre la Ville même de *Crotone* entourée de murs élevés dans la forme d'un exagone régulier ; à chaque face eſt une porte, & dans l'intérieur de la Ville, au milieu de beaucoup d'Edifices, l'on peut en diſtinguer un principal qui a la forme d'un Amphithéâtre (1).

Quelques-unes de ces Médailles, qui nous paroiſſent être les plus anciennes, à en juger par la nature & la ſimplicité du travail, ſont de l'eſpèce que l'on appelle *incuſes*, comme celles de *Sybaris.* Elles ont pour unique empreinte un Trépied que l'on voit en creux d'un côté & en relief de l'autre.

SCYLACIUM.

A douze milles de *Crotone*, & après avoir doublé le Cap que l'on trouve indiqué ſur la Carte, *Capo delle Colonne*, à cauſe des Ruines d'un Temple fameux dans l'antiquité (celui de Junon *Lacinie*) autrefois élevé à l'extrémité de ce Cap ſur le bord de la Mer, on rencontre les Reſtes de l'ancienne *Scylacium*, qui donna même ſon nom au Golfe que la Mer forme en cet endroit. Cette Ville avoit été bâtie par les *Œnotriens* plus de mille ans avant J. C. ; elle fut enſuite habitée par une Colonie d'Athéniens. *Velleius Paterculus* nous dit qu'elle devint une Colonie Romaine ; mais l'hiſtoire de ces faits éloignés, ainſi que de ſa deſtruction, nous eſt également inconnue. L'on ſait ſeulement que *Scylacium* donna naiſſance au célèbre *Caſſiodore* qui vivoit du temps du bas-Empire, & fut un des plus grands Miniſtres de ſon ſiècle ſous Théodoric, Roi des Goths, vers l'an 470.

Cette ancienne Ville a été remplacée par une Ville moderne à laquelle on a donné le nom de *Squillace* ; elle eſt bâtie ſur le haut d'une Montagne à trois milles de la Mer, ſa ſituation preſqu'inabordable & quelques fortifications dont elle eſt entourée, lui ont ſervi ſouvent de défenſe contre les Sarraſins & les attaques imprévues que les Barbareſques ont ſouvent faites ſur toutes ces Côtes iſolées de la Calabre.

(1) La ſingularité de cette Médaille nous a engagé à la citer ici & à la faire même graver, telle qu'on la voit dans le Fleuron qui ſe trouve à la fin du Chapitre ſixième, mais nous n'en garantiſſons point l'authenticité, quoiqu'elle ſe trouve rapportée par pluſieurs Auteurs, tels que *Goltzius*, *Mayer*, & dans le *Brutium Numiſmaticum* du Père *Magnan*, &c.

On ne connoît qu'une seule Médaille de *Scyllacium*; sur un côté, on voit une Tête casquée avec des ailes, que l'on peut regarder comme étant la Tête de Mercure, & sur le revers, c'est la Figure d'un Vaisseau, avec l'Inscription Grecque ΣΚΙΛΛΑΤΙΩΝ. Mercure ayant toujours été regardé comme le Dieu qui présidoit au commerce & à l'industrie; il est assez vraisemblable que l'Emblême du Vaisseau, qui y est jointe, a rapport au commerce maritime que devoient faire les Habitans de *Scyllacium*.

LOCRES.

En suivant la Côte du Pays des *Brutiens*, & descendant toujours vers l'extrémité de l'Italie, après avoir doublé le Promontoire de *Cocynthum*, aujourd'hui *Capo di Stilo*, on arrive à un nouveau Golfe, au fond duquel étoit l'ancienne Ville de *Locres*. L'Histoire nous apprend que cette Ville fut occupée par une des Colonies les plus puissantes de la Grande-Grèce, & qu'elle donna même le nom de *Locride* à tout le Territoire qui l'environnoit. L'on croit généralement qu'elle dut son origine à des Grecs, connus sous le nom de *Epyzéphiriens*, à cause du Cap *Zephirium*, aujourd'hui le Cap *Bruzzano*, qui en étoit très-voisin.

Il paroît que cette Colonie de Locriens, ainsi que toutes celles dont nous venons de faire mention, dut ses beaux jours & son moment de splendeur, à l'excellence de ses Loix que nous voyons citées avec éloge par toute l'Antiquité. Le Philosophe *Zaleucus*, qui étoit originaire de cette Ville, fut un des hommes qui contribua le plus à la gloire de sa Patrie par la sagesse de sa Législation; aussi grand politique que Législateur habile, il ne voyoit pour établir une Colonie naissante & pour en assurer la stabilité, que le respect le plus sacré pour les Loix & l'obligation de les exécuter sans nulle acception de personnes (1).

Le fait suivant, rapporté par plusieurs Historiens, peut faire juger jusqu'où *Zaleucus* croyoit devoir porter cette fermeté inébranlable; & cet exemple qu'il voulut donner à ses Concitoyens d'une fermeté qu'on a peine à croire, peut en même-temps laisser une idée de l'énergie & de la force de caractère de ces anciens Peuples. Une de ces Loix condamnoit tout Citoyen convaincu d'adultère à perdre les yeux : cette punition, la plus cruelle après la mort,

(1) Dans une Ville où la faveur & la brigue l'emportent, disoit ce Philosophe, là où les richesses donnent la même considération que la vertu, les Loix foibles & méprisées ne sont plus que le frêle tissu de l'araignée où les moucherons se prennent, mais qui ne peut arrêter la guêpe & le frêlon.

n'avoit paru au Législateur qu'à peine suffisante contre un crime qui attaque & détruit l'ordre de la société dans ses fondemens.

Le propre fils de Zaleucus fut accusé & convaincu, il devoit être condamné, mais sa jeunesse, sa beauté, le respect & la reconnoissance dûs au père, attendrirent le Peuple au point qu'il fut le premier à demander la grace du coupable. Zaleucus, inébranlable & aussi sévère que *Charondas* l'avoit été pour lui-même dans une autre occasion, n'imagina pas d'autre moyen pour accorder la tendresse paternelle avec ce que l'intérêt de la Loi & du bien public exigeoit de lui, que de faire crever un œil à son fils & de s'en crever un à lui-même; ainsi la Loi quoiqu'éludée eut son entier effet (1).

Parmi les Loix que Zaleucus donna à ses Concitoyens pour réprimer le luxe, ce mal si essentiel à bannir de toute société naissante, l'on cite celle par laquelle il n'étoit permis qu'aux Courtisanes seules & aux Femmes qui vivoient du fruit de leur prostitution, de porter des pierreries & des habits riches & précieux. Zaleucus fit par ce moyen ce que n'ont pu faire, dans tous les temps, aucune des Loix somptuaires. Par une autre Loi aussi sage, il étoit défendu à tout Citoyen d'aliéner son patrimoine, à moins qu'il n'en démontrât la nécessité indispensable.

Une Législation & des mœurs si austères, sembloient devoir assurer une longue durée à la Colonie des Locriens; mais comme tout a des bornes prescrites par la nature, & qu'une juste & sage modération est plus nécessaire qu'on ne pense dans toutes les institutions des hommes, l'on pourroit dire que ce furent ces Loix elles-mêmes qui, par leur extrême & excessive sévérité, causèrent la chûte de cette République; la mort de Zaleucus fut le terme de la durée de cette Colonie ou au moins de son état florissant & de sa tranquillité. Semblables à des cordes trop tendues & dont le sort est de se rompre, ces Loix trop sévères, cessèrent tout-à-coup d'être exécutées, & furent remplacées par le luxe & par la licence.

Nous voyons encore dans l'Histoire que ce qui contribua beaucoup à la perte & à l'asservissement de cette République fut l'alliance qu'elle contracta avec Denys de Syracuse, à qui un de ses principaux Citoyens donna sa fille *Doride* en mariage. Ce Tyran pour qui rien n'étoit sacré, commença à amollir & à corrompre les mœurs des Locriens, & ensuite Denys le jeune, son fils,

(1) *Charondas*, célèbre Législateur des Thuriens, défendit sous peine de mort de paroître avec des armes dans les assemblées publiques; revenant un jour de la campagne, il apprit en rentrant dans la Ville qu'il y avoit une émeute dans la place publique, il y courut sur-le-champ à la hâte & sans penser qu'il avoit encore son épée. On ne la lui eut pas plutôt fait appercevoir qu'il la tira sur-le-champ & se tua lui-même. *Diod. L. XII.*

acheva

acheva de les détruire entièrement par ſon exemple. Ce Prince efféminé & pervers ayant été chaſſé de *Syracuſe*, étoit venu chercher un aſyle à *Locres*, & y commit, au rapport des Hiſtoriens, toutes ſortes de brigandages & d'excès.

Depuis cette époque, c'eſt-à-dire vers l'an 364 de Rome, la Ville de *Locres*, dont le luxe & les richeſſes excitoient l'ambition & l'avidité de tous les Généraux qui, dans ces temps anciens, ravagèrent l'Italie, tomba ſucceſſivement au pouvoir de *Pyrrhus*, des Carthaginois & des Romains. Nous voyons dans Tite-Live que ſes Vainqueurs ne reſpectèrent pas même l'or de ſes Temples, & que particulièrement celui de Proſerpine qui étoit de la plus grande magnificence, fut la cauſe d'une partie de ſes malheurs (1).

Nous n'avons point de détails précis ſur l'époque même où cette Colonie fut entièrement détruite ; mais il eſt probable qu'elle ſubit le ſort des autres Villes de l'Italie dans le temps de l'invaſion des Sarraſins vers le huitième ſiècle, & qu'elle fut alors abſolument ravagée par ces Barbares ; il n'en exiſte plus aujourd'hui que des ruines éparſes dans une vaſte Plaine ſituée ſur les rives de la Mer Adriatique, au fond d'un petit Golfe, & près d'une Tour moderne, appellée *Torre di Pagliapoli.* Il paroît que le reſte de ſes Habitans, comme ceux de *Scylacium*, ont également cherché à ſe mettre à l'abri des incurſions des Barbareſques, en choiſiſſant un ſite très-élevé & preſqu'inabordable.

La petite Ville de *Gerace* a ſuccédé à *Locres* : du ſommet de la Montagne où elle eſt ſituée l'on domine ſur les Ruines de cette ancienne Ville, ainſi que ſur un Pays très-uni & qui s'étend à une aſſez grande diſtance le long de la Côte. On y reconnoît facilement le lieu qu'elle occupoit, mais on ne peut juger quelle étoit ſa forme : à l'exception de quelques Tombeaux en pierres & de quelques Murs en brique dont l'œil attentif peut découvrir la conſtruction, cette Plaine ne préſente d'ailleurs que des débris entaſſés, des maſſifs de Maçonnerie ſans ordre & ſans deſſin, mais dont les reſtes informes couvrent ſans doute depuis des ſiècles des richeſſes très-précieuſes, en Marbres, en Statues, en Médailles, &c.

Outre *Zaleucus*, qui comme nous l'avons dit, étoit originaire de *Locres*, cette Ville pouvoit ſe glorifier d'avoir donné le jour à pluſieurs autres Hommes célèbres, tels que *Philiſtion*, *Timarate*, l'Hiſtorien *Timée*, &c.

La Figure de Jupiter gravée ſur un grand nombre de Médailles de *Locres*, ainſi que l'Aigle & la Foudre, ne peuvent nous laiſſer douter que cet ancien

(1) Tit. Liv. L. XXIX, §. 8.

Peuple ne se fût mis plus particulièrement sous la protection de ce Dieu. L'Aigle de Jupiter y est presque toujours représentée, tenant un Lièvre renversé entre ses serres; emblême qui peut paroître assez naturel, pour indiquer la victoire célèbre remportée par les Locriens sur leurs voisins les Crotoniates.

Quant aux Cornes d'Abondance qui forment le revers de quelques-unes de ces Médailles, elles ne peuvent indiquer autre chose que la richesse de ce Pays, suite des triomphes & des avantages remportés sur leurs Ennemis. Pour Type de quelques autres, l'on voit une Tête de Proserpine; ce qui la caractérise particulièrement est un flambeau allumé derrière la Tête. Nous venons de voir que cette Divinité avoit un Temple magnifique à *Locres*, & que son Culte y étoit très-révéré.

REGGIO.

L'origine de *Reggio* n'est pas moins ancienne que celle de toutes les autres Villes de la Grande-Grèce. Si l'on en croit Strabon, elle fut fondée & habitée en premier lieu par une Colonie de Chalcédoniens : mais malgré notre respect pour ce grave & antique Historien, on pourroit peut-être ne pas s'en rapporter entièrement à lui. Le savant *Mazzochi*, que nous avons souvent cité & que l'on peut consulter à ce sujet dans son excellent Ouvrage sur *Héraclée*, p. 550, ne fait aucun doute que *Reggio* n'existât long-temps même avant les établissemens que les Grecs vinrent faire en Italie, il pense que ce furent les Habitans originaires du Pays même, les anciens *Osques* qui en ont été les Fondateurs.

Il établit ce sentiment sur la forme & l'espèce des lettres dont sont composées les Inscriptions des plus anciennes Médailles de *Reggio*, dont le nom écrit en caractères Osques, prouve incontestablement que ces Médailles sont antérieures au temps où les Grecs ont possédé cette Ville. Le résultat des recherches de cet habile Antiquaire, & des détails dans lesquels il entre à ce sujet, nous paroît au reste beaucoup plus naturel que tout ce qu'on a voulu imaginer touchant l'étymologie du nom même de *Reggio*, où quelques Savans ont voulu trouver du rapport avec l'expression de la Langue Grecque qui signifie *Rumpo*, prétendant que ce nom de *Reggio* devient une allusion frappante avec l'évènement où la Sicile se seroit séparée de l'Italie dans une de ces anciennes révolutions qui ont pu changer la surface du Globle à des époques inconnues.

D'autres ont cru voir, & peut-être avec plus de vraisemblance, que ce nom de *Reggio* étoit venu de l'espèce même de son Gouvernement, & d'après ce que nous voyons dans plusieurs Historiens, que dans son origine *Reggio* fut gouvernée par des Rois.

Ce dont nous ne pouvons douter, c'eſt que les Habitans de cette ancienne Ville ont eu pendant long-temps des Guerres à ſoutenir contre leurs Voiſins, & ſur-tout contre ceux de *Syracuſe*, commandés par le fameux Denys. La cauſe de l'inimitié & de la haîne implacable que ce Tyran farouche avoit contre cette Ville eſt aſſez ſingulière. Les Hiſtoriens nous racontent que Denys ayant fait demander aux principaux Habitans de *Reggio*, une fille en mariage, pour toute réponſe à ſa demande, on lui fit dire que l'on n'en avoit point d'autre à lui offrir que la fille du Bourreau. Le Tyran irrité voulut ſe venger d'une réponſe auſſi inſultante, & marcha contre eux à la tête d'une armée nombreuſe, il entreprit le ſiége de *Reggio*, qu'il tint bloquée pendant un ſi long eſpace de temps que ſes malheureux Habitans furent réduits à toutes les horreurs de la famine. Denys les ayant forcés enfin à ſe rendre, ſe livra à toutes les cruautés imaginables, fit mourir *Pyton* leur Général, & renverſa la plus grande partie de la Ville.

Depuis cette époque *Reggio* paſſa ſucceſſivement entre les mains des Grecs & des Romains ; elle reſta ſous la domination de ces derniers & leur fut long-temps ſoumiſe. Il eſt même dit dans l'Hiſtoire qu'elle fut entièrement reconſtruite par Auguſte lorſqu'il eut chaſſé Pompée de la Sicile. Nous verrons au reſte en paſſant dans cette Ville avec nos Voyageurs, que quoique l'on n'y trouve plus le moindre veſtige ni de ſes Temples, ni de ſon antique grandeur, il eſt peu de Villes dont le Site ſoit plus agréable & le Territoire plus riche & plus fertile.

Quant à ſes anciennes Médailles, ſeuls Monumens que les temps aient reſpecté, & qui ſont en très-grand nombre, excepté deux ou trois, ſemblables à celles dont nous avons parlé, & qui ſont citées par *Mazzochi*, ſur leſquelles l'Inſcription eſt gravée en caractères Oſques ou Latins, & de gauche à droite ONIϽƎЯ, toutes les autres portent le nom de *Reggio* en caractères Grecs, PHΓINΩN. Ce qui nous prouve que les Grecs ont été pendant pluſieurs ſiècles tranquilles Poſſeſſeurs de cette Ville.

L'empreinte de la Tête d'Apollon que l'on voit ſur le plus grand nombre, eſt reconnoiſſable aux lauriers dont elle eſt couronnée, ainſi qu'au Trépied & à la Lyre qui en forment les attributs les plus ordinaires ; elle doit faire penſer que *Reggio*, ainſi que nous le verrons, étoit particulièrement conſacrée à Apollon & qu'il y avoit un Temple célèbre ; nous y trouvons ſouvent encore les Têtes de Caſtor & Pollux, connus dans l'antiquité ſous le nom de *Dioſcures* ; ainſi que celles de pluſieurs autres Divinités, comme Diane, Pallas, ou bien encore Janus & Eſculape.

Quant aux revers de ces Médailles, ils sont très-variés ; c'est souvent la Figure de Mercure avec le Caducée ou la Corne d'Abondance, attributs du Commerce & de la richesse de cette ancienne Colonie, ou bien la Déesse *Hygiaa* qui étoit celle de la Santé, & que l'on voit souvent gravée au revers des Têtes d'Apollon ; toutes ces Médailles sont en bronze, l'on n'en connoît point en or, & fort peu en argent ; le revers ordinaire de celles-ci, est une Tête de Lion, avec les crins hérissés & vue de face.

Composé par Paris Archit. du R. — Gravé par Berthault

VOYAGE PITTORESQUE
DE
NAPLES ET DE SICILE.

TOME TROISIÈME.
PARTIE DU ROYAUME DE NAPLES,
ANCIENNEMENT APPELLÉE
GRANDE-GRÈCE.

CHAPITRE PREMIER.
ROUTE DE NAPLES À SIPONTO,
PAR
BÉNÉVENT, LUCERA, MANFREDONIA,
MONTE SANT-ANGELO, &c.

VOYAGE PITTORESQUE
DE
LA GRANDE-GRÈCE,
DEPUIS NAPLES JUSQU'À REGGIO.

CHAPITRE PREMIER.
ROUTE DE NAPLES A BARLETTA,
EN PASSANT
PAR BÉNÉVENT, LUCERA, SIPONTO, MANFREDONIA,
ET MONTE SANT-ANGELO.

Nos projets de Voyage dans la Grande-Grèce & en Sicile, étant bien arrêtés, notre marche bien disposée, & ayant fait sur-tout, ce que nous n'avions garde d'oublier, ample provision de crayons, de couleurs & de papiers de toute espèce, nous partîmes de Naples, munis de lettres de recommandation pour chaque Ville du Royaume de Naples.

La porte de la Ville par laquelle on sort pour prendre la route de *Bénévent* est la *Porta Capuana*. Nous suivîmes en sortant l'avenue qui conduit au Château de *Poggio Reale*, promenade agréable & décorée de Fontaines. C'est la seule de Naples qui soit plantée d'arbres, & cependant elle est la moins fréquentée, à cause, dit-on, du mauvais air qu'on y respire. Cet inconvénient est peut-être occasionné par les jardins en marais que l'on inonde perpétuellement, au moyen de moulinets qui tirent l'eau des puits & la distribuent par des canaux. L'avenue de *Poggio Reale* est terminée par les ruines d'un ancien Château qui appartenoit à la Reine de Naples, Jeanne II. Elle y proposoit, à ce que l'on dit, des prix aux Chevaliers qui se distinguoient à sa Cour par leurs graces & leur valeur.

Après avoir quitté la route qui va à *Nola*, prenant à gauche, on trouve le Village de *Caſal novo*; on paſſe enſuite à *Acerra*, ancienne petite Ville, qui, bien qu'elle refuſa de recevoir autrefois Annibal vainqueur, n'a rien conſervé d'impoſant ni de remarquable. Depuis *Acerra* juſqu'à *Arienzo*, le pays eſt fort uni, & on côtoye une petite rivière, qui ſe trouve contenue dans un canal bordé de peupliers. Cette Plaine fertile, meublée d'habitations champêtres & de conſtructions modernes, forme à tout moment des tableaux agréables, & des payſages tranquilles & doux, dans le genre de *Paul Poter*. La nature du terrein eſt la même que la Plaine de *Caſerte* & de *Capoue*, c'eſt-à-dire un compoſé de cendres, de tuf & de matières volcaniques. On voit encore mieux là que par-tout ailleurs, que la Montagne de la *Somma*, réunie avec le Véſuve, & qui en fait partie, eſt de même nature que ce Volcan, & abſolument iſolée ainſi que lui.

Arienzo eſt une petite Ville dont les Fauxbourgs ceignent en demi-cercle le pied d'une Montagne, à la cime de laquelle eſt ſitué un vieux Château qui porte le même nom, & qui eſt plus qu'aux trois-quarts détruit. Nous y arrivâmes au bout de cinq heures de marche, en allant au pas des chevaux & ſans nous preſſer. Avant d'entrer dans le Village, nous remarquâmes une Pierre milliaire antique, engagée dans le mur de clôture d'un Couvent de Moines. Nous la reconnûmes à ſa forme, qui étoit la même que celle que nous avions trouvée à *Arpaïa*, Village dont nous avons parlé à l'article des *Fourches Caudines*. Celle-ci eſt de marbre *cypolin* (1). Parmi quelques lettres preſqu'abſolument effacées, l'on peut encore diſtinguer trois D. D. D. qui indiquent que cette Pierre étoit du temps du bas-Empire. Cette eſpèce de formule ou de dédicace qui vouloit dire trois fois *Dominis*, ayant été adoptée dans les derniers temps de l'Empire Romain, comme par exemple à l'époque du règne des Empereurs *Gratien*, *Théodoſe* & *Honorius* qui étoient Contemporains, & qui s'étant diviſé l'Empire, régnèrent en même-temps, vers la fin du quatrième ſiècle.

Le Soleil étoit encore fort haut à notre arrivée. Lorſque nous montâmes la Montagne, nous fûmes encore à portée de nous rendre compte de la Vallée de *Caudium*, & de nous aſſurer de la vérité de la deſcription que nous en avons déja faite à la fin du ſecond Volume à l'article de *Caſerte*. Nous fûmes aſſez étonnés de trouver au-deſſus de la Montagne de la pierre-ponce, quoique la terre fût franche & d'une nature ſemblable à celle de la pierre à chaux, ce qui ne peut laiſſer douter que cette pierre-ponce n'y ait anciennement été lancée par

(1) Eſpèce de marbre verdâtre aſſez rare, ainſi appellé en Italie du verd de la ciboule, *cipoletta*, *cipolino*, auquel il reſſemble.

quelque

quelque Volcan des environs ; le fond de la Vallée n'étant composé que de cendres, ainsi que celui de toute la Plaine.

Nous partîmes d'*Arienzo* à six heures du matin, & traversâmes la Vallée de *Caudium*. Après *Arpaïa* le pays s'ouvre ; on trouve à gauche le Château d'*Airola* très-agréablement situé sur un Monticule à l'entrée du Vallon, par où passe le superbe Aqueduc, qui porte les eaux à *Caserte*. Les Montagnes à droite & à gauche continuent d'être très-élevées, & de former un vaste & riche Bassin, terminé par le *Monte Sarchio*, sur le sommet duquel l'on apperçoit une ancienne Forteresse, avec un gros Bourg au-dessous qui couronne la Montagne, & présente un aspect assez pittoresque.

Après *Monte Sarchio*, les Montagnes s'abaissent, & noffrent plus que des Vallons stériles & sans intérêt ; on y trouve plusieurs Monticules, qui sont encore absolument formés de cendres, de ponce & de tuf, tandis que les Montagnes qui les environnent, sont toutes calcaires. Après la traversée de quatre milles d'un pays qui n'offre plus rien du tout de curieux, on arrive aux confins des Terres du Pape, & on descend dans le riche Vallon de *Bénévent*, qui est au Royaume de Naples, ce qu'*Avignon* est à la France, c'est-à-dire une Souveraineté qui donne prise sur son Souverain au lieu de l'enrichir.

VUE DE L'ARC DE TRAJAN,

A BÉNÉVENT.

PLANCHE PREMIÈRE.

Bénévent est une très-ancienne Ville, autrefois la capitale du *Samnium*, la seule des Samnites que les Romains n'aient pas saccagée, & la seule de tout ce pays qui leur soit restée fidèle, lors de l'expédition d'Annibal. Elle étoit anciennement connue sous le nom de *Maleventum*, & ensuite elle fut appellée *Beneventum*. Les Goths, les Sarrasins, & les Naturels du Pays, qui bien que Catholiques, étoient tout aussi barbares, la possédèrent les uns après les autres ; & ce furent toutes ces révolutions successives, qui, avec l'aide des tremblemens de terre, ont détruit les Monumens & une grande partie de cette Ville, cependant encore remplie de vestiges antiques. On composeroit un Volume de ce qu'il y a de Fragmens, d'Inscriptions, de Colonnes & de bas-Reliefs que l'on rencontre à chaque pas à Bénévent.

Deux Rivières, le *Sebeto* & le *Calore* ceignent la Ville, & en rendent les approches délicieuſes par les petites Iſles plantées d'arbres, qu'ils ombragent d'une verdure toujours fraîche. On paſſe ces Rivières ſur deux ponts antiques. Nous arrivâmes à Bénévent à midi, & quoique fatigués par les cahos d'une route déteſtable, nous voulûmes en arrivant aller voir le fameux Arc de Triomphe de *Trajan*, Monument des plus conſervés, & le plus entier peut-être qu'il y ait encore en Italie, puiſqu'il n'y manque que quelques morceaux de la Corniche.

On a compoſé à Naples un Volume *in*-4°. & gravé une grande deſcription de cet Edifice, qui n'eſt, comme on le voit par le Deſſin qui en eſt donné ici très-exactement, qu'une ſeule Arcade, ornée de quatre Colonnes d'Ordre Compoſite Romain, cannelées, & d'un grand nombre de bas-Reliefs. L'enſemble & les détails de ce Monument, tout conſtruit en marbre, ſont ſi reſſemblans à ceux de l'Arc de Titus à Rome, que l'on ne ſauroit douter que celui de Trajan à Bénévent n'en ſoit une imitation.

L'Architecture ne nous en parut pas très-remarquable, ni pour la nobleſſe ni pour les proportions; malgré les éloges que l'on en fait dans cette deſcription Italienne, dont l'Auteur n'eſt pas éloigné de croire que cet Arc fut l'ouvrage du fameux *Appollodore* de Damas, Architecte célèbre qui vivoit ſous Trajan & éleva pluſieurs Monumens ſous le règne de cet Empereur. Il nous parut même, quant au ſtyle & au caractère des Sculptures, qu'il étoit fort inférieur à celui de Titus, à cet égard très-eſtimé. Les bas-Reliefs ſont en général un peu lourds, des Figures courtes, dont il n'y a que les Têtes qui tiennent du caractère & de la fierté ſévère de l'antique.

Il paroît que les bas-Reliefs de l'Arc de Bénévent ont rapport aux différentes actions de l'Empereur Trajan, ſans qu'on puiſſe trop en déterminer les Sujets; l'on voit ſeulement que celui qui règne dans la friſe & tout le long de la Corniche repréſente une Marche & comme l'appareil de ſon Triomphe à Rome. L'on ſait que ce fut après les victoires que Trajan remporta ſur les Germains & ſur les Daces, Peuples habitants les bords du Danube, aujourd'hui la Hongrie & la Tranſilvanie, que le Sénat lui fit élever deux Arcs de Triomphe; celui-ci à Bénévent, & l'autre au Port d'Ancône que ce Prince avoit fort embelli.

Ce genre d'Edifice étoit alors fort du goût des Romains; jamais il n'y en eut un auſſi grand nombre à Rome que vers ce temps, & les Auteurs aſſurent qu'il y en avoit cinq cents d'exiſtants ſous *Domitien* qui régnoit peu d'années avant Trajan.

Au reſte tout ce que l'Ordre Corinthien comporte d'ornements & de richeſſes eſt réuni dans ce Monument; peut-être même en beaucoup trop grand nombre. L'on peut obſerver à ce ſujet qu'il eſt aſſez extraordinaire que ces Romains, qui

Gravé à l'eau forte par Du Plessis Bertaux — Terminé au Burin par de Ghendt

Vue de l'Arc de Trajan à Beneven

N.° 1. 1.re Grèce — Dessinée par Des Prez Archit. Pensionnaire du Roi à l'Académie de France à Rome. — A.P.D.R.

Gravé à l'eau forte par Berthault — Terminé par de Ghendt.

Restes de l'ancien Amphitheatre de Beneven

N.° 2. Gr.de Grèce. — A.P.D.R.

étoient si grands, si sublimes dans les proportions de leurs Temples, de leurs Théâtres, aient été aussi minutieux dans la composition de leurs Arcs de Triomphe, tous surchargés d'Ornemens & de petits détails. C'est presque toujours un petit Ordre élevé sur un Piedestal de la moitié de sa hauteur & écrasé par un Attique énorme; toujours des Corniches profilantes sur chaque Colonne (1).

Il est vraisemblable qu'il y avoit au-dessus de cet Attique & pour couronner l'Edifice, ou une Statue Equestre du Prince ou bien quelque Quadrige, comme l'on assure qu'il y en avoit un sur l'Arc de Titus, & dont les chevaux, de bronze doré, furent transportés à Constantinople par l'Empereur Constantin, reportés depuis en Italie par les Vénitiens & placés sur le Piedestal de l'Eglise de Saint-Marc à Venise.

RUINES DE L'AMPHITHÉÂTRE DE BÉNÉVENT.

PLANCHE DEUXIÈME.

Nous allâmes voir ensuite les Ruines d'un Amphithéâtre qui n'est pas à beaucoup près aussi bien conservé. La Vue que nous en donnons sur la même Planche où est gravé l'Arc de Trajan, représente tout ce qui en reste. Ces Vestiges & d'autres que nous avons trouvés épars, nous ont fait présumer que sa construction & sa décoration étoient les mêmes que celles de l'Amphithéâtre de Capoue. Nous parcourûmes inutilement tout ce qui reste des Souterreins de cet ancien Monument; ils sont réduits à trop peu de chose pour que nous ayions pu juger de la forme que décrivoit sa portion de cercle intérieure, & par conséquent en déterminer la grandeur.

Nous fîmes le tour de l'emplacement qu'il occupoit, mais nous ne trouvâmes rien qui pût à cet égard fixer nos idées. La seule réflexion qu'il nous fit naître, en examinant les restes avec attention, & qui résultoit en même-temps de la comparaison que nous avions déja pu faire des différens Amphithéâtres Romains, c'est qu'il paroît vraisemblable que les Anciens avoient adopté une forme, & un genre de Décoration qui étoit propre à chaque espèce de leurs Monumens publics,

(1) Il est à remarquer que de tous les Monumens antiques existants encore dans ce genre, c'est l'Arc de Constantin, élevé à Rome dans un temps où les arts y avoient infiniment dégénéré, qui en impose le plus, par sa noblesse & la richesse de ses détails; il est vrai qu'il fut composé en grande partie de tout ce qui décoroit le *Forum* de Trajan.

ſoit Théâtres, ſoit Amphithéâtres, ſoit même pour leurs Temples, leurs Thermes, leurs Cirques, leurs Arcs de Triomphe, &c.

A commencer par le *Coliſée* à Rome, le plus vaſte, le plus ſomptueux Amphithéâtre connu, l'on ſait qu'il eſt décoré à ſon pourtour extérieur, par des ordres de Colonnes engagées dans les Pieds-droits des Arcades, qui règnent à chaque Etage autour de l'Edifice. Preſque tous les anciens Monumens de ce genre, dont on voit encore les reſtes, comme celui de *Capoue*, ceux de *Minturnes*, de *Pouzzole*, & quelques autres ſoit à *Niſmes* ou ailleurs, avoient abſolument la même Décoration; l'on ne connoît que l'Amphithéâtre de *Verone*, & celui de *Pola* en Iſtrie, qui au lieu de Colonnes, ſont ornés de Boſſages qui règnent autour des murs extérieurs, & dont l'effet uniforme avoit peut-être tout autant de caractère & de nobleſſe.

Il en étoit de même des Temples des Romains qui, ainſi que nous le verrons dans ceux des Grecs, avoient preſque conſtamment une même forme, & paroiſſent, aux proportions près qui ont beaucoup varié, & aux différens ordres qu'ils y ont employés, avoir tous été compoſés & comme calqués les uns ſur les autres. Ce qui exiſte de variété à cet égard, ne peut être regardé que comme autant d'exceptions à une règle & un uſage adopté chez l'un & l'autre Peuple.

Nous ſommes bien éloignés ſans doute d'attribuer cette uniformité conſtante à ſtérilité, ou à un manque de goût & de génie chez les Anciens. Il paroît qu'elle tenoit bien plutôt à la ſimplicité des idées, qui étant plus près de leur origine, devoient être moins riches, moins compliquées. Si l'art en cherchant à ſe perfectionner, s'eſt quelquefois enrichi, s'eſt étendu, nous devons convenir qu'il s'eſt encore plus ſouvent égaré.

Les reſtes de ce Monument informe & aux trois quarts détruit, ne méritant pas de nous arrêter davantage, nous nous remîmes en route & apperçûmes de loin & hors des murs, une grande Conſtruction en Galerie voûtée, ouverte par des Portiques; les Gens du pays nous dirent que c'étoit les débris d'une ancienne Egliſe dédiée à cent quarante Martyrs, dont ils vouloient même nous faire l'hiſtoire. Il ſeroit au reſte aſſez difficile de dire ce que cette Conſtruction pouvoit être, ſinon le revêtiſſement de la terraſſe de quelque Jardin, comme elle en ſert encore aujourd'hui.

Près de là eſt le Pont appellé *San-Coſmo*, ou Pont des Lépreux ſur le *Sebeto*. Il y a encore une des Arches de ce Pont qui eſt antique & toute bâtie de blocs de pierres coloſſales & poſées à ſec. Sous cette Arche, on voit un Moulin entièrement conſtruit de Fragmens & d'Inſcriptions antiques. Il y en avoit une dans l'Ecurie du Moulin, maſquée aux deux tiers par la mangeoire des chevaux.

Cette

Cette Inſcription, de huit pieds de longueur ſur deux pieds & demi de hauteur, étoit écrite en très-gros caractères & ſurmontée d'une Corniche très-forte, ce qui nous fit penſer qu'elle pourroit bien avoir appartenu à l'Amphithéâtre. Le nombre des Inſcriptions antiques que l'on rencontre à tout moment dans cette Ville eſt ſi conſidérable qu'il nous effraya, & nous renonçâmes à les copier (1): cependant en voici une qui mérita de nous arrêter par ſa curioſité & ſon intérêt; elle ſe trouvoit gravée ſur le Piedeſtal d'une Statue autrefois élevée par les Habitans de Bénévent, & comme un Monument de reconnoiſſance, pour un de leurs Concitoyens, qui avoit rendu de grands ſervices à ſa Patrie par ſes talens & ſon éloquence.

M. CAECILIO NOVATILLIANO
C. V. ORATORI ET POETAE INLVSTRI
ALLECTO INTER CONSVLARES
PRAESIDI PROV. MOES. SVP. IVRID.
HISPAN. CIT. IVRID. APVL. ET CALABR.
PRAE. TRIB. P. Q. PROV. AFRIC.
SPLENDIDISS. ORDO BENEVENTANORVM
PRIVATIM ET PVBLICE PATROCINIO EIVS
SAEPE DEFENS. P. D. D.

La principale Egliſe de Bénévent eſt encore un des endroits de la Ville qui mérite le plus d'être examiné; nous trouvâmes que l'on y avoit fait, entre autres, un fort bel uſage de cinquante Colonnes cannelées d'Ordre Dorique en marbre blanc, d'une ſeule pièce & d'un travail parfaitement beau. On nous dit que ces Colonnes avoient appartenu à un Edifice qui étoit hors de la Porte Trajane, mais qu'un tremblement de terre, arrivé en 1703, avoit depuis abattu & ruiné abſolument tout ce qui en reſtoit. A en juger par la beauté des Colonnes, ce Monument devoit être de la plus grande richeſſe; elles ont donné à l'Egliſe où on les a placées, une petite reſſemblance à l'Egliſe de Sainte-Marie Majeure à Rome.

Il ne faut pas encore oublier de voir un bas-Relief incruſté dans le Campanille de cette Egliſe. On fait monter l'antiquité de la Sculpture juſqu'au temps de *Diomède* qui fonda, dit-on, Bénévent après la priſe de Troye : ce bas-Relief repréſente les apprêts d'un Sacrifice; l'on y voit, entre autres, un Sanglier avec la bandelette & des feſtons de fleurs; c'étoit la première fois que je voyois cet animal dans un accoûtrement auſſi galant. Il y a au reſte dans cet ouvrage que l'on aſſure d'un travail grec, du ſtyle & un beau faire.

(1) Les Curieux de ce genre de recherches pourront ſe ſatisfaire en recourant à un Livre imprimé à Rome en 1754, intitulé *Theſaurus Antiquitatum Beneventinarum*, en deux gros Volumes *in-fol.* auſſi lourds que ſavans.

VUES DE LA FONTAINE DE S.TE-SOPHIE

ET

D'UNE PORTE ANTIQUE DE BÉNÉVENT.

PLANCHES TROIS ET QUATRE.

LES dehors de la Ville ſont encore remplis d'Antiquités; l'on rencontre dans un Jardin les veſtiges d'un ancien Temple dont perſonne ne put nous dire le nom, & à peu de diſtance de là, nous allâmes à la Fontaine de *Sainte-Sophie* adoſſée au mur d'un Couvent du même nom, au-deſſus de laquelle on a incruſté un bas-Relief en marbre fort conſidérable, & qui a pour ſujet l'Enlèvement des Sabines. Cette Vue eſt gravée, ainſi qu'une des Portes antiques de Bénévent dont l'aſpect nous parut aſſez pittoreſque, N°s. 3 & 4.

En continuant nos recherches, nous trouvâmes à la porte des Priſons un petit Monument élevé par un Pape, pour conſerver & mettre en évidence deux Morceaux de marbre antiques, octogones & ſurchargés d'un travail aſſez fini. Il eſt difficile de ſavoir ce que ce pouvoit être que ces Blocs de marbre, qui par leur forme reſſemblent plus à deux Autels qu'à toute autre choſe; on les a poſés l'un ſur l'autre, & élevés ſur un Piedeſtal, où on leur fait ſupporter un méchant Lion moderne: on prétend que c'eſt un Monument des Samnites, auxquels on donne le travail de ces deux Morceaux, mais qui ne ſeroient pas faits pour donner une grande idée du goût de cet ancien Peuple pour les arts.

Ayant à-peu-près examiné tout ce qu'il pouvoit y avoir de plus intéreſſant en Antiquités à Bénévent, & n'y trouvant plus rien qui méritât de nous arrêter plus long-temps, nous quittâmes cette Ville, autrefois une des plus conſidérables de l'ancienne Italie, aujourd'hui plus grande que peuplée, plus peuplée que riche, & plus oiſive encore qu'*Avignon*.

Nous ſortîmes de Bénévent, montés chacun ſur un cheval étique, avec un mulet de ſuite qui l'étoit encore davantage, portant les paquets & tout l'attirail pittoreſque. Deux Guides marchoient encore à la tête du convoi, eſcorté pendant long-temps par toute la canaille & les poliſſons de la Ville, qui n'ayant rien de mieux à faire, s'étoient raſſemblés dans la cour de l'Auberge & diſputoient de nos intérêts avec nos Loueurs de chevaux.

Nous ne pûmes ce premier jour arriver qu'à quatorze milles de Bénévent, à

Gravé à l'eau forte par Weisbrod — Terminé par de Ghendt

Vue de la fontaine de S.te Sophie à Benevent.

Dessinée d'après nature par Chastelet

A.P.D.R.

Dessiné par Des Prez — Gravé par Berthault

Vue d'une ancienne Porte de Benevent

N.° 4. de la Grèce.

A.P.D.R.

Grotta Minarda, Bourg ſur la grande route de la Pouille. Nous prîmes cette route à *Ponte Calore*, Torrent ſur lequel il a fallu faire un Pont de vingt-ſix Arches. Le chemin de Bénévent juſqu'à ce Pont eſt infiniment mauvais & même impraticable pour toute eſpèce de voiture, mais celui que nous trouvâmes par-delà, nous en dédommagea. Nous arrivâmes à la *Grotta* après avoir laiſſé derrière nous *San Georgio* & *Monte Fuſco*. Cette traverſée eſt parfaitement ſemblable à nos Payſages de France; ce ſont abſolument les mêmes Montagnes, les mêmes productions en arbres & en grains, les mêmes bâtimens & à-peu-près le même climat, à cauſe de l'élévation du terrein; la *Grotta* a été preſqu'entièrement renverſée par un tremblement de terre il y a trente ans. On n'a pas oſé depuis, élever les maiſons qui ſont toutes réduites à un rez-de-chauſſée. Deux milles avant la *Grotta* on paſſe ſur les Ruines de l'antique Ville d'*Eclano*.

Il ne reſte rien de cette ancienne Ville que quelques débris de Murailles ſans forme, & un Fragment de quelque Edifice auquel on ne ſait quel nom donner, on y entrevoit encore quelques Reliefs de Pilaſtres en brique dont les formes ſont uſées. Un Payſan s'eſt logé dans ces débris. Nous ne trouvâmes point d'Auberge à la *Grotta*. Nous louâmes une chambre & mîmes tout le Bourg à contribution pour un mauvais ſouper. Le lendemain nous partîmes à la pointe du jour, & paſsâmes, à deux milles plus loin, une Rivière que l'on appelle l'*Albi*, ſur un fort beau Pont. Au-delà de ce Pont, le pays devient triſte, moins fertile, & n'offre pas un arbre.

Après avoir monté ſix milles, nous arrivâmes à *Ariano*, Ville très-grande, très-triſte, & mal bâtie que l'on croit être l'ancienne *Equotuticum* (1), bâtie par Diomède. Cette Ville eſt la plus élevée de toutes celles que nous avions trouvées dans la traverſée des Appennins; elle eſt ſituée ſur une haute Montagne dans laquelle on a fait nombre d'excavations qui ſont habitées par les Gens du lieu. Après que l'on a paſſé *Ariano*, le pays devient encore plus triſte & plus ſauvage. Ce ne ſont plus que des landes, où à peine vient-il quelques buiſſons. Un pâturage maigre où errent quelques moutons chétifs; enfin de toute cette Contrée il n'y a de bon que le chemin, encore eſt-on obligé de le quitter pour arriver à *Troja* où nous allions coucher.

---

(1) *Equotuticum*, Ville très-ancienne ainſi nommée dans l'Itinéraire d'Antonin & dans le ſixième Livre des Lettres de Cicéron à Atticus; c'eſt le même *Equotuticum* dont parle le Commentateur *Servius* ſur le VIIIe. Livre de Virgile, & Horace paroît l'avoir eu en vue, *Libro* 1°. *Sermonum*, lorſqu'il dit qu'il ne peut mettre en Vers le nom de cette Ville.

Manſuri opidulo quod verſu dicere non eſt,
Signis per facile. . . . .

Celſi Cittadini prétend que ce devoit être *Foggia* à douze milles de *Luceria*.

Nous dînâmes à *Trefontane*, petit Village à dix milles d'*Ariano* ſur la vieille route de la Pouille qui eſt déteſtable. Trois milles après *Trefontane*, on arrive à *S. Vito* qui eſt une autre Ferme ſur une élévation d'où l'on découvre enfin la vaſte plaine de la Pouille qui ſemble la Terre promiſe après la traverſée du Déſert. Nous vîmes alors une partie du Voyage que nous avions à faire comme ſur une Carte ; dans l'éloignement les Montagnes de l'*Abbruze*, qui viennent aboutir & former le Cap *Gargano*, & en rapprochant *Manfredonia*, *Foggia*, *Lucera* & enfin *Troja* qui eſt placée ſur la dernière éminence de l'Appenin expirant.

Dans ce moment de l'année, c'eſt-à-dire au commencement du Printemps, la beauté, la variété, la gradation de la verdure forment un tableau ſi tranquile, ſi doux, ſi ami de l'œil, ſi enchanteur, que l'on ne peut ſe laſſer de le regarder, quoiqu'aucun autre objet n'y fixe particulièrement l'attention, car on n'y diſtingue ni arbres ni maiſons pendant l'eſpace de vingt milles. Ce Payſage, impoſſible à rendre en Deſſin, ſeroit encore très-difficile à peindre, mais ſeroit d'un effet bien neuf & bien agréable, ſi un habile Artiſte cherchoit à en rendre, l'étendue, l'eſpace immenſe, d'après une nature qu'on ne trouve certainement que dans ce beau pays.

Ayant toujours pour point de vue cette Contrée heureuſe, nous fîmes encore ſix milles dans les landes, avant d'arriver à *Troja*, Ville dont les Habitans font, comme de coutume, perdre l'origine dans la nuit des temps, on pourroit dire dans celle du ſilence, ſa petite exiſtence n'étant recommandable que par le Synode qu'Urbain II y aſſembla, & la défaite de Jean d'Anjou par Ferdinand d'Aragon, qui obligea ce premier de quitter l'Italie. L'Egliſe conſtruite dans le ſtyle grec du bas-Empire, pourroit appuyer l'opinion de ceux qui veulent que la Ville ait été bâtie par *Bubagnano*, Capitaine de Michel ou de Baſile, Empereurs de Conſtantinople. On reconnoît dans cet Edifice, la corruption de l'Architecture grecque & cependant l'empreinte d'un caractère grave que l'on ne trouve point du tout dans le gothique qui lui a ſuccédé (1).

L'arrivée d'une troupe d'Etrangers parut ſi extraordinaire à *Troja*, que toute la Ville s'étoit aſſemblée, lorſque nous deſcendîmes de cheval, & aſſiſta de force à notre débotté. Il y avoit, entre autres, un Barbier, vrai Barbier de *Tomejones*, parlant latin, qu'il n'entendoit pas, mais ne déparlant pas. Il nous

(1) Quelques Antiquaires penſent que c'eſt dans ce lieu même où eſt aujourd'hui la petite Ville de *Troja* qu'étoit l'ancienne *Æca*. Le Géographe *Holſtenius* le dit poſitivement. *Civitas Æcana dicta eſt ; antiquiſſima fuit cum Monumentorum Marmoratio Scenarum Columnatio, eminentia Culminum id deſignent. Huic vero Troja nomen imponitur* ; &c. In Cluv. p. 1202.

aſſommoit

assommoit de son babil, de ses questions, de ses soins empressés & affectueux, vouloit absolument nous produire, nous protéger & donner un lavement à un de nos Camarades qui avoit la colique. Nous parvînmes cependant à nous en débarrasser, & descendîmes dans cette vaste plaine qui ressemble à la pleine mer dans un temps calme.

Comme les contrastes plaisent toujours, la Pouille nous parut un pays enchanté, quoique son uniformité, & cette Plaine immense, où l'œil n'est arrêté par aucun objet, puisse peut-être paroître à la longue bien triste & bien monotone. Sa fertilité, son abondance en grains, ses pâturages parsemés de fleurs peuvent bien avoir quelque agrément dans le moment de l'année où nous étions, mais il y a lieu de croire qu'en Eté & dans le temps des chaleurs elle n'est rien moins qu'amusante à parcourir.

VUE DU CHÂTEAU DE LUCERA

DANS LA POUILLE.

PLANCHE CINQUIÈME.

APRÈS huit milles de chemin, nous arrivâmes à *Lucera*, autrefois *Luceria*, Ville anciennement fameuse & qui étoit une des principales Villes des Samnites : ce fut où *Pontius* essuya de la part des Romains le même traitement & la même ignominie qu'il leur avoit imposée l'année d'avant à *Caudium*. Deux ans après la prise de *Lucerie*, les Habitans ayant massacré la Garnison Romaine pour se remettre au pouvoir des Samnites, elle fut prise par les Romains qui passèrent tous les Habitans au fil de l'épée, & la repeuplèrent de deux mille cinq cents Romains, qu'ils y envoyèrent : elle devint dans la suite la proie des Lombards, & fut détruite en 600 par l'Empereur Constance.

Lucerie fut rebâtie dans le douzième siècle par Frédéric II de Souabe, qui y construisit le Château dont les ruines existent encore : c'est le Sujet d'une des Planches gravées, N°. 5. Ce que nous y trouvâmes de plus curieux, c'est le revêtissement de ce Palais fait d'un Marbre composé de cailloux liés avec un ciment naturel, si fort & si indestructible qu'il souffre la taille, le poli, & que le temps, l'air & l'eau n'ont pu le décomposer.

La situation avantageuse de ce Château & celle de la Ville lui donnent encore à une certaine distance l'air de nos Places fortes de Flandre. Il nous sembloit appercevoir de loin une Citadelle avec ses glacis, ses redoutes, ses bastions ; mais l'illusion se détruit en approchant. On ne voit plus que de méchans murs où l'on entre de toute part, des ruines sans caractère & d'une construction qui a toujours été mauvaise, une Ville dont on a rétreci considérablement l'ancienne enceinte, quoique trop grande encore pour les Habitans qu'elle contient, & qui sont, à ce que l'on dit, au nombre de douze mille, mais pauvres, la plupart Nobles, & les autres sans commerce & sans industrie.

Les péages, les gabelles, tous les droits du Roi y rendent chères les denrées qui y abondent. Frédéric II qui en distribua les terres, en défendit la vente, de sorte que les biens restent indubitablement intacts dans chaque famille; mais cette Loi, sage en apparence, a ses inconvéniens, en ce qu'elle ôte & détruit toute espèce d'activité : elle est de plus absolument contraire à tout crédit & à tout commerce, les Habitans ne pouvant se regarder que comme de simples usufruitiers & jamais comme propriétaires de leurs fonds.

La Cathédrale de *Lucera* est un Edifice gothique bâti par Charles II d'Anjou; nous y trouvâmes quatorze Colonnes de Marbre verd antique de la plus parfaite beauté & d'un seul morceau, mais distribuées avec si peu de goût dans cette Eglise qu'elles n'y produisent aucun effet. Nous apprîmes qu'en 1737, un Evêque de *Lucera* ayant voulu orner & embellir une des Chapelles de son Eglise, fit faire des fouilles pour reconstruire un mur qui tomboit en ruine ; à peine les Ouvriers avoient-ils enlevé quelques rangs de briques qu'ils trouvèrent une superbe Colonne d'un seul Marbre de verd antique, & ayant continué ces fouilles, on en a découvert deux autres de Marbre cipolin de la plus grande beauté & de vingt pieds de hauteur.

En sortant de la Cathédrale, nous trouvâmes à l'angle d'un mur cette Inscription en très-gros caractères.

APOLLINI DIVO AV.
Q. LVTATIVS. Q. F. CLA. CA.
Q. LVTATIVS. P. F. CLA. C.

Cette Inscription est, ainsi que beaucoup d'autres, dans le cas d'être interprétée de différentes manières. Les derniers mots effacés en grande partie, & la position de *Lucera* ont fait penser qu'elle pourroit avoir rapport à la défaite de *Caudium* & à la vengeance éclatante que les Romains en tirèrent. Mais quelques autres Personnes croient avec bien plus de raison qu'elle ne signifie autre chose sinon que les Habitans de *Lucerie* avoient sans doute élevé un Temple à Apollon, & que les Ediles, les Magistrats qui y avoient présidé devoient être d'une même famille, qu'ils étoient tous deux nommés *Quintus Lutatius*, l'un fils de *Quintus*, l'autre de *Publius*, & qu'ils pouvoient être tous deux de la Tribu de *Claudia*.

Dessiné par Des Prés — Gravé par Varin

Vue d'un vieux Château, bâti près de LUCERA dans la Pouille par l'Empereur Frederic II. vers l'Année 1240

A.P.D.R.

Dessiné par Chatelet — Gravé par Varin.

Vue de l'Entrée des Carrieres et des Rochers qui terminent le Mont Gargano près de MANFREDONIA, dans la Pouille, Cap ou Promontoire vulgairement appellé l'Eperon de la Botte.

N.° 6. de Grèce — A.P.D.R.

C'étoit, ſuivant les apparences, à ce Temple d'Apollon qu'avoient pu appartenir ces précieuſes Colonnes dont nous venons de parler (1).

Dans l'intérieur de la Ville de *Lucera* & dans les maiſons des Habitans on trouve quelques Antiquités aſſez curieuſes; nous vîmes, entre autres, une fort belle Tête d'Hercule ceinte d'une corde à la manière des Athlètes. Ce Morceau quoique fruſt, a encore le grand caractère des Statues Grecques, & prouve que les beaux-Arts étoient connus à *Lucerie*. Un des Habitans avoit trouvé depuis peu en creuſant les fondations de ſa maiſon, un Tombeau à la manière des Grecs ou des Etruſques, où le corps, contenu dans un aſſez grand eſpace, étoit recouvert d'une eſpèce de toît en brique à la hauteur de trois pieds. Le Squélette étoit encore entier & entouré de Jattes & de Vaſes antiques. Sur un de ces Vaſes, qui eſt peint dans le genre des Vaſes Etruſques, on voit un Jupiter qui ſemble donner des ordres à Mercure. Ce Tombeau n'étant ſûrement point Gothique ni Romain, eſt ou Samnite ou Campanien, & paroît être de la plus haute antiquité (2).

De *Lucera* nous nous acheminâmes vers *Manfredonia* qui en eſt à trois milles. Toute cette plaine eſt ſi unie que la plus petite butte vous fait dominer ſur tout le pays. On y traverſe deux petites Rivières dont le cours eſt preſqu'inſenſible, à cauſe du peu de pente, & de l'égalité du terrein qu'elles parcourent juſqu'à la Mer. On les paſſe à gué, & il paroît que ces Rivières doivent ſouvent arrêter les Voyageurs pendant l'hiver.

Foggia eſt ſituée au milieu de cette vaſte plaine; la Ville eſt moderne, aſſez bien bâtie, commerçante, très-bien peuplée, quoique petite : elle eſt l'entrepôt des denrées qui viennent de l'Adriatique & de la Méditerranée. Ce fut où mourut Charles d'Anjou. Après *Foggia* le terrein devient ſec & aride ; ce ne ſont plus que des pâturages immenſes, propres ſeulement à faire paître les moutons, que l'on y voit par troupes, gardés pendant le jour par des chiens énormes, & parqués la nuit dans des filets.

(1) Il ſeroit encore très-probable que ces Colonnes aient pu être employées dans la Décoration d'une Moſquée qui avoit ſûrement été conſtruite à *Lucera* par les Sarraſins dans le temps que l'Empereur Frédéric II, y en envoya une Colonie: *Dominique Lombardo* rapporte même à ce ſujet cet ancien Diplôme de la Cathédrale de Lucérie qui eſt en date du 15 Janvier 1302. *Poſt partim cæſos & partim ejectos Saracenos inventa eſt quæ venerabatur Machumetti Muſchea, Templum Idolatriæ, providimus meritò, ut ipſa in quandam memoriam præteritæ formæ .... abſorpta voragine ſui Patriarchi diaboli quem colebat, nominis ejus omni figurâ mutata, in caput anguli fieret, qui eſt Eccleſia celebris Chriſtus Deus. Ita ut non jam Muſchea prævaricationis, & ſchiſmatis, ſed Domus Orationis Domini*, &c.

(2) Nous avons déja vu que ces eſpèces de Vaſes, plus connus effectivement ſous le nom de Vaſes *Etruſques*, furent principalement faits, & dans l'origine, à *Capoue*, *Nola* & pluſieurs Villes de la Campanie. Pline & d'autres Auteurs anciens attribuent aux premières Colonies Grecques établies dans la Campanie, l'invention de cette première production des arts qui fut dès-lors portée à une très-grande perfection.

En Espagne tous les moutons appartiennent au Roi, & les pâturages aux Particuliers; ici tous les pâturages appartiennent au Souverain, & les Particuliers payent à proportion qu'ils ont de bêtes à y répandre. Ces moutons paissent l'hiver & le printemps dans la plaine, & gagnent les Montagnes dans l'été. A six milles de *Manfredonia*, le terrein s'élève en s'approchant des Montagnes. Ce terrein ressemble alors absolument au climat & au sol de la Provence. Après avoir passé sur le lieu où étoit l'ancienne *Sipontum*, nous arrivâmes à *Manfredonia*.

Manfredonia fut bâtie par *Manfredi*, le même qui fut tué devant Bénévent. Après avoir fait élever cette Ville, il fit venir des familles de différens endroits de la Pouille pour l'habiter: elle fut détruite dans la suite & presqu'entièrement dévastée par les descentes qu'y firent les Turcs: mais elle a été rétablie depuis. Il y a à *Manfredonia* un Château à l'abri d'un coup de main; une Jetée naturelle en avant dans la Mer y forme un Port qui par son peu de profondeur ne peut être appellé qu'une Rade, mais assez sûre par sa situation, & à l'abri des vents du Nord par les Montagnes qui forment l'Eperon de la Botte appellée *Monte Gargano*. Le fond en est d'ailleurs si doux que l'ancrage en est fort bon; on y voit beaucoup de Vaisseaux Vénitiens qui y apportent des toiles, de petites merceries, & se chargent de bleds, de laine, &c. productions naturelles du pays.

La Ville de *Manfredonia* est joliment bâtie, bien percée & peuplée de quatre mille Habitans; nous étions logés au Couvent des Dominicains, auxquels nous avions été adressés par le Préside de *Lucera*, qui nous avoit donné des Lettres pour tous les Syndics de son département; nous y fûmes parfaitement reçus par le Prieur qui se trouva bon homme & honnête. Le lendemain nous vîmes arriver le Gouverneur du Château qui avoit déja envoyé son Lieutenant nous questionner. L'esprit tout plein de son Château, il eut d'abord l'air de nous prendre pour de nouveaux Normands qui venoient faire encore la conquête de la Pouille; cependant il y a lieu de croire que notre extérieur pacifique le rassura promptement.

Après le dîner, nous retournâmes sur nos pas jusqu'à un mille & demi, c'est le lieu où étoit l'antique *Sipontum*, bâtie par *Diomède*, le bâtisseur de Villes. On prétend que cet antique *Sipontum* tire son origine de *Sæpia* & de *Pontium*, *Mer de Seche*, à cause de la quantité de *Seches* (*Supia* ou *Calamaro*), espèces de Polypes qui se trouvent en abondance sur cette plage (1).

(1) Cet insecte poisson se trouve sur plusieurs Côtes de la Méditerranée & de l'Océan. On en voit qui ont deux pieds de longueur. Cette espèce de Polype a la tête armée de deux trompes & de huit bras tendineux garnis dans toute leur longueur d'une multitude de suçoirs. C'est avec ces bras & ces trompes qu'il saisit les petits poissons & les coquillages dont il se nourrit. Ce sont aussi les ancres & les cordages avec lesquels il s'attache & avec une très-grande force.

Au centre de tous ces bras est placé son bec qui a la forme & la figure de celui du Perroquet.

VUE

VUE DU CAP OU PROMONTOIRE
APPELLÉ MONTE GARGANO.
PLANCHE SIXIÈME.

Nous fûmes de là parcourir & examiner, à quatre cents toises plus loin, des Carrières où l'on voit les restes de très-anciennes Catacombes, qui sont presque à fleur de terre; elles étoient creusées dans un tuf jaunâtre ressemblant assez à la pouzzolane, mais qui n'est qu'une concrétion marine mêlée d'une infinité de coquillages de toute grandeur. La distribution & la forme des Tombes antiques est à-peu-près semblable à celles des Catacombes de Naples, & les ossemens y sont même assez bien conservés. Ces Souterreins sont ouverts actuellement, parce qu'on les a percés pour en tirer les moëllons avec lesquels on a bâti *Manfredonia*, mais on voit encore par-tout la trace des flambeaux dont on s'est servi anciennement pour habiter ces sombres demeures.

C'est à l'entrée de ces Catacombes qu'est prise la Vue gravée, N°. *6*, à laquelle l'Artiste a réuni les Carrières, les Ruines de *Sipuntum*, le Site même de *Monte Sant Angelo* qu'on apperçoit sur les hauteurs, ainsi que les Montagnes qui forment le Promontoire vulgairement appellé l'*Eperon de la Botte*.

VUES DE L'ÉGLISE DE SIPONTO
ET
D'UNE CHAPELLE SOUTERREINE
CONSTRUITE DANS LE MÊME LIEU, DE DÉBRIS ANTIQUES.
PLANCHES SEPT ET HUIT.

On ne reconnoît d'abord l'ancienne existence de *Sipuntum* que par l'élévation que ses substructions antiques donnent au terrein qu'il occupoit. On ignore le temps où il fut détruit, mais une Eglise élevée sur son sol dans le onzième

Lorsque les Seches mâles sont poursuivis par leurs ennemis, ils échappent au danger par la ruse; ils lancent une liqueur noire qu'ils portent renfermée dans une glande. Cette liqueur est si épaisse & si noire que l'eau devient à l'instant comme de l'encre, & à la faveur de ce nuage la *Seche* disparoît & s'échappe. Les Anciens se servoient de cette liqueur pour écrire, & l'on prétend que les Chinois l'employent depuis long-temps dans la composition de leur encre.

ſiècle annonce que ſa deſtruction étoit antérieure à ce temps. Ce qui aſſure que cette Egliſe a été rebâtie depuis la ruine de la Ville de *Sipuntum*, c'eſt que c'eſt le ſeul Edifice qui exiſte dans ce lieu, qu'il eſt encore entier & qu'il eſt conſtruit de débris antiques ajuſtés dans le ſtyle Grec de ce temps, avec le même caractère de l'Egliſe de *Troja* dont il a été parlé plus haut. Elle eſt encore l'Egliſe Archiépiſcopale de *Manfredonia*.

On a conſtruit au-deſſous de l'Egliſe une Chapelle ſouterreine aſſez curieuſe & qui eſt encore une autre preuve de ce que nous venons de dire, étant preſque entièrement compoſée de Fûts de Colonnes de Marbres antiques, avec des Chapiteaux modernes. Les Vues de ces deux Egliſes ſont gravées, N°s. 7 & 8. Nous trouvâmes encore dans le même lieu des Fûts de Colonnes, d'une médiocre grandeur, en Marbre cipolin & en granite; de très-grands Chapiteaux antiques & Corinthiens, une Friſe Dorique & un Piedeſtal avec cette Inſcription en l'honneur d'Antonin.

IMP. CAESARI
DIVI HADRIANI F.
DIVI TRAIANI PARTICI N.
DIVI NERVAE PRONEP.
TITO AELIO
HADRIANO ANTONINO
AVG. PIO. PONT. MAXIMO
TRI. POT. COS. SIPVNT.
PVBLICE
D........ D........

Ce Piedeſtal de trois ou quatre pieds de hauteur, ſur deux pieds ſix pouces de large à ſa baſe, a ſans doute porté une Statue; car on voit encore la marque de la place où elle devoit être poſée. La curioſité, l'envie de voir & de découvrir, nous faiſant rechercher & examiner tout ce que nous pouvions rencontrer, nous apperçûmes à quelque diſtance de là deux petites Voûtes ſouterreines que nous fûmes obſerver de plus près: elles étoient ſurmontées & couvertes d'un Parement antique & d'un enduit qui devoit former le plancher de quelque ancienne habitation. Ces Ruines nous donnèrent de plus le niveau du ſol antique qui eſt très-peu recouvert. Il y avoit encore des Fragmens ſaillans des anciennes murailles, avec la forme d'une portion de cercle qui pourroit indiquer un Théâtre, mais ce qui en reſte eſt ſi fort détruit que l'on n'en peut avoir aucune certitude: la Mer, ſuivant toutes les apparences, venoit battre les murs de la Ville, car l'eſpace qui eſt entre cette élévation juſqu'à ſa rive actuelle, n'eſt qu'un Marais très-bas & à fleur d'eau.

Desprez del.

Gravé par Berthault

Vüe Extérieure d'une Eglise de Capucins à Siponto

Construite de Débris antiques et dans le même Lieu où étoit l'ancienne Sipontum

A P D R

Gravé par Berthault

Vüe intérieure d'une Chapelle Souterreine à Siponto

Dessinée par Desprez Architecte et pensionnaire du Roi à l'Ecole de France à Rome

A P D R

VUE DU MONTE SANT-ANGELO,

PRISE

DE L'ENTRÉE DE L'ÉGLISE ET LE JOUR DE LA FÊTE DU SAINT.

PLANCHE NEUVIÈME.

Le lendemain de notre arrivée à *Manfredonia*, nous fûmes curieux d'aller à *Monte Sant-Angelo*, un des premiers Sanctuaires de la Catholicité, & où l'on assure que le premier des Anges du Paradis a bien voulu se manifester aux humains dans une vilaine Grotte humide & sombre où l'on va s'enrhumer depuis quinze siècles. Malgré mon peu de confiance pour les lieux miraculeux, j'engageai mes Camarades à faire ce Pélerinage avec moi, & nous y fûmes tous modestement montés sur des ânes. Ce qui excitoit le plus notre curiosité étoit l'envie de voir un lieu qui avoit été la première cause de l'invasion des Normands en Italie. L'on sait que ces *Paladins* célèbres y furent particulièrement attirés par les récits merveilleux qu'ils en entendoient faire aux Pélerins de leur temps, & par tout ce qu'ils racontoient de la beauté & de la fertilité de ce pays.

Nous ne trouvâmes au lieu de toutes ces merveilles qu'une Montagne aride, sèche & escarpée; elle est d'ailleurs si élevée qu'il y fait presque toujours froid toute l'année. Malgré cette situation peu agréable, il y a cependant huit mille Habitans dans ce lieu, mais sans commerce, presque sans productions, & n'ayant presque pour toute récolte que ce qu'y apporte l'affluence des Pélerins pendant quelques mois de l'année. Nous étions adressés au Gouverneur qui ne parloit aucune Langue, & qui nous remit entre les mains d'un Chanoine qui parloit précisément celle des Miracles.

J'aurois voulu pouvoir écrire à mesure qu'il parloit, car dès qu'il eut fini sa pieuse narration, il nous fut impossible de nous rendre compte d'un seul mot de ce qu'il avoit dit. Je me comportai du reste à merveille; je vis, j'admirai, je baisai tout ce qu'on voulut me faire baiser & admirer. J'achetai même des petites Figures de l'Archange & me chargeai de pierres de la *Grotta*. Mais ce que j'aimai beaucoup mieux que tout cela, & ce qui nous dédommagea de toutes nos peines, fut d'emporter avec nous une charmante Vue qu'un de nos Dessinateurs prit du lieu & de la scène même dont nous avions été témoins, & dans laquelle il a rendu avec tout l'esprit & la vérité possible, le tumulte

& le mouvement de ces eſpèces de Fêtes populaires, bien plus communes & plus goûtées en Italie encore que par-tout ailleurs.

J'oubliois de parler de la Figure du Saint Michel qui a une grande réputation dans le Pays, & que l'on donne à cauſe de la reſſemblance du nom à *Michel-Ange Buonarotti.* Cette mauvaiſe petite Statue eſt élevée ſur une eſpèce de Colonne tronquée, ſans proportions & affublée d'un Chapiteau énorme qui lui ſert de Piedeſtal; la Figure du Saint a trois pieds de haut, l'expreſſion de la Tête n'a nul caractère & eſt fort peu analogue à l'action du moment, qui eſt celui où l'Ange terraſſe le Diable. Celui-ci a l'air d'une vieille Femme en colère. En tout la poſe de la Figure eſt mauvaiſe, les détails ſont d'une petite manière & l'enſemble d'un genre très-médiocre. On a ajouté à la Statue une armure d'argent doré qui achève encore de l'appauvrir & de la gâter.

N'ayant pu trouver à *Manfredonia* ni calèches ni chevaux, nous fûmes obligés de prendre humblement une charette, avec laquelle nous nous mîmes en route, en ſuivant le bord de la Mer ſur une plage parfaitement unie & ayant toujours une roue dans l'eau & l'autre ſur la grève.

Cette vaſte & immenſe Plaine ſe continue dans les terres ſur quarante milles de largeur; ce n'eſt plus qu'un terrein vague, quelquefois ſec & couvert de moutons, & dans les parties baſſes & humides, il eſt peuplé de buffles & d'autre gros bétail, avec des cahutes çà & là, bâties en paille pour loger les Pâtres. On trouve ſur la rive des Tours de garde de ſix milles en ſix milles: ces Tours ont été bâties pour la ſûreté du Pays, c'eſt-à-dire pour avertir avec le canon des deſcentes qu'y faiſoient très-fréquemment autrefois les Barbareſques, les Albanois, & les Pirates Turcs; ce qui eſt moins fréquent depuis que les chebecs & les felouques du Roi de Naples croiſent dans ces parages, & ſur-tout depuis que la République de Veniſe s'eſt comme chargée de la police de la Mer Adriatique.

Après avoir paſſé deux bacs ſur des rivières ou ruiſſeaux qui ſe rencontrèrent ſur notre paſſage & qui ſe jettent à peu de diſtance de là dans la Mer, nous nous arrêtâmes à une des Tours pour y faire repoſer les chevaux, & à ſix milles de là nous trouvâmes les Salines qui fourniſſent le ſel à tout le Royaume & qui en fourniroient à toute la Terre ſi l'on vouloit, par la facilité d'étendre à l'infini les foſſes où l'on reçoit l'eau de la Mer (1).

(1) Le climat ſec du pays eſt très-propre à l'évaporation, le voiſinage de la Mer très-commode pour le chargement & l'exportation, de ſorte que tout concourt à faire & à avoir le ſel en cet endroit à meilleur marché qu'en aucun lieu du Monde. Auſſi en vient-on chercher de tous les Ports de la Baltique; il s'achète ſix grains le *rotolo*, ou à-peu-près deux ſols ſix deniers la livre: ce qui rapporte au Roi de Naples un demi-million de ducats. On ſait que dans une région trop chaude, le ſel eſt trop âcre & trop corroſif, & que les régions froides ne peuvent obtenir une deſſécation parfaite; c'eſt ce qui fait que le ſel que l'on fait en France eſt avec raiſon un des plus eſtimés.

VUE

Dessiné par Des Prez — Gravé par Guttemberg

Vuë de l'Eglise de la Madona di S.ta Croce di Barletta

A.P.D.R.

Gravé à l'eau forte par Duplessis Bertaux — Terminé au burin par Ch. Guttemberg

Vuë de Monte Sant-Angelo
Prise de l'entrée de l'Eglise et le jour de la fête du Saint

Dessiné par Des Prez Architecte et pensionné du Roi à l'Acad. de France.

A.P.D.R.

A ROME.

VUE DE L'ÉGLISE DE LA MADONE

DI SANTA-CROCE DI BARLETTA.

PLANCHE DIXIÈME.

Six milles après que nous eûmes passé les Salines & laissé sur la droite la petite Ville de *Salpe*, anciennement appellée *Salapia*, après avoir passé l'*Offanto* qui étoit l'*Aufidius* des Anciens, nous arrivâmes à *Barletta*, autrefois *Bardulum*. Comme le jour commençoit fort à tomber, nous ne pûmes trop en arrivant observer ni la forme ni la position de cette Ville. Nous fûmes assez médiocrement reçus du Consul, à qui notre attirail mesquin & notre charette n'en imposèrent pas, car il faut en imposer aux hommes pour obtenir d'eux comme pour les gouverner. Heureusement qu'un simple Particulier, avec lequel nous fîmes connoissance dans la rue, nous prit sous sa protection, & nous fut beaucoup plus utile que le Consul auquel nous avions cependant été recommandés.

Nous fûmes le lendemain nous promener dans la Ville qui est entièrement bâtie avec une espèce de pierre blanche & presque toute taillée en pointe de diamants; des rues très-larges, très-propres & très-bien pavées, mais pas un Monument, si ce n'est une Figure Colossale en bronze que l'on nous dit avoir été trouvée dans la Mer, & que l'on nous assura être celle d'*Heraclius*, Empereur d'Orient: d'autres prétendent que c'est celle de *Rochisio*, Duc de Bénévent. En observant cette Figure, on voit que quoique mauvaise, elle tient encore un peu du style Grec, de celui du bas-Empire & rien du goût Gothique des Princes Barbares qui ont régné à Bénévent. La Statue fut trouvée sans jambes; celles qu'on y a ajouté sont détestables. Elle est habillée à la Romaine, la main droite s'étant trouvé élevée, on y a ajouté une Croix, & dans l'autre qui est étendue on a imaginé d'y placer la boule du Monde. Si cette Figure, qui a vingt pieds de haut, étoit plus élevée & placée à son avantage elle auroit assez de noblesse, mais ainsi posée à terre, sans Piedestal, elle devient du plus mauvais effet possible.

Le Château de *Barletta* qui a de la réputation, & qui passe pour un des quatre Châteaux célèbres de l'Italie, n'est qu'un gros massif de Bâtiment quarré avec de mauvais fossés secs, qui n'a rien de recommandable que la dureté & la beauté de la pierre dont il est bâti, ainsi que toute la Ville & le Port. Ce Port n'est qu'un Môle fort bas avec un ouvrage isolé & en demi-cercle, qui laisse entrer les Vaisseaux des deux côtés, comme à *Civita Vecchia*, & qui, même quand il sera achevé, ne mettra pas les Bâtimens en grande sûreté.

Au reſte *Barletta* ne laiſſe pas d'être commerçante, & ſur-tout en grains que l'on vient chercher de *Trieſte*. Elle peut avoir dix-huit mille Habitans, & eſt une des Villes les plus importantes de cette partie du Royaume de Naples; mais ſa conſtruction abſolument moderne & rien moins que pittoreſque, ne put nous fournir un ſeul aſpect intéreſſant ni une ſeule Vue à deſſiner. Une petite Egliſe de Madona, apellée *Santa-Croce di Barletta*, que nous rencontrâmes au ſortir de la Ville, fut le ſeul endroit qui méritât de nous arrêter quelques inſtans. Un de nos Deſſinateurs en prit une petite Vue, qui eſt gravée ſur la même Planche & au-deſſus de celle de *Monte Sant-Angelo*, N°. 10.

VOYAGE PITTORESQUE
DE
LA GRANDE-GRÈCE.

CHAPITRE SECOND.
PLAINES DE LA POUILLE, L'ANCIENNE APUGLIA.

ROUTE DEPUIS CANNES JUSQU'À POLIGNANO,

EN PASSANT

PAR CANOSA, TRANI, BISCEGLIA, BARI, MOLA,

ET L'ABBAYE DE SAN-VITO.

VOYAGE PITTORESQUE
DE
LA GRANDE-GRÈCE.

CHAPITRE SECOND.

ROUTE DEPUIS CANNES JUSQU'À POLIGNANO,
EN PASSANT
PAR CANOSA, TRANI, BISCEGLIA, BARI, MOLA, ET L'ABBAYE DE SAN-VITO.

Si tout le Pays, toute la partie de l'Italie que nous venions de traverser depuis *Bénévent*, jusqu'à la Côte de la Mer Adriatique, ne nous avoit offert rien de fort intéressant, nous étions sûrs d'en être dédommagés par la Vue d'un lieu bien célèbre dans l'histoire, & que nous devions rencontrer en sortant & à peu de distance de *Barletta*. C'est le fameux Champ de bataille où *Terrentius Varron*, à la tête des Légions Romaines, fut si complètement battu par Annibal à la bataille de *Cannes*. Cette partie des plaines de la Pouille se nomme encore aujourd'hui dans la Langue du Pays, *il Campo del Sangue*; & on y trouve très-souvent, en labourant les terres dans tous les environs, des anneaux d'or, des débris d'armes & des cuirasses antiques.

Après avoir fait la valeur de six milles en entrant dans cette Plaine, le chemin se prolonge entre deux collines; ce fut de là que nous apperçûmes sur les hauteurs quelques vestiges, que l'on nous dit être ceux du Château de *Cannes*. Il est dit dans l'histoire que la Ville étoit ruinée, lorsqu'Annibal vint avec son armée dans cette partie de l'ancienne *Appulie*, & que les Carthaginois commençoient à souffrir beaucoup de la disette & de la rareté des vivres que les Romains avoient eu la précaution de faire enlever de tous les côtés, mais qu'Annibal fut assez heureux pour s'emparer du Château de *Cannes* où étoit placé le magasin des approvisionnemens de l'armée Romaine.

Curieux de connoître par nous-mêmes le Théâtre où s'étoit passée cette scène mémorable, & de nous représenter autant qu'il seroit possible, d'après les descriptions des anciens Auteurs, la situation des deux armées, nous commençâmes d'abord par monter sur l'éminence où étoit situé cet ancien Château de *Cannes*, afin de pouvoir découvrir toute la Plaine, ainsi que les restes de l'antique *Cannæ* qui étoit bâtie sur le penchant d'une autre colline.

Nous appercevions effectivement en entier, de dessus ces hauteurs, tout le Champ de bataille, & nous pouvions de loin suivre le cours de l'*Offanto* qui étoit l'*Aufidus* des Anciens. Jamais il n'y eut un plus vaste espace pour combattre, & jamais plus grand combat ne fut donné entre deux Puissances plus terribles, plus aguerries, & plus animées l'une contre l'autre; c'est enfin l'action la plus mémorable dont l'histoire nous soit conservée; aussi est-ce le seul intérêt qui puisse engager à s'arrêter dans un lieu qui ne présente par lui-même qu'une Plaine immense où presqu'aucun objet n'arrête les yeux & où l'on n'apperçoit que des Marais qui servent aujourd'hui de pâturages.

Il paroît que quant au terrein & à la situation des deux armées dans une Plaine parfaitement unie, l'avantage devoit être égal de part & d'autre. Le Fleuve qui régnoit le long du Champ de bataille, ne contribua en rien au succès de l'action, puisque l'armée des Carthaginois avoit son camp de l'autre côté du Fleuve, & que ce Fleuve n'auroit pu que lui être fatal, si elle eût été mise en déroute.

On doit donc penser que le gain de cette fameuse bataille doit être attribué en grande partie aux ruses qu'Annibal sut si bien employer pour attirer les Romains dans une immense Plaine où il savoit combien la Cavalerie des Carthaginois, supérieure en nombre & en bonté, pouvoit influer sur le succès d'une action & le déterminer en sa faveur. L'on prétend encore que cet habile Général n'ignoroit pas que tous les jours au lever du soleil il régnoit dans ces Plaines & le long de l'*Aufidus* un vent violent, connu, dit Tite-Live, sous le nom de *Vulturne*, dont l'effet ordinaire étoit de faire voler des tourbillons de sable & de poussière. Annibal, dont le génie savoit profiter de tous les avantages possibles, se posta de manière que, d'une part son armée auroit à dos ce vent de Vulturne, qui au contraire souffleroit dans le visage & les yeux des Romains, & qu'en même-temps ils se trouveroient par leur position avoir à midi le soleil en face, ce qui ne pouvoit que les éblouir & les gêner pendant le combat (1).

---

(1) *Sol, seu industria ita locatis, seu quod fortè ita starent, peropportune utrique parti obliquus erat, Romanis in meridiem, Pœnis in septentrionem versis. Ventus quem* Vulturnum *incolæ regionis vocant, adversus Romanos Coortus, multo pulvere in ipsa ora volvendo, prospectum ademit.* Tit-Liv. L. XXII. hist.

Cependant

Cependant quoique Tite-Live ſemble attribuer en partie la perte de la bataille de *Cannes* à cette poſition déſavantageuſe de l'armée des Romains, nous croyons que l'inexpérience de leur Général *Terentius Varro* & la ſupériorité d'Annibal ſur lui y contribuèrent encore bien plus. Il ne ſera peut-être point indifférent à nos Lecteurs de retrouver ici quelques-unes des principales circonſtances d'un évènement qui penſa devenir ſi funeſte à la République Romaine, & dont il eſt ſi naturel d'aimer à s'occuper en parcourant le lieu même où cette terrible action s'eſt paſſée.

Nous voyons dans l'hiſtoire des Romains, que ce fut preſque toujours des diſſenſions fréquentes qui s'élevoient parmi les différens Ordres des Citoyens que vint une grande partie de leurs déſaſtres; & c'eſt préciſément ce qui arriva dans cette malheureuſe occaſion. Les Plébéïens voyoient depuis long-temps avec peine, que les premières places de la République & ſur-tout le commandement des armées, étoient regardés comme l'appanage des Patriciens; en conſéquence, à force de cabales & d'intrigues, ils firent enſorte que le choix des Commices tombât ſur *Terentius Varro.*

Cet homme, quoique né de la plus baſſe extraction, n'étoit point ſans talens; entreprenant, hardi, éloquent, il étoit par-là capable de ſéduire la multitude. Si l'on en croit les Hiſtoriens, *Terentius* commença par être Boucher, enſuite devenu Orateur, puis Tribun du Peuple, ſon ambition le porta juſqu'à vouloir être nommé Conſul; & devenant par cette dignité, Général de l'armée, il eut pour le malheur des Romains, la témérité de vouloir ſe meſurer avec Annibal.

Le Sénat crut remédier en quelque ſorte à un choix auſſi déraiſonnable, en lui donnant pour Collègue dans le Conſulat le célèbre *Paulus Æmilius*, un des plus grands-Hommes de guerre de ſon temps; mais la déſunion n'ayant pas tardé à s'établir entre deux hommes auſſi peu faits pour s'accorder, l'on penſa pouvoir y remédier en établiſſant que les deux Conſuls commanderoient alternativement l'armée Romaine, & auroient chacun leur jour.

L'opinion & la confiance que le Peuple Romain avoit dans ce *Terentius Varro* gagnèrent tous les Ordres de l'Etat; l'enthouſiaſme fut tel & devint ſi général, qu'un nombre conſidérable de Sénateurs & de Chevaliers Romains voulurent s'enrôler dans l'armée & ſervir comme de ſimples Légionaires. L'on fit dans la Ville & chez les Alliés, des levées extraordinaires, le nombre des Légions fut doublé, de ſorte qu'avec les différens Corps de Cavalerie & de Troupes Auxiliaires, l'armée des Conſuls ſe montoit à plus de quatre-vingt mille hommes, & ſept mille de Cavalerie.

Jamais les Romains n'avoient montré autant d'ardeur & de deſir de combattre les Carthaginois. *Terentius* augmentoit encore cette confiance par ses discours avantageux & les railleries amères qu'il faisoit de son Collègue *Emilius*, qu'il affectoit de traiter de temporiseur & d'homme timide. Méprisant cette prudence si nécessaire à un Général & qui l'empêche de jamais confier au hasard le succès d'une bataille, le Consul Plébéien ne fut pas plutôt arrivé à la tête de l'armée qu'il rechercha avec impatience tout ce qui pouvoit engager & déterminer une action.

C'est tout ce que vouloit Annibal. Par toutes sortes de ruses il chercha d'abord pendant plusieurs jours de suite à attirer les Romains dans différentes embuscades. *Æmilius*, qui l'avoit prévu, & qui en fut instruit par ses espions, eut par deux fois le bonheur d'arrêter les Romains, mais ce ne pouvoit être que les jours qu'il avoit le commandement de l'armée. Annibal connoissant toute la différence qu'il y avoit entre les deux Consuls, & desirant de profiter de l'avantage que lui offroit l'inexpérience de l'un des deux, ne manqua pas de présenter la bataille aux Romains, persuadé que le téméraire Varron n'en laisseroit pas échapper l'occasion : effectivement un des jours où celui-ci commandoit, dès le grand matin, & sans consulter son Collègue, il fit passer l'*Aufidus* à ses Troupes & les rangea en bataille dans cette Plaine immense où Annibal avoit su l'attirer, afin de pouvoir, comme nous l'avons dit, faire agir & développer plus facilement sa Cavalerie. Son armée étoit inférieure en nombre à celle des Romains, puisqu'elle n'étoit composée que de cinquante mille hommes. Mais dix mille hommes de Cavalerie légère, tant Numide, que Gauloise & Espagnole, lui assuroient le gain de la bataille.

Æmilius n'avoit pas ce jour-là le pouvoir d'arrêter son Collègue : malgré lui il fut obligé d'obéir, & pour comble de malheur, il fut blessé dangereusement dès le commencement de l'action. Elle ne tarda pas à s'engager dans le centre des deux armées où l'on combattit pendant quelque temps avec une égale fureur. Annibal, qui dans toutes les occasions avoit toujours recours à la ruse, donna ordre aux bataillons Espagnols & Gaulois, qui formoient un Corps avancé & comme un angle saillant au centre de l'armée, de quitter peu-à-peu cette figure triangulaire, & de feindre de perdre du terrein pour attirer les Romains de plus en plus & les faire entrer dans l'intérieur des lignes Carthaginoises.

Ce qu'Annibal avoit prévu arriva, les Romains emportés par leur courage & leur ardeur, s'engagèrent dans les bataillons Africains dont ils se trouvèrent bientôt enveloppés ; *Æmilius*, tout blessé qu'il étoit, & voyant le danger que couroit l'armée Romaine, se précipita dans la mêlée où il périt accablé par le nombre. Pendant ce temps, Terentius, qui s'étoit réservé le commandement de l'aile gauche, n'attaquoit l'ennemi que foiblement ; sa Cavalerie intimidée par celle des Numides, osoit à peine se battre, & donna de plus dans un nouveau piége que lui tendit le Général Carthaginois.

Cinq cents de ces Cavaliers Numides ayant reçu ordre d'Annibal de chercher à tromper les Romains par une feinte désertion, se présentèrent devant les Troupes de Terentius, après avoir caché leurs armes sous leurs habits, & comme demandant à se rendre. L'imprudent Général les voyant désarmés, & imaginant n'avoir rien à en redouter, pensa que ce devoit être autant d'ennemis de moins, & les fit placer derrière les lignes de l'armée. Ce fut ce Corps de Cavaliers Numides qui, au moment le plus vif de l'action & lorsque les Romains étoient environnés de tous les côtés, acheva de déterminer le plus absolument la perte de la bataille; profitants du désordre extrême dans lequel étoient les Légions, ces Barbares fondirent sur les Romains déja accablés de toutes parts & en firent le plus affreux massacre : il étoit si horrible qu'il fallut qu'Annibal donnât des ordres pour l'arrêter : la Plaine, à ce que dit Tite-Live, étoit entièrement couverte de morts & de mourans.

Presque toute l'armée Romaine fut détruite, & suivant les détails que l'on trouve dans tous les Historiens, de quatre-vingt mille hommes dont elle étoit composée près de soixante mille restèrent sur le champ de bataille. Dix mille se rendirent à discrétion à Annibal, & trois cents Cavaliers auxiliaires seulement se sauvèrent par la fuite. Sans compter le Consul *P. Æmilius* qui fut tué, comme nous l'avons dit, dans le commencement de l'action, les deux Proconsuls, vingt-neuf Tribuns Légionaires & plus de quatre-vingt Sénateurs y perdirent la vie ; ce fut sans doute le plus terrible échec qu'ait jamais reçu la République Romaine. La perte d'Annibal fut bien moins considérable ; suivant Polybe, ce furent les Gaulois qui contribuèrent le plus au gain de cette célèbre action, aussi y en eut-il quatre mille de tués ; les Espagnols & les Africains ne perdirent que quinze cents hommes (1).

Pour *Terentius Varro*, ce Consul si hardi dans le discours & si timide dans

(1) Les Historiens anciens sont entrés jusques dans le détail des armes & des habillemens des différentes Nations qui combattoient à Cannes sous les ordres d'Annibal. Les Africains étoient vêtus & armés à la Romaine, Annibal les ayant fait revêtir des dépouilles & des armes qu'ils avoient prises aux Romains dans les combats précédens. Les Espagnols & les Gaulois portoient des boucliers qui étoient également échancrés en forme de croissant, mais leurs armes étoient différentes. Les premiers se servoient de courtes épées tranchantes & qui pointoient, au lieu que les seconds n'usoient que du sabre qui tranchoit & ne pointoit pas. Quant à l'habillement, les Espagnols étoient couverts d'une veste blanche bordée de pourpre, mais l'uniforme des Gaulois fut bientôt trouvé, car, suivant les Historiens, ils étoient tous nuds jusqu'à la ceinture ; ce qui offroit, suivant *Polybe*, un spectacle aussi étrange que terrible. *L. III.*

l'action, cet auteur de tant de désastres, sans s'être signalé par aucun exploit & sans même prendre la peine de rallier les Troupes, s'enfuit à *Venusie* accompagné seulement de soixante & dix Cavaliers.

Les détails historiques que l'on trouve dans Polybe, ainsi que dans Tite-Live, indiquent clairement les positions des deux armées, & lorsqu'on est sur les lieux, rien n'est plus aisé que de les reconnoître, & n'est en même-temps plus intéressant.

Après avoir passé l'*Offanto*, qui n'est qu'un ruisseau en Eté, & tel que nous le traversâmes, mais qui devient un torrent très-considérable à la fonte des neiges, comme on peut le voir par ses dévastations & l'escarpement de ses bords, nous suivîmes la direction de la marche des Romains, ayant devant nous les Vallons de *Cannes*. Nous avions comme eux le soleil en face, ainsi que le vent, qui apparemment est alisé dans cette contrée ; mais heureusement nous n'avions pas Annibal contre nous, & nous pûmes fort tranquillement examiner tout ce Pays, & ces sites si curieux à observer, & devenus à jamais célèbres par le Triomphe de ce grand Général, ainsi que par la faute qu'on lui reprocha de n'en avoir pas su profiter en marchant tout de suite à Rome.

VUES DE LA VILLE DE CANOSA,

ET

DE QUELQUES TOMBEAUX OU MONUMENS ANTIQUES,

PARMI LESQUELS EST UN ARC, VULGAIREMENT ET MAL-A-PROPOS APPELLÉ

ARC DE TERENTIUS VARRO.

PLANCHES DOUZE ET TREIZE.

AVANT de quitter cette Plaine fameuse dans l'Histoire & un lieu aussi curieux à parcourir, nous voulûmes aller visiter les restes de l'antique Ville de *Cannes* qui, comme nous l'avons dit d'abord, étoit située sur le penchant d'une autre Colline ; la Ville est absolument détruite, nous n'y trouvâmes que les vestiges de quelques Tombeaux. Il y en avoit un, entre autres, terminé par une espèce de Colonne, au bas de laquelle on lit cette Inscription qui est peu intéressante

Desprez del. — C. Guttenberg Sculp.

Vuë des Restes de l'antique Ville et du Château de CANNES,
et quelques débris des Tombeaux parmi lesquels est un ancien Arc, vulgairement
et mal à propos appellé dans le Pays, Arc de Terentius Varron.

A. P. D. R.

Desprez del. — Dambrun Sculp.

Vuë de CANOSA Ville de la Pouille,
anciennement Canusium.

A. P. D. R.

intéressante par elle-même & n'a d'ailleurs aucun trait à l'évènement célèbre dont nous étions occupés ; la voici.

C. IVLIVS
SATVRNINI
LIB. HERACVLA
AVG. SIBI ET
C. IVLIO SALPINO
FILIO
ET. IVLIÆ. SOTERIÆ
LIB.

Cajus, Julius, Heracula, Augustalis, & Affranchi de Saturninus, a élevé ce Tombeau pour lui, pour Cajus Julius Salpinus, son fils: & pour Julie Soteria son Affranchie.

Il y avoit de chaque côté deux masses de Licteurs pour toute décoration. Ces faisceaux de Licteurs n'ont point de hache: une des baguettes dépasse seulement les autres d'environ deux pouces. Elles ne sont point liées par une branche de laurier, mais par une bande fort étroite, une simple courroie (1). A force de chercher, nous apperçumes encore quelques substructions, mais comblées & impraticables, ainsi qu'une Inscription sur une demi-Colonne d'un diamètre ovale, mais si excessivement fruste qu'il nous fut impossible de la déchiffrer. Cette Colonne ressemble assez à une Colonne Milliaire.

A six milles de *Cannes*, & nous avançant toujours dans les Terres, nous arrivâmes à *Canosa*, autrefois *Canusium* ; cette ancienne Ville Grecque fut fondée encore par Diomède, aussi les Champs qui l'environnent ont-ils conservé le nom de *Campi Diomedis* ; ce fut dans cette Ville que se retira une partie des Soldats Romains après la malheureuse journée de *Cannes*. Tite-Live parle d'une Apulienne, femme très-riche, nommée *Busa*, qui reçut & accueillit chez elle le petit nombre des Romains qui s'échappa par la fuite, & leur donna l'hospitalité pendant quelques jours. On montre encore les vestiges du Palais de cette généreuse Femme. Cependant ces Ruines sont si colossales, qu'il y a plutôt lieu de penser qu'elles sont celles de quelque Edifice public, mais si ruiné, que ni le Plan, ni l'Elévation n'ont conservé aucune forme (2).

---

(1) Il faut observer à ce sujet que quand les faisceaux étoient ainsi représentés sans hache, ils indiquoient simplement la qualité d'*Augustalis*, comme elle est portée dans l'Inscription. Ce qui désigne que Cannes étoit par-conséquent une Ville où il y avoit eu un Collége d'*Augustaux*, c'est-à-dire de Prêtres & de Ministres consacrés au Service & au culte des Empereurs, dont la flatterie avoit fait des Dieux, même de leur vivant. Culte que l'adulation avoit établi dans presque toutes les Villes de l'Empire Romain.

(2) *Eos qui Canusiam perfugerant, mulier Apula, nomine* Busa, *genere clara ac divitiis, mœnibus tectisque à Canusinis acceptos, frumento, veste, viatico etiam juvit ; pro quâ ei munificentiâ postea, bello perfecto à Senatu honores habiti sunt.* Tit-Liv. Lib. XXII.

A quelque diſtance de ces Ruines & dans le milieu de la Campagne, l'on voit les reſtes, encore aſſez entiers, d'un Monument antique qui a la forme d'un Arc de Triomphe, & auquel on donne très-improprement dans le Pays le nom d'Arc de *Terentius Varro.* L'on ne ſauroit effectivement comprendre pourquoi un pareil Monument auroit pu être élevé à l'honneur de ce Général, puiſqu'il n'eſt fait mention de lui, dans l'hiſtoire de la bataille de Cannes, que comme ayant été la cauſe unique de la défaite des Romains, & comme ayant même fui des premiers pendant le combat. Les Hiſtoriens ajoutent encore que ne s'étant pas trouvé en ſûreté à *Venuſe*, il s'étoit retiré à *Canuſium*, parce que cette dernière Ville étoit mieux fortifiée. Au reſte l'on voit dans l'Hiſtoire que la faveur de ce Général, chéri du Peuple & choiſi par lui, étoit ſi grande, qu'à Rome même le ſoin de ſa perſonne fut regardé comme l'effet de ſa grandeur d'ame. Des Députés de tous les Ordres vinrent au-devant de lui pour le remercier, de ce que dans un ſi grand déſaſtre, il n'avoit pas déſeſpéré du ſalut de la République, & s'étoit conſervé pour la ſervir.

Ce prétendu Arc de Varron n'eſt autre choſe qu'un Monument très-ſimple d'une ſeule Arcade conſtruite en briques. L'on voit encore que l'Arc étoit décoré de Pilaſtres avec une Corniche, mais détruite de manière que l'on n'en peut diſtinguer ni le profil, ni aucun ornement. Il eſt encore bien plus difficile de pouvoir déterminer pour quelle raiſon cet Arc a été élevé à cette place ; ſi l'on doit le regarder comme un Monument hiſtorique, élevé depuis ſur les lieux, pour rappeller le ſouvenir d'un fait célèbre dans l'Hiſtoire, ou plutôt ſi ce n'a jamais été autre choſe qu'un Tombeau conſtruit dans la forme d'une Arcade, ainſi que l'on en connoît pluſieurs exemples.

Cette opinion paroît la plus vraiſemblable. C'eſt une erreur de croire que les Anciens n'élevoient ces ſortes de Monumens que pour célébrer des Triomphes & des Triomphateurs. L'on ne peut douter par les Inſcriptions même portées ſur quelques-uns, qu'il n'y en ait eu de conſtruits pour toute autre raiſon. L'on connoît celui qui fut élevé pour l'Empereur Trajan à *Ancone*, où il eſt préciſément dit que ce ne fut point pour ſes victoires qu'on lui élevoit ce Monument, mais pour avoir fait faire le Port d'Ancone à ſes dépens. L'on ſait que Domitien fit élever dans Rome pluſieurs Arcs uniquement pour ſervir de décoration & ſans aucun but particulier.

Mais ce dont on ne peut douter, c'eſt que ces ſortes de Monumens n'aient été très-ſouvent deſtinés dans l'Antiquité à former des Tombeaux, & il exiſte encore de ces Arcs, où l'on peut diſtinguer les Niches dans leſquelles ſe dépoſoient les Vaſes & les Urnes Cinéraires. Le Marquis *Maffei*, dans ſon excellent Ouvrage de la *Verona illustrata* rempli de recherches intéressantes sur l'Antiquité, en cite divers exemples, & sur-tout en parlant d'un Arc pareil fort connu à *Vérone*, appellé l'*Arc de Gavius* (1). Quoi qu'il en soit de cet antique Edifice & de l'usage auquel il aura pu être destiné, nous le trouvâmes placé sur le chemin qui conduit au Pont de *Canosa* sur l'*Offanto*.

Nous vîmes près de là encore deux autres Constructions en briques dont la forme étoit quarrée, mais qui paroissent n'être pas même antiques. Ces Fragmens assez peu intéressans à voir, sont à une demi-lieue de la Ville, qui est aujourd'hui réduite à quelques petites rues étroites & bâties autour d'un mauvais Château; mais comme ce Château à demi-ruiné se trouve placé sur la partie la plus élevée, étant vu de loin, son aspect fait pyramider toute cette Ville de *Canose*, & lui donne un effet très-pittoresque.

RUINES ANTIQUES

DANS LES ENVIRONS DE CANOSE.

PLANCHE QUATORZIÈME.

Tous les environs de l'ancien *Canusium* sont semés de Ruines & de Débris antiques qui ne peuvent laisser douter que cette Ville n'ait été autrefois fort considérable. Un Aqueduc y conduisoit l'eau de vingt milles: ce qui en reste encore de vestiges, suffit pour indiquer que cet Ouvrage devoit être d'une grande étendue. Parmi ces Ruines éparses dans la campagne, on trouve une masse assez considérable de maçonnerie, où l'on apperçoit encore des Fragmens de pavé en Mosaïque. La grandeur de cet Edifice a fait croire aux Habitans du Pays qu'il devoit renfermer quelque trésor. Cette persuasion n'a servi qu'à le faire dégrader encore davantage, mais il paroît que ces recherches ont été inutiles; ce n'étoit, suivant toute apparence, qu'une maçonnerie pleine, qui avoit pu former anciennement la base de quelque ancien Tombeau élevé dans la forme d'une Pyramide.

On voit à quelque distance plusieurs autres Substructions ou bases d'autres Edifices, mais qui sont sans caractère & sans nul intérêt; & entre autres, plusieurs grands Arcs, tombants en ruines, au milieu des champs de bled dont

(1) *Verona illustrata del Marchese Maffei, Antichita Romane*, Cap. II°. p. 92 & 93.

ils sont entourés, & qui paroissent n'être autre chose que les restes d'une Eglise des premiers temps du Christianisme, ce sont ces Ruines que l'on voit représentées dans la Gravure, N°. 14.

On apperçoit encore de là, un amas de débris antiques qui ont la forme d'un grand Amphithéâtre, nous nous y transportâmes avec empressement, mais nos peines furent inutiles, car on seme, on laboure sur les Gradins, & les Corridors sont absolument comblés de terre. Cependant la forme de ce Monument est encore assez distincte, pour que nous ayons pu en mesurer l'étendue, que nous trouvâmes de quatre cents cinquante pieds de long sur trois cents soixante-quinze de large. Il nous parut au reste que cet Amphithéâtre avoit été construit dans la forme d'un ovale très-arrondi; ce que l'on pourroit regarder comme une particularité à remarquer, le plus grand nombre & même presque tous les Edifices de ce genre dans l'Antiquité décrivant une ellipse parfaite (1).

VUE DE L'ENTRÉE DE LA CHAPELLE
OÙ EST RENFERMÉ
LE TOMBEAU DE BOEMOND.
PLANCHE QUINZIÈME.

DANS la Plaine qui est au bas de Canose, nous trouvâmes une Eglise Gothique, appellée *la Chiesa Madre*. Cette Eglise, construite presque entièrement de Fragmens & de Marbres chargés d'Inscriptions antiques, est ornée sans choix & sans goût, ainsi que tous les Edifices que l'on élevoit dans ces temps barbares, des dépouilles des Monumens qui existoient autrefois dans les environs. Nous remarquâmes, entre autres, dans les dehors de celui-ci, & pour soutenir le plus maussade de tous les Portiques, trois magnifiques Colonnes de brèche violette, engagées dans la terre de plus de moitié de leur élévation, avec des Chapiteaux Corinthiens en marbre blanc d'un travail exquis. Il y avoit outre cela dans l'intérieur de l'Eglise six autres Colonnes du plus beau vert antique possible,

(1) L'on ne connoît guères dans le nombre des Monumens des Anciens en ce genre que ce que l'on voit à Rome sous le nom d'*Amphitheatrum Castrense*, dont les restes existants annoncent effectivement une forme presque circulaire; c'est celui dont on trouve les Ruines, très-apparentes encore, entre la Porte Majeure & l'Eglise de Saint-Jean-de-Latran, près des murs de Rome. L'on croit que cet Amphithéâtre étoit destiné pour les Gardes Prétoriennes, & que c'est par cette raison qu'il étoit appellé *Castrense*.

Dessiné par Desprez — Gravé par de Ghendt

Débris de Constructions antiques, situées près de Canosa dans la Pouille ; Ruines dont on ignore le nom et que l'on pourroit croire les Restes de quelque ancien Monument de la primitive Eglise.

N.° 14. 6.e Cah. — A. P. D. R.

Dessiné par Desprez — Gravé par Berthault

Vuë de l'entrée d'une Eglise appellée la Chiesa Madre, près de CANOSA, et d'une Chappelle Gothique où est renfermé le Tombeau de Boëmond Prince d'Antioche, mort aux Croisades en l'an 1111.

N.° 15. 6.e Cah. — A. P. D. R.

possible, de deux pieds de diamètre, mais aussi mal placées & avec aussi peu de goût que celles que nous avions trouvées à *Lucera*.

Sur le Siége de l'Archevêque, qui est construit en marbre, on lit une Inscription écrite en mauvais latin du temps, & faite en l'honneur d'un certain *Romoald*, aux dépens de qui, sans doute, cette espèce de Trône Episcopal avoit été construit.

VRSO P. CEPTORI
ROMOALDVS. ADHEC FVIT
ACTOR.

La petite Chapelle que l'on voit adossée à cette Eglise & qui n'a rien de remarquable à l'extérieur, renferme un Tombeau fait avec une sorte de magnificence pour le temps. Ce Tombeau fut élevé dans le onzième siècle à un *Boemond*, Prince d'Antioche & fils de ce *Robert Guiscard* dont parle le Tasse dans sa Jérusalem, l'un de ces Normands qui, dans le onzième siècle, étoient venus s'établir en Italie en revenant des Croisades. C'étoit, comme l'on sait, le goût & la fureur de ces temps barbares. Boemond s'enrôla lui-même dans une nouvelle Croisade qui eut lieu de son vivant, mais il y périt, & si l'on en croit les Chroniques du temps, après une foule d'actions de bravoure qui lui firent un honneur infini (1). Son corps fut de là reporté à Canose où ce petit Monument lui fut élevé en 1111.

Son Tombeau est revêtu de Marbre en dedans & en dehors ; l'on peut dire que malgré cette recherche tout y caractérise le luxe mal entendu & le mauvais goût de ce siècle. La Porte, qui est revêtue de bronze, est d'un travail prodigieux, ainsi que tous les Ornemens qui sont précieusement exécutés, mais tout cela est si mal arrangé & si mal logé, que l'ensemble de cet Edifice gothique ne présente pas un grand intérêt.

Il paroît à une mauvaise Inscription que l'on a gravée sur un Marbre dans l'intérieur de cette Chapelle au-dessus du Tombeau, que ce Prince étoit vraiment digne de ses ancêtres, par son courage & sa bravoure.

VNDE BOEMVNDVS? QVANTI FVERIT BOEMVNDVS?
GRAECIA TESTATVR, SYRIA DINVMERAT.
HANC EXPVGNAVIT, ILLAM PROTEXIT AB HOSTE.
HINC RIDENT GRAECI: LVGET SYRIA DAMNA SVA.
QVOD GRAECVS RIDET, QVOD SYRVS LVGET, VTERQVE
JVXTE; VERA TIBI SIT BOEMVNDE SALVS.

Une des Antiquités les plus curieuses que l'on a trouvée en fouillant près de

(1) *Marcus Boemundus, post multos Agones & triumphos, in nomine Jesu, Antiochiæ obiit. Anno ab Incarnatione Domini* 1111. Ordericus Vitalis, L. II.

cette Église, est une Table d'airain sur laquelle étoient écrits les noms de tous les Romains qui avoient été envoyés pour former la Colonie de *Canosa*, selon leur rang & l'emploi qu'ils devoient y occuper. Ce Monument a été transporté à Naples, & devient intéressant en ce qu'il peut faire connoître quels étoient l'ordre & la composition de ces célèbres Colonies Romaines.

Les Sciences & les Lettres furent cultivées dans l'ancienne Ville de *Canusium*: on y parloit également le Grec & le Latin, ce qui, suivant *Strabon*, avoit fait donner à ses Habitans le nom de *Bilingues*. Quoique cette Ville fût située dans un Territoire sec & pauvre, éloigné de la Mer, & proche d'un Fleuve, ou plutôt d'un Torrent qui par sa nature ne pouvoit être d'une grande utilité, on ne peut douter qu'elle n'ait été autrefois fort considérable. On pourroit même penser que les Arts y furent cultivés, à en juger par le nombre de Pierres gravées & de Cornalines antiques que les Paysans rencontrent très-souvent en fouillant dans les terres des environs. On nous en fit voir même un assez grand nombre, mais elles se trouvèrent toutes médiocres.

Au reste les Habitans de la *Canosa* moderne n'ont conservé de leur ancienne magnificence & de ces mœurs antiques, devenues si rares aujourd'hui, que la bienfaisance & l'hospitalité; car sur un simple billet qui nous avoit été donné par hasard à *Barletta*, & par quelqu'un que nous ne connoissions pas, nous fûmes parfaitement accueillis à *Canose*, logés & nourris; on se disputoit dans la Ville l'honneur de nous recevoir & de nous être utiles. Peut-être aussi doit-on penser que cette bonne réception étoit due en grande partie à l'extrême rareté des Etrangers dans cette Ville.

VUE DE L'ÉGLISE PRINCIPALE,
ET
DE LA PLACE PUBLIQUE DE TRANI.
PLANCHE SEIZIÈME.

Nous partîmes enfin de *Canosa*, & allâmes directement & à travers les champs gagner *Trani*. Le Pays que l'on parcourt dans cette traversée est triste & inculte, nous y fûmes de plus tourmentés par un vent insupportable, assez ordinaire dans cette Province de la *Pouille*, où des Plaines immenses laissent aux vents & aux orages tout l'effet qu'ils pourroient avoir en pleine Mer.

En approchant de *Trani*, le Pays devient meilleur; des vignes, des oliviers,

Gravé à l'eau forte par Duplessis Bertaux

Terminé par Dequevauviller

Vuë de l'Eglise principale et de la Place publique de Trani,
L'une des Villes de la Pouille, située sur les bords de la Mer Adriatique.

N° 16 6e Grece

Dessinée par Des Prez pensionnaire du Roi à l'académie de France à Rome.

A. P. D. R.

des figuiers, meublent la plaine & la rendent plus riante. L'uſage des Vignerons & de tous les Habitans de cette Campagne, eſt de ſe bâtir des huttes çà & là dans leurs héritages. La forme pyramidale de ces huttes les fait reſſembler de loin à autant de Monumens, & ſemble couvrir le Pays de Tombeaux antiques. Une ſeule ouverture par où entre le jour, un trou rond pratiqué au milieu de la voûte faite en entonnoir pour laiſſer ſortir la fumée, & pour tout meuble un banc circulaire autour du foyer ; voilà la forme & la diſtribution de ces petits réduits ſauvages, qui reſſemblent parfaitement aux huttes des Tartares.

Nous arrivâmes à *Trani* qui eſt une Ville aſſez agréable, & auſſi bien bâtie que *Barletta* ; elle a de plus un Port excellent, quoique l'entrée en ſoit aſſez difficile & qu'il ſe rempliſſe aiſément de ſable ; il vient depuis peu d'être rétabli à neuf. La grande Egliſe eſt très-belle intérieurement, elle a été bâtie par les Normands, qui l'ont enrichie d'un aſſez grand nombre de Colonnes antiques. La conſtruction intérieure de l'Edifice, quoique gothique, eſt d'un genre noble ; mais le Portail n'a point été fini. C'eſt l'Entrée de cette Egliſe qui fait le Sujet d'une de ces Planches, N°. 15, ainſi que la Vue de la Place de *Trani* ſur laquelle elle eſt ſituée.

Nous ne trouvâmes d'autres Antiquités dans cette Ville que quelques Pierres milliaires, & quelques Chapiteaux de Colonnes très-ruinés. Ce beau Pays qui a fait long-temps le deſir & l'ambition de pluſieurs Peuples, ſe reſſent des dévaſtations qu'il a eu à ſouffrir dans différens temps de la part des grandes Puiſſances, ainſi que de la jalouſie des petits Princes qui l'ont poſſédé ſucceſſivement. Du temps des Princes Normands, la Ville de *Trani* échut au Comte Pierre, & fut détruite par le Roi *Roger*. Dans la ſuite, lors de l'expédition de Charles VIII, les Vénitiens s'en emparèrent, comme de preſque tous les Ports de l'Adriatique qu'ils s'attachèrent à détruire ou à combler pour l'intérêt de leur commerce.

Aujourd'hui *Trani* reſſemble à une Ville importante par le nombre de maiſons aſſez apparentes que l'on y voit, & ſur-tout à cauſe de la beauté des matériaux que l'on y employe & qui donnent un air de fraîcheur & de nouveauté aux Edifices les plus anciens. Toute cette Ville eſt effectivement conſtruite avec une pierre de taille qui ne noircit jamais ; d'un grain auſſi fin, & plus dur que le Marbre, elle eſt preſque par-tout taillée en pointe de diamant ; ce qui donne à cette bâtiſſe un caractère tout-à-fait ſingulier. Le Château élevé par Frédéric II reſſemble un peu à celui de *Barletta*, mais il n'eſt pas auſſi conſidérable.

N'ayant pu trouver de chevaux pour ſortir de *Trani*, nous fûmes obligés d'aller à pied juſqu'à *Biſceglia* qui n'en eſt qu'à quatre milles. Mais nous prîmes notre parti sur cet embarras, & avec d'autant moins de peine que le chemin est infiniment mauvais pour les voitures. Il est étonnant que toute cette Côte étant couverte de deux lieues en deux lieues de Villes assez riches, la communication en soit cependant aussi difficile, elle le devient même au point d'être quelquefois interrompue. Cette nonchalance dans les Gens du Pays est d'autant plus extraordinaire que pour y faire une belle route, il suffiroit d'unir ou de faire casser les pierres que l'on rencontre à tout moment, le sol étant d'ailleurs d'une excellente qualité & très-ferme.

VUE DE L'ARRIVÉE DE BISCEGLIA.

PLANCHE DIX-SEPTIÈME.

BISCEGLIA a de loin l'aspect le plus riant, les maisons qui dominent les murailles sont de la plus belle apparence, les murs dont nous fîmes le tour, en bon état & bien entretenus; mais le Port & l'intérieur de la Ville sont loin de répondre à ce que ces dehors semblent annoncer: nous fûmes étonnés de trouver des rues étroites, sales & qui exhalent une odeur infecte, au point que les Habitans ont été obligés de porter toutes leurs maisons nouvelles sur les murailles & dans les dehors de la Ville, ce qui lui donne en arrivant un aspect riche & agréable. Il n'y a au reste aucune Antiquité intéressante à voir dans la Ville; nous n'y trouvâmes de curieux en ce genre qu'une Pierre milliaire, très-bien conservée, dont voici l'Inscription.

CXII.
IMP. CAESAR
DIVI NERVAE F.
NERVA TRAIANVS
AVG. GERM. DACIC.
PONT. MAX. TRIB. POT.
XIII. IMP. VI. COS. V.
P. P.
VIAM. A. BENEVENTO
BRVNDISIVM PECVN.
SVA FECIT.

L'Empereur Trajan, fils du divin Nerva, le Dacique, le Germanique, grand Pontife, Tribun du Peuple pour la treizième fois. Proclamé pour la sixième fois Empereur, & Consul cinq fois, Père de la Patrie, a fait cette Voie publique à ses dépens depuis Bénévent jusqu'à Brindes.

Comme toutes les Inscriptions que l'on trouve dans cette route sont de même forme,

Gravé à l'eau forte par Berteaux | Terminé par Du Parc

Vuë extérieure de Bisceglia, dans la Pouille;

Ville que l'on croit être l'ancienne Vigiliæ: Dessinée d'après Nature par Des Prez.

N.° 17 6.e Grece | A. P. D. R.

Gravé à l'eau forte par Berteaux | Terminé au burin par B. Guttemberg

Vuë de Giovenazzo, petite Ville de la Pouille,

Située sur les bords de la Mer.

Dessinée par Des Prez, pensionnaire du Roi à l'academie de France.

N.° 18. 6.e Grece | A ROME. | A. P. D. R.

forme, de même grandeur, & du même travail, il est à croire que ce fut Trajan qui les fit poser en plus grande partie. Notre guide voyant que nous étions fort curieux de ces anciennes Inscriptions, voulut absolument nous conduire dans une Chapelle gothique, où, sur un petit Tombeau d'albâtre qui servoit de Bénitier, nous trouvâmes celle-ci, mais qui n'avoit rien cependant de fort curieux.

M. FVLVIVS
M. L. TRIVMPHVS
POSTVMIA
P. L. PRIMA.

Ce qui ne signifie autre chose, sinon que le Tombeau devoit servir à *Triumphus*, Affranchi de *Fulvius*, & à *Postumia prima*, Affranchie de Postumius (1).

Au sortir de *Bisceglia*, que l'on croit être l'ancienne *Vigiliæ*, nous cherchions envain les Thermes dont parle le Baron de *Riedesell*, mais nous ne les apperçûmes pas plus que les Tombeaux dont il couvre le Pays, & dont il n'existe que fort peu de vestiges, à moins qu'il n'ait pris pour des Tombeaux les huttes des Vignerons dont nous parlions tout-à-l'heure, & les pressoirs du Pays pour des Thermes ou des Bains antiques.

De *Bisceglia* à *Molfetta* il y a cinq milles. Le Pays continue d'être abondant en vin, en huile, en grains & en fruits, comme amandes, figues & caroubes; ces *caroubes* sont les fruits d'un arbre assez commun dans ces Cantons, il est toujours verd, & ressemble beaucoup aux poiriers de nos jardins lorsqu'ils ont la forme d'un gobelet. Ce fruit renferme une graine dure, enveloppée dans une gousse épaisse, résineuse & sucrée. C'est cette gousse que l'on mange lorsqu'elle est sèche, & le Peuple en fait en partie sa nourriture.

A peine est-on sorti de *Bisceglia* qu'on apperçoit *Molfetta*. Les rives de l'Adriatique sont si habitées & si unies que l'on voit également en voyageant dans ce Pays, & la Ville qu'on a quittée & celle où l'on doit aller.

Nous rafraîchîmes à *Molfetta*, Ville en apparence assez considérable par sa situation & la beauté des matériaux dont elle est construite, mais le dedans en est plus vilain & plus sale encore que *Bisceglia*. Nous y fûmes suivis, & entourés de même que dans les autres Villes que nous avions traversées depuis Naples. On vouloit nous voir manger, nous voir marcher, on regardoit tout ce que nous observions; nous demandâmes la cause de cette badauderie, & on nous répondit franchement que le passage d'un Etranger étoit une chose si rare dans le Pays, qu'il devenoit un objet de curiosité pour les Habitans, qui s'en

(1) On sait que la lettre L ainsi isolée veut toujours dire *Libertus*, Affranchi.

occupoient plusieurs jours comme d'un évènement extraordinaire. Au reste ce Peuple est doux & poli ; il a sur-tout le bon esprit de connoître la bonté du Pays qu'il habite, & de s'y trouver heureux. Nous questionnâmes plusieurs de ces Habitans qui n'avoient assurément rien moins que l'air magnifique & opulent ; & cependant ils convinrent que leurs terres leur produisoient de tout en abondance, & que tout ce qui en provenoit étoit également bon ; effectivement l'huile, le vin & le bled y sont de la plus parfaite qualité.

VUE DU VILLAGE DE GIOVENAZZO.

PLANCHE DIX-HUITIÈME.

NOUS nous acheminâmes vers *Giovenazzo*, située à trois milles par-delà. Cette Ville est encore plus petite que *Molfetta*, mais les dehors en sont riants & pittoresques. Ces petites Villes vont toujours en dégradant depuis *Barletta* jusqu'à *Ottrante*. Celle-ci n'a dans l'intérieur rien de curieux. Nous avions une Lettre de recommandation pour un des Habitans qui nous logea au Couvent des Dominicains. Ces Religieux ont dans cette Ville une maison qui ressemble à un Palais. Le souvenir de la Maison des Dominicains de *Manfredonia*, nous donna par un calcul de proportion la plus haute idée de la manière dont ceux-ci alloient nous recevoir. Cette idée s'embellit encore par l'accueil du Supérieur, assez obligeant en apparence, mais il fallut bien en rabattre lorsque la nuit fut venue & les portes fermées ; tous ces Moines une fois rentrés dans leurs cellules, nous nous vîmes au moment de mourir de froid & de faim sous ces fastueux Corridors, qui devinrent pour nous une vaste prison ; on nous refusa jusqu'à du pain, & il fallut toute notre habitude d'être honnêtes, & une patience surnaturelle pour ne pas enfoncer scandaleusement les portes du Couvent.

Ces Moines inutiles & que la crédulité des Peuples avoit enrichis autrefois, comme il en est tant d'exemples, venoient de perdre un Procès, par lequel ils avoient été condamnés à une grosse restitution. Nous devînmes apparemment la première victime de l'humeur que leur donnoit la protection marquée que la Cour accorde aux Particuliers qui les attaquent. Cette politique qui n'a pas encore eu jusqu'ici son effet dans les murs de Naples, seroit sans doute très-heureuse pour tout ce Royaume, où les Maisons Religieuses sont en si grand nombre qu'il n'y a pas de Villes de sept à huit mille ames qui n'ait quinze à vingt

Gravée à l'eau forte par Duplessis Berthaux — Terminée par Berthault

Vuë de la Ville et du Port de Bari;

Dessinée par Des Prez

Dessinée par Chatelet — Gravée par Martin

Vuë de l'entrée et d'une des Portes de la Ville de Bari

dans la Pouille: Ville anciennement appellée Barium ou Barium.

A. P. D. R.

Monaſtères. On nous aſſura que l'on comptoit juſqu'à trente mille Dominicains dans le Royaume de Naples.

Rien de curieux ne nous arrêtoit à *Giovenazzo*. Cependant nous fûmes obligés d'attendre que le Préſide de *Trani*, pour lequel nous avions des Lettres du Miniſtre, fût de retour de *Bari* où il étoit allé ; nous déſirions qu'il nous en donnât d'autres pour tous les Syndics de ſon département, précaution très-néceſſaire à prendre dans tout ce Pays. Ce *Préſide* revint enfin, mais il étoit ſi preſſé de repartir, que ne pouvant nous donner de nouvelles Lettres, il ſe contenta d'apoſtiller celle que nous avions du Miniſtre pour lui, afin qu'elle pût nous en tenir lieu pour d'autres Villes. Notre patente ainſi expédiée, nous partîmes promptement & continuâmes notre route.

VUES DE LA VILLE
ET
DU PORT DE BARI.
PLANCHES DIX-NEUF ET VINGT.

En ſortant de *Giovenazzo*, on apperçoit *Bari*, ſitué ſur une pointe de terre qui s'avance dans la Mer ; le chemin en demi-cercle que l'on eſt obligé de faire pour y arriver eſt de douze milles, qui nous parurent d'une longueur extrême : d'autant plus que les premières chaleurs que nous avions éprouvées depuis notre départ de Naples, nous ſurprirent dans cette traverſée. Le climat eſt effectivement plus chaud que celui que nous venions de quitter. Nous nous en apperçûmes aux productions de la terre qui étoient ſenſiblement plus avancées : les bleds étoient déja ſuperbes, mais l'on craignoit que la récolte ne fût perdue à cauſe de la ſéchereſſe, qui mûriſſoit la paille avant que le bled fût en fleur. Lorſque nous arrivâmes à *Bari*, on y embarquoit une grande quantité d'huile pour *Trieſte*, ce qui rendoit alors ce Port extrêmement animé.

La petite Ville de *Bari* d'aujourd'hui eſt ſituée dans le même lieu où étoit l'antique *Barium* ou *Barinon*, mais il n'exiſte aucun veſtige de ſon antiquité, ſi ce n'eſt un grand nombre de ces anciens Vaſes, appellés vulgairement Etruſques, & que l'on trouve ſouvent en quantité dans des Tombeaux ſitués hors de la Ville. Nous en achetâmes quelques-uns qui y avoient été trouvés depuis peu, & dont les formes étoient abſolument les mêmes que celles des Vaſes antiques qui ont été trouvés en bronze à Pompeïi. Cette obſervation que nous avons été à portée de répéter très-souvent, est bien une preuve que les Romains n'ont fait que copier les belles formes grecques toujours admirées avec tant de raison, & que ces prétendus Vases Etrusques ont été faits par ces anciens Grecs, les Inventeurs de tout ce qui existe de vraiment beau dans les arts en tout genre.

On trouve aussi des Camées antiques & des Cornalines que l'on assure avoir été gravées à *Bari*, mais les Habitans s'y connoissent si peu, & ils ont tant de peur de donner une chose précieuse pour peu d'argent, qu'ils demandent un prix fol de la moindre Pierre. Nous trouvâmes, entre autres, un Fermier qui avoit à son doigt une bague avec sa première monture, la Pierre représentoit un lion de la plus grande beauté. Je lui en offris une somme raisonnable, mais malheureusement il étoit riche & cela ne le tenta pas. Je lui en offris davantage, il crut que sa bague étoit un trésor, & je pris le parti de la lui laisser.

VUE DU VILLAGE DE MOLA

DANS LA TERRE DE BARI.

PLANCHE VINGT-UNIÈME

Nous sortîmes de *Bari* en suivant toujours le bord de la Mer, & arrivâmes par un chemin raboteux à *Mola*, après avoir fait quinze milles tout d'une traite. Il n'y avoit dans ce petit Village rien qui pût attirer notre attention, mais la nécessité de nous y arrêter pour laisser reposer les chevaux, donna à un de nos Dessinateurs le temps nécessaire pour en faire une jolie Vue, sans s'écarter en rien de ce que la nature lui offroit. Un grand Clocher, tels que l'on en rencontre dans tout ce Pays dans les moindres endroits, une petite Eglise placée près du Rivage & quelques méchantes barques, dont les Matelots préparoient alors leur dîner, meilleur à peindre sûrement qu'à manger, furent les accessoires dont il se servit fort heureusement pour orner son Dessin.

En sortant de *Mola* on fait encore cinq milles sur le bord de la Mer : le terrein est assez inculte, il est sec & fort découvert ; mais peu-à-peu le Pays commence à se meubler. Nous rencontrâmes d'abord sur notre route un charmant petit bois de myrtes qui étoient alors en fleurs & qui répandoient une odeur si enchanteresse que nous nous crûmes tout d'un coup transportés ou à Gnide ou à Paphos. De-là nous arrivâmes à une forêt d'oliviers assez considérable. Il y avoit si long-temps que nous n'avions vu d'arbres, qu'une forêt de grands oliviers nous parut une chose merveilleuse.

VUE

Gravée à l'eau forte par Du Plessis Bertaux — Terminée par Berthault

Vuë intérieure de l'Abbaye de San Vito di Polignano.

Dessiné par Des Préz, pensionnaire du Roi à l'académie de France, à Rome.

N° 21 Gde Grav. — A. P. D. R.

Dessiné par Des Prez — Gravé par [illegible]

Vuë du Village de Mola situé sur le bord de la Mer dans la Terre de Bari.

N° 22 Gde Grav. — A. P. D. R.

VUE DE L'ABBAYE DE SAN-VITO DI POLIGNANO.

PLANCHE VINGT-DEUXIÈME.

C'EST en sortant de cette forêt d'oliviers que l'on découvre l'Abbaye de *San-Vito*; cette Maison rappelle au premier aspect l'idée de ces Châteaux riants & agréables que les Chevaliers trouvoient tout à point dans leurs expéditions, pour ne pas coucher sur les chemins. L'illusion dure même après qu'on est entré dans la cour; car cette Abbaye a plus l'air d'un Palais que d'un Monastère. L'histoire du Pays est que le fils d'un Prince de Lucanie, *San-Vito*, fit don de ce Territoire à des Moines Cordeliers, qui en reconnoissance lui donnèrent à lui & aux siens, la vertu d'empêcher que les chiens ne devînssent enragés. Cet arrangement, fait comme on voit entre de très-bonnes Gens, a valu depuis ce temps cinquante mille livres de rente à un Prieur qui nourrit cinq autres Moines & autant de Frères pour le servir.

Cette charmante Maison est située dans un Pays abondant en tout, sur le bord d'une Mer poissonneuse; bétail, gibier, fruit, poisson, tout y est excellent. Mais on doit dire aussi que ces Religieux en font parfaitement les honneurs. Je ne sais s'ils reçoivent aussi bien tous les Etrangers qui y abordent qu'ils nous reçurent: mais ce qu'il y a de certain, c'est que quoique nous n'eussions point eu de Lettres de recommandation pour cette Abbaye, nous y fûmes traités & accueillis par le Supérieur avec toutes les graces d'un Seigneur Châtelain qui auroit passé sa vie dans la meilleure Compagnie.

Il nous conduisit d'abord à l'appartement que l'on nous destinoit, dans un corps-de-logis séparé & réservé pour les Etrangers. Ensuite il nous fit voir son Eglise, qui n'a rien, à dire le vrai, de très-curieux, mais la Maison est vraiment agréable, quoiqu'elle soit très-irrégulière, parce qu'elle a été construite en différens temps, & la partie principale, qui est celle qui donne sur la Mer, est de la construction la plus noble & la plus pittoresque en même-temps.

L'Abbaye de *San-Vito* est entourée d'une bonne muraille, qui suffit pour la mettre à l'abri des insultes des Barbaresques, sans lui ôter l'agrément d'une Maison ouverte. Nous fûmes sur-tout frappés de la beauté & de la hardiesse de l'Escalier principal, par lequel on arrive à une Terrasse en Portiques qui donne sur la Mer, & précisément au-dessus d'un petit Port où abordent tous les bateaux des Pêcheurs. Ce concours de barques & cette pêche abondante & presque continuelle, rend cette Rive infiniment vivante, & l'on y trouve au plus bas prix le poisson le plus exquis.

Au sortir de la Terrasse, le Prieur *Dom Bonaventura Monaco* nous conduisit à ce qu'il appelloit son Désert : ce sont des Rochers percés de Grottes dont l'aspect est aussi sauvage que le reste du Pays est riant. Il nous dit que c'étoit là, où dans ses moments de réflexion & de tristesse, il venoit lire *Young*, & qu'il gardoit *Télémaque* pour un autre Site. Cet honnête Religieux avoit le bon esprit de se trouver heureux, de le sentir & de plus d'en convenir, ce que l'on voit rarement chez les Gens du monde & plus rarement encore dans les Gens de cet état. Il nous ramena pour le souper qui fut gai & excellent, mais ce qu'on nous servit de meilleur fut des figues que nous trouvâmes délicieuses. On nous dit que l'usage du Pays étoit de les faire sécher au soleil sous une cloche de verre, pour empêcher l'air de les dessécher. On a de plus le soin d'en ôter la peau auparavant, ce qui leur donne bien plus de délicatesse, & effectivement il n'y a point de confitures sèches que l'on puisse comparer aux figues de ce Pays pour la saveur & la bonté.

VUES DE L'INTÉRIEUR ET DE L'EXTÉRIEUR

DES GROTTES DE POLIGNANO.

PLANCHES VINGT-TROIS ET VINGT-QUATRE.

DOM BONAVENTURA ayant vu notre goût pour les Aspects & les Sites pittoresques, nous proposa d'aller voir le lendemain la Grotte de *Polignano*, qu'il nous peignit comme une curiosité rare en ce genre. La proposition étoit faite pour nous plaire, aussi fut-elle bientôt acceptée. Nous partîmes dans un bateau qu'il nous avoit fait préparer, & après deux milles de chemin le long de la Côte, nous arrivâmes à cette Grotte qui est vraiment curieuse à voir. Elle est sous la Ville même, dominée par de grands Rochers sur lesquels les maisons sont bâties.

En y entrant nous fûmes surpris de sa grandeur imposante, car elle peut avoir deux cents cinquante pieds de profondeur sur plus de quatre-vingt de hauteur. Comme elle est absolument baignée par la Mer, on ne peut y aborder qu'en bateau; nous fûmes étonnés de la limpidité de l'eau qui remplit l'intérieur de la Grotte, aussi les reflets mystérieux qu'elle y produit ajoutent encore à la richesse des tons dont la nature l'a embelli depuis des siècles. Nous ne pouvions quitter un lieu dont la fraîcheur & la singularité avoient autant de charmes pour nous, & nous nous mîmes tous à dessiner & à en prendre plusieurs Vues, sous différens aspects en dedans & en dehors. Mais on doit sentir

Vuë extérieure d'une Grotte rustique, et formée par la Nature; sur le bord de la Mer, près de l'abbaye De San Vito di Polignano.

N° 24. [illegible]

Gravé à l'eau forte par Duplessis — Terminée au burin par d'Embrun

Vuë intérieure de la même Grotte, appellée dans le Pays
Grotta di Palazzo.
dessinée d'après Nature par Chastelet.

N° 25. [illegible]

A. P. D. R.

qu'un effet qui tient en plus grande partie à la magie de la couleur, ne peut être rendu que très-imparfaitement dans des Deſſins, & ſur-tout par des Gravures qui ne ſont point coloriées.

Cette Grotte ſe nomme dans le Pays *Grotta di Palazzo*, ce qui fait penſer que ce nom doit lui être venu de ce qu'autrefois il y avoit quelque Palais bâti au-deſſus, & c'eſt d'autant plus vraiſemblable que l'on voit encore des reſtes de Décorations, & entre autres des parties de Baluſtrades à une Terraſſe qui avoit été creuſée dans le Rocher, & qui donnoit d'un côté ſur la Mer & de l'autre ſur la Grotte. Il ſemble que ces reſtes de Décorations & ces différentes Conſtructions ſe ſoient dégradés exprès pour ajouter encore au pittoreſque & à la curioſité de ce lieu.

Pour parvenir à la Terraſſe qui eſt au-deſſus de la Grotte, il faut monter dans la Ville même de *Polignano*, qui eſt auſſi baroque & auſſi laide que ſale. L'hiſtoire nous dit que Céſar lors du Siége de *Brunduſium* où il étoit allé pour ſuivre Pompée, fit conſtruire une Tour en cet endroit. Peu-à-peu on a bâti des maiſons aux environs de la Tour antique, & c'eſt la réunion de ces Conſtructions qui a formé depuis la Ville que l'on appelle aujourd'hui *Polignano*, & que l'on pourroit croire indiquée ſur la Carte *Théodoſienne*, ainſi que dans l'Itinéraire d'*Antonin*, ſous le nom de *Turris Cæſaris* (1). Nous ne trouvâmes aucuns veſtiges de la Tour, & il n'exiſte de ſon antique origine que l'irrégularité & la ſituation biſarre des maiſons dont elle étoit entourée.

Nous nous remîmes en Mer pour regagner l'Abbaye de *San-Vito*. Le vent avoit fraîchi de telle ſorte que quoique nous l'euſſions en poupe, nous fûmes très-tourmentés par la vague. Les Pêcheurs du Couvent arrivèrent auſſi-tôt que nous, & nous eûmes le plaiſir de voir étaler leur pêche, qui étoit ſurprenante par la multitude comme par la variété. Merluches, Raies, Carrelets, Seches, Rougets, Anguilles, Sardines, &c., & ſur-tout un poiſſon appellé *Poulpe* qui eſt très-eſtimé dans ces Cantons. Ce poiſſon a la forme la plus étrange, ſi l'on

(1) Il y a effectivement ſur la Carte Théodoſienne, connue ſous le nom de Carte de *Peutinger*, un lieu ſitué ſur la Côte de la Mer Adriatique, entre *Bari* & *Brundiſi*, qui porte le nom de *Turris Cæſaris*. Mais nous ne pouvons croire par ſa poſition ſur cet Itinéraire, ainſi que ſur celui d'*Antonin*, que ce ſoit le *Polignano* dont nous nous occupons ici, & qui ſe trouveroit trop éloigné de *Brindes*. L'on voit ſur la même Carte de *Peutinger* & beaucoup plus près de cette dernière Ville, un autre lieu appellé *Turris Stagnans*, mais ce ſurnom de *Stagnans*, qui veut dire *au milieu des eaux*, *couvert d'eau*, fait un nouvel embarras, puiſque la poſition de *Polignano* ſur une Roche eſcarpée & très-élevée au-deſſus de la Mer, a de la peine à s'accorder avec cette épithète *Stagnans*.

Ce qui reſſembleroit beaucoup plus à notre *Polignano* & à ſa Grotte, eſt un autre lieu que l'on trouve exactement au-deſſus de *Brindes*, & qui dans les deux Itinéraires antiques eſt déſigné par *ad Speluncas*. Cette dénomination de Grotte ou de Caverne, que ſignifie le mot *Spelunca*, s'accorde ſi parfaitement à la ſituation de celle de *Polignano*, que nous ne pouvons douter que l'on n'ait dès-lors voulu indiquer un lieu déja connu dans le Pays par ſa ſingularité.

Nous parlerons au reſte avec quelque détail de ces deux Monumens intéreſſans de l'antiquité, & nous en donnerons un Extrait à la fin de ce Volume.

peut dire qu'il en a une : car ce n'eſt qu'une maſſe informe & ſi flaſque qu'elle ne peut hors de l'eau donner une idée de ſon exiſtence vivante.

C'eſt à ce Port que de tous les environs on vient acheter le poiſſon, mais on ne peut en avoir qu'après que l'Abbaye s'eſt approviſionnée. Il ſe vend ſans choix & la livre revient à peine à un ſol de France.

Dom Bonaventure ne voulut point nous laiſſer partir ſans nous donner des Lettres de recommandation pour *Brindiſi* où nous allions, & après nous avoir fait encore emporter malgré nous le choix & l'élite de la magnifique pêche dont nous avions été témoins, nous nous ſéparâmes & quittâmes preſque avec regret ces tranquilles & heureux Cœnobites.

VOYAGE PITTORESQUE
DE
LA GRANDE-GRÈCE.

CHAPITRE TROISIÈME.
TERRE D'OTRANTE.

ROUTE DE POLIGNANO JUSQU'À GALLIPOLI,

EN PASSANT

PAR BRINDES, SQUINZANO, LECCE, SOLETTA

ET OTRANTE.

VOYAGE PITTORESQUE
DE
LA GRANDE-GRÈCE.

CHAPITRE TROISIÈME.
TERRE D'OTRANTE.

ROUTE DE POLIGNANO JUSQU'À GALLIPOLI,
EN PASSANT
PAR BRINDES, SQUINZANO, LECCE, SOLETTA ET OTRANTE.

NOUS fûmes obligés de repaſſer encore à *Polignano*, & après avoir traverſé une forêt d'oliviers pendant l'eſpace de ſix milles, nous arrivâmes à *Monopoli*; l'aſpect & les Edifices de cette Ville ſont d'un goût Italien tout-à-fait moderne, c'eſt-à-dire du plus mauvais de tous, ſans caractère, ſans effet, & d'un genre que l'on peut dire au-deſſous du Grec des plus bas temps & même du Gothique qui n'eſt pas quelquefois ſans nobleſſe. Des Soldats qui étoient en ſentinelle à la Porte, nous conduiſirent à un vieux Château, dont le *Caſtellan* nous reçut avec beaucoup de diſtinction, ſur-tout quand il apperçut les lettres & la ſignature du Miniſtre.

Notre ſuite ordinaire nous attendoit dans ſa cour, car depuis que nous voyagions dans ces Provinces du Royaume de Naples, nous ne manquions pas de trouver en arrivant & à notre débotté, les oiſifs & les curieux du Canton. Mais comme tout a ſes inconvéniens & ſes avantages, loin de nous plaindre de cette exceſſive curioſité, nous nous en trouvions ſouvent très-bien, car dans le nombre il ſe préſentoit par fois des eſpèces de *Ciceroni* qui d'eux-mêmes & ſans s'en douter, nous indiquoient des Antiquités & des choſes fort curieuſes que nous n'aurions ſûrement pas trouvées ſeuls. Les Italiens, en général ſpirituels, mais peu inſtruits dans les arts, & peu occupés, ont cependant la petite prétention de vouloir connoître ce que l'on vient chercher chez eux.

Les Antiquaires de *Monopoli* s'étant donc emparés de nous, nous conduiſirent à la Cathédrale, où l'on a conservé dans la Sacristie deux Inscriptions incrustées dans un mur. A dire la vérité, elles étoient de fort peu d'intérêt, mais l'on n'est pas toujours heureux en découvertes; l'une, qui n'est qu'un Fragment d'Inscription Grecque, ne porte que ces quatre mots.

ΜΑΤΑ Τ ΕΡΜΙΣ ΠΑΡΑ ΜΙΝΟΠΟΛΙΝ.

Le commencement de cette Inscription ne peut guère s'expliquer, étant très-certainement tronqué, & les deux derniers mots, qui veulent dire *près Monopoli*, écrits en caractères Grecs, indiquent seulement que cette Ville a été habitée par une Colonie de Grecs. L'on sait effectivement que *Monopoli* a été construite des débris de l'antique Ville d'*Egnatia*, du temps de l'Empire Grec de Constantinople, & entre le règne de Charlemagne & l'établissement des Normands dans le Royaume de Naples (1).

Il y avoit encore cette autre Inscription Latine, mais sur l'antiquité de laquelle on pourroit bien élever quelques difficultés.

A PARTV VIRGINIS CCLVI
DIVO MERCVRIO MARTIRI
TEMPLVM HOC FVIT DICATVM
IDOLORVM SVBVERSO DELVBRO.

Cette Inscription n'indique, comme on voit, autre chose, sinon que l'Eglise ou le Temple où elle se trouve, a été consacré à *Saint Mercure*, Martyr, & qu'il a été élevé des débris d'un Temple & des Idoles des Payens. L'Eglise peut avoir été construite en 256 comme il est dit dans l'Inscription; mais quant à son antiquité, il est certain par son style même qu'elle est très-moderne, peut-être du quinze ou seizième siècle, & d'ailleurs on n'a commencé à dater de l'Ere Chrétienne que vers le septième siècle, après la chûte de l'Empire Romain.

Quoi qu'il en soit n'ayant absolument rien trouvé d'intéressant dans ce lieu de *Monopoli*, nous en partîmes de grand matin, parce qu'il nous restoit une grande route à faire pour arriver à *Brendisi*. Le lendemain nous rencontrâmes à sept milles les Ruines de l'antique *Egnatia* qui font voir encore l'étendue de cette Ville. Elle étoit considérable, & arrivoit jusques sur les bords de la Mer. On apperçoit encore quelques vestiges qui pourroient être ceux d'un *Môle*. Il est vraisemblable que la construction de ce Môle n'étoit pas antique, mais qu'il avoit été élevé sur les bords de la Mer des débris de l'ancienne Ville, dont les murailles sont encore en quelques endroits de cinq pieds d'élévation, & en très-grosses pierres posées à sec. Nous distinguâmes même au milieu de ces

(1) Il est vraisemblable que l'Inscription a été mal copiée; peut-être y avoit-il Κατα τον ΕΡΜΙΣ. Alors on y pourroit trouver quelque sens, Κατα étant la préposition Grecque qui signifie *contra*, *per*, *super*, &c. Τον, l'article *illum*, *quem*. ΕΡΜΙΣ peut être un nom propre. Au reste l'Inscription quoique n'étant point entière, suffit pour prouver qu'il y a eu, comme il est dit ci-dessus, une Ville Grecque dans ces Cantons, appellée *Minopoli*.

débris,

débris, & malgré le bled qui y étoit semé, les traces interrompues des rues & quelques angles de maisons.

A force de chercher, nous découvrîmes l'entrée d'une longue Voûte qui formoit apparemment la substruction de quelque Forteresse antique : c'étoit une espèce de Corridor souterrein, se prolongeant assez loin dans une forme quarrée dont on ne voit plus que deux côtés. Quoique ce Fragment soit ce qu'il y a de plus conservé des Ruines d'*Egnatia*, il est difficile qu'il puisse donner une idée de ce que pouvoient être autrefois les Edifices de cette ancienne Ville. Tout ce qu'on en peut dire, c'est que ces antiques débris ne tiennent en rien des Ruines Romaines, ni pour les matériaux ni pour la manière de les employer.

Cette bâtisse étoit toute de tuf marin mêlé de coquillages, telles que sont toutes les pierres que l'on trouve sur les rives plates de l'Adriatique : espèce de pierre fort tendre qui peut se couper & s'enlever par couches régulières. On peut croire que c'est cette manière d'exploiter les carrières dans tout le Pays qui leur donne l'apparence de constructions antiques, au point qu'un Voyageur qui ne les observeroit pas avec attention y seroit trompé. On ne trouve pas au reste dans tous les environs, ni un seul Fragment de Colonnes, ni l'apparence d'un seul grand Edifice. Il paroît que l'on ignore absolument le temps de la destruction d'*Egnatia*, & par qui elle fut détruite.

Toute notre journée fut assez monotone ; nous traversâmes un Pays triste & dépeuplé, de vieux oliviers, des pâturages ou brûlés ou marécageux, & rien qui méritât d'être observé. Nous allâmes rafraîchir à une *Masseria* ou Ferme du Prince de *Franca Villa* à vingt-six milles de *Monopoli*, & continuant notre route en suivant la Mer, nous trouvâmes à sept milles de *Brindes*, des Fragmens de Ruines construites en Mosaïques, sans pouvoir deviner quel en avoit pu être l'emploi, à moins que ce ne fussent des Fragmens de quelques Tombeaux placés sur la Voie Appienne que l'on apperçoit encore au-dessus du sol à la hauteur de quatre pieds & demi, & flanquée, de quinze en quinze pieds, d'arcboutants quarrés de même bâtisse.

La pluie survint & avoit hâté la nuit ; notre mauvaise fortune nous fit entrer dans un chemin creux qui aboutit tout-à-coup à la Mer, de façon que nous ne pouvions plus ni avancer ni retourner sur nos pas : cependant nous jugeâmes à quelques lumières que nous appercevions à peu de distance que nous étions proche du Port ; le parti le plus prudent nous parut donc de descendre de voiture, & bien nous en prit, car pendant que nous cherchions un passage à travers les buissons, nos Voituriers qui s'étoient avisés de marcher sur le bord de la Mer, enfoncèrent tout-à-coup dans la vase, & au point que les mules qui avoient fait quarante-six milles dans le jour, y restoient sans vouloir faire aucun effort pour en sortir. Nous accourûmes pour venir à leur secours, mais nous tombâmes de mal en pis; car en voulant faire éviter à une voiture qui n'étoit pas encore engagée dans ce mauvais pas, l'accident des deux autres, & en lui faisant prendre un autre chemin, elle versa.

La nuit étoit devenue si obscure que nous ne pouvions nous reconnoître; nous commençions à désespérer de notre sort & à craindre de ne pouvoir sortir de cet embarras qu'en nous chargeant nous-mêmes de notre bagage & en gagnant la Ville à pied. Heureusement pour nous & on peut dire miraculeusement, d'autres Voyageurs (car à *Brendisi* un Voyageur est une chose inouïe), heureusement donc un Baron Hollandois avoit imaginé de faire le même Voyage que nous, arrivoit le même jour à *Brendisi*, avoit enfilé le même chemin, & se trouvoit à la même heure, dans la même position avec ses voitures, qui jointes aux nôtres, formoient un convoi nombreux, composé de neuf calèches, dix-huit chevaux & vingt-sept personnes qui ne s'entendoient pas, ne se voyoient point & ne pouvoient concevoir ce qui les rassembloit dans un pareil embarras.

Les chevaux n'en pouvant plus, les voitures sur le côté, les paquets dispersés, voilà quelle étoit notre situation lamentable, lorsque des torches allumées vinrent enfin éclairer cette désastreuse scène, qui ne laissoit pas cependant, au dire de nos Peintres, d'avoir, à la lueur des flambeaux, son piquant & son effet pittoresque; mais n'ayant pas le temps d'en faire le tableau, nous nous mîmes en devoir de chercher à tâtons, de ramasser à-peu-près tout ce qui étoit tombé dans la boue & de gagner *Brindes* comme nous pûmes. Nous y arrivâmes enfin, & notre premier gîte fut une Auberge qui avoit plutôt l'air d'une écurie que de toute autre chose: encore eûmes-nous bien de la peine à obtenir qu'on nous conduisît chez le Consul, qui heureusement nous reçut fort bien, & nous consola en nous offrant un souper & de bons lits.

VUES DE LA VILLE ET DU CHÂTEAU DE BRINDES.

PLANCHES VINGT-SIX ET VINGT-SEPT.

Le lendemain, revenus de nos fatigues, nous allâmes voir le Port de Brindes, ce *Brendisi* ou *Brundusium*, si célèbre sous l'ancienne Rome, où s'équipoient les Flottes les plus formidables & qui joignoit par la navigation l'Italie à la Grèce & à tout l'Orient: son Port est un vrai miracle de la nature dans un Pays aussi uni & aussi peu susceptible d'abri. Il consiste aujourd'hui dans une grande Rade formée par deux Jetées isolées & naturelles dont un Château, bâti sur l'une des

Terminé par de Ghendt

Vuë de la Ville de Brindes ou Brendisi anciennement Brundusium
Port célèbre des Romains sur la Mer Adriatique.

Dessiné par Desprez archit. pension. du Roi à l'Acad. de France à Rome

Dessiné par Chatelet — Gravé par de Ghendt

Vuë du Château de Brindes et d'une partie de son Port

N.° 27 C.de Grece — A.P.D.R.

deux, défend l'abord, ainsi que l'entrée de la Rade d'où l'on peut sortir par le même vent qui y fait entrer. Au fond de ce Port est un Canal qui communique à un Bassin en demi-cercle dont la Ville est entourée, & qui devoit produire autrefois le plus magnifique effet, lorsque de nombreuses Flottes bordoient fastueusement le Quai de cette Ville.

Ce fut la prise de *Brindes* par les Romains qui acheva de leur donner l'Italie, où ils n'eurent alors de bornes à leur Empire que celles de l'Italie même. Il est aisé de voir de quelle importance elle devoit être, puisqu'indépendamment de ce que c'étoit alors le plus beau Port de l'Adriatique, la possession de *Brendisi* mettoit les Romains dans le cas non-seulement de prévenir les descentes des Grecs, mais encore d'y équiper des Flottes pour les aller attaquer jusques dans leur Pays.

On nous fit voir aussi les pilotis que César y avoit fait faire pour fermer le Port de *Brindes* lorsqu'il y assiégea Pompée, c'est ce qui en a commencé la destruction par l'amas de sable que ces pilotis y retinrent. Les Vénitiens achevèrent depuis de le fermer en coulant à fond des Bâtimens pleins de pierres & de maçonnerie : tous ces embarras n'avoient laissé qu'un très-petit passage si peu profond qu'à peine les petites Barques pouvoient-elles arriver au bassin, où l'eau ne se renouvellant pas, devenoit un marais pestilentiel pendant quatre mois de l'année.

L'ouverture du Canal qu'on vient d'entreprendre, & qui est déja assez avancé pour faire entrer les Vaisseaux facilement, va enfin rendre ce Port au commerce, & la célébrité à *Brindes*, qui pourroit redevenir pour Naples ce qu'elle fut jadis pour les Romains. Le peu de profondeur du Canal prouve combien les Bâtimens des Anciens prenoient peu d'eau. On voit à droite la Ruine d'un Puits antique qui faisoit partie d'une maison que l'on dit dans le Pays avoir appartenu à Cicéron; mais rien n'est moins certain : on auroit pu nous montrer de même la maison où est mort Virgile, s'il étoit possible de conserver la moindre idée d'une Ville qui a dû changer de face autant de fois, soit dans le temps des guerres civiles de Pompée, soit à celle de Marc-Antoine, & qui fut dans la suite absolument détruite par Totila, vers le milieu du sixième siècle.

Il n'existe plus rien de tout ce faste de *Brundusium*, que les restes de deux Colonnes qui avoient été élevées dans ce lieu & dont l'une des deux semble s'être conservée comme par miracle, étant absolument entière; mais il n'y a plus que le Piedestal de la seconde, avec un seul morceau du Fût de la Colonne qui aura été, suivant les apparences, renversée par un tremblement de terre & qui est restée comme suspendue & posée en travers sur son Piedestal. Ces deux Colonnes de Marbre blanc, de cinquante-deux pieds de haut, étoient sans proportion : le

Fût de la Colonne ayant beaucoup trop de hauteur pour le diamètre. Quant au Chapiteau, quoiqu'assez mauvais, il mérite attention par la manière dont il est composé. Ce sont quatre Figures de Neptune qui forment comme autant de Cariatides à chaque angle du Chapiteau : autant de Figures de Femmes qui occupent chaque face du Tailloir, & huit Tritons en forme de Volutes à chaque angle. Ce singulier Chapiteau étoit surmonté d'un Piedestal qui pouvoit porter vraisemblablement une Statue, & qui aujourd'hui ne supporte rien qu'un mauvais Entablement.

On a raisonné diversement sur l'utilité & l'emploi de ces Colonnes ; quelques Personnes ont pensé qu'elles avoient été élevées pour servir de Phare au Port, & ce sentiment est appuyé sur ce-qu'effectivement elles se trouvent dans la direction du Canal. Mais outre qu'un Fanal étoit placé d'ordinaire sur la partie du Port la plus avancée dans la Mer, ces Colonnes n'étant point percées, auroient été d'un usage très-incommode pour le service de la Lanterne. Ne seroit-ce pas plutôt (& ce sentiment paroît le plus vraisemblable) un Terme posé à la Voie Appienne, qui aboutissoit à *Brindes* ? Pourquoi n'auroit-on pas élevé un Monument à l'extrémité de cette Voie publique, comme on en avoit élevé un à Rome pour marquer la première Pierre milliaire : d'autant que *Brindes* étoit dans cette partie la frontière de l'Empire, & qu'il continua long-temps d'être le seul Port de l'Adriatique où les Romains venoient s'embarquer.

On a joint dans des temps modernes une Inscription à ce Monument, mais qui paroît n'y avoir aucun rapport, & ne donne d'ailleurs aucune lumière, ni aucun éclaircissement sur son usage, ainsi que sur le temps où il a été élevé.

Il y avoit encore dans la Ville quelques restes d'Antiquités, & entre autres des débris d'anciens Thermes, mais ils sont aujourd'hui presque entièrement détruits, ainsi que l'Aqueduc qui y apportoit l'eau. Les murailles bâties depuis par Charles-Quint, l'ont été aux dépens de ces Thermes. On peut dire que ce Prince a dévasté l'Italie, en démolissant tout ce qu'il rencontroit de Monumens pour bâtir par-tout de grands vilains murs aussi tristes qu'inutiles. Il n'existe d'un peu remarquable à *Brindes* qu'un vieux Château bâti par Frédéric II, & un autre sur le Môle par Alphonse d'Aragon.

Au reste l'air de cette Ville a été jusqu'ici on ne sauroit plus mal-sain & sur-tout l'été, ce qu'on ne pouvoit attribuer qu'à l'état déplorable dans lequel, comme nous l'avons dit, on laissoit son Port depuis fort long-temps ; quant au sol, au territoire qui entoure la Ville, il est excellent & produit des vins & des huiles de la meilleure qualité. On y rencontre souvent ou des Médailles ou des Tombeaux ou d'autres Fragmens antiques, seuls indices qui puissent faire reconnoître ce qu'étoit autrefois cette Ville célèbre.

On

Gravé à l'eau forte par Berthault. | Terminé par Liénard

Vuë du Cloistre des Dominicains de Leccé dans la Terre d'Otrantes.

N° 29. 6e Grece | Dessiné par Renard Archit. Pensionnaire du Roi à l'Acad. de France à Rome.

Dessiné par Desprez | Gravé par Berthault

Vue du Village de Squinzano situé entre Brindisi et Leccé dans la Terre d'Otrantes

N° 28. 6e Grece | A. P. D. R.

On nous fit voir encore plusieurs Camés très-beaux qu'on y avoit trouvé dans différens temps. Un riche Particulier de cette Ville, nommé *Ortensio Leo*, a fait en dernier lieu avec beaucoup de connoissance & de goût, une Collection de Médailles Grecques qui prouvent l'antique origine de *Brendisi* & jusqu'à quel point les beaux-arts y ont été connus. Sur ces Médailles qui sont très-belles, il y avoit d'un côté ou une Tête d'Hercule entourée de la peau du lion, ou une Tête de Neptune avec le Trident, & au revers un Homme assis sur un Dauphin & tenant divers attributs, comme une Lyre, une Victoire, une Corne d'Abondance. On fait remonter son origine à Diomède & même au temps de Thésée; ses Compagnons la bâtirent, dit-on, au retour de l'expédition de la Toison d'Or (1).

VUES DU VILLAGE DE SQUINZANO

ET

DU CLOÎTRE DES DOMINICAINS DE LECCE.

PLANCHES VINGT-HUIT ET VINGT-NEUF.

APRÈS avoir fait nos adieux à l'honnête Consul de *Brindes*, nous quittâmes cette Ville pour parcourir l'ancienne *Japigie* ou *Messapie*, & nous nous acheminâmes vers *Lecce*, la capitale moderne de l'ancien Pays des Salentins. Nous avions vingt-quatre milles à faire. Nous sortîmes de *Brendisi* le 2 Mai, après avoir traversé une Plaine déserte l'espace de quinze milles, nous arrivâmes à *Squinzano*, très-beau Village dont l'on trouve ici une Vue prise sur la Place principale, N°. 28. & nous poursuivîmes notre route dans cette éternelle Plaine aussi triste que les oliviers dont elle est couverte; enfin nous apperçûmes *Lecce* dont la Vue est de loin si plate & si étendue qu'on la dessineroit sur une aulne de ruban. Nous y arrivâmes à une heure, & à six l'ennui commençoit à nous gagner. C'est, dit-on, une des plus belles Villes du Royaume de Naples, & c'est peut-être en effet la mieux bâtie. Toutes les Maisons, toutes les Eglises y sont belles, ou bien elles y sont toutes laides, car s'il n'y en a pas une qui ne soit bien construite & très-décorée, il n'y en a pas une aussi qui le soit de bon goût.

On a élevé dans la grande Place le Fût de la seconde Colonne renversée de

(1) *Brindes* fut la Patrie du Poète Tragique *Pacuvius* qui vivoit vers l'an 154 de J. C. Il étoit neveu d'*Ennius* & s'acquit à Rome une grande réputation par ses Tragédies. Il mourut à Tarente. Il ne reste que des fragmens de ses Poésies. On estimoit, dit-on, sur-tout sa Tragédie d'Oreste. Le même *Ortensio Leo* a écrit la Vie de ce Poète Latin & l'a donnée au Public; il seroit à désirer que ce modeste Savant donnât aussi les Mémoires qu'il a faits sur les Antiquités & l'Histoire de *Brindes*.

Brendiſi, auquel on a ajouté un mauvais Piedeſtal & un plus mauvais Chapiteau, ſur lequel on a poſé un gros Saint qui ſemble menacer d'écraſer tous ceux qui le regardent. Il n'y a rien de plus mauvais que ce Monument, ſi ce n'eſt une Fontaine ſans eau très-eſtimée dans le Pays, & une petite Figure Equeſtre de Philippe II, en pierre, du même genre & qui a la même réputation. Cette Place qui eſt celle du Marché, & la plus conſidérable de la Ville, eſt bâtie ſans aucune régularité, ni aucun Deſſin.

Une des Conſtructions modernes que nous avons pu remarquer à *Lecce* & la ſeule qui y mérita quelque attention de la part de nos Deſſinateurs, fut l'intérieur du Cloître du Couvent des Dominicains. Ce n'eſt cependant, comme on voit par le Deſſin qui en eſt gravé, N°. 29, qu'un vaſte quarré long, entouré d'une Galerie portée par des Colonnes accouplées; l'effet en eſt aſſez bon, quoique les Colonnes ne ſoient pas d'une belle proportion: mais cette Cour a un caractère ſage & noble, qui repoſe les yeux du fatigant travail de la façade extérieure de l'Edifice, & de tous ceux de cette Ville moderne.

Perſonne ne put au reſte nous dire le temps où *Lecce* fut bâtie; à la quantité de Vaſes Etruſques qui s'y ſont trouvés & qu'on y trouve encore, on ne peut douter que ſon territoire n'ait été occupé par quelques grandes Cités, où les arts même furent connus.

Nous voyons dans les ſavantes recherches du Chanoine *Mazocchi* ſur l'origine de *Lecce*, qu'il y eut, à ce qu'il aſſure, dans cette partie de la *Meſſapie* une Colonie très-ancienne fondée par des Grecs ſous le nom de Λυκιανοι dont il rapporte même deux Médailles. Depuis & dans le même lieu il s'y établit une Colonie Romaine ſous le nom de *Lupia*; de-là par corruption & par ſucceſſion de temps, la même Ville s'eſt appellée *Lecce*.

On nous fit voir à l'Archevêché un petit Bronze repréſentant un Hercule briſant une Colonne, qui bien qu'il ne ſoit pas du plus beau ſtyle, n'eſt pas ſans mérite. Nous regrettâmes fort de n'avoir pu voir le Cabinet d'un Marquis de *Palmiria* qui ſe trouvoit à Naples dans ce moment, & qui eſt rempli, dit-on, d'Antiquités trouvées dans le Pays même.

On dit auſſi que *Lecce*, que l'on pourroit croire être la Ville d'*Aletum* ou *Aletium*, communiquoit par un ſouterrein à *Rugia* ou *Rudia*, ancienne Ville détruite à trois milles de celle-ci. L'on prétend que ces deux Villes unies d'intérêt ſe prêtoient mutuellement des ſecours, & que Guillaume-le-Mauvais, Roi de Sicile, qui en faiſoit le ſiége, n'auroit pu s'emparer de l'une ni de l'autre, ſi après une longue défenſe de la part des Aſſiégés, il n'eût enfin découvert & rompu la communication & le ſecours qu'elles ſe prêtoient. Il ne reſte plus rien de *Rugia*, ſinon les traces de ſon enceinte & quelques Tombeaux ſouterreins

Dessiné par Des Prez — Gravé par Du Parc

Vuë du Campanille de Soletta,
Village situé dans la Terre d'Otrantes.

N° 30. 16e Grece — A. P. D. R.

Gravé par Desmoulins — Terminé par Berthault

Vuë du Bourg ou Village de Moglié
dans la Terre d'Otrantes.

N° 31. 16e Grece — Dessiné par Des Prez Archit. Pension. du Roi à l'Acad. de France, à Rome. — A. P. D. R.

où l'on trouve des Vases, dont les Figures sont Grecques. Ce fut apparemment ce Guillaume-le-Mauvais qui détruisit cette Ville & sans doute celle de *Lecce* dans le douzième siècle ; car le plus ancien de ses Edifices est du temps de Jeanne Iere, Reine de Naples, dans le quatorzième.

Cette Ville moderne seroit une des plus belles qui existent, si elle eût été bâtie avec un peu de goût ; car la beauté de la pierre & des matériaux qu'on y a employés lui donnent la plus grande apparence, mais l'emploi que l'on en a fait est détestable : tous les Edifices sont surchargés de la plus mauvaise & de la plus inutile Sculpture. Cela est d'autant plus fâcheux, que la Ville est bâtie très-solidement. On la regarde comme la plus belle du Royaume après Naples. On ose même la comparer à cette dernière, s'il est permis de comparer à Naples une Ville sans Port, sans Fleuve, sans grands chemins, sans population & presque sans commerce, si ce n'est celui d'une dentelle assez grossière qui se fabrique à *Lecce* & à laquelle nous vîmes travailler toutes les Femmes de la Ville.

VUE DU VILLAGE
ET
DU CAMPANILLE DE SOLETTA
DANS LA TERRE D'OTRANTE.

PLANCHE TRENTIÈME.

NOUS laissâmes nos calèches à *Lecce*, & prîmes des chevaux de selle pour nous transporter à *Otrante* ; mais n'ayant pu partir que l'après-midi, il nous fallut prendre le parti d'aller coucher à *Soletta*. En sortant de *Lecce*, on trouve d'abord des carrières dont la pierre se tire de la grosseur que l'on veut, étant tendre en sortant de la carrière & d'un grès fin & égal ; on peut la tailler, la couper & la tourner à volonté. A deux milles plus loin, on trouve un Vallon charmant couvert de Constructions, & ensuite le Village de *Sant-Cesare*, le plus beau & le mieux bâti que j'aie vu de ma vie.

C'est vraiment une singularité de la Province de la Pouille & de la Terre d'Otrante que la beauté des Villages que l'on rencontre sur la route, & dont les Vues ressemblent souvent à celles que l'on pourroit desirer à des Villes considérables. A quelques milles plus loin, on découvre le *Campanillo* de *Soletta*, où nous arrivâmes une heure avant la nuit par le plus raboteux chemin qu'il soit possible de trouver. Nous fîmes d'abord usage de notre lettre du *Préside* de *Lecce*, sans laquelle précaution nous aurions été sûrs de coucher sans souper au milieu de la Place publique. Mais nos lettres de recommandation avec le nom du Ministre firent une si grande frayeur au Syndic, que sa stupéfaction pensa annuller l'effet de la protection avec laquelle nous voyagions, jamais nous ne pûmes le rassurer.

Heureusement pour nous le Lieutenant du Syndic, qui avoit apparemment un peu plus de tête que lui, vint à notre secours & nous proposa de nous loger à un Couvent de Capucins : l'on ne se soucioit guères de nous y recevoir, mais la peur & la menace de réduction des aumônes nous firent ouvrir les portes. Une fois entrés, nous nous apprivoisâmes avec les Pères, nous leur dîmes que nous voulions souper au Réfectoire, manger comme eux, coucher comme eux, alors nous nous trouvâmes frères, amis, compagnons de misère, enfin à l'aumône des Mendiants : le souper ne fut cependant pas mauvais, on nous donna même de bon vin ; en sortant de table, nous fûmes conduits à la cellule du Prieur qui étoit bon homme, fort gai, & de plus fort bon Musicien ; il nous chanta du *Piccini* traduit en Franciscain, à la suite de quoi nous allâmes nous coucher sur des lits de Capucins, c'est-à-dire sur de la paille que l'on nous arrangea dans des chambres heureusement assez propres.

Cette manière de recevoir les Etrangers n'a plus, il est vrai, rien du faste de l'antique *Salente*, dont *Soletta* se vante d'être issue. Nous y cherchâmes en vain quelques vestiges d'Antiquité, mais ce qu'il y avoit de plus ancien n'étoit absolument que de l'Architecture gothique.

L'antique *Salente*, bâtie par Idomenée & qui devint la capitale des Salentins, étoit, selon Strabon, sur le bord de la Mer. Il est vrai que ceux qui soutiennent que *Soletta* est cette ancienne Ville, prétendent aussi pour appuyer leur systême, que la Mer couvroit alors le Pays qui est entre elle & la rive actuelle, sans vouloir prendre garde qu'*Hidrontum* & *Gallipoli*, qui occupent la rive aux deux côtés de *Soletta*, étoient des Villes aussi anciennes que *Salente*. Quoi qu'il en soit, dans l'état actuel de *Soletta*, je ne crois pas que M. de Fénélon y amenât son Prince pour y apprendre à gouverner : car les Idomenées sont aussi rares dans le Royaume de Naples qu'ailleurs.

Les Vases Etrusques que l'on a trouvés & que l'on trouve encore en grand nombre dans le Territoire de *Soletta*, attestent indubitablement l'antiquité de son existence, peut-être sous un autre nom. On dit qu'on a trouvé dans les Sépultures, des ossemens d'une grandeur démesurée, mais personne ne put nous en faire voir. Il y a au reste une nuit très-obscure répandue sur l'histoire de cette ancienne Ville & sur le temps de sa destruction. Un Prince de *Tarente*, Comte de *Soletta*, y fit élever dans le quatorzième siècle un *Campanillo* très-beau & du meilleur goût de ce temps, tel qu'on le voit gravé sur une de ces Planches, N°. 30.

VUE

VUE DU VILLAGE DE MOGLIÉ,

DANS LA TERRE D'OTRANTE, L'ANCIENNE *YAPIGIA.*

PLANCHE TRENTE-UNIÈME.

NOUS partîmes de *Soletta* à neuf heures du matin, & deux heures après nous arrivâmes à ſix milles de là, à *Mogliè*, Village dans le genre de *San-Ceſare*. A trois milles plus loin, l'on rencontre *Muro*, Ville antique dont Strabon fait mention comme une des treize qui occupoient le Pays nommé *Yapigia*, mais il n'entre dans aucun détail ſur ſon compte. Nous trouvâmes effectivement les Murs de ſon ancienne enceinte qui étoit de trois milles, ils étoient conſtruits en pierres de taille énormes, de trois aſſiſes de front, compoſant neuf pieds d'épaiſſeur. Ces Murs ſont encore à la hauteur de trois pieds dans de certains endroits & conſtruits à ſec, aſſiſe par aſſiſe.

On peut faire une remarque, c'eſt que toutes ces Villes antiques de l'*Yapigia* avoient la même forme, la même grandeur d'enceinte & la même manière d'être bâties, comme ſi c'eût été le même Fondateur qui les eût conſtruites; il n'exiſte aucun autre témoignage de l'antiquité de *Muro*, pas une monnoie, pas un Vaſe Etruſque, quoiqu'on nous aſſurât qu'il s'en étoit trouvé. Le Bailli, qui étoit auſſi l'Apothiquaire & le Savant du lieu, nous parla Latin, nous cita des paſſages Grecs, & qui plus eſt donna l'orge à nos chevaux, mais ne put nous faire voir une ſeule Médaille de ſon Pays.

Nous le quittâmes pour aller à *Otrante* qui eſt à huit milles plus loin, par des chemins preſque impraticables, traverſant cependant d'excellens Pays & de ſuperbes Villages. A trois milles d'*Otrante* le Pays s'élève, & lorſqu'on eſt arrivé ſur les hauteurs, on découvre l'*Albanie* & les Côtes de la Grèce, comme ſi on devoit y aller coucher. Nous ne pûmes voir d'auſſi près cette Grèce fameuſe ſans un peu de regret de ne pouvoir nous embarquer tout de ſuite pour y aller paſſer quelques jours, & en même-temps ſans un retour de triſteſſe, en penſant que ce Pays qui avoit produit les plus grands-Hommes dans tous les genres, qui avoit été le berceau de tous les arts, & où ils avoient été portés juſqu'à leur perfection, étoit plongé maintenant dans les ténèbres de l'ignorance, & ſouvent fermé aux recherches & aux regards des curieux par la groſſiereté de ſes Habitans; il l'étoit de plus pour nous à cauſe de la peſte & de l'effrayante quarantaine qu'il eût fallu eſſuyer, ſi nous euſſions voulu nous permettre cette petite excurſion pour laquelle il ne faut que ſix heures de temps quand le vent eſt favorable.

VUE DE LA VILLE
ET
DU PORT D'OTRANTE.
PLANCHE TRENTE-DEUXIÈME.

AVANT d'arriver à *Otrante*, on descend dans un Vallon que l'on peut comparer à un Paradis Terrestre, à un Vallon des Champs Elisées. La nature n'est nulle part plus riche & plus généreuse : des arbres de toute espèce plantés les uns sous les autres dans des champs de bled, ou au milieu des vignes qui viennent encore superbes sous cette ombre à triple étage. Les Pignons, les Citroniers, Orangers, Figuiers étoient si élevés que nous les prenions pour de gros Noyers. L'air doux du Printemps, l'odeur de la fleur d'oranger & le chant du Rossignol achevoient de parer & d'embellir ce beau Vallon qu'il faut chanter & qu'on ne peut décrire.

La Ville d'*Otrante* & la Mer terminent ce charmant tableau & achevent d'en faire un lieu délicieux pour ceux qui aiment la nature pour elle-même & sans le secours de l'art. Au reste le charme cesse, quand on est arrivé à *Otrante* qui n'est plus qu'une petite Ville, où trois mille Habitans sont resserrés dans de hautes murailles, & dans des rues étroites & mal pavées.

Nous nous levâmes le lendemain de bonne heure, dans l'impatience de chercher & d'appercevoir quelques restes de la fameuse *Hidrontum*, de voir le Mont & le Temple de Minerve ; mais quel fut notre chagrin de ne pas trouver une seule pierre, une seule trace de tant de richesses ; jamais au contraire Pays plus pauvre & plus ruiné que celui-là. *Otrante* fut, comme l'on sait, dans son origine une Colonie Grecque. Ses Médailles, sur lesquelles on lit encore ΤΑΡΩΝΤΙΝΩΝ, en sont bien la preuve ; successivement elle est devenue la conquête des Romains, des Maures, des Goths & des Turcs.

La première rareté qu'on nous fit voir à *Otrante* fut la Cathédrale, où on nous montra de grandes armoires remplies d'os des Martyrs que fit *Achmet Géduc*, Général des Troupes de Mahomet II, sous le règne de Ferdinand Ier. d'Aragon, Roi de Naples. Tous ces Martyrs-là étoient de braves Gens dont les corps ne sont pas plus conservés que ceux de tous les Particuliers, dont on voit les Reliques dans toute l'Italie. On nous fit descendre dans une Eglise souterreine qui est au-dessous de la Cathédrale & qui n'a de curieux que d'être soutenue par des Colonnes antiques de toutes formes, grosseur & hauteur ; il y en a dans le nombre qui sont d'un Marbre très-précieux, tel que le jaune antique & un Marbre violet fort rare appellé *Pavonazzo*.

On nous conduisit encore de là à une Chapelle dédiée à *San-Pietro*, où l'on nous raconta que cet Apôtre venant d'Antioche à Rome prêcha l'Evangile & dit la première Messe qui fut dite en Italie & en Europe. On conserve ce primitif Autel, & sur la porte de la Chapelle on voit une Inscription Grecque qui d'abord avoit été faite en Mosaïque, mais elle est si détruite qu'il est presque impossible de la lire. On y a suppléé par celle-ci écrite au-dessous en mauvais Latin.

HIC PETRVS OCCIDVIS JESVM CHRISTVM, PRIMVM
EVANGELISAVIT, ARAMQVE EREXIT.

Nous fûmes de là au Temple de Minerve où nous ne trouvâmes qu'une Eglise de Minimes & des Miracles, car les Miracles nous accompagnoient par-tout. L'on regarde effectivement comme tel dans le Pays la fermeté & le courage prodigieux avec lesquels les Citoyens d'*Otrante* défendirent leur Ville pendant le siége qu'en firent les Turcs en 1480, quoiqu'ils fussent dépourvus d'artillerie dont on commençoit à connoître l'usage & que les Turcs au contraire en eussent une formidable. On en trouve encore des témoignages à chaque pas dans la Ville où l'on a conservé des boulets de pierre de vingt pouces de diamètre que les Turcs envoyoient avec des mortiers énormes à la manière des bombes. Le cruel *Géduc* qui commandoit le siége, furieux de la longue résistance des Otrantains & des pertes considérables d'hommes qu'il avoit faites aux murailles, se vengea sur les Prisonniers qu'il fit à la prise de la Ville.

Il ne faut pas oublier un trait de fermeté précieux à l'histoire du Pays & qui arriva à ce siége d'*Otrante*; c'est celui d'un Comte de *Marco* qui en étoit Gouverneur. Pour toute réponse aux sommations que lui faisoit le Mahométan d'ouvrir ses portes & de se rendre, il se fit apporter les clefs de la Ville & les fit jetter dans un puits en présence des Députés. Cette réponse aussi courageuse qu'énergique, étoit digne des premiers temps de Rome.

Voici deux Inscriptions, gravées sur un Piedestal de pierre dure, que nous trouvâmes parfaitement conservées, comme elles sont écrites ici.

IMP. CAES. M.	IMP. CAES. L. AV
AVRELIO. ANTO	RELIO. VERO. AVG.
NINO. AVG. TRIB.	TRIB. POT. II. COS. II.
POT. XIV. COS. III.	DIVI. ANTONINI. F.
DIVI ANTONINI FIL. DIVI.	DIVI HADRIANI.
HADRIANI. NEP. DIVI.	NEP. DIVI TRAIANI.
TRAIANI. PARTHIC. PRO.	PARTHIC. PRONEP.
DIVI. NERVÆ. ABNEPOT.	DIVI. NERVÆ. ABNEPOTI.
PVBLICE.	PVBLICE.
D. D.	D. D.

Ces deux Inscriptions ont été faites en l'honneur de deux Empereurs régnants en même-temps, ANTONIN & VERVS, auxquels il fut élevé aussi des Statues dans le même-temps par la Ville d'*Hydrontum*. L'Empereur ADRIEN adopta, comme on ſait, ANTONIN à condition qu'il adopteroit lui-même LUCIUS VERVS qui étoit fils d'ÆLIVS CÆSAR (1).

Le Port d'*Otrante* eſt petit, mauvais par ſa forme, & plus mauvais encore par ſon état actuel qui ne permet aux vaiſſeaux d'en occuper que l'entrée ; ce n'eſt plus qu'une Rade fort peu ſûre, le fond étant comblé de ſable ; il eſt cependant certain que par ſa ſituation il pourroit être le premier Port de l'Adriatique & en devenir la clef ; c'eſt ce qui avoit fait naître, dit-on, à Pyrrhus l'extraordinaire projet de faire conſtruire un pont de bateaux pour communiquer à la Grèce qui n'en eſt qu'à cinquante milles de diſtance, & à Mahomet II de s'en emparer, afin de s'ouvrir la porte la plus commode pour entrer en Italie.

Otrante ne nous préſentant rien d'aſſez intéreſſant pour nous arrêter davantage, nous remontâmes le Fleuve *Hydrum* qui a pris ſon nom d'*Hidrontum* ou qui lui a donné le ſien. Ce Fleuve ſe perd & diſparoît à chaque inſtant dans les jardins qu'il arroſe & rend fertiles. Il eſt alors diviſé en canaux qui dans leur plus grande largeur pourroient être franchis à pieds joints ; c'eſt cependant le plus grand Fleuve que l'on trouve dans cette partie de l'Italie que l'on appelle le *Talon de la Botte*. Nous retournâmes ſur nos pas juſqu'à *Morigeno* ; de là nous fûmes dîner à *Sombrino*, où l'on nous ſervit du vin ſi vif qu'une ſeule bouteille nous étonna la tête au point qu'un verre de plus nous l'auroit fait perdre tout-à-fait, & cela le plus traîtreuſement du monde ; car il eſt doux & agréable à boire & ne tient en rien de la lourde chaleur de la plus grande partie des autres vins d'Italie.

Après *Sombrino* le terrein s'élève, & lorſqu'on eſt arrivé au ſommet de cette élévation, on découvre, dans l'eſpace d'un quart de lieue, la Mer Adriatique des deux côtés de la Terre d'*Otrante*, les Montagnes de l'Albanie & celles de la Calabre. De ce côté la vue eſt ſuperbe, on apperçoit *Gallipoli* qui termine une Plaine riante & couverte d'oliviers. C'eſt effectivement le Pays qui produit le plus d'huile de la Terre, on l'embarque à *Gallipoli* & elle ſe répand de là dans toute l'Europe. Il y arrive des vaiſſeaux de toutes les Nations qui ne chargent

(1) Quoique ces deux Inſcriptions ne ſoient pas de l'antiquité la plus reculée, leur parfaite conſervation ſemble faite pour prouver une opinion qui paroît être aſſez fondée. C'eſt que l'on doit attribuer la rareté extrême des Monumens dans toute cette partie de l'Italie à la qualité & à l'eſpèce même de la pierre avec laquelle ils ont été conſtruits ; étant, comme nous l'avons remarqué, d'une nature fort tendre & deſtructible par la ſeule impreſſion de l'air, tous les Monumens Grecs qui étoient les plus anciens s'y ſont comme anéantis d'eux-mêmes ; ce qui n'eſt point arrivé dans d'autres parties de l'Italie, de la Sicile & ailleurs, où la dureté de la pierre a pu les ſauver de la fureur & de l'orgueilleuſe jalouſie des Peuples barbares : car on ne peut appeller autrement la peine qu'ils ont priſe ſouvent à démolir des Edifices qui par la ſolidité de leur conſtruction auroient pu durer autant que les Montagnes. On ne trouve pas non plus cette abſolue dégradation dans les anciens Edifices élevés en briques qui ont pu durer davantage, la brique s'étant trouvée par ſa nature plus à l'abri des différentes impreſſions de l'air.

autre

Dessiné par Des Prés — Gravé par Martini

Vuë du Port et de la Ville de Gallipoli,
située sur le Golfe de Tarente.

N.° 33. G.de Grece — A. P. D. R.

Dessiné par Chatelet — Gravé par Malbeste

Grotte anciennement taillée dans les Rochers, près de l'antique
Ville de Mandurium dans la G.de Grece,
aujourd'hui, Casal nuovo près de Tarente

N.° 34. G.de Grece — Grotte dans laquelle est une Fontaine célèbre, connue sous le nom de la Fontaine de Pline. — A. P. D. R.

autre chose que cette marchandise qui paye, dit-on, au Roi jusqu'à quatre millions de notre monnoie, de droits de sortie : à la vérité ce droit se paye par l'Etranger, mais il n'en est pas moins certain que c'est toujours au rabais du prix de la denrée.

Ce genre d'impôt est certainement le plus pernicieux à l'industrie d'un Royaume, où le Cultivateur ne se donnera jamais la peine de faire rendre au sol un superflu qu'il ne pourra vendre qu'à bon marché, & où l'inaction est toujours un moyen de se soustraire à l'imposition. Cette imposition n'existe donc que sur le commerce, & jamais sur la terre ni sur l'individu qui devient un être isolé pour l'Etat, dès qu'il veut, & peut se contenter d'un nécessaire que le sol lui donne trop facilement.

VUE DE LA VILLE ET DU PORT DE GALLIPOLI.

PLANCHE TRENTE-TROISIÈME.

GALLIPOLI est située très-agréablement dans une Isle qui ne tient au Continent que par un seul Pont. Elle est défendue par un Château qui seroit assez fort s'il étoit approvisionné. Bâtie sur un Tertre isolé, & environné de la Mer de tous les côtés, les Murs qui entourent la Ville bordent le Rocher de manière que la Mer en baigne la base. C'est dans ce Rocher & sous les maisons de la Ville que sont creusées les caves où l'on renferme l'immense quantité d'huiles qui se fabriquent à *Gallipoli.* L'on vante particulièrement l'excellence de ces caves, parce qu'elles ont, à ce qu'on assure, la propriété de clarifier l'huile en très-peu de temps & de lui donner une qualité qui les fait rechercher & préférer à beaucoup d'autres. Ce n'est pas qu'on en fasse cas pour manger, car malgré l'excellente qualité des olives, la manière de fabriquer l'huile dans ce Pays, la rend forte au goût, & elle n'est d'usage ni employée que dans les Manufactures. Malgré cet inconvénient, les Commerçans la viennent chercher de fort loin, quoique le Port de *Gallipoli* ne soit rien moins que commode.

Ce Port presque tracé par la nature, deviendroit de la plus grande sûreté pour les Vaisseaux si l'on prenoit le parti de construire un Môle sur un Ecueil qui s'élève à peu de distance dans la Mer, & de le joindre à la Ville par une Jetée ; sans cet abri, qui seroit de fort peu de dépenses, les Vaisseaux étant souvent obligés d'attendre leur chargement pendant plusieurs mois, & toujours exposés à être poussés à terre par le vent du Nord, quitteront infailliblement le commerce de *Gallipoli*. Ils préféreront, en doublant le Cap de *Leuca*, qu'on appelle aussi dans le Pays *Finistere*, d'aller retrouver le Port de *Brendisi*, beaucoup plus sûr & plus abrité maintenant par les travaux que l'on y a fait depuis peu.

Gallipoli fait encore un commerce assez considérable en toiles de coton de toute espèce & en mousselines, le coton étant une production très-abondante dans ce Pays où on le file & le fabrique sur les lieux.

La Cathédrale est ornée de quantité de Tableaux, parmi lesquels on admire ceux du *Cupoli*, Peintre originaire de *Gallipoli*, dont la famille y existe encore. On prétend que ce Peintre vint faire ses études à l'Académie de France, mais qu'il ne peignit & n'acquit de la réputation qu'à son retour. Ses Tableaux sont d'une riche & brillante composition, mais son Dessin n'est pas toujours correct; il pèche sur-tout dans la perspective de ses Figures, qui, bien que d'un style noble & fin de trait, sont peintes d'une manière sèche & dans le goût des premiers Tableaux de Raphaël.

Gallipoli n'offre au reste aucune Antiquité ni même aucuns vestiges qui puissent en indiquer; la situation resserrée de cette Ville ayant toujours obligé de construire, reconstruire & fouiller dans le même lieu & sur un Rocher aride, qui ne laisse à trois mille Habitans que la place de leurs maisons, sans jardins ni aucun espace de libre. Les caves servent de magasins & se louent par mois aux Propriétaires des terres du dehors, qui y amènent leurs huiles pour les clarifier & les charger ensuite.

Il y a apparence que ce sont ces deux avantages qui ont fait bâtir *Gallipoli* dans le lieu où il existe actuellement; car selon une tradition du Pays qui n'est pas sans vraisemblance, cette Ville étoit autrefois à quelque distance & un peu plus au Midi. Effectivement à quelques milles plus loin, dans les terres, on voit plusieurs vestiges de Murailles d'une très-grande Ville absolument détruite. Elle l'est même au point qu'il est impossible de rien découvrir de sa forme & de son étendue; mais des Tombeaux, des Vases, & sur-tout des Médailles d'or, d'argent & de cuivre ne laissent aucun doute que ce n'ait été une Ville Grecque où les arts furent connus & portés à leur perfection.

Ces Médailles ont toutes été enlevées à mesure qu'elles ont été trouvées : on nous en fit voir seulement deux, dont l'une étoit de la plus grande rareté pour le fini & la beauté du style; il y avoit aussi plusieurs bas-Reliefs, des Lampes & quelques Vases en bronze d'un beau travail. Le lieu où l'on a trouvé ces Antiquités se nomme *Radgi*, & l'on prétend dans le Pays que c'est le nom ancien. Mais ne seroit-il pas plus vraisemblable de penser que cette Ville antique, située autrefois dans ces environs & où l'on trouve des Fragmens aussi précieux, auroit été cette fameuſe *Salente* perdue aujourd'hui, que chacun veut placer à ſa fantaiſie & pour laquelle on a ſubmergé toute la *Yapigia*, afin de lui trouver un Port juſqu'au milieu des terres.

Le ſavant *Mazocchi* paroît aſſez porté à le croire d'après la dénomination de *Salentinum* donnée de tous les temps à cette partie, à cette extrémité de la *Yapigie*. Mais il y a lieu de croire que l'ancienne Ville de *Salente* étoit détruite & n'exiſtoit plus du temps de *Strabon*, de *Pline*, de *Ptolomée*, puiſqu'il n'en eſt queſtion dans aucun de ces Auteurs. Au reſte *Goltzius* & *Mayer* nous en rapportent deux magnifiques Médailles ſur leſquelles on lit pour Inſcription ΣΑΛΑΝΤΙΝΩΝ. Sur l'une des deux il y a une belle Tête de Neptune, & au revers la Figure du Dieu armé de ſon Trident. Sur l'autre Médaille on voit une Tête caſquée & entourée de quatre Dauphins, & au revers un Cheval monté d'un Cavalier. Malheureuſement ces Auteurs ſont quelquefois taxés d'avoir inventé les Médailles qu'ils rapportent dans leurs Ouvrages, ainſi nous n'en garantiſſons point du tout l'authenticité.

En arrivant à *Gallipoli* nous n'avions pas trouvé le Conſul, ni l'Agent du Conſulat, nous fûmes logés par l'Agent de l'Agent, car il n'y a par-tout ſi petit Emploi qui n'ait, comme on ſait, ſon Subalterne chargé de faire la beſogne pour laquelle on paye le Supérieur. Le Vice-Agent nous logea chez lui, ſa mère faiſoit notre cuiſine, il ſoignoit nos chevaux, & tous les talens de la famille étoient employés à nous plaire; cependant nous quittâmes ſans regret le ſéjour de *Gallipoli* pour continuer notre route.

Nous partîmes le matin. A deux milles de la Ville, & quand on eſt arrivé ſur les hauteurs, l'on apperçoit l'enſemble de tout le Promontoire ou Cap de *Lecce* (*Capo di Leuca*), extrémité de l'ancienne *Meſſapie* que l'on découvre de là en entier. La poſition de *Gallipoli* ſur-tout, vue de cette diſtance, a quelque choſe de très-ſingulier & reſſembleroit beaucoup, de là, à une Ville flottante qui ſeroit à l'ancre dans un Golphe.

Nous laiſsâmes à gauche la petite Ville de *Nardo* & vînmes dîner à *Porto di Cæſare*, après avoir traverſé un aſſez triſte Pays. Ce Port, qui eſt fort négligé aujourd'hui, ſeroit cependant ſuſceptible de devenir excellent même avec fort peu de dépenſes. Nous traversâmes enſuite un bois ou plutôt des landes qui ne venant qu'à hauteur d'appui, couvrent tout le Pays, le rendent ſauvage, inhabité, tandis qu'avec des bras & de l'encouragement on pourroit en faire de très-bonnes terres. Une grande partie appartient au Prince de *Francavilla*.

Après avoir fait trente milles dans notre journée, nous arrivâmes à *Vetrano*, Bourg que l'on a entouré de murs & de foſſés, pour le mettre à l'abri de l'inſulte des Barbareſques. Ce Bourg appartient au même Prince de *Francavilla*, ainſi que tous les Pays & Villes d'alentour. Ce fut le Syndic qui nous logea, car on ne trouve point d'Auberges dans toutes ces petites Villes. Cet inconvénient fort fâcheux pour des Voyageurs, rendroit le Pays impraticable sans des lettres du Ministre aux *Préside*, & sans de nouvelles recommandations des *Préside* aux Syndics. Le lendemain matin nous arrivâmes à *Casal Nuovo*, Ville appartenante encore au Prince de *Francavilla* qui y possède encore un très-beau Château, car on peut dire que ce Prince est le *Lucullus* de la Pouille.

Casal Nuovo est l'ancienne *Mandurium*, Ville Grecque alliée de *Tarente*, qui suivit toujours son parti & son sort, soit quand elle appella Pyrrhus, soit enfin quand Fabius Maximus les soumit toutes deux à l'Empire Romain. Elle étoit entourée d'une double muraille, & d'un fossé creusé dans la pierre ou dans le tuf, car on ne sait comment nommer les lits & les bases qui forment le fond de toutes les Plaines & des Vallées de la Pouille, & de la Terre d'*Otrante* depuis *Manfredonia* jusqu'à *Tarente*. Nous trouvâmes des Fragmens de ces Murailles très-bien conservés jusqu'à l'élévation de vingt pieds. Nous mesurâmes la largeur des fossés, l'épaisseur des murs, celle d'un Corridor intérieur & d'un contremur. Le fossé extérieur est large de quarante pieds, & les murs bâtis à la manière de ceux d'*Egnatia* & de *Muro*, ont seize pieds & demi d'épaisseur.

On voit encore d'espace en espace des entailles dans la pierre où l'on croit qu'on attachoit les chevaux. Dans la partie la plus conservée, les dernières pierres paroissent décrire une naissance de Ceintre qui pourroit bien être celle d'une Voûte qui venoit chercher le contremur & couvroit cette antique Galerie. Il n'y a que cette raison qui ait pu motiver une telle épaisseur de mur, dans un temps où il n'y avoit pas sûrement de canon. Le contremur étoit bâti de même, mais il est difficile d'assurer quelle étoit son épaisseur d'après ce qui en reste. La première forme de la Ville étoit ronde, & une seconde enceinte y ajoutoit ce qu'il faut à un rond pour en faire un ovale. Cette augmentation a une forme régulière; étoit-elle de la primitive construction & pour séparer l'enceinte en deux quartiers? ou bien la première enceinte étant devenue trop petite pour les Habitans, y ajouta-t-on cette seconde ligne de circonvallation?

VUE

VUE DE LA FONTAINE DE PLINE.

PLANCHE TRENTE-QUATRIÈME.

C'EST dans cette portion circulaire & cette ſeconde enceinte de l'ancienne *Mandurium* que ſe trouve une Grotte fort célèbre dans ce Pays à cauſe d'une Fontaine dont parle Pline & qu'il cite comme une curioſité naturelle. Cette Grotte paroît formée par la nature, on y deſcend par un eſcalier dont l'entrée n'eſt qu'une ouverture ruſtique & groſſièrement taillée à la ſurface de la terre. La Grotte eſt à-peu-près ronde, de trente pieds de diamètre environ. Au milieu eſt une eſpèce de Citerne, dans laquelle tombent deux pouces d'eau, ſans altération dans aucun temps : le Baſſin qui la reçoit la perd dans la même proportion, de manière que ſoit qu'on reçoive ou que l'on détourne l'eau du Robinet, ſoit qu'on la puiſe dans le Baſſin, elle reſte toujours à la même hauteur.

Le principe de cet inaltérable niveau peut paroître ſurprenant dans un Pays ſans Rivières, ſans Montagnes & dans un ſol où les Sources ſont infiniment rares. On a fait des Puits près de cette Fontaine, qui n'ont rien changé à ſon état ni à ſon niveau ; la qualité de l'eau en eſt douce & ſavonneuſe, comme celle qui s'en échappe & ſe perd dans les ſables ; elle n'a pas même la crudité des eaux de Sources ordinaires, & ne forme aucun dépôt ; le fond de ſon baſſin eſt toujours clair & limpide, & la qualité de la Roche, d'où elle ſort, eſt la même que celle qui exiſte dans le reſte du Pays.

L'origine de *Mandurium* eſt inconnue. *Mazocchi* penſe que le nom de *Mandurium* fut donné à cette ancienne Ville par les Phéniciens ou les Habitans de Tyr, & qu'elle devint enſuite Colonie Grecque. Ce ſavant Antiquaire fonde ſon opinion à cet égard ſur une Médaille qu'il nous rapporte lui-même, & ſur laquelle l'on voit pour Inſcription les lettres initiales du nom *Mandurium*, en caractères qui étoient communs aux Grecs, comme aux Latins. Il obſerve à ce ſujet que c'étoit aſſez l'uſage de ces anciennes Colonies de la Grande-Grèce, & il en cite pluſieurs exemples, tels que des Médailles de Crotone, de Métaponte, de Sybaris, ſur leſquelles l'on ne trouve autre choſe que ΚΡΟ, ΜΕ, ΣΥΒ. La Médaille de *Mandurium* porte d'un côté une Tête inconnue & ſans nulle indication, & de l'autre la Figure d'un Lion.

On a encore trouvé dans les environs quelques Médailles Puniques, mais l'Ecriture Phénicienne & Punique ſe reſſemblent ſi fort qu'il y a peu de Perſonnes qui ſoient ſûres de les diſtinguer ; de ſorte qu'il eſt difficile de ſavoir ſi ces Monnoies, qui ne ſont ni Grecques ni Romaines, ſont ou Tyriennes, comme l'on croit que devoient être celles des premières Colonies qui occupoient ce Pays des Salentins quand les Grecs ſont venus s'en emparer ; ou ſi elles ſont Puniques, du temps que les Carthaginois ſont venus l'habiter. Au reſte les Médailles de cette ancienne Ville ſont fort rares. On en trouve bien encore journellement de *Tarente* qui en étoit très-voiſine ; d'*Héraclée*, de *Crotone* ; ainſi que des Monnoies d'argent & d'or de toutes ces Colonies Grecques, mais preſque jamais de *Mandurium*, dont on ignore le ſort depuis que *Fabius* la prit & en emmena quatre mille Eſclaves. Dans le temps des Princes Normands, *Roger*, fils de *Robert Guiſcard*, en fut le Souverain & éleva des murs ſur la fondation d'une partie des anciens, ainſi qu'une Egliſe qui exiſte encore, mais qui n'a rien de remarquable.

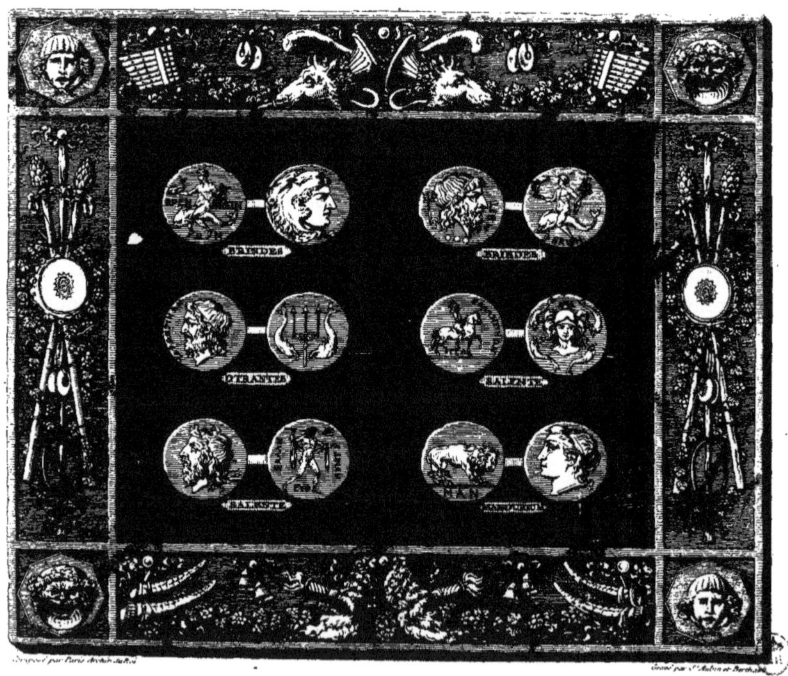

VOYAGE PITTORESQUE DE LA GRANDE-GRÈCE.

CHAPITRE QUATRIÈME.

PROVINCE DE LA BASILICATE, OU L'ANCIENNE LUCANIE.

ROUTE DE TARENTE JUSQU'À HÉRACLÉE,

EN PASSANT

PAR LES RUINES DE MÉTAPONTE, BERNALDO, ANGLONE ET POLICORO.

N'AYANT trouvé rien de plus intéressant à *Casal Nuovo*, que ces Ruines de l'antique Ville de *Mandurium*, dont nous venons de parler, nous remontâmes à cheval pour poursuivre notre route, & après avoir laissé le Bourg d'*Oria* à notre droite & passé le Village de *San-Giorgio*, qui en est à dix milles, nous ne tardâmes pas à découvrir *Tarente* dans une magnifique situation, entourée de Côteaux agréables, riants & fertiles, entre deux Mers, tout aussi belles, & tout aussi riches en productions l'une que l'autre. Sa position répond parfaitement à l'idée qu'on se fait de *Tarente*, de cette molle *Tarente*, dont la puissance balançoit celle de Rome, qui fut l'appui d'Annibal en Italie, & porta les arts, les sciences, la volupté, tous les plaisirs des sens au plus haut degré, & dont la conquête enfin corrompit Rome.

On connoît dans *Horace* la peinture qu'il fait à *Septimius*, de ce charmant Pays, qu'il trouvoit préférable à tout autre. *Septimius* étoit ami intime d'*Horace* & Poète lui-même. » Ce petit espace de terre, lui écrivoit-il, m'est plus agréable

» que tout autre Pays, le Mont *Hymette* ne produit point de meilleur miel, ni » *Venafre* d'olives qui soient plus délicates. Le Printemps y est presque continuel, » & le Père des Saisons y tempère les frimats pendant les hivers ; aussi les vins » qui croissent dans les environs & sur le Côteau d'*Aulon* si favorisé de Bacchus, » ne le cèdent-ils en rien aux vins de *Falerne*. Ce lieu de délices nous attend, » nous appelle l'un & l'autre, mon cher *Septimius*, c'est là où nous finirons » doucement nos jours ensemble, & où après avoir recueilli les cendres de ton » ami, tu les arroseras de tes larmes (1) «.

VUES DE LA VILLE DE TARENTE,

PRISE

DU CÔTÉ DE LA GRANDE MER, ET DE LA PARTIE APPELLÉE MARE PICCOLO.

PLANCHES TRENTE-CINQ ET TRENTE-SIX.

LA Ville moderne de *Tarente* est bâtie sur une Langue ou Pointe de Terre qui s'avance dans la Mer, au milieu d'un Golfe, & qui sépare du reste de la grande Mer, un espace d'eau appellé dans le Pays *Mare Piccolo*, ou la petite Mer. Elle est attachée au Continent par deux Ponts, sous les Arches desquels on voit très-sensiblement la Marée monter, pendant six heures & redescendre pendant le même espace de temps. Cette presqu'Isle qui est aujourd'hui toute la Ville actuelle, n'étoit autrefois qu'un Château regardé comme imprenable, étant entouré de la Mer de tous les côtés.

L'ancienne *Tarente* occupoit outre cela en Terre ferme tout le fond du Golfe, depuis le Cap *San-Vito*, jusqu'à la naissance ou l'extrémité de cette Langue de Terre qui est entre les deux Mers. Cette Ville immense avoit devant elle

---

(1) *Ille terrarum mihi præter omnes,*
Angulus ridet ; ubi non Hymetto
Mella decedunt, viridique certat
Bacca Venafro.
Ver ubi longum, tepidasque præbet
Jupiter brumas, & amicus Aulon,
Fertili Baccho, minimùm Falernis
Invidet uvis.
Ille te mecum locus, & beatæ
Postulant arces : ibi tu calentem
Debita sparges lacryma favillam,
Vatis amici.

L'*Hymette* étoit une Montagne de l'Attique, où l'on recueilloit le miel le plus estimé, & *Venafre* une Ville située sur le *Vulturne*, Rivière de la Campanie, qui étoit renommée pour l'excellence de ses huiles. Ce charmant Côteau d'*Aulon* porte encore le même nom aujourd'hui, *Colle Aulone*; c'est le long de ce Côteau que coule la petite Rivière du *Galeso*, à très-peu de distance de Tarente.

Dessiné par Chatelet — Gravé par Duparc

Premiere Vue de la Ville et du Golfe de Tarente
prise de la partie du Port appellé Mare piccolo.

N.° 35. 6.me Grece — A.P.D.R.

Dessiné par Chatelet — Gravé par Allen

Seconde Vuë du Port de Tarente, prise du côté
du Marché aux Poissons.

N.° 36. 6.me Grece — A.P.D.R.

une Rade formée par le Golfe & deux grandes Isles, & derrière elle un Port parfaitement sûr & commode, sur-tout pour les Bâtimens de ce temps.

Cette Ville, autrefois si célèbre & si peuplée, est réduite aujourd'hui à douze ou quinze mille Habitans, dont une partie est composée de Gentilshommes peu aisés, d'autres fort pauvres, & le reste de la Ville de simples Pêcheurs qui trouvent de quoi exister toute l'année dans une abondance intarissable de poissons de toute espèce dont la Mer est remplie aux environs de *Tarente*. Les Habitans de cette Ville ont conservé le goût de leurs ancêtres pour une vie tranquille & voluptueuse; & il faut croire que la douceur du climat, joint à l'air doux & tempéré qu'on y respire, doit y contribuer. Ils sont en général bien faits, & leurs femmes ressemblent beaucoup pour la régularité des traits à ces belles Grecques dont les Artistes des Anciens nous ont conservé des modèles si parfaits dans leurs Ouvrages. Ce qui les caractérise encore particulièrement & rappelle les mœurs des anciens Tarentins, c'est la prévenance & l'affabilité avec lesquelles ils accueillent & reçoivent les Etrangers chez eux.

Au reste les Monumens de l'antique *Tarente* sont presque réduits à rien, & à peine peut-on trouver le moindre vestige de son ancienne magnificence. Dès le lendemain de notre arrivée, nous avions le plus grand desir de voir les Ruines de l'ancien & fameux Théâtre de cette Ville, de ce Théâtre qui, suivant les anciens Auteurs, fut la cause de sa perte. Notre Guide prétendit nous y conduire, en nous faisant voir les restes d'un Amphithéâtre qui est dans le jardin d'un Couvent de Moines, mais si parfaitement ruiné, qu'il nous fut impossible d'en lever aucun Plan : d'abord ce qui existe de cet ancien Amphithéâtre annonce qu'il étoit petit, de forme ovale, construit en ouvrage réticulaire en pierre, & d'une construction absolument Romaine. On pouvoit, il est vrai, de dessus les Gradins découvrir le Port, mais on ne peut croire que ce soient là les restes de ce fameux Théâtre où les Tarentins, amolis dans les délices, passoient leur vie, où ils traitoient en même-temps de leurs affaires politiques, & de leurs recherches de plaisir & de volupté (1).

Il paroît donc certain que ce qui reste aujourd'hui de la portion de cercle de

(1) L'on trouvera dans le Précis Historique ou Introduction au Voyage de la Grande-Grèce, qui doit être placé à la tête de ce Volume, le trait d'histoire qui avoit occasionné la Guerre entre les Romains & les Tarentins, & amena ensuite la ruine totale de cette ancienne & malheureuse République. Parmi les Historiens contemporains qui en ont parlé, *Denys d'Halicarnasse* est celui qui rapporte ce fait le plus en détail. Le même évènement est rapporté d'une manière beaucoup plus concise dans *Annaus Florus* que nous avons déja cité; on lira sans doute ici avec plaisir le passage même de cet Historien.

» *Imminet portui ad prospectum maris positum, majus* » *Theatrum, quod quidem causa miseræ Civitati fuit om-* » *nium calamitatum. Ludos fortè celebrabant cum adremi-* » *gantem Littori Romanam classem inde vident, atque* » *hostem rati emicant, sine discrimine insultant*; qui enim, » aut unde Romani? *nec satis. Aderat sine morâ querelam* » *ferens legatio. Hanc quoque fadè per obscenam, turpem-* » *que dictu contumeliam violant, ex hinc bellum. Sed* » *apparatus horribilis cum tot simul Populi pro Tarentinis* » *consurgerent, omnibusque vehementior Pyrrhus* «.

cet ancien Monument de *Tarente* eſt de beaucoup trop petit pour répondre à l'idée qu'on doit ſe faire de ſon magnifique Théâtre ; & d'ailleurs, à en juger par ſes débris encore exiſtants & par les deux côtés de cette Ruine qui décrivent également une portion de cercle, il eſt certain que l'Edifice étoit de forme ovale, par conſéquent un Amphithéâtre, & alors c'étoit ſans aucun doute un ouvrage du temps des Romains & fort poſtérieur au grand Théâtre Grec de la République de *Tarente*.

Nous eûmes le chagrin, en parcourant toute la Campagne cultivée & plantée qui entoure cette ancienne Ville, de n'y trouver aucuns veſtiges d'Antiquité, ſinon l'arrachement de deux morceaux de Murs en brique, qu'on appelle les Priſons, parce qu'on y a trouvé des anneaux en bronze. On nous montra encore ſur les bords de la Mer les reſtes d'un Palais qu'on nous dit avoir été conſtruit par des Princes Sarraſins ; c'eſt bien réellement une Ruine antique, mais ſi reſſemblante à ce que l'on voit à *Bayes* & à *Misène*, que nous jugeâmes ſans balancer, que ce devoient être les débris de quelque Conſtruction Romaine. C'étoit le même ciment, les mêmes briques, la même manière de les employer, une épaiſſeur égale dans les murs, un enduit pareil, & enfin les mêmes Ornemens en encaiſſement que ceux qui exiſtent à l'Amphithéâtre de *Pouzzole*, modelés avec ce ſtuc compoſé de chaux & de marbre pilé qui étoit particulièrement employé par les Anciens dans les Citernes & les Réſervoirs d'eau.

Nous revînmes à la Ville avec cette impreſſion de triſteſſe dont des Voyageurs curieux ne peuvent ſe défendre quand leurs recherches ont été vaines, & ſur-tout en parcourant des lieux auſſi fameux dans l'Hiſtoire. Cependant il fallut bien nous en conſoler. Un excellent ſouper que l'on nous avoit préparé pour notre retour n'y contribua pas peu. Nous trouvâmes ſur-tout délicieux des poiſſons que l'on pêche en abondance dans la grande Mer, ainſi que des coquillages de toute eſpèce, dont *Mare Piccolo* eſt un magaſin inépuiſable. On nous ſervit auſſi des Moules qui y ſont parfaites, on les ſème le long du Port comme du grain dans un champ, après en avoir amaſſé le frai qui s'attache à des pieux plantés à cet effet au paſſage du courant. Il y a des eſpaces d'une lieue en quarré où ces Moules ſont ſi près l'une de l'autre, qu'on les diſtingue dans le fond de la Mer, comme des bancs de ſable noir.

On y pêche auſſi le *Murex*, ce coquillage avec lequel les Anciens faiſoient la couleur de pourpre. On voulut nous faire voir l'endroit où l'on dit dans le Pays, que devoit être placée cette eſpèce de Manufacture de l'ancienne *Tarente*, & effectivement l'amoncelement énorme de ce ſeul coquillage briſé pourroit faire croire à cette tradition. Mais quant au lieu même où l'on prétend qu'étoient les Chaudières de la Manufacture, rien n'eſt moins certain, & ce qui reſte de

ces

ces Conſtructions antiques peut reſſembler autant à une Citerne que toutes les autres Subſtructions taillées dans le roc. Cette Teinture de la pourpre avoit peut-être été apportée à *Tarente* par les Tyriens, les ſeuls qui en poſſédâſſent le ſecret, & pourroit ſervir de preuve à l'opinion de ceux qui prétendent que la première Colonie connue à *Tarente* étoit Phénicienne, & qu'elle fut enſuite remplacée par les Lacédémoniens ſous la conduite de *Phalante*, ainſi que Strabon, Horace & Florus l'ont indiqué dans leurs Ouvrages.

Tarente dégénéra tellement de la rigidité des coutumes de Lacédémone après avoir été la rivale de Rome, qu'elle devint dans la ſuite l'émule de Sibaris par le luxe & la molleſſe. Renonçant comme elle à la guerre & aux combats, elle ſe contenta de payer des Troupes étrangères qu'elle appella de tous les Pays pour lui ſervir de défenſe, mais auſſi ne tarda-t-elle pas à devenir la proie de ſes Ennemis, malgré les ſecours que lui apportèrent Pyrrhus, & enſuite Annibal qui furent enfin forcés de l'abandonner à la vengeance des Romains.

L'on ſe rappelle dans l'Hiſtoire de cette République célèbre l'évènement de la priſe de *Tarente* par *Fabius Maximus* qui la réduiſit en Colonie Romaine, après en avoir enlevé trente mille Citoyens, que l'on vendit à l'encan & qui furent emmenés en eſclavage. Les richeſſes de cette Ville, juſqu'alors une des plus commerçantes de l'Univers, étoient immenſes; on ne peut dire la quantité d'or & d'argent monnoyé, ou mis en œuvre, qui fut livrée aux Queſteurs des Romains pour le Tréſor public. Suivant *Tite-Live*, on en tranſporta 87,000 livres peſant d'or, ſans compter les Vaſes & les bijoux précieux.

Quant aux Statues & Tableaux dont cette ſuperbe Ville étoit décorée, nous voyons dans l'Hiſtoire que l'auſtère *Fabius* affecta de mépriſer ces Ornemens inutiles, fruit du luxe des Tarentins; & ſur ce qu'on lui demandoit ce qu'il vouloit faire de tous ces chef-d'œuvres de l'art, il répondit qu'il falloit laiſſer à *Tarente* ſes Dieux irrités, faiſant alluſion, dit l'Hiſtorien, à ce qu'un grand nombre de ces Dieux étoient repréſentés dans l'action de combattre, *ſuo quiſque habitu, in modum pugnantium formati.* Tit.-Liv., L. XXVII. (1)

Pour en revenir à la moderne *Tarente* & à cette Montagne de Coquillages dont nous parlions tout-à-l'heure, on nous conduiſit, pour y arriver, par un chemin que l'on appelle l'ancienne Rue des Orfevres, à cauſe de la quantité de petits paillons d'or que l'on trouve journellement ſur la terre lorſque de grandes pluies l'ont un peu délayée. On nous offrit d'acheter des boucles d'oreilles d'or, antiques, qui y avoient été trouvées en dernier lieu : l'une repréſentoit un

(1) Cet évènement ſe paſſa l'an 543 de la Fondation de Rome, & deux cents neuf ans avant l'Ere Chrétienne.

Ganimède enlevé par un Aigle, l'autre un petit Vaſe d'une jolie forme. Il y avoit auſſi un Fragment de chaîne, & quelques petits Ornemens d'un or très-pur, & très-précieuſement travaillés. Nous préférâmes une Médaille d'or de *Tarente* repréſentant une Tête de Femme, & au revers le Symbole de cette Ville, qui eſt un Homme à cheval ſur un Poiſſon. On trouve journellement dans les environs de la Ville différens petits Fragmens d'Antiquité aſſez curieux ; ce ſont les ſeuls reſtes qui exiſtent de l'ancienne *Tarente*.

Nous vîmes dans le même endroit un Tombeau que l'on venoit d'ouvrir ; il étoit compoſé d'une Cuvette d'une ſeule pierre, longue de ſept pieds ſur trois de largeur & trois de hauteur, recouvert d'une autre pierre ; le tout taillé, mais ſans Inſcriptions & ſans le plus petit Ornement. Il n'y avoit point de Vaſes dans celui-ci, mais on peut voir à *Tarente* mieux que par-tout ailleurs, quel prodigieux uſage l'on faiſoit alors de cette ancienne Poterie que l'on appelle Etruſque, car le terrein eſt abſolument mêlé de ces débris ; nous y trouvâmes nous-mêmes des Lacrymatoires, de petites Lampes & des Fragmens ſans nombre de ces Vaſes antiques de toutes les formes, que l'on découvre non-ſeulement à la ſurface de la terre, mais en creuſant juſqu'à vingt pieds de profondeur.

En ſuivant les bords *del Mare Piccolo*, nous arrivâmes à l'endroit où cet eſpace de Mer eſt reſſerré par deux petits Promontoires. Il y avoit dans ce lieu un Pont, appellé *Ponto di Penne*, par lequel on communiquoit à un Fauxbourg bâti ſur l'autre rive & qui régnoit juſqu'au *Galeſus*, Fleuve ſi fameux, ſi chanté, & qui n'eſt cependant qu'un petit ruiſſeau dont l'on voit couler doucement les eaux à travers les roſeaux ; il eſt vrai qu'elles ne ſervent plus à laver la laine ſi recherchée des brebis blanches dont parle Horace.

Dulce pellitis ovibus Galæſi
Flumen, &c. (1)
ODE VI, L. II.

On ne teint plus de laine à *Tarente*, mais on y travaille avec beaucoup d'adreſſe la ſoie de la *Pinne Marine*, dont nous fûmes voir les Manufactures. Les Pêcheurs prennent ce coquillage dans la grande Mer. On ſait que de chacun de ces eſpèces de *Bivalves*, du genre des *Moules*, il ſort une petite houpette d'une ſoie fauve & luiſante ; ces Pêcheurs vendent la livre de cette ſoie dix-huit

(1) Ces moutons de Tarente étoient ſi eſtimés pour la beauté de leur laine, elle étoit ſi fine & ſi précieuſe, que pour la conſerver on couvroit, on entouroit avec des peaux toutes les brebis ; c'eſt ce que veut dire ce *Pellitis ovibus*. Cette coutume eſt expliquée ainſi dans un des Livres de *Varron* ſur l'Agriculture. » *Pleraque ſimiliter faciendum* » *in ovibus pellitis, quæ propter lanæ bonitatem, ut ſunt* » *Tarentinæ & Atticæ, pellibus integuntur, ne lana inqui-* » *netur, quominùs vel infici rectè poſſit, vel lavari, ac* » *putari* «.

carlins, toute verte. Elle eſt réduite à trois onces lorſqu'elle eſt lavée, peignée & cardée, ce qui rend toutes les productions de cette matière d'une cherté qui l'empêchera d'être jamais autre choſe qu'un objet de curioſité. On en fait des bas & des camiſoles. Mais on nous dit dans le Pays qu'il n'y avoit que les Gens les plus opulens en état d'acquérir une marchandiſe auſſi coûteuſe.

Le plus gros commerce actuel de *Tarente* eſt en huile, en grains & en coton, qui y eſt très-beau, & que l'on y file parfaitement bien. L'intérieur de la Ville n'eſt point agréable, parce que les rues en ſont étroites & embarraſſées; mais comme la Ville a fort peu de largeur, la plupart des maiſons donnent ſur les Quais & jouiſſent de tous côtés de la plus délicieuſe vue du monde. Le Port, qui a été négligé depuis des ſiècles, s'eſt rempli & comblé en grande partie. L'eau que l'on boit à *Tarente* y eſt apportée par un Aqueduc très-long; on croit que c'eſt un ouvrage des Sarraſins; au reſte ſa forme, ſes ſinuoſités ſur des Rochers eſcarpés qu'on lui fait remonter, prouvent la hauteur & l'abondance de la Source.

Ayant à-peu-près vu & examiné tout ce que nous pouvions eſpérer de voir d'intéreſſant à *Tarente*, nous réſolûmes de continuer notre route, mais l'embarras de trouver des chevaux penſa nous retenir; on nous effrayoit tant d'ailleurs ſur les dangers des bandits de Calabre, que malgré notre répugnance pour la Mer, nous nous aſſurâmes d'une Barque qui devoit nous mener terre à terre à quelque diſtance de *Tarente*. A peine eûmes-nous arrêté notre Barque que le vent de *Sirocco* nous conſigna dans le Port, ce qui nous obligea à remettre notre départ, & à retourner dans le *Mare Piccolo*, qu'on ne ſe laſſe jamais de voir & de parcourir.

Il y a près de l'embouchure du *Galeſus* deux Sources que l'on nous avoit dit être deux Fontaines d'eau douce, & qui étoient ſalées comme le reſte de la Mer. Nous fûmes de là à la pointe de *Ponte di Penne* pour y chercher, mais vainement, quelques veſtiges d'un Pont que citent même les Auteurs anciens, & qui, ſuivant toutes les apparences, n'a jamais exiſté, cette petite Mer étant dans cet endroit d'une profondeur impraticable pour toute ſorte de conſtruction.

Nous revînmes à pied le long de la rive où étoit ſituée l'ancienne *Tarente*. Nous n'avions pas aſſez d'yeux ni de mains pour chercher dans le ſable, & y obſerver, entre autres choſes, une variété innombrable de coquillages qui ſont tous meilleurs les uns que les autres: les terres elles-mêmes, qui, ainſi que le rivage de la Mer, ne ſont pour ainſi dire compoſées que de débris entaſſés depuis deux mille ans, vous laiſſent toujours l'eſpoir de faire quelque découverte, & forment de tout ce Canton une promenade infiniment curieuſe, & intéreſſante à examiner pour un Voyageur, & ſur-tout quand il ne craint point d'être mordu par la Tarentule, dont on ne manque pas de lui faire mille hiſtoires dans le Pays (1).

Auprès d'une Chapelle dite de Sainte-Lucie, nous trouvâmes quelques débris giganteſques d'un ancien Temple d'Ordre Dorique, les Triglyphes de ſon Entablement, & quelques morceaux de Colonnes cannelées à la manière antique. Ces débris ſont en tuf aſſez fin, travaillés très-purement & recouverts en ſtuc comme nous les avions vus à Pompeïi. Mais nos obſervations nous ont fait reconnoître depuis à *Métaponte* & dans les autres Temples des Grecs, que les Romains tenoient d'eux cette manière de conſtruire; ni le temps ni l'humidité n'avoient altéré cet enduit. Il nous parut que ce qui y avoit réſiſté le plus étoit cette quantité de Poteries anciennes dont nous avons déja parlé & qui y étoit fort commune. Nous regrettions à chaque moment les Vaſes Grecs, dont nous rencontrions des débris. Nous trouvâmes auſſi pluſieurs petites Figures en terre, & une, entre autres, qui avoit un émail & une couverte dans le goût de nos Porcelaines modernes.

La *Tramontana*, ce vent du Nord ſi néceſſaire pour notre route, nous rappella enfin au Port de *Tarente* d'où nous partîmes au ſoleil couchant, il faiſoit nuit quand nous paſsâmes à l'embouchure du *Taras*, qui peut avoir donné le nom à cette ancienne Ville, quoiqu'elle en ſoit à quatre milles de diſtance. La nuit fut ſuperbe, il n'y avoit de vent que ce qu'il en falloit pour nous faire cheminer le plus doucement du monde, & le lendemain, à la pointe du jour, nous nous trouvâmes vis-à-vis *Torre di Mare*, ſituée dans les environs, ou peut-être dans le lieu même où étoit l'antique *Métaponte*.

Torre di Mare eſt un vieux Château à un mille de la Mer, auquel ſont jointes pluſieurs

(1) Le temps des Fables commence un peu à ſe paſſer; mais comme plus elles ſont extravagantes & plus elles trouvent de crédulité, on doit dire que toutes celles qui ont été écrites & répétées tant de fois ſur la *Tarentule* ſont de ce nombre. Peut-être encore aujourd'hui, dans le Pays même & ailleurs, n'en eſt-on pas parfaitement revenu. Il eſt certain que cette laide & groſſe Araignée, cet inſecte pour lequel on a preſque généralement une averſion naturelle, exiſte non-ſeulement à Tarente, mais encore dans toutes les Plaines de la Pouille, dans toute l'Italie Méridionale & même en Eſpagne.

La Tarentule que *Bomard*, dans ſon Dictionnaire, diſtingue ſous le nom d'*Araignée enragée*, reſſemble par la forme & la figure à nos Araignées domeſtiques, excepté qu'elle eſt beaucoup plus forte & plus robuſte dans toutes ſes parties. Elle a les jambes & le ventre tachetés de noir & de blanc, le dos noir, & les yeux dorés & étincelans comme ceux des chats quand on les voit dans l'obſcurité.

Il eſt poſſible que dans les grandes chaleurs ſa morſure ſoit peut-être plus vénimeuſe que dans d'autres temps, mais quant à ces étranges effets, à ce goût pour la Muſique & la Danſe qu'on ſuppoſe à ceux qui en ont été mordus, & tous ces phénomènes dont pluſieurs Voyageurs ſe ſont plu à embellir leurs Relations, on ne peut douter que le préjugé, l'ignorance, & ſur-tout l'imagination exaltée des Italiens n'aient donné naiſſance à tous les contes ridicules & à toutes les extravagances que l'on a faites & écrites à ce ſujet, & ſur leſquelles cependant de graves & ſavans Perſonnages, comme le Docteur *Mead* & quelques autres, ſe ſont épuiſés en longues & vaines diſſertations.

plusieurs Fermes qui ont été bâties des ruines de l'ancienne Ville. Nous y trouvâmes quelques Inscriptions, mais qui nous parurent impossibles à déchiffrer, & nous fûmes à deux milles de là chercher les Ruines d'un Temple célèbre, car enfin nous en trouvâmes un, bien abandonné, bien isolé, mais encore assez entier pour son extrême antiquité. Il y a lieu de croire que ce Temple devoit être placé hors de la Ville sur une éminence, car nous l'apperçûmes de fort loin, dans une vaste Plaine absolument découverte & à deux milles du bord de la Mer.

VUE DES RUINES
DU TEMPLE DE MÉTAPONTE.
PLANCHE TRENTE-SEPTIÈME.

Il paroît que ce Temple d'Ordre Dorique antique a été absolument construit dans le goût des Temples de *Pestum*, c'est-à-dire que les Colonnes sont également sans bases, les Chapitaux entièrement pareils, ainsi que les Cannelures. Quant aux matériaux, à la nature de la pierre dont ce Temple a été construit, il est aisé de voir, malgré son extrême dégradation, que c'est une espèce de Tuf. Cette pierre avoit été sans doute apportée par Mer à *Métaponte*, car on n'en voit point de pareilles ni dans son Territoire, ni dans les Montagnes des environs, qui sont toutes de terre ou de cailloux de la natuie du *Quartz*.

Les Anciens préféroient ce Tuf, ou concrétion marine, à toute autre pierre pour sa légèreté, & par la possibilité d'en transporter de grosses masses, qui convenoient à leurs constructions ; elles étoient recherchées à cause du peu de connoissance qu'ils avoient alors de ce que les Architectes nomment l'*appareil*, partie de l'art qui a été bien perfectionnée dans les temps modernes, & sur-tout de nos jours.

Il reste encore de ce Temple quinze Colonnes; dix d'un côté & cinq de l'autre, avec une Architrave qui les unit : elles portent chacune sur une grosse pierre qui ressemble à une Base ou Dé quarré, mais on peut croire que cette Base ne paroît en être une que parce qu'on a enlevé les pierres qui étoient entre les Socles des Colonnes, & qui faisoient une Assise générale ou espèce de *Stilobat* sur lequel portoit l'Edifice. Les Gradins qui entouroient sans doute ce Temple n'existent plus.

Chaque Colonne cannelée & composée de sept Assises, y compris le Chapiteau, a seize pieds un pouce de hauteur & trois pieds cinq pouces & demi de diamètre à sa base. Du milieu d'une Colonne à l'autre, nous trouvâmes la distance de huit pieds un pouce ; & la largeur intérieure du Temple, en prenant du dedans des deux rangs de Colonnes, étoit de quarante-deux pieds.

Le Temple n'est point entier, ainsi qu'on le voit par les Dessins qui en ont été faits sur les lieux exactement, & l'Aire même ou le Socle sur lequel l'Edifice étoit élevé, est en grande partie détruit, mais à en juger par ce qui en existe encore, & en lui donnant la même forme & le même nombre de Colonnes que les Temples *Peripteres Exastiles* des Grecs avoient presque tous, dimensions parfaitement conformes à ce qui reste de celui-ci, il devoit avoir cent quinze pieds de long, sur cinquante de large.

Après avoir mesuré les restes de ce Monument vénérable, nous voulûmes en avoir plusieurs Vues sous différens aspects ; un de nos Dessinateurs imagina de représenter dans le Tableau qu'il en fit, une Société entière de Voyageurs & d'Amateurs d'Antiquités qui se sont établis au milieu du Temple sous une Tente dressée à la hâte. C'est le moment de la halte & l'instant où l'on fait les apprêts du Repas, tandis que les Architectes, les Dessinateurs prennent des mesures, & travaillent chacun de leur côté. Le mouvement, l'action & l'esprit répandus dans ces différens Grouppes de Figures, nous ont paru ajouter infiniment d'intérêt & de piquant à cette jolie Vue qui est d'ailleurs parfaitement exacte & conforme à la vérité.

VUE LATÉRALE
DU MÊME TEMPLE DE MÉTAPONTE.
PLANCHE TRENTE-HUITIÈME.

CETTE seconde petite Vue, sans être de la même richesse & sans avoir le même intérêt que la première, a le mérite de rendre, peut-être encore plus le désert & l'abandon du Pays où est situé ce Monument, entièrement isolé, & oublié dans une Plaine sèche, aride, où l'on ne rencontre que des Buffles & quelques Pâtres qui y conduisent leurs bestiaux.

On prétend que ce Temple fut bâti à l'honneur de Junon par Pythagore, qui prêchant le mépris des richesses, persuada aux Femmes de *Métaponte* de fondre leurs bijoux pour élever cet Edifice, ce qui pourroit prouver que Pythagore étoit Orateur aussi adroit & aussi éloquent que grand Philosophe. On sait que

Pythagore, natif de *Crotone*, ou, ſelon quelques autres Ecrivains, de *Samos*, préféra le ſéjour de *Métaponte* à celui de ſa Patrie, qu'il y tenoit une Ecole célèbre, & qu'il y mourut, d'une manière tragique, après y avoir paſſé une grande partie de ſa vie. Ce fut auſſi, ſi l'on en croit les Hiſtoriens, la Patrie du vieux *Neſtor* & d'*Epeus* à qui on attribue l'invention du fameux Cheval de bois, ſi funeſte aux Troyens; ce qui recule bien loin l'origine de cette Ville.

Après que nous eûmes joui de la vue de cette belle & reſpectable Ruine, on nous parla d'une Chapelle que l'on nous dit avoir été bâtie des débris d'un autre Temple. Quoique nous fuſſions accoutumés à nous défier de pareilles indications, nous ne pûmes réſiſter à la curioſité de nous en aſſurer par nous-mêmes, & la crainte d'avoir une négligence à nous reprocher, nous obligea d'entreprendre le voyage par une chaleur terrible & à neuf heures du matin. Ce que nous avions prévu arriva, nous ne trouvâmes pour terme de notre courſe qu'une malheureuſe Maſure & la plus mauſſade de toutes les Conſtructions. Il eſt vrai que les matériaux avoient pu être enlevés du Temple de *Métaponte*, ainſi qu'on les a fait ſervir à toutes les Fabriques des environs. Pour comble de malheur, nous avions trois milles à faire avant de trouver de l'ombre & notre dîner. Nous nous mîmes donc en route d'aſſez mauvaiſe humeur, & arrivâmes enfin à *Bernaldo* trempés de ſueur & rendus de fatigue.

VUE DE LA PETITE VILLE DE BERNALDO, PRÈS DES RUINES DE MÉTAPONTE.

PLANCHE TRENTE-NEUVIÈME.

Ce Bourg de *Bernaldo*, qui peut être compoſé de trois mille ames, eſt tout bâti en *Matoni*. Nous avions vu devant une Porte en paſſant un tronçon de Colonne dont les cannelures avoient ſept pouces de diamètre; ce qui indiquoit les reſtes de quelque Edifice d'une grande proportion. Nous ſavions de plus qu'on y trouvoit des Vaſes & des Médailles: c'étoit de quoi exciter notre curioſité, mais bien vainement, car nous ne tardâmes pas à apprendre que quoiqu'il n'y eût pas dans ce Bourg une ſeule pierre, une ſeule brique qui n'eût été enlevée de *Métaponte*, tous ces débris avoient changé de forme, au point qu'on ne pouvoit abſolument les reconnoître.

Un Particulier, Habitant de *Bernaldo*, nous rendit le ſervice de nous faire avoir des chevaux pour retourner pendant la nuit à *Torre di Mare.* Nous y arrivâmes mouillés & transis d'une rosée glacée, après avoir été brûlés du soleil pendant le jour : inconvénient fort fâcheux, mais qui arrive fort souvent en parcourant l'Italie.

Une chose assez singulière que nous rencontrâmes sur toute cette route, & qui apporta un peu de diversion à nos chagrins, fut une quantité innombrable de mouches luisantes qui en volant & se croisant rapidement, formoient autour de nous une athmosphère de lumière, & paroissoient pendant la nuit, où l'on ne sauroit juger des distances, comme autant de lames de feu qui se combattoient. On les rencontre par colonnes, ainsi que pendant le jour nous avions trouvé sur notre route une très-grande quantité de sauterelles. Ces dernières sont un fléau redoutable par-tout où elles passent. Il arrive quelquefois qu'elles ravissent toute la récolte d'un Canton & d'un Pays entier. Il semble que la destruction la plus entière de ces Insectes pourroit être proposée aux Sociétés Economiques, & mériteroit d'y remporter des prix, beaucoup plus que tant de savantes dissertations très-profondément inutiles.

Le lendemain matin nous sortîmes de *la Torre*, & à un mille entre le Temple & la Mer, nous trouvâmes les vestiges de la Ville même de *Métapontum* ; elle devoit être immense, & quoique tout ce Pays fût couvert de bleds de plus de cinq pieds de hauteur, nous pûmes distinguer très-bien la naissance des maisons, & la direction des rues qui les séparoient.

Nous trouvâmes encore les débris d'un Temple qui nous parut du même genre que celui dont nous avions pris des Vues, & autant que nous en pûmes juger, de la même grandeur. Les Fûts des Colonnes, les Cannelures, un Chapiteau nous donnoient des proportions semblables, mais il nous fut impossible d'en voir le Plan à cause de la hauteur des bleds, & parce qu'on n'y a laissé en place, que des Pierres Colossales pour la grandeur, & dont le poids énorme a effrayé ceux qui auroient voulu les enlever. Ce Monument étoit disposé, ainsi que l'autre, du Levant au Couchant, & nous a paru avoir eu également la forme d'un quarré long entouré de Colonnes, ainsi que le sont absolument tous les Temples Grecs.

Il y avoit près de là une Eminence formée de débris de *Matoni* & de Poteries Grecques, nous y trouvâmes aussi des Fragmens de Statues qui nous parurent d'un bon style. Nous descendîmes ensuite du côté de la Mer près d'un Marais où étoit l'ancien Port de *Métaponte*, qui, suivant les apparences, devoit avoir été séparé de la Ville ; on dit qu'une Voie semblable à la Voie Appienne y arrivoit de *Brindes.* En traversant la Ville, on apperçoit encore les restes de ce Pavé antique, mais quand nous l'avons vu, il étoit tout couvert de sable jetté par le vent.

VUE

VUE DE L'ANCIEN PORT DE MÉTAPONTE.

PLANCHE QUARANTIÈME.

LE Port de *Métaponte*, autant qu'il est possible de le distinguer, décrivoit un grand ovale dans lequel la Mer entroit par un large Canal de deux cents cinquante toises. On en peut appercevoir encore la forme, mais elle est absolument remplie de sable. Le Port même seroit à sec, si la Mer dans des orages, n'y jettoit & n'y renouvelloit l'eau de temps à autre. On dit qu'en Eté, dans les sécheresses, on y découvre encore quelques Constructions antiques, & même les anneaux où s'attachoient les Bâtimens. Mais lorsque nous y arrivâmes, l'eau de la Mer en avoit fait un Lac ou un Marais, il étoit couvert d'une si grande quantité de Becassines & d'autres Oiseaux de rivière qu'en un quart-d'heure nous pûmes faire nos provisions de Gibier pour plusieurs jours.

Ce Port qui n'a jamais été célèbre, nous devenoit intéressant à cause de la Ville de *Métaponte* à laquelle il appartenoit, & qui étoit sans contredit une des plus grandes & des plus célèbres Villes de la Grande-Grèce; alternativement amie & ennemie de *Tarente*, elle finit par suivre son sort au temps d'Annibal, qui, en l'abandonnant, força les Habitans de le suivre dans sa retraite. On ignore au reste en quel temps *Métaponte* fut détruite, & si elle l'étoit lorsque *Fabius* fit la conquête de *Tarente*; enfin elle n'a point été rétablie malgré la beauté de sa situation, ressemblante à quelque égard à celle de *Capoue*, mais bien supérieure encore, attendu qu'elle étoit beaucoup plus près de la Mer.

VUE DU CHÂTEAU DE POLICORO.

PLANCHE QUARANTE-UNIÈME.

NOUS quittâmes les Restes de *Métaponte* à neuf heures du matin, & nous fûmes obligés de nous embarquer par un mauvais vent, ce qui ne nous empêcha pas d'arriver à six heures à la *Torre di Policoro*. Nous fîmes halte au bord de la Mer, & nous nous acheminâmes vers le Château qui appartenoit autrefois aux Jésuites avec une Ferme de cinquante mille livres de Rente. Ce n'est pas ce qu'on leur reproche, mais d'avoir fait fouiller furtivement, à ce que l'on dit, dans tout le Territoire où étoit l'antique *Héraclée* : ces Religieux, si l'on en croit leurs ennemis, voulant cacher la source de leurs découvertes, ont fait enlever & dénaturer tout ce qu'il y avoit de précieux dans les fouilles qu'ils faisoient faire depuis long-temps dans ce lieu, de sorte que ce qu'ils ont pu découvrir ainsi en secret n'a été d'aucune utilité ni pour l'histoire ni pour les arts, & n'a pu en même-temps procurer aucune lumière sur la situation précise de cette ancienne Ville.

Héraclée est effectivement la plus détruite de toutes les Villes célèbres de l'antiquité, & une de celles dont il reste le moins de traces : tout ce que l'on peut distinguer est le lieu de son emplacement, ce que l'on croit reconnoître à l'élévation de son enceinte & à une petite Vallée circulaire qui semble lui avoir servi de fossé. C'est de ce côté que l'on a trouvé une grande quantité de Tombeaux que tout caractérise de la plus grande antiquité. On y voit encore beaucoup de Fragmens de Vases Grecs d'une extrême finesse. Le terrein qu'occupoit la Ville étoit plane & présente une forme allongée ; mais cet emplacement étant semé de bleds, & déja fort grands, lorsque nous y arrivâmes, il auroit été bien difficile d'en déterminer absolument l'étendue. Tout cet espace est semé de débris de Marbre, de Revêtissemens brisés & de petites Pierres de Mosaïque, sur-tout dans un endroit qui a été le plus fouillé par les Jésuites & que l'on dit avoir fait partie d'un Temple magnifique. On y avoit trouvé encore quelques jours avant notre arrivée, une Tête en Marbre qu'on nous fit voir, elle étoit très-fruste & infiniment dégradée ; mais elle peut être au moins une preuve certaine que les arts y avoient été autrefois cultivés.

La place où est à-présent le Château de *Policoro* est sur la partie la plus élevée de tout ce Pays. Elle dominoit sur une Plaine immense qui va jusqu'à la Mer, ce qui fait le fond du Tableau de ce côté, & l'autre est une profonde Vallée où l'on découvre l'Apennin dans sa plus grande beauté. On en voit descendre deux Fleuves, l'*Acris* & le *Siris*, qui de droite & de gauche bordoient l'enceinte de cette ancienne & célèbre Ville, la Patrie de *Zeuxis*.

Nous ne trouvâmes pas d'abord le Gouverneur de *Policoro*, on nous dit qu'il étoit à la chasse, mais qu'il reviendroit sûrement dans le jour, & effectivement nous avions eu le temps de nous promener & de tout parcourir lorsqu'il arriva sur une espèce de char, traîné par deux Buffles monstrueux. Jamais homme plus franc & plus loyal ; il nous reçut parfaitement, nous dit que sa maison étoit la nôtre, & il nous le prouva, car tout ce qu'elle pouvoit contenir fut à notre service ; il n'avoit point de lits à donner, mais il dégarnit le sien & d'un bon en fit faire trois mauvais qu'il nous offrit du meilleur cœur ; il nous donna de plus un assez mauvais souper, mais offert de si bonne grace que nous le trouvâmes excellent, de fort bon vin & de la glace ſur-tout, ce qui nous parut un genre de luxe d'un grand prix ſur les Ruines d'*Héraclée*. A notre réveil, nous trouvâmes le chocolat tout prêt & les ordres donnés pour notre départ.

Nous quittâmes notre bon & loyal Gouverneur pour aller à *Anglone*, chercher encore les Ruines d'une autre Ville, l'antique *Pandoſia*, ſur une Montagne à neuf milles dans les Terres, mais nous ne fûmes point heureux dans nos recherches. Une ſeule Egliſe, avec une mauvaiſe Mazure qui avoit plutôt l'air d'un pauvre Presbytère que d'un Evêché, fut tout ce que nous trouvâmes dans ce lieu où étoit encore ſituée une des principales Cités de l'ancienne Grande-Grèce. Quelques vieilles murailles qui pouvoient être celles d'un mauvais Château, & rien de ce qui peut ſeulement indiquer l'emplacement d'une Ville.

L'on ne peut cependant douter, d'après les Hiſtoriens de l'antiquité, & Plutarque entre autres, que ce ne fût dans cet endroit même qu'étoit ſituée autrefois une des Villes de ce nom, car, comme nous le verrons, il y avoit une autre *Pandoſia* dans le *Brutium* & près du Fleuve *Laüs*. Cette *Pandoſia* que nous cherchions en vain, étoit ſûrement dans la *Lucanie* où nous étions, près du *Syris* & à peu de diſtance d'*Héraclée*: l'on voit même dans l'hiſtoire que la hauteur ſur laquelle elle étoit bâtie commandoit une Plaine, qui devint célèbre par la première bataille que Pyrrhus livra aux Romains, & dans laquelle il fut obligé de fuir & d'abandonner ſes Enſeignes au Conſul *Lævinus* (1).

L'Hiſtorien *Florus* nous parle encore du même évènement (2). Mais, comme le remarque fort bien le ſavant *Mazocchi* qui nous conduit dans ces recherches, rien ne devient plus embarraſſant que d'accorder enſemble tous ces anciens Auteurs, à cauſe des noms de Villes & de Rivières qu'ils confondent ſouvent enſemble, ainſi qu'on le voit dans ce paſſage de *Florus*, où il eſt dit que ce combat fut donné près d'*Héraclée* & du Fleuve *Lyris* dans la *Campanie*, confondant le *Syris* avec le *Lyris* & la *Lucanie* avec la *Campanie*; erreur d'autant plus certaine qu'il n'y avoit point d'*Héraclée* dans la *Campanie*, & que d'ailleurs le paſſage de Plutarque eſt formel comme on vient de le voir.

Rien n'eſt ſans doute plus difficile que de déterminer l'origine & la ſituation

(1) *Poſtquam nuntiatum eſt Lævinum Romanorum Conſulem ingenti cum exercitu in ipſum vadere, ſimulque evaſtare Lucaniam, cum interim nondum Socii ad eum conveniſſent; rem indigniſſam ratus, ſi hoſtes proprius accedentes patiens circumſpectaret, ſigna movit, præmiſitque ad Romanos caduceatorem, placeret ne antequam congrederentur, ut ſe judice, & diſceptatore Græci Italienſes ſatisfacerent; ac reſpondente Lævino, Romanos Pyrrhum nec arbitrum deligere, nec hoſtem reformidare, progreſſus, caſtra campo medio inter* URBEM PANDOSIAM *interque* HERACLEAM *metatur. Mox audito, in propinquo adeſſe Romanos, jamque trans* Sirim *amnem, caſtra ponere, adequitavit amni ſpeculaturus; eorumque ordinem, cuſtodias, ornatum, ſiguramque caſtrorum contemplatus, obſtupuit.* Plut. in Pirrho, p. 392.

(2) *Itaque apud Heracleam, & Campaniæ Fluvium Lirim Lævino Conſule, prima pugna: quæ tam atrox fuit, ut Frentanæ turmæ Præfectus Obſidius, invectus in Regem, turbaverit, coegeritque projectis inſignibus prælio excedere.* Flor. L. I, cap. 18.

précise & certaine de toutes ces Villes d'une antiquité aussi reculée. Le Chanoine *Mazocchi* que nous venons de citer, s'est épuisé en recherches sur l'ancienne *Héraclée* entre autres, & a écrit à ce seul sujet un volume de la plus grande érudition. Ce qu'il en résulte de plus certain, c'est qu'*Héraclée* étoit une des Villes les plus anciennes de la Grande-Grèce, qu'elle existoit même long-temps avant l'époque de la guerre de Troye, & qu'ayant passé par succession de temps en différentes mains, elle porta aussi divers noms, & fut appellée successivement *Syris*, *Leutarnia*, *Taras*, *Heraclium*, &c. Mais toutes ces recherches profondes se perdant elles-mêmes dans la nuit des temps, & les anciens Historiens que *Mazocchi* a consulté à ce sujet n'étant pas eux-mêmes trop d'accord, nous n'entreprendrons pas de les concilier, & nous prierons ceux de nos Lecteurs qui en auront la curiosité, d'avoir recours à l'Ouvrage même de ce savant Napolitain.

Il paroît que cette Ville de *Syris* fut rebâtie & repeuplée par les Tarentins & les Thuriens, & que ce fut à cette époque qu'elle prit le nom d'*Héraclée*. L'on peut croire aussi que ce fut le temps de sa plus grande splendeur, puisque l'on voit dans Strabon que c'est dans ce temps qu'elle étoit regardée comme le lieu d'assemblée de toutes les Villes & Colonies Grecques en Italie, l'endroit où elles se réunissoient pour délibérer de toutes les affaires publiques.

C'est sans doute à cette époque que cette ancienne Colonie fit frapper les Médailles qui nous en sont conservées, & sur lesquelles on voit pour Inscription ΗΡΑΚΛΕΙΩΝ. Elle fut depuis alliée de la République Romaine, & Cicéron la cite & la distingue parmi les Villes amies du Peuple Romain pour sa droiture, son équité & sa fidélité à tenir ses engagemens. *Civitas æquissimo jure ac fœdere.* Mais depuis on ignore absolument l'époque de la ruine d'*Héraclée*, ne la trouvant plus citée par aucun Historien, & il y a tout lieu de croire que ce fut dans le temps de la guerre sociale qu'elle aura été absolument détruite.

Quant à la position même de cette ancienne Ville, elle ne paroît point douteuse, & les Historiens s'accordent à la placer sur la rive droite du Fleuve *Syris*, dont elle porta le nom pendant un espace de temps, ainsi qu'on en voit plusieurs exemples par d'autres anciennes Villes, en Italie, en Sicile, & en Grèce.

Strabon est l'Auteur qui nous en indique le plus sûrement la situation, à quelque distance de la Mer & à la jonction des deux Fleuves *Aciris* & *Syris*; ce qui est conforme à l'opinion généralement reçue dans le Pays, c'est-à-dire entre *Anglone* & *Policoro* à deux milles de la Mer, & à l'entrée d'une Plaine spacieuse (1).

---

(1) *Sequitur Herculis Civitas paulum supra Mare posita, amnesque duo navigabiles,* Aciris *necnon* Siris, *& huic Urbs ejusdem nominis adsidens : quæ* Siris, *postquam inde Urbs* Heraclea *à* Tarentinis *traducta fuit, navale Heracleotarum evasit. Abest* Siris *ab* Heraclea, *stadiis XXIV à* Thuriis *circiter CCCXXX.* Strab. L. I.

VUES

VUES DU SITE ET DE L'EMPLACEMENT

QUE L'ON CROIT AVOIR ÉTÉ OCCUPÉ AUTREFOIS

PAR L'ANTIQUE HÉRACLÉE.

PLANCHES QUARANTE-DEUXIÈME ET QUARANTE-TROISIÈME.

NOUS n'eûmes point à regretter la peine que nous avions prise à faire toutes ces recherches sur les lieux mêmes, par la beauté du Pays qui s'offroit à nos regards ; *Anglone* est effectivement placé sur une Butte élevée, & presque à l'angle que forment les deux Fleuves de l'*Acris* & du *Syris* ; de sorte qu'on peut voir en même-temps le cours de ces deux Fleuves, ou plutôt de ces deux Torrents qui descendent de l'Apennin par deux Vallées dont l'ensemble présente un des plus beaux Sites, & des plus *grandioses* que l'on rencontre en Italie. L'Apennin, dans cette partie, a toutes les grandes formes des Alpes, orné de Côteaux remplis de détails riants & agréables : Bosquets, Ville, Château, tout est rassemblé dans ce Tableau, & s'apperçoit du même coup-d'œil.

Nos Dessinateurs étoient dans l'enthousiasme du pittoresque d'un Pays où tout se réunissoit dans leur imagination, pour leur persuader que c'étoit celui de l'ancienne *Héraclée* : le nom, le souvenir de *Zeuxis* les animant encore plus de l'amour de leur art, ils composèrent sur-le-champ deux Vues charmantes de ce beau Pays & dans deux genres différens.

L'un prit pour Sujet de son Tableau cette même Vallée que l'on dit avoir servi d'enceinte à l'antique *Héraclée*, & dans laquelle existe encore une Fontaine rustique que les Gens du Pays ont en vénération pour la bonté & l'excellence de son eau. Cette petite Vallée, plantée d'arbres touffus, & d'orangers en pleine terre, forme un Bocage qui rend au mieux l'idée que l'imagination se fait de l'heureuse Arcadie ; en y ajoutant quelque sujet noble & simple dans le genre de l'Idylle, on en feroit un vrai Paysage Grec, & l'on peut dire que c'est le cas où cette fiction peut être permise.

L'autre Dessinateur prenant un vol plus élevé & plus historique, se transporta au temps où *Zeuxis* habitoit lui-même cette belle Contrée. Après avoir pris pour le fond de sa Composition tout l'Apennin & ce Bassin immense dans lequel coulent ces deux belles Rivières, ce qui forme le plus ſuperbe Payſage, du plus grand caractère, & en même-temps la Carte fidèle du Pays, il repréſente, comme on voit ſur le premier Plan de ſon Tableau, ce Peintre célèbre de l'antiquité, entouré de ſon Ecole, & donnant à ſes Elèves les leçons de ſon art.

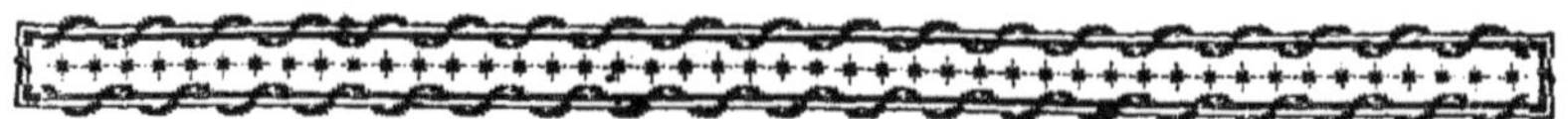

VOYAGE PITTORESQUE
DE
LA GRANDE-GRÈCE.

CHAPITRE CINQUIÈME.
CALABRE CITÉRIEURE.

ROUTE DE POLICORO JUSQU'À CORIGLIANO,
PRÈS DU LIEU OÙ ÉTOIT SITUÉE L'ANTIQUE SYBARIS,
EN PASSANT
PAR ROCCA IMPERIALE, CASTEL ROSETTO ET CASAL NUOVO.

NOUS quittâmes avec regret ce beau Pays de l'antique *Héraclée*, Pays enchanteur par la richesse de ses Sites, & après être descendus des hauteurs où nous étions, & d'où l'on domine sur toute cette belle partie de l'Italie, nous entrâmes dans un bois, déja célèbre dans l'antiquité & révéré jadis comme une Forêt sacrée ; on peut dire qu'elle en conserve encore tout le caractère : le silence, le sombre mystérieux qui règnent sous d'immenses chênes, aussi vieux que le Monde, sembloient nous rappeller, en les traversant, le Sanctuaire imposant des Druïdes.

Cette belle Forêt étoit habitée par une foule paisible d'animaux & de gibier de toute espèce ; des sangliers, des daims, des cerfs, des chevreuils, sans parler des martres & des écureuils dont nous vîmes aussi une très-grande quantité se promener sur nos têtes d'arbre en arbre.

Nous arrivâmes enfin jusqu'aux bords du *Syris*, un des plus grands Fleuves du Royaume de Naples, toujours en suivant la Forêt, & nous passâmes le Fleuve à gué avec des buffles qui nous attendoient sur le rivage.

C'eſt à l'embouchure de ce Fleuve qu'exiſtoit autrefois l'ancienne *Syris*, une des Villes les plus conſidérables de la République des Sybarites. Elle fut détruite dans les Guerres qu'ils eurent avec les Tarentins, & ce fut, à ce qu'on prétend, avec ſes Ruines que l'on éleva *Héraclée*, dont le Port a conſervé depuis le nom d'*Heracleopolis*.

Après avoir paſſé le Fleuve, on rencontre un lieu appellé aujourd'hui *gli Bagni*, nom qui lui eſt reſté des Eaux Minérales & des Bains qui y exiſtoient ſans doute autrefois, mais dont l'uſage, les eaux & la ſource ſont également perdues. Les Bains antiques ſont entièrement détruits, il n'en reſte plus que deux Fragmens de Murs ſans aucune forme. L'on ne peut cependant douter que tout ce Pays n'ait été autrefois très-habité, car on trouve encore journellement des Monnoies Romaines dans tous les environs. A quatre milles de là nous allâmes rejoindre notre bateau, qui étoit venu nous attendre à la Rade de la *Rocca Imperiale*.

VUE DE LA ROCCA IMPERIALE.

PLANCHE QUARANTE-QUATRIÈME.

L'ORIGINE de la *Rocca Imperiale* vient, à ce qu'on nous dit, d'un Château que Frédéric II fit conſtruire vers le milieu du treizième ſiècle, pour défendre le Pays contre les courſes des Barbareſques. Cet abri engagea à bâtir ſous ſa protection, & malgré l'incommodité du ſite, il s'y eſt formé une Ville qui peut contenir trois mille Habitans. Elle eſt bâtie de telle ſorte que la rue eſt toujours au niveau des toits des maiſons d'une autre rue, ce qui forme une Ville auſſi extraordinaire en-dehors qu'incommode en-dedans. Notre arrivée fit évènement dans cette petite Ville, & tout le monde ſe mit ſous les armes pour nous recevoir & aſſiſter à notre entrée. Un des Habitans auquel nous étions recommandés, nous conduiſit au Château qui étoit la ſeule curioſité du Pays, mais qui ne nous arrêta pas long-temps.

A quatre milles de la *Rocca*, nous paſsâmes le Fleuve ou Rivière du *Calandro*; cette Rivière ſépare l'ancienne *Lucanie*, aujourd'hui la *Baſilicate*, d'avec la *Calabre citérieure*. Le premier endroit que nous trouvâmes fut *Porto Venere*. Il ne faut pas trop ſe laiſſer ſéduire par ce beau nom, car le lieu qui le porte n'eſt autre choſe qu'une petite Anſe où quelques Rochers réunis forment un abri pour deux ou trois bateaux de Pêcheurs, & une petite Fontaine pour les déſaltérer.

VUE DE CASTEL-ROZETTO.

PLANCHE QUARANTE-CINQUIÈME.

De *Porto Venere*, nous vînmes rafraîchir à *Castel-Rozetto*, qui n'est aujourd'hui qu'un vieux Château, où il n'y a pour toute garde qu'un seul Homme chargé de recevoir un péage. Ce Château à demi-ruiné & construit sur un Rocher dont la forme nous parut assez pittoresque, fournit à un de nos Dessinateurs le sujet d'une Vue très-intéressante. De vieilles histoires de Barbaresques que les Gens de l'Auberge vinrent nous conter, lui ayant échauffé la tête, il imagina de représenter la Vue de *Castel-Rozetto* dans le moment où des Corsaires Turcs viennent attaquer la Garnison.

Nous marchâmes toujours en suivant la Mer jusqu'à *Trébisasse*, petite Ville située sur une Elévation, & dominée encore par de plus hautes Montagnes. Nous quittâmes la Mer pour gagner dans les Terres la Ville de *Casal Nuovo*, où nous allions coucher, à vingt-quatre milles de la *Rocca*. Ce chemin délicieux dans le moment où nous le faisions, c'est-à-dire dans la plus belle saison de l'année, doit être impraticable en hiver & au commencement du printemps par la quantité de Torrens qui descendent de l'Apennin, & inondent sans doute tout ce Pays jusqu'à la Mer.

Casal Nuovo est une Ville sale, dépeuplée & qui semble dévastée par des tremblemens de terre. La pauvreté s'y peint sur tous les Habitans de la manière la plus frappante. On est étonné de découvrir de ce séjour de la misère, le plus beau Pays que la nature puisse offrir. On peut dire que c'est l'aspect de la Terre promise vue du Désert, une image de l'Age d'Or & du Paradis Terrestre; des forêts comme des vergers, & des vergers comme des forêts. Tout ce que nous rassemblons à grands frais pour parer nos jardins, croît naturellement dans les environs de ce lieu misérable, & y est d'une beauté surprenante.

C'est dans la Plaine que l'on découvre depuis *Casal Nuovo*, qu'étoit située la fameuse *Sybaris*. Toute cette Vallée en dépendoit. Nous y cherchions vainement quelques vestiges antiques; nous consultâmes les Antiquaires du Pays, pour savoir s'il n'y auroit pas quelques Médailles trouvées dans ce Canton avec lesquelles on pût au moins en attester l'ancienne existence; un d'eux nous assura que oui, & promit de nous tranquilliser sur nos recherches en nous communiquant ce qu'il possédoit; & mystérieusement sur le soir, il nous apporta une pièce de cuivre, où on lisoit en beaux caractères *Baiocco*, petite Monnoie du Pape, & aussi commune en Italie que le sont parmi nous les *Liards* de France. Nous fûmes moins étonnés du cas infini que ce Curieux faisoit d'une autre pièce qu'il nous fit voir comme une grande rareté & qui se trouva être un Jeton du temps de Louis XIV.

VUE D'UN PONT RUSTIQUE
SUR LE FLEUVE SYBARIS.
PLANCHE QUARANTE-SIXIÈME.

Nous partîmes de *Casal Nuovo* avec le projet & le desir le plus vif de découvrir, s'il étoit possible, quelques restes de la malheureuse *Sybaris*; mais nous eûmes beau parcourir toute cette Campagne, par un soleil déja très-chaud dans ce Pays, nos recherches furent vaines. Nous fûmes trop heureux de rencontrer dans ces Déserts une Ferme ou *Bufflerie* appartenante à un Marquis de la *Serra* où nous fûmes nous reposer. Ne pouvant appercevoir le moindre vestige de cette Ville célèbre, nous interrogions nos Guides, les Gens du Pays, le Pays même, tout fut muet.

Ayant ensuite remonté jusqu'au lieu appellé *Terra Nuova*, nous nous trouvâmes près d'une petite Rivière qui conserve véritablement encore le nom de *Sybaris*. Un Pont pastoral & rustique sur lequel nous passâmes cette Rivière, nous parut former un contraste si frappant avec l'idée qu'on peut se faire de ce Pays si vanté pour son luxe & sa magnificence, que nous voulûmes en rapporter au moins un souvenir avec nous. Enfin après avoir satisfait à un petit péage établi sur ce Pont, nous traversâmes tout l'espace qui se trouve entre les deux Fleuves, ce qui nous conduisit jusques sur les bords du *Crati*, à peu de distance & vis-à-vis de *Corigliano*.

Nous avons vu, en parlant des révolutions & de la chûte de ces anciennes Colonies (1), comment le fameux *Milon*, à la tête de cent mille Crotoniates, avoit défait en un seul jour le Peuple entier & tous les Habitans de *Sybaris* au nombre de plus de trois cents mille hommes; quoiqu'il soit assez difficile de croire que deux Républiques, à seize lieues l'une de l'autre, aient pu dans un Territoire très-peu étendu, avoir une population aussi nombreuse.

(1) Voyez à la tête de ce Volume, page xxij, Discours Préliminaire ou Recherches sur l'Histoire de la Grande-Grèce.

Mais

Mais ſans prendre au pied de la lettre ce récit ſans doute exagéré par *Strabon*, *Diodore* & par tous les anciens Hiſtoriens, il doit en réſulter cependant que ces fameuſes Colonies Grecques étoient ſans doute très-puiſſantes, & que cette *Sybaris* dont il ne reſte plus aujourd'hui aucun veſtige, devoit être une Ville très-riche & très-peuplée.

Nous avons vu encore comment après le déſaſtre & la deſtruction entière de cette malheureuſe Ville, enſévelie à jamais dans les flots du *Crati* & du *Sybaris* réunis, le peu qui reſta de ſes infortunés Habitans envoya à Lacédémone & à Athènes demander des ſecours & d'autres Colons pour former une nouvelle Ville à laquelle ils donnèrent le nom de *Thurium*, mais que ces différens Habitans ne pouvant s'accorder enſemble, il s'éleva des querelles entre l'ancienne & la nouvelle Colonie, les plus forts chaſsèrent les plus foibles, & les obligèrent d'aller chercher un aſyle à *Poſſidonia* ou *Pæſtum*, qu'ils s'y établirent de nouveau, & y bâtirent les Murailles & les Temples que l'on y voit encore.

PASSAGE DU FLEUVE CRATI.

PLANCHE QUARANTE-SEPTIÈME.

APRÈS avoir deſſiné la Vue de ce *Crati* ſi fatal aux Sybarites, nous paſsâmes ce Fleuve ſur une charrette à bœufs, & nos mulets nous ſuivirent à gué.

En approchant de *Corigliano*, qui eſt à ſix milles de là, nous ne tardâmes pas à reconnoître dans la beauté & la prodigieuſe abondance de ce Pays toutes les délices qui avoient autrefois corrompu *Sybaris*, & effectivement le chemin & le Territoire que l'on traverſe pour y arriver offre tout ce que l'imagination peut concevoir de plus riche, de plus riant & de plus fertile.

Corigliano n'eſt cependant qu'un grand Village commandé par un vieux Château placé ſur le haut du Rocher, mais ſa ſituation, ſon ſol, & l'air embaumé qu'on y reſpire, ainſi que ſes productions, le mettent au-deſſus de toutes les deſcriptions qu'on en peut faire. Chaque pas offre un nouveau point de Vue toujours plus pittoreſque, & en même-temps plus agréable, où le gracieux eſt mêlé au grand, & où les détails le diſputent à l'enſemble. On feroit un Volume très-varié des Vues ſeules de *Corigliano*.

VUE GÉNÉRALE
DU BOURG DE CORIGLIANO.
PLANCHE QUARANTE-HUITIÈME.

LA première Vue que nous prîmes de cette Ville, fut en y arrivant, & sur les bords d'un Torrent qui passe au pied même de la Montagne, sur laquelle elle est située, & comme construite en Amphithéâtre. Jamais ce beau désordre de la nature que l'on cherche tant à imiter dans nos Jardins, dits à l'*Angloise*, ne s'est montré avec plus de charmes que dans ce lieu délicieux. Par-tout des Vergers agrestes arrosés par des ruisseaux errants à leur gré, y font croître les orangers à la hauteur des chênes. C'est à travers de ce feuillis épais de citronniers, de grenadiers & de figuiers, que l'on apperçoit à la dérobée tous les Points de Vue de la Ville, qui se composent, soit avec le vaste fond de la Mer, soit avec les formes larges & imposantes de l'Apennin glacé. Ce Jardin des Hespérides est aussi agréable qu'utile & aussi abondant que pittoresque; on y récolte tous les grains que la terre peut produire, un vin exquis, & le meilleur qu'il y ait en Italie; les pâturages y sont gras & fertiles, la pêche abondante, & tous les fruits plus délicieux & plus parfaits qu'en aucun lieu du Monde.

VUES DE CORIGLIANO,
PRISES SOUS DIVERS ASPECTS.
PLANCHES QUARANTE-NEUVIÈME ET CINQUANTIÈME.

IL étoit impossible qu'un Pays de délices comme celui de *Corigliano*, & aussi riche sur-tout en Sites & en Points de Vues, plus piquans les uns que les autres, n'eût pas un charme particulier pour nous; aussi malgré le desir que nous avions de ne pas perdre un jour pour gagner la Sicile avant les grandes chaleurs, nous formâmes tous en même-temps le projet d'y séjourner quelques jours, & l'affabilité de l'Agent du Prince de *San-Mauro*, auquel nous étions adressés, acheva de nous y déterminer.

Dessiné par Desprez. Gravé par Guttenberg

Vuë Générale de la petite Ville de Corigliano
Située dans la Calabre citérieure près du Lieu où étoit autrefois
la Ville de Sybaris.

N.° 43. G.de Grece.

A.P.D.R.

Nous étions ſur-tout étonnés de voir que cette Calabre dont on nous avoit fait tant de peur, étoit le lieu où pendant tout notre Voyage nous avions vu exercer l'hoſpitalité avec le plus de franchiſe & de cordialité. L'on peut dire, & ſans exagération, de ſes heureux & paiſibles Habitans, que dès qu'on entre dans leurs maiſons elles deviennent les vôtres; ils n'ont plus rien à eux, & ſans faſte ils vont au-devant de tout ce qui peut vous plaire & de tout ce que vous pouvez déſirer.

Notre chagrin ſeulement étoit de n'avoir pu trouver le lieu même où l'on imagine qu'avoit pu être cette *Sybaris* tant vantée, & qui étoit reſtée perdue pour nous dans la Plaine, ainſi que *Thurium.* Notre Hôte, à qui nous fîmes part de tous nos regrets, fut le premier à nous offrir de nous y conduire lui-même, & nous prîmes jour au lendemain pour y faire de nouvelles recherches.

Nous employâmes le temps qui nous reſtoit juſque-là pour parcourir & deſſiner *Corigliano* ſous tous les ſens & tous les aſpects poſſibles. Après avoir pris d'abord l'enſemble de cette petite Ville, comme nous venons de la voir dans le N°. précédent, nous voulûmes en avoir une Vue telle qu'elle ſe préſente vers le milieu du chemin même qui y conduit, & à la moitié de la Montagne; laiſſant ſur la gauche un petit Couvent de Capucins, nous avions à droite l'aſpect d'une partie de la Ville, & de quelques Conſtructions ruſtiques, ſemées çà & là ſur des Rochers qu'elles terminent de la manière la plus pittoreſque.

C'eſt en ſortant de ce chemin creux, ou eſpèce de Ravin & de Fondrière ſauvage qui entoure *Corigliano* du côté de l'Entrée, que l'on peut être vraiment étonné du coup-d'œil raviſſant qui ſe préſente à la vue. L'oppoſition que produit la beauté de ce Pays enchanteur, au débouché de cette Gorge & de cette ſuite de Montagnes qui ſe perdent dans l'eſpace, eſt ſans contredit un des plus beaux tableaux dont on puiſſe jouir dans aucun Pays du Monde.

Nous en fûmes tous ſi frappés que notre Payſagiſte *Chatelet* fut auſſi-tôt chargé de deſſiner le Site même d'où l'on jouit de cette Vue admirable, N°. 50, & dont les premiers Plans diſpoſés par la nature en gradins, & comme pour ſervir d'encadrement au Tableau, ne peuvent être mieux comparés qu'au Verger ou au Jardin d'Eden. On ne peut ſe faire une idée de la multitude & de l'excellence des fruits de toute eſpèce qui croiſſent naturellement dans tout ce Pays, & ſans le moindre ſoin de la part de ſes Habitans.

Le reſte du jour fut employé à nous promener parmi les orangers & les citronniers, nous mangeâmes de vingt ſortes de fruits, des oranges délicieuſes, des citrons doux comme une légère limonade, & ſur-tout des limons d'une eſpèce & d'une groſſeur comme on n'en voit nulle part; preſque tous avoient huit pouces de diamètre, encore nous aſſura-t-on que les plus gros en avoient quelquefois juſqu'à quinze.

VUES DE L'AQUEDUC DE CORIGLIANO,

ET

D'UNE FABRIQUE DE RÉGLISSE.

PLANCHES CINQUANTE-UNIÈME ET CINQUANTE-DEUXIÈME.

UNE des Vues les plus piquantes que nous ayons trouvées dans ce ſingulier Pays, a été l'Entrée même de la Ville, où l'on n'arrive qu'après avoir paſſé ſous un Aqueduc fort élevé, tel qu'on le voit repréſenté ſur cette Planche, N°. 51, & ſans lequel il n'y auroit pas une goutte d'eau à *Corigliano.*

Ce fut en entrant dans la Ville, & après en avoir parcouru tous les dehors, que nous fûmes curieux d'y voir un des Atteliers où l'on fabrique la Régliſſe, ainſi que la Manne, qui eſt une production appartenante à cette Province (1). On arrache la racine de cette plante en automne, on la met en fagots comme nos ſarments de vigne en hiver, après l'avoir d'abord fait tremper quelque temps dans l'eau pour lui rendre ſa verdure : on la met dans une auge ronde, dans laquelle une meule lourde & dentelée l'écraſe juſqu'à la rendre comme de l'étoupe; alors elle eſt jettée dans une chaudière d'eau bouillante, d'où elle ne ſort que pour être preſſurée, comme de l'huile, entre des *matis* ou madriers. On en jette la liqueur dans une chaudière, & on la fait bouillir enſuite juſqu'à ce qu'elle ait acquis aſſez de conſiſtance pour être miſe en tablettes, ou en bâtons, ainſi que nous la connoiſſons en France.

Le lendemain, à la pointe du jour, nous partîmes avec notre Hôte & retournâmes chercher *Sybaris.* Il nous conduiſit d'abord à *San-Mauro*, Fief ſuperbe appartenant au Duc de *Corigliano*, qui a pour deux cents cinquante mille livres de Fermes attenantes, & toutes ſituées dans le lieu même & le Territoire où l'on préſume qu'étoit cette ancienne Ville. Nous trouvâmes tout près de *San-Mauro* deux Villages habités par des Albanois, car c'eſt le ſort de cette partie de l'Italie d'être habitée par des Grecs ; mais ceux-ci n'y jouent pas le rôle des Anciens, car l'on peut dire qu'ils végètent dans la misère & la pareſſe. Ils s'y retirèrent, dit-on, lors des conquêtes de *Scanderberg*, en 1460, & y portèrent leurs Rythmes avec

(1) On en tire auſſi une grande quantité de l'Abruzze d'où elle ſe tranſporte à *Corigliano* pour y être fabriquée avec celle de la Calabre.

eux.

Dessiné par Chastelet — Gravé par De Ghendt

Vuë de l'Aqueduc de Corigliano en Calabre.

N.° 51 C. de Grèce — A. P. D. R.

Dessiné par Chastelet — Gravé par Nicollet

Vuë d'une Fabrique de Reglisse à Corigliano.

N.° 52 C. de Grèce. — A. P. D. R.

eux. Les Prêtres de ces Albanois reconnoiſſent le Pape, qui par repréſailles leur permet de ſe marier une ſeule fois. Tous ces Albanois ſont dans l'uſage d'acheter leurs Femmes au lieu d'en recevoir une dot, auſſi les font-ils travailler en conſéquence pendant qu'ils reſtent tranquilles & dans l'oiſiveté. Nous vîmes dans les champs pluſieurs de ces malheureuſes conduites comme des troupeaux, & commandées par un ſeul Homme ainſi que des Eſclaves.

VUE DE LA PLAINE

OÙ ÉTOIT SITUÉE L'ANTIQUE SYBARIS.

PLANCHE CINQUANTE-TROISIÈME.

APRÈS avoir parcouru, non ſans beaucoup de fatigue, une Plaine immenſe où rien ne pouvoit fixer l'attention & les regards, qu'une végétation prodigieuſement abondante, & quelques huttes de Payſans ſemées de diſtance en diſtance, nous entrâmes dans une de ces Fermes appellées dans le Pays *Miniſtériale*; celle-ci étoit diſtante de huit milles de *Corigliano*, à trois milles de la Mer, & à huit de *Caſal Nuovo*. C'eſt, à ce qu'on prétend, l'endroit où étoit ſituée l'ancienne *Sybaris*, & qui ſe trouve être le milieu juſte de la Plaine & du Golfe.

Que l'on imagine une Vallée délicieuſe remplie & ſemée de Boſquets touffus d'orangers & de citronniers, dont l'air eſt embaumé de toutes parts; une terre prodigue de fruits & couverte de fleurs qui y croiſſent naturellement dans le climat le plus doux & le plus tempéré de toute l'Italie, voilà quel étoit le Pays de cette fameuſe *Sybaris* dont il ne nous reſte plus aujourd'hui que le nom. Ce vaſte & immenſe Baſſin eſt entouré & comme circonſcrit par de ſuperbes Montagnes élevées en Amphithéâtre, dont les unes cultivées juſqu'à leurs cimes annoncent l'abondance, & les autres, plus dans l'éloignement, couvertes de neige toute l'année, offrent les formes & les Sites les plus impoſans. La Mer s'avançant enſuite un peu dans les terres du côté du Nord, ſemble venir exprès pour embellir encore ce lieu de délices, y apporter de la fraîcheur, & achever la décoration de ce Pays ſublime. Enfin on y placeroit *Sybaris* quand même elle n'y auroit pas été, & on l'y reconnoîtroit à l'idée que l'Hiſtoire nous en a laiſſé.

Nous ne pouvions nous déterminer à quitter un lieu qui auroit fourni mille tableaux différens à l'imagination de nos Deſſinateurs; auſſi notre Hôte pour nous en laiſſer jouir plus long-temps & avec encore plus de ſenſualité, imagina d'envoyer chercher nos proviſions, & y fit joindre de grandes corbeilles remplies de tous les fruits du Pays, afin de nous procurer le plaiſir de dîner au moins une fois dans notre vie à *Sybaris*.

Après le dîner, nous nous rapprochâmes du Fleuve qui nous parut trop fort pour pouvoir le paſſer à gué; mais ce que nous trouvâmes dans cet endroit de très-curieux à obſerver, c'eſt que malgré ſon élévation, il étoit aiſé de voir dans l'eſcarpement de ſes rives la tranche de l'ancien ſol de la Ville qui ſe diſtingue parfaitement à la qualité de la terre, aux enduits & aux reſtes de Conſtructions anciennes de *matoni*.

Ce niveau antique eſt ſurmonté de dix à douze pieds de ſable que le *Crati* & le *Sybaris* réunis y ont entaſſés; cette obſervation rend très-probable ce qui a été rapporté plus haut de la deſtruction de cette Ville, & fait ceſſer l'étonnement où l'on peut être de ne trouver aucuns veſtiges apparens ſur la ſurface actuelle du ſol: car ce Fleuve, ſujet à ſe déborder & à changer de lit, a couvert alternativement toutes les parties de la Ville, & élevé conſidérablement le Terrein dans quelques endroits, ce qui ayant gêné depuis des ſiècles l'écoulement des eaux, en a formé un ſol fangeux & abandonné, qui produit le mauvais air auquel ce Pays eſt devenu ſujet, & ſur-tout à la fin de l'Eté.

L'antique Ville de *Thurium* qui a ſurvécu à *Sybaris*, eſt également enfoncée & perdue dans les ſables, chaque Habitant du Pays la place à ſa fantaiſie & d'après ſon ſyſtême. On ne trouve pas un Tombeau dans la Campagne qu'on n'en faſſe les Ruines de *Thurium*. Son égal enfouiſſement peut faire croire que ſes Ruines ont éprouvé le même ſort que celui de *Sybaris*; & ce qui fonde le plus cette conjecture, c'eſt qu'on a trouvé ſouvent dans ce lieu diverſes Médailles de l'ancienne *Thurium*.

C'eſt ſur-tout ſur les rives du Fleuve formidable qui a couvert de ſes flots ces Villes infortunées, que l'on en apperçoit encore quelques veſtiges; ſouvent en changeant de lit il laiſſe appercevoir des parties de Conſtructions en Moſaïque, des Monnoies, des Vaſes & des Marbres, qui indubitablement devoient en provenir; & lorſque nous y arrivâmes, on venoit tout récemment de tirer du ſable deux Amphores ou Vaſes propres à renfermer du vin; ces Vaſes étoient parfaitement entiers, & avoient trois pieds de haut; on y trouve des Briques ſur leſquelles l'on voit qu'il y a eu quelque nom gravé, comme ſur celles trouvées à *Pompeïi*, mais trop effacé pour pouvoir être lu. Il y avoit auſſi de ces Briques façonnées en Fleurons dont les Anciens ſe ſervoient pour terminer le toit de leurs maiſons, & parfaitement ſemblables à celles dont nous avons parlé dans la deſcription de *Pompeïi*, qui couronnoient l'Entablement de la Colonnade du Quartier des Soldats. Nous y trouvâmes nous-mêmes des Fragmens de Lacrymatoires ou de quelques Vaſes en ce genre.

La preuve évidente de l'inſtabilité du cours du *Crati* & de ſes dévaſtations dans tout ce Pays, c'eſt que ce Fleuve que tous les Géographes anciens, (& même *Zannoni*) font arriver à la Mer, ſéparé du *Sybaris*, ne forme cependant avec lui qu'une ſeule & même Rivière pendant un long eſpace. Ces deux Fleuves réunis ſe joignent depuis un demi-ſiècle à quatorze milles de la Mer, y deſcendent par le même lit qui a dans cet endroit près d'un quart de lieue de largeur, & y entrent par la même embouchure.

Toute cette partie du Territoire & des environs de *Sybaris* plus expoſée aux inondations fréquentes de ces deux Fleuves, ne produit plus que des chardons hauts comme un taillis, à travers leſquels paiſſent les vaches du Duc de *Corigliano*. Peut-être ſeroit-il facile d'aſſurer la nature du terrein en le deſſéchant par des Canaux, ou en creuſant un lit au Fleuve, mais à préſent & dans l'état d'abandon où eſt tout ce Pays, il eſt également difficile d'y fouiller & d'y bâtir à cauſe de la fange & de l'eau qui y arrivent dès que l'on eſt à quelques pieds de profondeur.

Notre Guide penſa même en faire la triſte expérience : en voulant paſſer un foſſé, il enfonça dans la vaſe avec ſon cheval, & ce ne fut pas ſans danger pour nous-mêmes que nous parvînmes à les en tirer l'un & l'autre. Un Payſan des environs nous dit qu'il n'en étoit pas ainſi dans toutes les ſaiſons de l'année, qu'il avoit même, à peu de diſtance de là, creuſé un puits qu'il nous fit voir, dans lequel, à vingt pieds de profondeur, il avoit trouvé une Fontaine avec des Robinets en bronze, & des Vaſes de même métal. Il nous parut à la deſcription qu'il en fit que ce devoient être quelques Fragmens de Patères ou d'autres Vaſes employés aux Sacrifices.

Ces échantillons ſuffiſent au reſte pour annoncer de quel intérêt & de quel avantage pourroient être des fouilles faites dans tout ce Territoire, & dans un lieu où ont ſûrement exiſté des Villes dont le goût a été ſi recherché & où l'on retrouveroit vraiſemblablement les formes Grecques dans toute leur pureté, *Sybaris* n'ayant jamais été connue ni habitée par les Romains. Quoi qu'il en ſoit, le Duc de Corigliano, qui n'eſt pas ſans doute auſſi curieux d'Antiquités que de riches revenus, fait mettre à profit le déſaſtre de ſon état actuel. Il y élève des chevaux dans la partie la plus ſaine, des Payſans ſous des huttes de paille y font des fromages de lait de vache, & la partie inhabitable qui eſt celle de la

Mer, eſt couverte de vaches ſauvages que l'ón ne trait jamais, & que l'on n'approche qu'au moment où on les tue pour les vendre. Cette chaſſe, qui ſe fait à cheval & au forcé comme celle du cerf, eſt auſſi amuſante, & ſans doute beaucoup plus utile.

VOYAGE

VOYAGE PITTORESQUE
DE
LA GRANDE-GRÈCE.

CHAPITRE SIXIÈME.
CALABRE CITÉRIEURE.

ROUTE DE CORIGLIANO JUSQU'A SQUILLACE, L'ANTIQUE SCYLLATIUM, *EN PASSANT* PAR MELISSA, STRONGOLI, COTRONE, CAPO DELLE COLONNE, ET CATANZARO.

En ſortant de *Corigliano*, nous fimes l'eſpace de dix milles au travers d'un bois d'oliviers, & nous continuâmes notre route entre *Roſſano* & la Mer. On prétend dans le Pays que ce *Roſſano* étoit l'ancien Port de *Sybaris*, mais cette opinion paroît peu fondée, puiſque l'embouchure du *Crati*, au fond d'un Golfe, offroit & eſt encore une Rade bien plus ſûre que celle de *Roſſano* qui a la forme d'un Promontoire & tous les vents à craindre. Il nous fallut traverſer dans cette matinée le *Celano*, le *Celenito* & le *Trionto*, trois petits Fleuves de la nature des Torrents, très-périlleux en hiver, guéables en été & jamais navigables pour les plus petites nacelles. Nous rafraîchîmes enſuite à une *Maſſeria* (ou Ferme) près de *Calopizzati*, à dix-huit milles de *Corigliano* & à ſix de *Cariati*. On n'eſt pas tous les jours heureux, car tout ce Pays ne nous offrit aucuns Sites intéreſſans.

La Ville de *Cariati* eſt bâtie ſur une Elévation très-eſcarpée. Nous avions une Lettre pour un des principaux Habitans qui ne jugea pas à propos de nous recevoir, & nous envoya prévenir de ne pas même nous donner la peine de monter jusqu'à la Ville, de sorte qu'après avoir couché la veille dans de bons lits & avec des draps bordés de dentelles, nous nous vîmes au moment de passer la nuit dans une Eglise tombant en ruines, afin d'être au moins à couvert. Heureusement qu'un Frère Capucin nous ayant cédé sa cellule & sa cuisine, nous nous y couchâmes, tant à terre que sur la paille. *Cariati* n'est qu'un petit Bourg misérable. On y arrive par un pont-levis. C'est la seule entrée de cette petite Ville que sa situation plus que ses murailles met à l'abri d'une descente des Barbaresques.

Nous partîmes de *Cariati* de grand matin & côtoyâmes la Mer à travers les sables. De là, en rentrant dans les Terres, nous vînmes dîner à *Ciro*, une des Villes les plus élevées de la Calabre. Malgré le délabrement, les ruines & l'air de vétusté de cette *Ciro*, c'est pourtant la nouvelle Ville de ce nom, car l'antique *Ciro* étoit près du Cap appellé aujourd'hui *Alice*, autrefois le Promontoire de *Crimiso*, célèbre par le Temple d'Apollon. Ce Temple étoit situé, dit-on, sur une Eminence où l'on voit actuellement une Eglise. La Ville de *Ciro* ayant été sans doute désolée & détruite à plusieurs reprises par les invasions des Turcs, les Habitans ont pris le parti de s'aller retrancher au-dessus de la Montagne, à six milles du Cap. Ce Promontoire est maintenant semé d'orangers, de citronniers & d'une foule d'arbres de toute espèce qui couvrent les ruines de la Ville & du Temple, de manière qu'il ne reste pas la plus petite marque apparente de son ancienne existence; cependant en cultivant la terre dans tous les environs, l'on y a trouvé & l'on y trouve encore des Monnoies, des Brasselets de bronze, des Lampes de terre, des Fragmens de Marbre & du *matoni*. Nous vîmes une de ces anciennes Briques de deux pieds de long sur dix-huit pouces de large avec une espèce de marque, mais tellement usée par le temps qu'il étoit impossible d'y rien reconnoître.

On nous fit voir quelques Poteries antiques qui étoient sans doute destinées aux usages ordinaires de la vie, mais elles n'avoient ni la beauté des formes, ni la finesse des Vases Funéraires Grecs que l'on trouve souvent dans les Tombeaux des Anciens, du reste sans Peintures, & différant peu des Vases communs que l'on fabrique actuellement. Dans les Médailles que l'on nous fit voir, il n'y en avoit que de *Tarente*, de *Métaponte* & de *Pétilie*, avec quelques Monnoies Romaines. On nous apporta aussi une petite Figure en bronze dont le travail étoit absolument du genre & dans le mauvais goût des temps du bas-Empire. Tout cela étoit assez peu intéressant à voir, mais comme le temps commençoit à devenir très-chaud, nous fûmes obligés d'attendre quelques heures & de laisser passer la grande chaleur avant de continuer notre route.

VUE DE LA TOUR DE MÉLISSA.

PLANCHE CINQUANTE-CINQUIÈME.

NOUS vînmes coucher à la Tour de *Méliſſa*, demeure ordinaire du Prince de *Strongoli*; le hazard nous y conduiſit comme il y arrivoit de ſon côté, ce qui nous détermina à nous y arrêter. Ce Prince nous reçut en loyal Seigneur Châtelain qui accueille des Chevaliers ; rien ne reſſembloit davantage à un vieux Château Gothique que cette Tour de *Méliſſa* poſée ſur une Eminence iſolée de toutes autres Habitations, & entourée de quelques vieilles Fortifications aſſez mal en ordre. Le Prince revenoit de la chaſſe avec toute ſa ſuite, lorſque nous arrivâmes avec la nôtre au Pont-levis. Son équipage etoit nombreux, & ſe trouva cependant logé, ainſi que nous, dans la même Tour ; après un bon ſouper, & une converſation qui fut fort vive & fort gaie, nous allâmes nous coucher.

Le lendemain notre Hôte, auſſi obligeant, auſſi noble que ſimple dans ſes manières, nous donna des Gens pour nous accompagner à *Strongoli* où il avoit envoyé nous faire préparer un bon dîner. *Strongoli* eſt l'ancienne *Pétilie*, République Grecque qui réſiſta à Annibal & reſta ſeule de toute la Grande-Grèce fidèle aux Romains. La Ville étoit ſituée très-avantageuſement ſur une haute Montagne fortifiée par la nature, & avec des murailles de quinze pieds d'épaiſſeur.

VUE DE STRONGOLI,

L'ANCIENNE PÉTILIE.

PLANCHE CINQUANTE-SIXIÈME.

ON voit encore en arrivant à *Strongoli* des veſtiges de la richeſſe & de la magnificence de l'ancienne *Pétilie*; tous ſes environs ſont encore ſemés de Fragmens & de Morceaux de Colonnes cannelées dont les Chapiteaux étoient d'Ordre Dorique & du genre de celles de *Pœſtum*. On y trouve auſſi une grande quantité de Colonnes entières de Granite d'Egypte, indeſtructible au temps, intranſportables par leur poids, & qui deviennent, par leur nature indiſſoluble, les Archives de l'Univers. Si on eût voulu en faire uſage pour quelque Conſtruction moderne, il y auroit eu de quoi décorer un grand Temple, ou donner à un Palais un caractère que n'ont aucuns des Edifices exiſtans du Pays.

Nous vîmes sur la Place publique le Piedestal d'une Statue de Marbre de Paros, sur lequel la Ville de *Pétilie* avoit fait graver le Testament d'un de ses Habitans, nommé *Parménion*. L'on y lit que ce *Parménion* avoit légué la plus grande partie de son bien en faveur de la République, mais l'Inscription étant fort longue, nous ne pûmes la copier, & nous nous contentâmes d'en prendre une en caractères Grecs qui se trouvoit sur une Porte d'une des Maisons de la Ville, quoiqu'elle n'eût dans le vrai d'autre mérite que son antiquité (1).

On nous dit que l'on trouvoit encore souvent dans les environs de *Strongoli* des Médailles d'or & d'argent, mais elles n'y restent pas long-temps : l'ignorance & l'avarice des Gens du Pays rendent nulles presque toutes ces découvertes intéressantes. Les Capucins venoient de fondre depuis peu une Médaille d'or de plus d'un pouce de diamètre pour avoir une cloche de plus, & dans la crainte que le Prince ne la leur demandât. Il y avoit chez un Particulier de la Ville une petite Idole d'or de trois pouces, malheureusement il étoit en voyage & il fut impossible de la voir : tout ce qu'on put nous montrer fut une Médaille de cuivre, représentant d'un côté la Tête de Pyrrhus, & de l'autre une Tête de Femme couronnant le Héros avec le mot *Pétilie* ; ce qui pourroit prouver que cette ancienne République n'étoit pas alliée des Romains du temps de Pyrrhus, ou qu'elle ne leur avoit pas été aussi fidèle du temps de ce Héros que lors des Guerres d'Annibal.

Les tremblemens de terre ont à diverses époques tellement bouleversé le sol de *Strongoli*, tout formé de Collines, de Vallées & d'Eminences, qu'il seroit bien difficile de juger actuellement de la grandeur & de la forme de l'ancienne Ville. Les secousses y ont été si fortes que les débris des Murailles antiques dont on trouve des restes encore assez entiers, quoique posés sur le Rocher & de quinze pieds d'épaisseur, sont absolument inclinés & hors de tout équilibre. On ne put nous donner absolument aucun renseignement sur l'histoire de la destruction de *Pétilie*, ni comment & dans quel temps elle a pris le nom de *Strongoli*. Tout ce que l'on peut voir, c'est que le Château, qui est aussi pauvre de forme que de construction, étant bâti sur la partie la plus escarpée & dominant sur le Pays, les Princes qui y résidoient autrefois, pouvoient s'y défendre.

(1) ΕΠΙ ΓΥΜΝΑΣΙΑΡΧ
ΜΙΝΑΤΟΥ ΚΡΙΤΤΙΟΥ ΜΙΝΑΤΟΝ
ΜΕΡΙΔΑ ΜΑΡΙΟΥ ΚΡΙΤΤΙΟΥ
ΜΙΝΑΤΟΥ ΟΣΤΕΩΝ ΑΝΕΤΕΞ
ΑΣΘΗ. ΕΧ ΤΩΝ ΚΟΙΝΩΝ
ΧΡΗΜΑΤ.

Sous le Gymnasiarque, MINATUS, fils de CRITTIUS MINATUS, on a placé à frais communs les cendres de MARIUS CRITTIUS MINATUS (*).

(*) Ce MINATUS devoit être, suivant toute apparence, à la tête de quelque Gymnase ou Collége célèbre de l'ancienne *Petilia*, puisqu'on lui donnoit le titre de *Gymnasiarque*.

Mais

Mais au temps de la conquête du Royaume de Naples, le Roi Catholique en enleva les canons, ainſi que ceux de *Méliſſa* & de toutes les Fortereſſes des Barons de cette partie de la Calabre. On peut croire qu'avant ce temps & moyennant ces retraites inabordables, les Barons Napolitains pouvoient aiſément faire connoître leur mécontentement, & quitter la Cour à laquelle ils craignoient moins de déplaire qu'aujourd'hui.

M. *Tanucci*, Miniſtre peu aimé pendant ſa vie, mais qui, à bien des égards, avoit un mérite très-utile à un Gouvernement Monarchique, n'a pas été moins hardi à l'égard des Moines, auſſi riches & auſſi puiſſans que les Barons. Souvent ſur notre route, nous rencontrions des Maiſons Religieuſes & pas un Religieux; l'on nous dit pour raiſon que ces Maiſons ſe trouvant réduites à deux ou trois Moines qui conſommoient tranquillement les revenus de leur Fondation, ſans être d'aucune utilité, le Gouvernement avoit jugé à propos de permettre aux Fondateurs de réclamer les legs de leurs Ancêtres, aux Seigneurs de reprendre leurs droits, & qu'enſuite le Roi s'étoit emparé du reſte.

Pour en revenir à la Principauté de *Strongoli*, nous apprîmes qu'elle valoit cinquante mille livres de rente, & ſeroit ſuſceptible d'en valoir davantage ſi on faiſoit exploiter les mines de ſoufre, de plomb, de mercure, d'or & d'argent qui exiſtent dans les Montagnes; car il y a de tout en Calabre & de tout en abondance: c'eſt peut-être le Pays de l'Univers le plus riche & le plus fertile pour toute eſpèce de productions. On eſt bien étonné avec tous ces avantages de ne trouver au milieu de ces tréſors de la nature que des Villages en ruines, que des Habitans pauvres, ſans habits, ou ceux de la misère, & avec des figures ou débiles ou ſauvages (1).

Après avoir quitté *Strongoli*, nous deſcendîmes dans la Plaine pendant l'eſpace de huit à neuf milles; nous arrivâmes de là aux confins des poſſeſſions du Prince ſur les bords du *Nieto*, Torrent plus conſidérable que les autres, & que l'on peut appeller une Rivière, puiſqu'il faut au moins un bac pour la paſſer. Du bord du *Nieto*, nous nous avançâmes à travers une Plaine de onze milles parfaitement unie, très-cultivée, & où l'on recueilloit, dès le 22 Mai, du lin & de l'orge. Cette Plaine eſt bordée & terminée par une chaîne de Montagnes qui finit au Cap *Colonne* & forme un Golfe, au fond duquel eſt ſituée *Cotrone*, autrefois la fameuſe *Crotone*, une des plus célèbres Villes de la Grande-Grèce,

(1) Une des productions de la Calabre, & qui y fait même un objet de commerce aſſez conſidérable eſt la *Manne*. C'eſt à *Cariati* & à *Strongoli* que l'on trouve la meilleure & que l'on en fait les plus fortes récoltes. Les Propriétaires des arbres qui la produiſent ſont obligés de la vendre toute au Roi. Celle de la meilleure qualité, qu'on nomme *in canola*, pour deux carlins la livre; & celle qui eſt inférieure, qu'on appelle *in fraſca*, pour huit grains. Ce revenu eſt affermé trente-deux mille ducats. *Voyage de la Grande-Grèce du Baron de Riedezel, page* 191.

où fut l'Ecole de Pythagore, & qui étoit la Patrie du fameux Athlète *Milon*, le vainqueur de *Sybaris*; à l'imitation d'Hercule, l'Antiquité nous représente ce redoutable Crotoniate vêtu d'une peau de Lion & armé d'une massue (1).

VUE DE LA VILLE DE COTRONE.

PLANCHE CINQUANTE-SEPTIÈME.

AVANT d'arriver à la *Crotone* moderne, on passe sur les Ruines de l'ancienne qui étoit bâtie en demi-cercle au fond du Golfe & sur le Fleuve *Escarus* ou *Esaro* qui la traversoit. Ce n'est plus maintenant qu'un misérable Ruisseau bourbeux; hors les temps d'inondations, ce foible Ruisseau se perd dans le sable & n'arrive à la Mer que par filtration. La nature des Montagnes entre lesquelles il coule étant d'un grès fin & mouvant, peut absorber une partie de ses eaux. Cette fameuse Ville dont les murailles avoient douze milles de circuit, est restreinte aujourd'hui & renfermée dans une petite Pointe de terre où étoit sans doute autrefois une Forteresse; & cette même Ville qui avoit pu mettre cent mille hommes sur pied dans la Guerre des Sybarites, n'a maintenant au plus que cinq mille Habitans. Il est même assez vraisemblable qu'ils ne tiennent en rien de cette vertu athlétique qui rendit l'ancienne *Crotone* si fameuse dans l'antiquité.

Les Romains s'emparèrent de *Crotone* par surprise, l'an de Rome 475. Elle fut détruite ensuite par les Révoltés de *Regium*, qui égorgèrent la Garnison Romaine. Les Ruines de l'ancienne Ville s'étoient conservées jusqu'au temps de Charles-Quint. Ce Prince imagina d'en bâtir un Château, & d'y élever des murs d'une hauteur d'autant plus inutile qu'ils furent construits après l'usage de l'artillerie, & nullement propres à lui résister. Il démolit tout ce qui restoit de précieux vestiges de son ancienne splendeur: aussi ne retrouve-t-on plus rien, mais absolument rien, de l'ancienne *Crotone*, & son sol n'est maintenant couvert que de magasins de grains & de fromage dont on fait de grands chargemens & qui forment aujourd'hui tout le commerce du Pays.

Nous nous reposâmes un jour à *Cotrone*; quoique munis de plusieurs Lettres de recommandation, nous n'aurions su où passer la nuit, si un honnête Négociant que nous ne connoissions pas & que nous ne pûmes voir qu'au moment de notre départ, ne nous eût fait conduire à une Maison qui n'étoit point occupée, il eut même l'honnêteté de nous faire apporter tout ce qui pouvoit nous être nécessaire.

Le lendemain nous allâmes voir le Port commencé à grands frais par le Roi

(1) Voyez quelques détails sur cette ancienne Colonie Grecque dans le Discours Préliminaire, pag. xxx.

d'Espagne, Port qui ne sera cependant praticable, que quand on aura trouvé le moyen d'empêcher que les sables mouvants de ces parages ne le remplissent à mesure qu'on le creuse. On ne peut encore y faire aborder que des Felouques, quoique deux cents hommes y travaillent sans relâche; & cependant si jamais on se lasse de continuer ces travaux, ce Port si avantageusement situé, d'une si parfaite sûreté, deviendra un Marais pestiféré & produira du mauvais air dans cette Ville, autrefois connue & fameuse par sa salubrité. *Nil Crotone salubrius*, dit Strabon, Pline en parle aussi avec les plus grands éloges (1).

Nous ne voulûmes point cependant quitter cette Ville, jadis si renommée, sans en emporter au moins quelque souvenir & une idée de sa situation, quoique ce soit peut-être la Vue la plus aride, & la moins pittoresque de cette partie de l'Italie. Nous n'étions plus qu'à huit milles de distance du Cap *Colonne*, & c'est à un mille de cette Pointe de terre que nous trouvâmes les Carrières exploitées par des Forçats, d'où l'on tire la pierre qui sert à rétablir le Port de *Cotrone*. Il paroît que ce n'est qu'une espèce de tuf, une concrétion de coquillage marin & de sable, comme une écume de Mer déposée sur la terre & durcie par le temps. On ne peut même douter de cet effet physique en examinant avec attention la tranche de ces Carrières. Quoiqu'élevées de cinquante pieds au-dessus du niveau de la Mer, l'on voit facilement qu'elles sont composées d'un lit de quinze pieds d'épaisseur de ce même tuf, posé sur une glaise tendre & grasse & qui ne tient en rien de l'autre matière. Cette espèce de pierre est presque indestructible, ce qui reste du Temple de *Junon Lacinienne* que nous allons voir en est la preuve.

VUE DU CAP COLONNA.

PLANCHE CINQUANTE-HUITIÈME.

Ce Temple fameux de Junon Lacinienne étoit bâti à la pointe du Cap & lui donnoit son nom. Sa situation devoit être imposante; placé sur une langue de terre qui s'avançoit comme une plate-forme au milieu de la Mer, il dominoit & étoit vu d'une grande étendue de terre & de mer. Quoiqu'absolument détruit, ses Ruines Colossales donnent encore l'idée du grand effet qu'il devoit produire.

(1) Si on en croit les anciens Historiens, les antiques traditions du Pays, elles rapportent que Mysellus & Archias, consultant en même-temps l'Oracle d'Apollon sur le lieu où ils devoient bâtir leur Ville, le Dieu leur laissa le choix des richesses ou de la santé. Les richesses touchèrent Archias, Mysellus demanda la santé. Archias fonda *Syracuse* qui devint la plus opulente Ville de la Grèce, Mysellus fonda *Crotone*, dont les Habitans furent célèbres par la force du corps.

Annibal fut le premier deſtructeur de ce Temple, un des plus vaſtes qui aient exiſté dans l'antiquité. Les Grecs qui étoient dans ſon armée, lors de ſon départ, ne voulant pas le ſuivre en Afrique, s'y retirèrent comme dans un aſyle ſacré, il les pourſuivit avec la flamme & les y enſévelit ſous ſes ruines. Les tremblemens de terre ont achevé de détruire cet antique Edifice & par des ſecouſſes ſi violentes qu'ils ont dérangé juſqu'à l'alignement des murailles; cependant il y reſte encore des pans de murs aſſez élevés, & ce qui eſt aſſez extraordinaire, une Colonne toute entière & abſolument iſolée. Cette Colonne faiſoit partie du Périſtile & portoit avec beaucoup d'autres un immenſe Fronton.

La forme générale & l'enceinte du Temple étoit un quarré long de cent ſoixante-trois pieds huit pouces de large ſur cinq cents quinze de profondeur. La Face Orientale où ſe trouvoit l'Entrée, étoit, ſuivant toute apparence, la ſeule qui fût ornée de Colonnes. L'Ordre en étoit Dorique, ſans baſe & du même genre que les Temples de *Pœſtum*, mais d'une dimenſion beaucoup plus grande, comme on le voit par la Colonne qui reſte que l'on a déchauſſée à l'entour & qui ſe trouve porter ſur onze Aſſiſes de pierres de taille d'un pied d'épaiſſeur. Comme on a enlevé tout ce qu'on a découvert, il eſt difficile de ſavoir abſolument ſi l'Edifice étoit porté ſur des Gradins régnants au pourtour, mais ce que l'on peut croire d'après les Veſtiges que l'on découvre encore, c'eſt qu'il y avoit un Parvis & des Degrés qui deſcendoient juſqu'à la Mer; quoique tout cela ſoit rompu par les vagues, on apperçoit encore des parties de Fabrique recouvertes par les eaux, & à plus de trois cents pieds du Périſtile.

Nous cherchâmes en vain pour découvrir s'il régnoit un Ordre extérieur autour du Temple; mais, à en juger par la largeur de l'Edifice, il étoit indiſpenſable qu'il n'y en eût un en-dedans pour porter les Voûtes ou la Couverture. Cependant l'aire ou le ſol du Temple étant labouré & ſemé par-deſſus, n'a pu nous laiſſer entrevoir aucun indice, & l'on a ſi exactement enlevé tout ce qu'il a été poſſible d'emporter des matériaux antiques, qu'il eſt impoſſible de ſe former une idée de la conſtruction intérieure de ce Temple.

Les Murailles étoient d'une largeur conſidérable, bâties en Caiſſons de pierre perdue, revêtus en Taille juſqu'à une certaine hauteur, & plus haut en Ouvrage Réticulaire (1). En parcourant les environs du Temple, nous trouvâmes bien d'autres débris, & même quelques reſtes de petites diſtributions de Maiſons particulières, avec d'anciens Pavés faits en Moſaïque. Il y en avoit de rompus par l'eſcarpement

(1) L'on ſait que les Anciens avoient différentes manières de poſer & d'arranger les briques dans la conſtruction de leurs murs, plus ordinairement elles étoient placées diagonalement les unes ſur les autres. C'étoit ce qu'on appelloit *Opus reticulatum*. Quand les murs étoient conſtruits de pierres de différentes grandeurs & taillées inégalement, comme l'on voit encore les grandes Voies Romaines, c'étoit alors déſigné par *Opus incertum*.

l'escarpement de la Mer, ce qui prouve à la fois & que le Temple n'étoit point absolument isolé sur le Cap, & que la Mer a gagné & repris sur cette Langue de terre si susceptible d'être battue & tourmentée par les orages.

Après avoir bien parcouru toute l'étendue & la superficie du Cap *Lacinien* & tenté assez inutilement de lever le Plan de ce Temple si révéré dans l'Antiquité, nous nous contentâmes de prendre une petite Vue assez pittoresque d'une ancienne Tour quarrée qui a l'air d'avoir servi d'un Corps-de-Garde & qui domine sur le bord de la Mer. La Vue de cette seule Colonne isolée qui existe encore du Temple de Junon & que l'on apperçoit en même-temps, nous la rendit intéressante.

Nous continuâmes ensuite notre route & tirâmes vers *Isola*, en passant sur le Mont de la *Sibylle*; il est assez difficile de savoir pourquoi on appelle ainsi cette petite Montagne. L'air étoit très-pur, la Mer parfaitement calme. Nous cherchions de tous nos yeux dans la pleine Mer, & avec un grand desir de découvrir cette Isle fameuse de *Calypso* que les Cartes anciennes placent à peu de distance de ce Promontoire. Etoit-elle sortie toute entière du cerveau d'Homère, ou la Mer auroit-elle repris cette corbeille de fleurs que M. *de Fénélon* a si bien décrite sur la foi d'Homère & que M. *d'Anville* a placée dans sa Géographie antique, apparemment par respect pour tous deux? c'est ce qu'il y a tout lieu de croire, car nous ne vîmes pas l'apparence d'une Isle.

VUE DU VILLAGE D'ISOLA.

PLANCHE CINQUANTE-NEUVIÈME.

ISOLA est une petite Ville dans les Terres, qui domine sur une Plaine étendue & agréable. Les Turcs y ayant fait des descentes à plusieurs reprises, on l'a entourée de Murailles. Cette petite Ville nous parut une des plus jolies de toutes celles que nous avions rencontrées dans notre route; elle ressembloit parfaitement à un joli Village Hollandois, d'autant plus que nous y arrivâmes un jour de Marché qui avoit attiré beaucoup de Monde dans la Place publique. Presque toutes les Maisons sont fort basses, n'ayant pour ainsi dire qu'un seul rez-de-chaussée; & comme elles sont toutes accompagnées de grands arbres & de Paysages qui les séparent les unes d'avec les autres, le coup-d'œil & l'ensemble nous en parut si agréable, qu'un de nos Dessinateurs fut chargé d'en faire sur-le-champ, d'après nature, une Vue, qu'il eut l'art d'orner & de rendre très-piquante par ses détails.

Après nous être reposés à *Isola*, nous revînmes gagner la Mer, & partîmes pour *Castro d'Annibale*, à six milles de là. Ce lieu, autrefois fortifié avec un Château, a quelque apparence de loin. La Ville est bâtie dans une petite Isle qui tient au Continent par une langue de terre sur laquelle on avoit construit un Môle. Le nom seul d'Annibal y ajoutoit de l'intérêt & augmentoit notre curiosité, nous entrâmes donc avidement dans la Ville, & nous fûmes bien étonnés de la trouver déserte & ruinée de la manière la plus déplorable. La Mer venoit s'y briser avec un bruit effroyable contre des Rochers éboulés, tout y ressembloit au naufrage; & pour achever le tableau, nous y trouvâmes des mâts rompus, des ancres, des canons, & enfin tous les agrêts d'un Vaisseau naufragé depuis peu & répandus sur la Côte.

On nous montra quelques morceaux de vieilles Murailles dans la Mer, en nous assurant qu'ils avoient été bâtis par Annibal, lorsque le sort lui étant devenu contraire, il se retira chez les *Brutiens*, & qu'il fit construire cette Muraille pour mettre à l'abri les Vaisseaux qu'il attendoit d'Afrique. L'aspect de ce lieu & le mauvais choix du Port peuvent prouver à quel point de nécessité il étoit réduit, puisque ce fut là sa seule ressource.

Torre d'Annibale ne méritant pas de nous arrêter plus long-temps, nous remontâmes sur nos chevaux pour aller coucher plus loin. Nos Guides ignoroient le chemin, car celui que nous faisions étoit un chemin tout-à-fait détourné, aussi nous trompâmes-nous dans notre marche, & après nous être égarés & avoir fait près de quarante milles dans notre journée, passé de nuit un Fleuve assez considérable (*le Tacina*), nous fûmes réduits à nous arrêter dans la première chaumière où nous fîmes le plus frugal de tous les soupers & couchâmes de plus sur le plancher. Pour comble de malheur, des poulets qui couchoient avec nous dans la même chambre, entretinrent toute la nuit une correspondance avec d'autres poulets qui étoient à un quart de lieue de là.

VUE DE LA VILLE DE CATANZARO,

CAPITALE DE LA CALABRE.

PLANCHE SOIXANTIÈME.

LE lendemain de grand matin nous continuâmes notre route par un chemin très-uni dans un Pays fertile en bled & bordé de Monticules couvertes de troupeaux. Nous avions quatre milles à faire pour arriver à *Catanzaro* qui est la Capitale de la Calabre ultérieure. Elle est bâtie sur le sommet & la crête d'une Montagne escarpée, entourée d'autres Montagnes encore plus élevées & ceinte de deux

Torrents qui se joignent au bas de la Ville & arrivent à la Mer par une Vallée large, profonde & d'une fertilité extrême, ce qui forme une Echappée de Vue très-riche & très-agréable. Quant à la Ville même, elle est sans nul intérêt & sans curiosité. Elle fut bâtie dans le neuvième siècle.

La salubrité de l'air de *Catanzaro*, la fertilité de son Territoire, l'ont augmentée & peuplée. Les Habitans y sont moins indolents que dans les autres Villes de la Calabre; il s'y fait une grande quantité de soie que l'on y file & que l'on y travaille; mais cette soie est d'une qualité forte & rude, ce qui vient, à ce que l'on dit, de ce qu'on y nourrit les vers avec des feuilles de mûriers noirs, plus communs dans ce Canton que les mûriers blancs.

La population de *Catanzaro* est de douze à treize milles ames; c'est une des Villes de l'Italie où les Femmes sont le plus généralement belles. Nous allâmes voir le *Préside* à qui nous avions à remettre les Lettres du Ministre, & qui y ajouta l'ordre le plus ample à tous les Syndics de son Département, de nous donner tous les secours dont ce Pays est susceptible & dont les Voyageurs ont tant de besoin.

Après avoir pris la Vue de *Catanzaro*, & telle qu'elle se présente en y arrivant, nous en partîmes à midi & redescendîmes de la Ville qui devient une espèce de prison par la fatigue que l'on éprouve à y aborder ou à en sortir : sa situation cependant n'est pas sans intérêt, en ce que se trouvant à l'endroit le plus resserré de l'Italie elle est voisine des deux Mers, & pourroit être importante si on étoit dans le cas d'avoir besoin de former une ligne pour séparer cette partie du Royaume de Naples d'avec l'autre, comme il a pu arriver du temps des Guerres entre les Romains & les Brutiens.

Nous descendîmes dans la belle Vallée qui règne au bas de la Ville. Le Torrent qui s'est fait un grand & large chemin est bordé de cassines & de jardins frais, arrosés & plantés d'orangers & de mûriers qui rendent ces habitations si agréables qu'elles font déserter *Catanzaro* pendant une grande partie de l'année.

VUE DE LA ROCHETTA.

PLANCHE SOIXANTE-UNIÈME.

NOUS arrivâmes bientôt ſur le bord de la Mer à une Tour moderne, où M. *d'Anville* place le *Caſtro d'Annibale*. Cependant on n'y trouve aucuns veſtiges ni apparence de Port, ni autre Edifice; mais à trois milles plus loin, toujours en ſuivant le bord de la Mer, en un lieu que l'on appelle la *Rochetta*, qui forme une Plage très-étendue & très-iſolée, nous trouvâmes une Ruine très-conſidérable. Nous la reconnûmes pour avoir été une vaſte Egliſe, mais du temps du bas-Empire, & conſervant encore le grand caractère des temps anciens, ſans mélange de Gothique.

Il paroît que ce Monument aujourd'hui abſolument abandonné, a ſervi autrefois comme de Fortereſſe, & qu'il a même ſoutenu des ſiéges, ce que l'on reconnoît à des créneaux qui ont été élevés aux combles, & à des courtines ajoutées & appuyées aux Murs de l'Egliſe: nous fûmes aſſez ſurpris de trouver dans l'intérieur pluſieurs de ces bombes en pierre de même calibre & de même nature que celles que nous avions vues à *Ottrante* & que les Turcs y avoient jettées. Cette obſervation pourroit conduire à penſer que ces eſpèces de mortiers à boulets ont été en uſage avant le canon, & dès le commencement de la découverte de la poudre.

La quantité de Ruines que l'on rencontre autour de celle-ci prouve inconteſtablement qu'il y avoit là une grande Ville, & l'examen de tous les débris qui l'environnent ne peuvent laiſſer douter que ce ne fût là véritablement le Site de l'antique *Scylatium*, quoique *Squillace* qui eſt une autre petite Ville de la Calabre, à très-peu de diſtance de là, ſe flatte d'avoir été élevée ſur ſes Ruines: mais la ſituation eſcarpée de cette dernière Ville, d'ailleurs éloignée de la Mer, paroît être une preuve que *Squillace* n'eſt qu'une Ville moderne, puiſqu'il y a peu d'exemples qu'aucune Colonie Grecque ſe ſoit établie ſur les Montagnes; l'on ſait que cet uſage ne s'eſt introduit que depuis le temps où les deſcentes des Turcs & des Arabes ont obligé les Habitans de toutes ces petites Villes de quitter les bords de la Mer, & de ſe retrancher par des ſituations difficiles & preſque inabordables: d'ailleurs le ſommet de la Montagne de la *Squillace* moderne ne paroît pas avoir jamais pu être occupé par une grande Ville.

Nous parcourûmes toute la Plaine qui eſt au-deſſous de la Ville, elle eſt terminée par le Cap *Stalacti*, Rocher eſcarpé & prolongé juſqu'à la Mer qui fixe inconteſtablement l'eſpace où l'on peut chercher *Scyllatium*; nous n'en avions trouvé aucuns veſtiges juſqu'à nos Ruines de la *Rochetta* auxquelles l'on n'a pas encore donné de nom, & qui ne ſont qu'à deux milles de là. D'ailleurs les Hiſtoriens & les vieilles

vieilles traditions du Pays seroient parfaitement conformes à ce sentiment. Il y est dit que *Catanzaro* fut bâtie par *Fagizio*, Procurateur de cette partie de l'Italie, sous *Nicéphore*, Empereur de Constantinople; que cette Ville fut bâtie des ruines de *Scyllatium*, que les Sarrasins la dévastèrent & qu'elle fut rebâtie depuis à l'endroit où elle existe actuellement. D'après ce fondement ne doit-on pas conclure que la *Rochetta*, qui se trouve entre les deux Fleuves de *Corace*, autrefois *Crotalus*, & un autre Fleuve sans nom connu, est le véritable *Scyllatium*, bâti entre deux Fleuves; que l'Eglise Grecque est la *Catanzaro* de Nicéphore, & que *Squillace* n'est qu'une Ville Seigneuriale, ainsi que *Catanzaro* une Ville très-moderne.

Le reste des Ruines qui se trouvent dans ce lieu de la *Rochetta* autour de l'Eglise sont des mêmes matériaux que cet Edifice, c'est-à-dire de grandes & larges briques, quelques-unes en Ouvrage réticulaire, ce qui annonce une antiquité plus reculée. A quelque distance de là, nous vîmes un Tombeau assez conservé, de forme ronde, avec onze Niches égales: l'on peut croire que ce dernier Monument est un Ouvrage Romain. Il résulteroit donc, d'après ces observations, que *Scyllatium* auroit trois époques; la première, du temps de sa fondation par les Athéniens, la seconde, au temps où une Colonie Romaine y fut établie, & enfin à sa réédification par *Nicephore*. Nous crûmes aussi distinguer la forme d'un Théâtre, la partie Circulaire & l'arrachement des Murs de l'avant-Scène; mais tout cela étoit si détruit, qu'il seroit difficile d'en assurer la vérité.

VUE DE SQUILLACE,

SITUÉE PRÈS DES RUINES DE L'ANTIQUE SCYLLATIUM.

PLANCHE SOIXANTE-DEUXIÈME.

TOUTES nos réflexions & nos observations terminées, nous nous acheminâmes vers *Squillace*, en remontant un Torrent qui cascade très-pittoresquement sur des Rochers de granite, & fournit plusieurs Paysages absolument dans le genre de ceux qui se rencontrent dans le milieu des Alpes. Enfin nous arrivâmes à la Ville plus agréable à dessiner qu'à habiter; il est aisé de voir que cette petite Ville n'a sûrement jamais été rien moins qu'une Ville Grecque, & l'on peut dire que l'on n'y trouve d'autres Ruines que les Maisons mêmes qu'on habite: elle renferme cependant deux mille Habitans. Sur la partie la plus élevée est un Château absolument ruiné, qui n'a rien de curieux que l'élévation & le pittoresque de son Site.

Le Syndic de *Squillace* nous logea dans une chambre où nous eûmes bientôt, comme de coutume, tous les Curieux de la Ville autour de nous. On nous parla beaucoup de Médailles trouvées dans tous les environs, mais on ne put nous en montrer une ſeule. Cependant un Abbé, qui étoit ſans doute l'Antiquaire du Pays, nous conduiſit dans ſa cave, dont il faiſoit ſon *Muſæum*, & nous fit voir cette Inſcription bien conſervée, ſur un Marbre de cinq pieds & demi de longueur & vingt-deux pouces de hauteur ; elle avoit été trouvée au bas de la Montagne près de la Rivière, ſelon toute apparence ſur un Aqueduc qui portoit les eaux à l'antique *Scyllatium*, & dont l'Empereur Antonin avoit fait la dépenſe.

IMP. ÇAESAR T. AELIVS
HADRIANVS ANTONINVS AVG. PIVS PONTIF.
MAXIM. TRIB. POTEST. VI. COS. III. P. P. IMP. II.
COLONIAE MINERVIAE AVG.
SCOLATIO AQVAM DAT.

VOYAGE

. . . . Quas exitus hic Animaï
Disturbat Urbes, & Terræ motus obortus!
Multaque præterea ceciderunt mœnia magnis
Motibus in terris, & multæ per mare pessum
Subsedere suis pariter cum Civibus Urbes.
. . . .
Dispertitur, ut Horror, & incutit inde tremorem.
. . . .
Ancipiti trepidant igitur terrore per Urbeis,
Tecta superne timent, metuunt inferne, cavernas
Terrai ne dissolvat Natura repente:
Neu distracta suum late dispandat hyatum,
Idque suis confusa velit complere ruinis.
. . . .
Ne pedibus raptim Tellus subtracta feratur
In Barathrum, rerumque sequatur prodita summa
Funditus, & fiat Mundi confusa ruina.

LUCRETII, Liv. VI. (1)

CETTE effrayante peinture d'un tremblement de terre n'a malheureusement jamais mieux convenu qu'aux désastres affreux & récents des Pays que nous avons à peindre dans cet Ouvrage. Le Texte de ce Chapitre venoit d'être imprimé, lorsque la nouvelle s'en est répandue ici. Cet évènement, un des plus terribles qui soit arrivé depuis très-long-temps dans tout ce Pays, l'a tellement changé de face, y a causé une telle désolation, que nous avons cru devoir en donner ici un récit succinct tel qu'il nous est parvenu.

Il devient d'autant plus intéressant, avant de lire la description que nous avons à faire de cette partie du Royaume de Naples, que dans cette extrémité de la Calabre, presque toutes les Villes & les Villages qui la composent & dans lesquels nous allons accompagner nos Voyageurs s'en sont ressentis plus ou moins, qu'il y a même plusieurs de ces Villes, que l'on dit avoir été renversées de fond en comble. On nous assure que la Ville de *Reggio* a été encore plus dévastée que la malheureuse *Messine*, à laquelle nous sommes au moment d'arriver.

---

(1) Que de Villes ébranlées par un souffle impétueux & par d'affreux tremblemens? Des Tours, des Remparts, des Cités entières ont disparues, & sont renversées dans la Mer avec leurs Habitans. Egarés par la terreur, ces infortunés redoutent à la fois & leurs toits qui s'écroulent & la terre qui s'entrouvre: dans ce trouble horrible, de toutes parts également menacés, ils craignent que la nature ne brise au même instant les voûtes du Globe, que la terre elle-même fuyant de dessous leurs pas, ils ne soient entraînés dans l'abyme, & l'Univers avec eux.

Ces environs de *Reggio*, que nos Deſſinateurs ont traverſés avec tant de délices, ce ſuperbe Pays qu'ils ont vu paré de tout ce que la nature la plus riche & la plus abondante peut offrir, & dont ils nous donnent ici des Vues ſi riantes & ſi agréables, n'offrent donc plus aujourd'hui que de vaſtes champs de douleur & que des monceaux de ruines.

Quoique les premières relations qui ont été envoyées de cet épouvantable évènement, toutes dictées par la terreur même & la conſternation, aient été ſans doute fort exagérées, les dernières nouvelles que l'on vient de recevoir des déſaſtres de *Meſſine* & de la *Calabre*, plus certaines & écrites avec plus de ſang-froid, ſont toujours affreuſes, & le récit ſeul en fait frémir.

La Calabre ultérieure a été ſans contredit la partie du Royaume de Naples qui a le plus ſouffert. Il paroît par d'autres relations, qui nous ſont parvenues en même temps, que le Mont *Aſpro* dans la chaîne de l'Apennin, & ſitué preſqu'à l'extrémité de ces Montagnes, a été le centre & comme le foyer principal de ce terrible tremblement de terre, & que *Meſſine* en a été le terme du côté de la Sicile. Nous en allons lire les détails dans la relation Italienne qui vient d'arriver par le dernier Courier, & nous croyons devoir la laiſſer dans une Langue devenue ſi familière aujourd'hui.

DESCRIZIONE DEL TREMUOTO

IN MESSINA E NELLA CALABRIA,

Di 5 Febraio 1783.

Il terremuoto è ſucceſſo giorno cinque di queſto meſe, tre quatri d'ora dopo mezzo giorno : replicò a ſette ore di notte fortemente, e ſi fece ſentire il di ſeguente con piu forza à vent'ore e mezzo. Il ſuo movimento è ſtato d'ogni genere di ſcuoſſe, ondolatorio e di Trepidazione : *non è ſtato moto della terra, ma un roveſcio totale della ſua ſuperficie. Il contra colpo ſi è eſteſo ſino à* Napoli, *e ſuoi contorni, ne momenti ſteſſi de' colpi ſcoppiati in Calabria.*

Meſſina *fu la prima a ſentire i terribili effetti del terre muoto, perche queſto ſmovendone il ſuolo fece crollare à terra la ſua* Palazzata, *e la reſe un mucchio di calcinacci. Il Villagio*

Le tremblement de terre eſt arrivé le 5 de ce mois à midi trois quarts, il s'eſt renouvellé à ſept heures du ſoir plus fortement, & le lendemain vers les vingt heures & demie, c'eſt-à-dire à huit heures & demie du ſoir, il s'eſt fait ſentir encore avec plus de force. Son mouvement étoit compoſé d'horribles ſecouſſes de tout genre, ſoit horiſontales & d'ondulation, ſoit perpendiculaires & de bas en haut, *di Trepidazione.* Ce n'étoit pas ſeulement un ébranlement de la terre, mais un renverſement total de ſa ſuperficie. Le contre-coup s'eſt étendu juſqu'à *Naples* & aux environs, dans les moments même où les ſecouſſes les plus violentes ont éclaté dans la Calabre.

Meſſine a été la première à reſſentir les effets terribles de ce tremblement de terre. Tout ſon ſol fortement *di* Torre di Faro, *o ſia l'antico* Peloro, *non offre che ruine. I due laghi vicini vi ſi vedono ricolmi. Il reſto della Sicilia non ſi ſa finora che abbia ſofferto.*

Nelle Calabrie, le deſtruzioni ſono ſtate piu conſiderabili, e mortali. Ecco le città e Villaggi dannegiati, o roveſciati. Il Pizzo, Briatico, Bivona, Monte Leone, Filocaſtro, Tropea *con tutti i ſuoi Caſali*, Mileto *con tutti i ſuoi contorni*, Palmi, Seminara, Roſarno, Oppido, *tutte nell' antico territorio di* Mamerto. *Gli abitanti di* Palma, *tutti Manifattori, ſon quaſi tutti rimaſti ſepolti co'loro telai ſotto le rovine, quei di* Seminara, *quaſi tutti agricoli ſono ſcappati.*

Bagnara *con tutti i ſuoi deliziosſi contorni è ſtata totalmente diſtrutta; come anche tutte le altre terre lungo la coſta fino a* Reggio, *e ſulle pendici degli Apennini. La Certoſa di San Stefano del Boſco, e il Sanctuario principale de Domenicani a* Soriano *ſono ſtati minati dà fondamenti. Lo ſcoglio di Scylla ſi è apperto, ed il Caſtello fabbricato ſopra è crollato anche a meta. Il Principe di queſto luogo non credendo-ſi ſicuro nella ſua Rocca, andò a refugiarſi nella ſua lancia ſul lido del mare, ma uno ſtraordinario gonfiamento dei flutti accaduto di notte, ſe lo inghiotte negli abiſſi delle acque, con tutta la lancia, e tutta la ſua gente; unitamente con due mila-ſette cento de'ſuoi Vaſſali colà refugiati nel medeſimo fine.*

La Principeſſa Gerace Grimaldi mori ſchiacciata con tutto il ſuo ſeguito, ſotto il tetto della ſua caſa, in una delle ſue terre chiamata Caſal Nuovo, *gli altri ſuoi groſſi Feudi.* Terra nuova, Droſi *e* Gioia *hanno ſofferto lo ſteſſo roverſcio, e tutti i loro vicini.* Gerace *l'ha ſofferto ben anche come tutta la Regione* Reggina. *In quanto puo dirſi, che tutta la Coſta, e tutto l'interno del Paeſe da Capo* Spartivento *fino Capo di* Stilo, *e fino a* Squillace *ha ſubito la medeſima cataſtrofe.*

Il collo dell Iſthmo da queſta ultima città ſino al Pizzo *e* Bivona *non n'e andato eſente.*

ſecoué a fait écrouler en entier ſa ſuperbe *Palazzata*, qui n'eſt plus aujourd'hui qu'un monceau de ruines; le Village de *Torre di Faro*, ou l'antique *Peloro*, eſt également renverſé, & deux lacs qui étoient dans les environs ſont entièrement comblés. L'on ignore encore ce qui ſera arrivé dans le reſte de la Sicile.

Mais c'eſt dans la Calabre (ultérieure) que les ravages & les déſaſtres ont été bien plus conſidérables. Voici les noms des Villes & des Villages qui ont été en partie renverſés ou même entièrement détruits. *Il Pizzo*, *Briatico*, *Bivona*, *Monte Leone*, *Filocaſtro*, *Tropea* avec ſes Hameaux ou Villages, *Mileto* avec tous ſes environs, *Palmi*, *Seminara*, *Roſarno*, *Oppido*, toutes Villes ſituées dans le Territoire de l'antique *Mamertinum*. Les Habitans de *Palmi*, qui étoient tous Fabriquans de toile, ont été enſevelis ſous les ruines de la Ville avec leurs métiers, & ceux de *Seminara* qui ſont des Laboureurs, ont heureuſement pu ſe ſauver. La Ville de *Bagnara* a été totalement détruite, ainſi que le Pays délicieux qui l'environne, & toutes les Terres ſituées le long de la Côte juſqu'à *Reggio*, & ſur le penchant des Apennins. La Chartreuſe de *S. Stefano del Boſco*, & la Maiſon principale des Dominicains à *Soriano* ſont l'une & l'autre minées juſqu'aux fondemens.

L'Ecueil ou Rocher de *Scylla* s'eſt ouvert, & le Château que l'on voyoit élevé au-deſſus eſt écroulé à moitié. Le Prince de ce nom ne ſe croyant pas en ſûreté ſur ſon Rocher, s'eſt réfugié dans une barque ſur le bord de la Mer, mais un gonflement extraordinaire des vagues, qui eſt ſurvenu pendant la nuit, a fait périr la barque, & tout a été enſeveli dans les flots. Deux mille ſept cents de ſes Vaſſaux que la frayeur avoit raſſemblés ſur le bord de la Mer, ont été écraſés par la chûte des Rochers & par une partie des maiſons de la Ville de *Scylla*.

La Princeſſe de *Gerace Grimaldi* a été enſevelie avec tout ce qui l'accompagnoit ſous les ruines de ſon

Carafa, Vena, *Villagi abitati da Greci Albanesi, come anche* Borgia, San-Floro, Girifalco, Maida *ed altri situati piu dentro le Montagne, hanno piu o meno sofferto secondo la loro prossimita al centro del moto. I luoghi situati al Nord della Calabria non hanno sofferto altro, che crepature di muri e cadute di tetti, ne alcun uomo vi a perito. La violenza e la continuita delle scosse hanno pero talmente impauriti gli abitanti, ch'essi vivono tutti sotto tende e cappanne, o nelle baracchi, ch'i ricchi hanno fatto costruire.*

Château dans une de ses Terres, appellée *Casal-Nuovo.* Plusieurs Fiefs considérables qui lui appartenoient dans les environs, savoir, *Terra Nuova, Drosi* & *Gioia* ont été détruits. La Ville même de *Gerace* a beaucoup souffert, ainsi que tout le Pays de *Reggio*; enfin l'on peut dire que toute la Côte & l'intérieur du Pays, depuis le Cap *Spartivento* jusqu'au Cap *di Stilo*, & en remontant jusqu'à *Squillace*, a été presqu'entièrement ravagé.

En traversant l'Isthme, depuis cette dernière Ville jusqu'à celles de *Pizzo* & *Bivona*, que nous avons déja nommées, toute cette extrémité de la Calabre n'est plus qu'une immense ruine. On nomme encore *Caraffa, Vena*, Villages habités par des Grecs Albanois, *Borgia, San Floro, Girifalco, Maida*, & autres lieux situés dans l'intérieur des Montagnes, & qui ont plus ou moins soufferts, à proportion de leur éloignement ou de leur proximité du centre du soulèvement. Le tremblement de terre a été bien moins funeste dans la Calabre citérieure, où il n'y a eu que des maisons & des toits de renversés, mais personne n'y a péri. Cependant la violence & la continuité des secousses ont tellement épouvanté les Habitans, que tous passent les nuits & le jour sous des tentes & des cabanes, ou dans des baraques, que les plus riches Particuliers ont fait construire à la hâte.

Si nos Lecteurs veulent prendre la peine de jetter les yeux sur la Carte de la Calabre, que nous leur avons donnée dans le sixième Chapitre de ce Volume, ils y verront, en suivant presqu'exactement la Côte de l'extrémité de l'Italie, les noms de toutes les Villes citées dans cette relation, & qui ont été plus ou moins ravagées & détruites.

Semblables à quelques Villes anciennes de la Grèce dont Ovide, dans ses vers, déploroit le sort, ce sera désormais sous les eaux que l'on indiquera aux Voyageurs les noms & les places des Villes malheureuses qui viennent d'être les victimes de cet horrible désastre.

Si quæras Helicen, & Buran, Achaïdas urbes,
Invenies sub aquis, & adhuc ostendere Nautæ
Inclinata solent cum mœnibus Oppida mersis.

OVIDII Metam. L. XV.

VOYAGE PITTORESQUE
DE
LA GRANDE-GRÈCE.

CHAPITRE SEPTIÈME.
CALABRE ULTÉRIEURE.

ROUTE DE SQUILLACE, L'ANTIQUE SCYLLATIUM, JUSQU'À REGGIO, *EN PASSANT* PAR LA ROCELLA, GERACE, LES RUINES DE LOCRES, CONDOYANE, &c.

UNE Rivière aſſez forte que nous devions traverſer en ſortant de *Squillace*, & qui devient fort conſidérable à ſon embouchure, au Cap ou *Ponte di Stalatti*, ne nous permit pas de ſuivre davantage la Côte ; en conſéquence nous prîmes par-deſſus les Montagnes & à travers des chemins dont toute l'adreſſe de nos mulets eut bien de la peine à nous tirer.

Nous arrivâmes premièrement à *Montauro*, enſuite à un Monaſtère de Chartreux, puis à *Guaſpariſſa*, & enfin à *Monte Pavone*, d'où nous deſcendîmes dans la Plaine ; de là nous paſsâmes le *Beltrano*, autrefois *Cecinus*, & la Plaine qui eſt entre les Fleuves *Alaca*, *Colipari*, & nombre d'autres Torrents qui ne méritent pas d'être nommés, & qu'on ne reconnoît en été, qu'à la dévaſtation qu'ils ont cauſée en hiver ; on tireroit cependant un grand parti des petits Ruiſſeaux qui coulent pendant l'été dans toute cette Plaine, ſi par des ſaignées faites avec intelligence, on imaginoit d'en conduire les eaux dans les Terres.

Dans cet heureux climat, pourvu que les Terres ſoient ſoignées ou arroſées, elles deviennent des Jardins fertiles & délicieux ; mais comme l'induſtrie des hommes eſt toujours proportionnée aux beſoins & à la néceſſité, on manque de tout dans le Royaume de Naples, par la raiſon inverſe qu'on a de tout en Hollande. La nature a accoutumé les Napolitains aux Miracles, ils les attendent tranquillement & y comptent. Les Hollandois au contraire, qui y croyent peu, n'en attendent rien, mais oppoſent aux beſoins qui les menacent, un travail opiniâtre, la précaution & l'induſtrie.

Le Pays que nous parcourûmes étoit planté d'oliviers, de figuiers & de mûriers dont on cueilloit les feuilles pour les vers à ſoie, qui touchoient au moment de la monte ; j'en vis pluſieurs établiſſemens chez des Payſans : ils les tiennent dans leurs greniers ſur des claies de canne, tapiſſées de fougère, & jettent avec la mauvaiſe feuille tous ceux qui ne ſont pas vigoureux, ou qui retardent ſur les autres au changement de peau. L'avantage & la douceur du climat n'obligeant pas à cueillir les feuilles avec précaution, & à les donner comme en France, ſouvent fanées & humides, rendent les vers beaucoup plus forts & bien plus faciles à ſoigner.

Nous arrivâmes au ſoleil couchant après une journée plus fatigante que longue à la *Torre di Sant-Antonio*, où nous ne trouvâmes qu'une vieille Tour, & une petite Chapelle bâtie auprès. La Tour étoit ſi bien occupée par les puces qui s'en étoient emparées avant nous, qu'elles furent les plus fortes, & nous obligèrent à nous retrancher dans la Chapelle, où nous fûmes trop heureux de trouver un aſyle. Nous y allumâmes du feu, pour faire cuire des poiſſons que nous avions achetés de quelques Pêcheurs qui venoient de les prendre à notre arrivée, & notre ſouper fait, n'ayant d'autres lits que nos manteaux, nous nous arrangeâmes de notre mieux ſur les marches de l'Autel, pour y paſſer la nuit.

Le lendemain nous voyageâmes en rêvant, ſur le bord de la Mer, & avec d'autant plus de raiſon, que nous mourions de faim ; toute cette route eſt abſolument dépourvue d'habitations, & celles que l'on rencontre, encore plus dépourvues de vivres : il ne nous fut pas même poſſible d'y trouver du pain. Nous paſsâmes devant *Monaſteraccio*, ſitué ſur une Eminence, ſous laquelle étoit l'ancienne *Cocintum*, dont le Promontoire portoit autrefois le nom, c'eſt aujourd'hui ce qu'on appelle *Capo di Stilo*, le moins anguleux de tous les Caps, car à peine eſt-il poſſible de s'appercevoir de la ſinuoſité qu'il fait dans la Mer. Après le Cap, nous apperçûmes de loin ſur la Montagne, *Caſtel Vetere*, bâti, dit-on, des ruines de *Caulonia*, mais dont on ne trouve aucuns veſtiges & dont l'exiſtence même eſt encore douteuſe.

VUE DU BOURG DE LA ROCELLA.

PLANCHE SOIXANTE-TROISIÈME.

APRÈS avoir marché ſur de triſtes & ſablonneuſes Rives juſqu'à une heure après midi, nous découvrîmes enfin ſur le bord de la Mer *la Rocella*, ſituée ſur un Rocher aride. De bien loin cette petite Ville a un effet aſſez impoſant, mais de près ce n'eſt plus qu'une Ruine, la plus délabrée qu'on puiſſe voir, ſans une maiſon habitable. On nous aſſura cependant qu'elle avoit été fortifiée autrefois & qu'elle avoit même une artillerie formidable, mais de toute ſa ſplendeur paſſée, il ne lui reſte plus qu'un mauvais canon de bronze, oublié par le Roi Catholique, & dont l'exploſion, s'il arrivoit qu'on vînt à le tirer, feroit écrouler au premier coup tout ce qui reſte d'Edifices dans la Ville.

Les Habitans ſe conſtruiſent maintenant, dans les dehors, de petites habitations, au hazard d'être attaqués par les Turcs, qui n'ont pas encore ceſſé de faire des courſes ſur ces parages, & qui, même depuis quelques jours, avoient pris des bateaux de Pêcheurs à la vue de ces pauvres Calabrois, malgré la Tour de Garde, dans laquelle il n'y a pour toute Garniſon qu'un vieil Hermite.

Il nous parut au reſte que la frayeur & les alarmes des Habitans de la *Rocella* étoient déja paſſées, car le jour que nous y arrivâmes, nous fûmes aſſez étonnés de rencontrer hors de la Ville, & près d'une petite Ferme ſituée ſur le bord de la Mer, les apprêts d'une Fête ruſtique avec des danſes & des inſtrumens du Pays, dont l'enſemble reſſembloit de loin à un véritable tableau de *Teniers*. Cet Acceſſoire riant & agréable, & auſſi ſingulier ſur-tout par ſon oppoſition avec le Pays déſert & abandonné d'où nous ſortions, ſervit parfaitement à un de nos Deſſinateurs, pour en orner la Vue qu'il prit de ce Site ſauvage & eſcarpé.

VUE DE GERACE,

PRÈS DE L'ANCIENNE VILLE DE LOCRES.

PLANCHE SOIXANTE-QUATRIÈME.

NOUS partîmes le matin pour aller à *Gerace*, à douze milles par de là : c'eſt une Ville bâtie dans le neuvième ſiècle des ruines de *Locres*, ſur une Montagne inacceſſible, ainſi que toutes les Villes bâties dans ces Cantons, lors ou depuis l'invaſion des Sarraſins. Le préjugé vulgaire veut que ce ſoit pour éviter le mauvais air, que l'on a pris le parti de bâtir la Ville de *Gerace* dans un lieu auſſi élevé ; mais la vérité eſt que les Peuples de ce Pays menacés à chaque inſtant des débarquemens des Barbareſques, & ſouvent attaqués à l'improviſte, ſe ſont choiſis, dans l'impoſſibilité où ils étoient de ſe défendre, des habitations d'un abord & d'un accès difficiles.

Il eſt certain que ſi cette partie de l'Italie eût continué d'être peuplée, & que la néceſſité n'eût pas obligé les Habitans d'abandonner la Plaine & les rives de la Mer, tout ce Pays ſeroit encore auſſi ſain qu'il le fut autrefois. Ce qui y produit le mavais air, aſſez ordinaire ſur toute cette Côte, c'eſt le ſéjour des eaux dans les ſables, ſéjour qui provient de l'engorgement des Fleuves à leur embouchure & du refluement que la Mer occaſionne. S'il y avoit dans ce Pays des bras intéreſſés à ouvrir des canaux à travers les ſables continuellement amaſſés par la Mer, l'air y ſeroit bientôt purifié.

La grande Egliſe de *Gerace* eſt décorée en dedans de Colonnes de toutes groſſeurs, que ſes Habitans ont trouvées dans les ruines de *Locres*. Leur quantité, tant dans l'Egliſe haute, que dans celle qui eſt ſouterreine, & que l'on appelle *Sotto Corpo*, ainſi que la variété de leurs formes, atteſtent de combien de Monumens antiques elles ont été les dépouilles.

Nos queſtions & nos recherches ſur l'origine de *Gerace* raſſemblèrent bientôt autour de nous tous les Curieux & les Antiquaires du Pays. Le plus ſavant d'entre eux, un vieux Chanoine, nous mena dans ſa chambre, nous fit aſſeoir, s'aſſied auprès de nous & nous commença gravement un diſcours ſur *Locres*, qui, au bout d'une demi-heure, ſe réduiſoit à nous apprendre que les Auteurs avoient tous varié ſur la ſituation de *Locres*, & que chacun l'avoit placée d'après ſon ſyſtême & ſes idées.

Nous lui fîmes obſerver que la plupart des Auteurs dont il parloit n'étoient jamais

jamais venus dans le Pays, que nous étions ſur les lieux, ainſi que lui, &c. qu'il devoit voir, comme nous, qu'il reſtoit des ruines inconteſtables de cette Ville, puiſqu'on y trouvoit encore des débris de ſes murailles, & que comme à ſix lieues à la ronde il n'y a point d'autres ruines, toute diſcuſſion tomboit d'elle-même. Il convint que nous avions raiſon, & que cela avoit été toujours ſon avis; il nous montra des Médailles qu'on venoit de trouver depuis peu dans un Tombeau antique. Il y en avoit un grand nombre, mais toutes Romaines. Ce bon homme, en voulant les nettoyer, leur avoit enlevé ce vernis reſpectable, cette *patina* ſi chère aux vrais Amateurs, & les avoit frottées de manière à leur ôter tout leur intérêt & tout leur prix. Heureuſement pour nous, un autre *Canonico*, moins ſavant, nous en procura trente en argent, & trente en cuivre, entre leſquelles il y en avoit beaucoup de Grecques bien conſervées, & quelques-unes de Romaines d'une grande beauté.

Après nous être débarraſſés de nos Antiquaires Calabrois & de leurs ſavantes recherches, nous crûmes devoir nous occuper d'un ſoin moins relevé, qui étoit de dîner, & pour cela nous eûmes recours au Couvent des Capucins, dont le Gardien nous reçut avec toute la franche hoſpitalité des premiers âges. Notre dîner ne fut pas ſomptueux, mais tout ce qu'il nous donna étoit délicieux, principalement un certain vin grec jaune, qui ne ſe fait que dans le Territoire de *Gerace*, & qui nous parut joindre toute la maturité des vins cuits à la légèreté des nôtres.

VUE DE LA TOUR DE PAGLIAPOLI

ET

DES RUINES DE LOCRES.

PLANCHE SOIXANTE-CINQUIÈME.

NOUS partîmes de là pour chercher à trois milles les Ruines de *Locres* : nous abordâmes d'abord dans le Jardin du Chanoine qui avoit découvert le Tombeau où étoient toutes ces Médailles; indépendamment de celles qu'il nous avoit fait voir, il en avoit trouvé encore beaucoup en argent, & huit à dix livres de monnoie de cuivre. Il eſt vraiſemblable que le corps pour lequel étoit le Tombeau avoit été brûlé, les cendres en étoient renfermées dans un vaſe de terre très-médiocre. Quant aux Monnoies, elles étoient toutes du temps de l'Empereur

Commode. Le Tombeau étoit fort grand, bâti en briques, & intérieurement décoré de petits Piliers en forme de Colonnes.

Ce Locrien moderne faisoit construire de tous ces débris antiques, une espèce de *casino*, ou maison de campagne, où il voulut nous conduire. Nous y remarquâmes, entre autres, un petit Tombeau en Marbre, de dix-huit pouces de hauteur, qu'il venoit de faire engager dans le mur. L'Inscription qui y est gravée n'indique autre chose que le nom de celui auquel étoit destiné le Tombeau. L'on y voit seulement par le mot LACON, que c'étoit un Lacédémonien, nommé *Vagellius.* Son fils qui lui a fait faire ce petit Monument, y annonce que son père a vécu cinquante-sept ans six mois & quatre jours (1).

A quelque distance du Territoire où l'on avoit trouvé ces Tombeaux, nous apperçûmes effectivement de longues murailles en ligne droite, que l'on distingue encore à quelques pieds au-dessus de terre. On ne peut douter qu'elles n'aient été celles de l'ancienne Ville, & les restes d'un Aqueduc creusé dans le tuf, de quatre pieds & demi de large, sur six pieds & plus de hauteur, que nous trouvâmes près de là, en sont une nouvelle preuve.

Ce Monument est respectable par son extrême antiquité, & annonce bien la Ville à laquelle il appartenoit. La forme supérieure de cette ancienne Construction étoit celle d'une Voûte en ogive. Cet Aqueduc conduisoit certainement une grande quantité d'eau, & en contient même encore. Nous le parcourûmes dans une certaine distance, sans en appercevoir la fin ; mais ne nous étant pas munis de flambeaux, nous fûmes obligés de retourner sur nos pas dans la crainte de nous égarer, ou de trouver dans les ténèbres quelque mal-encontre inopinée.

Ce fut à peu de distance de là que nous trouvâmes sur une Eminence trois Fûts de Colonnes Doriques antiques, encore à leurs places, & beaucoup d'autres morceaux renversés & en partie enterrés, avec des pierres de taille de même genre que celles du Temple de *Junon Lacinie.* L'Entre-colonnement étoit de quatre pieds six pouces, & le diamètre des Colonnes de deux pieds neuf pouces. Seroit-ce dans ce lieu qu'étoit ce fameux Temple de Proserpine, ce Temple si révéré & si riche, que *Pyrrhus* osa piller lorsqu'il prit *Locres*, & dont il emporta les trésors à *Tarente* ? crime, dont suivant les Historiens du temps, les Dieux le punirent, en faisant périr sa Flotte ; car de tout temps l'Italie a été fertile en prodiges. On dit alors que les vaisseaux de Pyrrhus chargés de ce précieux dépôt, vinrent

(1) D ❦ M
P. VAGELLI. P. L. LACONIS
VIX. ANN. LVII. M. VI. D. IIII.
FILIVS PATRI B. M. F.

On sait que les dernières lettres initiales B. M. S., veulent dire : *bene merenti fecit* ; expressions de reconnoissance & de tendresse fort en usage dans beaucoup de Monumens antiques.

échouer à la plage même vis-à-vis du Temple, & que l'or y fut ſcrupuleuſement rapporté. C'eſt l'hiſtoire de toutes les *Madones* du Pays : toutes celles que nous trouvâmes ſur notre route avoient été enlevées par les Turcs & rapportées ſans ſavoir comment.

Etoit-ce encore le Temple de Vénus où *Denys de Syracuſe* fit commettre tant de voluptueuſes indécences, lorſque chaſſé de Sicile, il fut d'abord ſi bien accueilli des Habitans de *Locres*, & peu après abhorré comme un Tyran. Les Hiſtoriens rapportent que non content d'enlever les filles aux mères, les femmes à leurs époux, il força les Locriens à accomplir le vœu qu'ils avoient fait de conſacrer à Vénus la virginité de leurs filles, s'ils ſortoient vainqueurs de la Guerre qu'ils avoient contre ceux de *Reggio* (1).

Pléminius ne fut pas plus religieux à l'égard du Temple de Proſerpine, lorſque *Locres*, fatigué du joug des Carthaginois, ouvrit ſes portes à Scipion, & que celui-ci eut laiſſé Pléminius pour y commander pendant l'expédition qu'il préparoit en Afrique.

Il ſemble que *Locres* ait été deſtinée de tous les temps à être maltraitée par ceux qu'elle accueilloit. Car même à préſent, ſes Ruines reſpectables ne ſont pas à l'abri des dévaſtations & du pillage. Encore journellement on ſe ſert des pierres & des anciens matériaux de ſes Edifices pour toutes les Conſtructions modernes du Pays.

Indépendamment des reſtes du Temple dont nous venons de parler, on trouve dans le lieu où étoit cette ancienne Ville d'autres Ruines en *matoni*, qui ont encore juſqu'à quarante pieds de haut, mais tellement dégradées qu'il ſeroit impoſſible d'en déterminer la forme ſur les points de Conſtructions qu'elles préſentent. On peut conjecturer cependant par la maſſe de la plus grande de ces Ruines & l'épaiſſeur de ſes murailles, que c'étoit quelque Edifice public bâti à la manière des Romains, & comme il n'y avoit point d'ouverture pour donner entrée au jour, il eſt vraiſemblable que c'étoient des Thermes.

Plus près de la Mer, on trouve encore pluſieurs reſtes d'Edifices & de Fragmens antiques, conſtruits en briques & en pierres, dans le goût des Bâtimens Grecs du moyen âge, ce qui pourroit être auſſi la Ruine d'un de leurs Bains.

(1) Parmi toutes les folies qui paſsèrent dans la tête de ce Tyran, & dont les anciens Hiſtoriens nous citent différens traits, celui-ci, rapporté par *Strabon*, prouve qu'il portoit la tyrannie juſques dans le ſein même de la débauche. *Quos Locros, cum diù Rempublicam optimis geſſiſſent inſtitutis, Dioniſius Syracuſarum exturbatus dominatione, ſceleſtiſſimè vexavit. Etenim Virginibus in morem nuptarum ornatis pronubum ſe ipſe auſpicemve in Conclave ingreſſus : & conductis formoſis Virginibus in conviviis Columbas integris alis dimittebat, Virginibuſque imperabat, ut eas nudæ captarent ; quibuſdam etiam ſandalia indutis inæqualia, alterùm ſublime, alterùm humile, dedecoris cauſâ, juſſit ut ſic Columbas ſectarentur.* Strab. Geogr. Lib. VI, Caſaub. edit. p. 397.

Enfin tout ce que l'on peût voir encore de ces anciennes Conſtructions, atteſte que la Ville de *Locres* étoit immenſe, & que ſa poſition étoit auſſi belle qu'avantageuſe; elle étoit ſituée dans une Plaine entourée de Montagnes fertiles, & au fond d'un Golfe dont la ſinuoſité eſt beaucoup plus prononcée qu'il n'a plu aux Géographes de le tracer, étant preſque également diſtant du Cap *Corinthum* ou *Stilo*, & du Cap *Zephirium* ou *Bruzzano*, préciſément où l'on trouve ſur la Carte de *Zannoni* la Tour de *Pagliapoli.* Il paroîtroit donc que ſi M. *d'Anville*, dans ſa Carte de l'Italie ancienne, a placé les Ruines de *Locres*, beaucoup plus bas & plus près du Cap *Bruzzano*, anciennement appellé Cap *Zephirium*, ce n'a été que pour ſe conformer aux anciens Auteurs qui ont nommé ces Locriens de la Grande-Grèce, *Locri Epizephirii*, comme étant ſitués près du Cap *Zephirium*, & pour les diſtinguer d'un autre Peuple du même nom qui habitoit la *Locride*, Contrée de l'*Achaïe*, dans la Grèce propre, au pied du Mont Parnaſſe.

Nous parcourûmes ſur différens ſens tout l'eſpace qu'il y a depuis cette Tour de *Pagliapoli*, bâtie ſur le bord de la Mer, & qui n'eſt qu'une eſpèce de Phare ou Fanal bâti à la manière des Grecs du temps du bas-Empire, ou peut-être dans des temps plus modernes; mais nous ne trouvâmes juſqu'auprès du Cap même de *Bruzzano* aucun autre veſtige d'Antiquités. La ſolitude & l'abandon de ces rives iſolées & déſertes, & quelquefois par là funeſtes aux Voyageurs, ont donné à l'Artiſte qui en a deſſiné la Vue, l'idée de repréſenter ſur celle-ci, une Troupe de Sbires, eſpèce de Maréchauſſée du Pays, qui fond ſur des bandits dont cette partie de l'Italie eſt ſouvent infeſtée.

VUE DE LA VILLE DE CONDOYANE,

EN CALABRE.

PLANCHE SOIXANTE-SIXIÈME.

Nos recherches ſur les Ruines de *Locres* nous conduiſirent plus loin que nous ne comptions, & le ſoleil étoit prêt de ſe coucher avant que nous euſſions ſeulement penſé où nous irions paſſer la nuit. Nous tournâmes au hazard du côté de *Condoyane*, à trois milles de là ſur une pointe de Montagnes où jamais Voyageur ne s'eſt aviſé de s'arrêter, ſi ce n'eſt l'Abbé *Ch.* (1) & nous. Auſſi notre arrivée imprévue y fit une ſenſation terrible. Toutes les Femmes ſe ſauvoient dans

(1) M. l'Abbé *Ch.*, Savant intéreſſant par ſes connoiſſances & ſon érudition, Voyageur intrépide, & dont les profondes recherches ſur l'Antiquité ne pourront être que très-utiles quand elles ſeront connues.

leurs

leurs maiſons & en barricadoient les portes. Le pauvre Syndic nous reçut en ſe réſignant, comme devant un fléau du Ciel ; enfin ce ne fut pas ſans peine que nous vînmes à bout de trouver dans ce malheureux Village une chambre où nous couchâmes par terre.

Le lendemain dès la pointe du jour, & ſans prendre congé des ſauvages Habitans de *Condoyane*, nous quittâmes un lieu, qui fournit cependant à un de nos Deſſinateurs un des points de Vue des plus pittoreſques de tout le Pays. Il repréſente le Fleuve ou Torrent *Ciamouti*, coulant entre les Montagnes ſur la cime deſquelles eſt ſituée *Condoyane*, & allant ſe perdre de caſcades en caſcades juſques dans la Mer. Nous y deſcendîmes à travers les plantations de mûriers, & tirâmes droit à la pointe de *Bruzzano*, que nous doublâmes en ſens contraire, le chemin le long de la Côte ayant été rompu par l'effort des vagues, depuis le Cap *Bruzzano* juſqu'au Cap *Spartivento*.

Toute cette plage ne préſente que des rives triſtes d'un ſable gris & mouvant, très-fatigant au marcher ; nous laiſsâmes à droite le Bourg de *Crepacore*, ſur la pointe d'une Montagne, n'ayant trouvé ſur notre route qu'une ſeule maiſon où nous ne voulûmes pas nous arrêter, parce que le ſoleil étoit encore trop élevé. Il fallut donc doubler le Promontoire d'*Hercule*, actuellement nommé Cap *Spartivento*, où aboutit & finit une des branches de l'*Apennin*, par des Montagnes de terre blanche, de la nature de la terre à pipe, dont la tranche rayée horiſontalement eſt d'un effet très-ſingulier.

La Mer étoit très-orageuſe à l'extrémité de cette Côte quoiqu'il n'y eût point de vent, & la rive étoit couverte de débris de Vaiſſeaux, ce qui donnoit à tous ces parages un aſpect effrayant & ſauvage. Ce Cap très-anguleux fait perdre tout-à-coup un Pays, & en découvre un nouveau. Nous vîmes pour la première fois la Sicile notre Terre promiſe : l'air étoit vaporeux, & malgré ce petit malheur, nous pûmes appercevoir l'immenſe baſe du Mont *Etna*, dont la cime ſe perdoit dans les nues. Dans cet aſpect, le Cap *Pelore* étant encore couvert par les Montagnes de la Calabre, toute la Sicile ne ſemble être que la baſe prolongée de l'*Etna*, ce qui fait paroître l'Iſle beaucoup plus petite qu'elle n'eſt.

VUE DES ROCHERS
ET
DE LA MARINE DE BOVA.
PLANCHE SOIXANTE-SEPTIÈME.

Nous espérions coucher à *Porto di Palizze*, qui est un petit Bourg placé à peu de distance du Cap *Spartivento*, mais nous trouvâmes toutes les maisons fermées, & on ne voulut pas recevoir nos chevaux dans celles qui étoient sur le bord de la Mer. On nous envoya à un Château appartenant au Comte *Poulietti*. Le soleil étoit couché, le vent fraîchissoit, & nous marchions à l'aventure, car aucun de nous ne connoissoit la route. Nos Guides n'étoient ni plus instruits, ni plus rassurés que nous; nous ne trouvâmes personne, mais personne absolument au Château indiqué. Les Rochers s'approchants de la Mer, la route se rétrecissoit: la nuit devenoit d'ailleurs de plus en plus obscure, & la vague menaçoit de ne point nous laisser de passage. Enfin nous commençions à croire que nous coucherions sur la plage; notre parti étoit pris, mais nos malheureux chevaux avoient fait quarante milles, & la campagne ne leur offroit que des Rochers & le sable le plus aride.

Nous continuâmes donc de marcher jusqu'à une Roche absolument escarpée & dont la chûte arrivoit jusqu'à la Mer. Il n'y avoit pas moyen d'aller plus loin, & nous commençions à être vraiment inquiets de ce que nous deviendrions, lorsqu'à travers les vagues & les écueils, nous trouvâmes à tâtons un sentier étroit & presqu'à pic, que nous gravîmes avec courage, sans savoir où il nous conduisoit & presque sans espérance de pouvoir le continuer.

Après l'avoir suivi pendant quelque temps, une foible lumière se fit enfin appercevoir de loin, & nous servit de Phare, pour nous conduire au plus ignoré de tous les Ports, à une espèce de vieille maison ou antique Château isolé sur la pointe d'un Rocher. Ce lieu sauvage & comme abandonné se nomme *Bova*. Nous trouvâmes en arrivant la maison pleine de gens de fort mauvaise mine, armés de couteaux, de fusils, & ayant tous l'air de fort méchante humeur, il est certain que rien n'étoit moins rassurant, & ne pouvoit être mieux comparé à une retraite de voleurs.

L'accueil que l'on nous fit au premier abord ne fut pas des plus agréables, mais comme avec de la résolution, de la fermeté & de l'honnêteté on trouve aſyle par-tout: nous n'eûmes pas plutôt rendu compte de l'objet de notre Voyage, & de l'embarras dans lequel nous nous trouvions, ne connoiſſant ni le Pays ni les chemins, que nos Hôtes qui nous avoient paru, au premier coup-d'œil, ſi étranges & ſi rébarbatifs, firent bientôt de bon cœur & avec franchiſe, tout ce qu'ils purent pour nous recevoir. Nous ne trouvâmes rien pour ſouper qu'un gros chou *cabu*, que quelques Mariniers furent nous chercher à leur barque : c'étoit tout ce qu'ils poſſédoient de comeſtible, avec un peu de pain & du vinaigre. Nous mangeâmes juſqu'à la côte le gros chou, qui nous parut tendre & délicieux ; on nous ſema de la paille hachée à terre, nous bûmes à la ſanté de l'Etat & de nos Hôtes, & nous nous couchâmes gaiement, au milieu de tous ces Gens qui en firent autant que nous, & qui n'avoient aſſurément nulle envie de nous faire du mal.

Le lendemain l'on fut ſur pied à la pointe du jour, peu arrêté, comme on peut croire, par la bonté des lits. Nous apprîmes que nos camarades de gîte, qui nous avoient fait ſi grande peur, n'étoient autre choſe que l'Equipage d'un petit Bâtiment de Pêcheurs, qui avoit été briſé par la vague, & obligé d'échouer ſur des Roches & des écueils, à peu de diſtance de l'endroit où nous étions.

Dès que le ſoleil fut levé, nous retournâmes avec empreſſement au bord de la Mer, & au pied des Rochers ſur leſquels nous avions paſſé la nuit, pour jouir encore du coup-d'œil de la Sicile & de l'*Etna*. Nous vîmes de loin le ſommet de la Montagne découvert & fumant. Elle ne nous parut pas ſi étonnante à cette grande diſtance, ſa forme conique, ſa baſe allongée, & ſon élévation ſe trouvant ſur-tout ſans objet de comparaiſon, diminuoient beaucoup l'idée giganteſque que nous nous en étions formée, & ce ne fut qu'en réfléchiſſant ſur les neiges dont nous la voyions couverte à la moitié de ſa hauteur, & malgré les chaleurs de l'été, que nous eûmes une idée plus juſte de ſa prodigieuſe élévation.

Il étoit difficile de quitter un Site auſſi intéreſſant, auſſi pittoreſque que la Marine de *Bova*, où peu de Voyageurs ont été & iront probablement, ſans en conſerver une Vue ; auſſi fut-elle deſſinée ſur-le-champ, & pendant que les Pêcheurs chez leſquels nous avions paſſé la nuit, jettèrent leurs filets à la Mer, pour nous avoir un peu de poiſſon.

VUE DU PASSAGE DU TORRENT
OU
FLEUVE ALICE,
À L'EXTRÉMITÉ DE LA CHAÎNE DES APENNINS.

PLANCHE SOIXANTE-HUITIÈME.

NOUS nous mîmes enſuite en chemin pour gagner le Cap ou *Punta della Saetta*, mais avant d'y arriver, nous fûmes encore arrêtés par un nouveau Torrent qu'il fallut paſſer à gué. Heureuſement que tous ces Torrens, qui l'hiver & à la fonte des neiges, doivent être formidables, ne ſont que des Ruiſſeaux, quand les chaleurs, qui, dans ce Pays, arrivent de bonne heure, ſe font reſſentir. Les Gens à pied, dont nous nous ſervions pour Guides, les traversèrent facilement, & dans celui-ci, nos chevaux n'avoient de l'eau qu'à moitié jambes. L'aſpect de ces Rochers eſcarpés, de ces Montagnes arides, qui terminent la chaîne des Apennins, nous parut ſi ſauvage, ſur-tout en les comparant avec tous les lieux & les plages unies que nous avions parcourus le long de la Côte de la Mer Adriatique, qu'un de nos Deſſinateurs demanda à prendre, en paſſant, une Vue de ce Torrent appellé *Fiume Alice.*

Nous arrivâmes à la fin à ce Cap tant deſiré, & que l'on voit nommé ſur la Carte *Punta della Saetta*; à partir de ce Cap ou Promontoire, le Pays change tout-à-coup, devient verd, fertile & planté d'orangers, de mûriers, &c. Le premier endroit qui ſe rencontra ſur notre route fut *Miletta*, petit Village où l'on élève beaucoup de vers à ſoie. Nous ne trouvâmes aucune différence dans la manière de les élever avec celle qui eſt pratiquée en France, ſi ce n'eſt le ſoin que l'on a de les tenir toujours dans l'obſcurité; cet uſage nous parut être une précaution aſſez inutile, eu égard ſur-tout à la température & à la douceur du climat.

Ayant appris qu'il y avoit quelques Antiquités dans la Chapelle de ce Village, nous fûmes voir ce que c'étoit, & effectivement ſur le Fût d'une Colonne de jaune antique, qui ſoutenoit le Bénitier, nous trouvâmes une Inſcription Romaine & parfaitement conſervée. La Colonne étoit milliaire, & indiquoit, par

par les chiffres qui ſont à la fin & par la lettre M., qu'elle avoit été placée à vingt milles de *Reggio* (1).

L'Inſcription étoit en l'honneur de Conſtantin, & de ſon propre fils du même nom que lui, & en même-temps de ſes deux fils adoptifs *Delmatius* & *Criſpus*. On peut remarquer, ſur le Marbre de l'Inſcription, que le nom de *Delmatius* eſt en partie effacé; & on croit que ce fut du temps de Conſtantin même, & parce que cet Empereur le fit mourir ſur des ſoupçons mal fondés.

Ce Tronc de Colonne antique eſt hors de terre de trois pieds, & a quatorze pouces & demi de diamètre; cette découverte, qui nous parut mériter quelque attention, nous engagea à faire d'autres recherches dans les environs; nous trouvâmes encore dans une vigne un grand morceau de Moſaïque, avec un Fragment de Mur qui décrivoit une forme circulaire; mais quelques informations que nous ayons pu prendre dans le Pays, il fut impoſſible de découvrir à quoi avoient pu appartenir des Ruines qui ſembloient annoncer des Conſtructions aſſez conſidérables.

Nous montâmes à cheval, & après avoir doublé la Pointe *della Saetta*, nous fûmes bientôt arrivés à celle *dell'Armi*, autrefois *Leucopetra*, ou *finis Apennini*; c'eſt effectivement là que vient aboutir la principale chaîne de l'Apennin. La vague, en battant la Montagne, à cette Pointe, y a cauſé des éboulemens qui découvrent la tranche intérieure & les différens lits qui la compoſent. Depuis le ſommet juſqu'à leur baſe, ces Rochers ont plus de deux cents cinquante pieds d'eſcarpement perpendiculaire. Leurs couches régulières & ſymmétriques ſemblent atteſter que cette Montagne, à des époques inconnues, a été coupée & ſéparée d'une ſuite ou d'une chaîne d'autres Montagnes plus étendues. Au reſte la nature de la Roche eſt par tranches & friable, & par conſéquent impoſſible à tailler & à polir; de ce genre de pierre qui approche du grès, & qui ſe trouve d'ordinaire dans l'intérieur & les ſciſſures des Rochers.

---

(1) D. N.
F. VALER. CONSTANTINO
INVICTO
AVG. BONO. OMNIVM
NATVS ET
D. D. D. N. N. N. DELMATIO
CRISPO
ET CONSTANTINO
N. N. N. O. O. Ö. B. B. B. CAESSS.
M. XX.

VUE DE L'ARRIVÉE DE REGGIO
ET
DU DÉTROIT
QUI SÉPARE L'ITALIE D'AVEC LA SICILE;
AVEC
QUELQUES COSTUMES CALABROIS.
PLANCHES SOIXANTE-NEUVIÈME ET SOIXANTE-DIXIÈME.

APRÈS qu'on a paſſé cette Pointe qui a deux cents pas de diamètre, le Terrein s'élargit, les Montagnes s'éloignent, & la campagne devient fertile, couverte d'orangers, de mûriers & d'habitations où l'on élève les vers à ſoie; c'eſt ſur-tout de ce lieu que l'on découvre le beau Baſſin que forment l'extrémité de la Calabre d'une part, & la pointe du Cap *Pelore* en Sicile de l'autre, en ſe croiſants au Phare de *Meſſine*; ce qui donne à ce Détroit l'aſpect d'un immenſe & ſuperbe Lac, couvert de Bâtimens, bordé en Amphithéâtre par les plus belles Montagnes, les plus cultivées, & orné de chaque côté par les deux Villes de *Reggio* & de *Meſſine*. Le vaſte de ce tableau, qui feroit ſublime à peindre, eſt impoſſible à rendre dans un ſimple Deſſin.

Plus on approche de *Reggio*, plus le Payſage devient agréable. Preſque toutes les maiſons ſont entourées & ſéparées les unes des autres, par des bois de citronniers & d'orangers en taillis, & par de longs berceaux impénétrables au ſoleil. Une végétation abondante & active rend tout le Payſage d'un verd prononcé, & d'autant plus riche à l'œil, qu'il fait davantage reſſortir la couleur des oranges dont tous ces arbres ſont couverts; elles ſont ſuſpendues à la hauteur de la main, & ſemblent inviter à les cueillir; auſſi l'on peut dire que les environs de *Reggio*, ainſi que le chemin qui les traverſe, forment un jardin continuel, & un des plus délicieux qu'il y ait dans aucun Pays du Monde.

Chaque maiſon eſt ornée de grandes treilles, élevées ſur des terraſſes & ſoutenues de colonnes, ce qui leur donne un caractère tout-à-fait pittoreſque; nos Deſſinateurs ne manquèrent pas d'en profiter: on en peut juger par cette jolie Vue des environs de *Reggio*, dans laquelle l'Artiſte a repréſenté ces oiſifs & tranquilles Habitans, dans leurs coſtumes les plus ordinaires.

VUE DU PORT DE REGGIO.

PLANCHE SOIXANTE-ONZIÈME.

NOTRE arrivée à *Reggio* nous parut tenir de la Féerie, par la gaieté, l'agrément & la richesse du Pays que nous eûmes à traverser, & toutes nos fatigues furent bientôt oubliées : le chemin que nous avions à faire nous sembloit préparé pour un triomphe de Bacchus ; il nous conduisit ainsi jusques dans la Ville même, qui, quoiqu'elle n'ait plus rien de son ancienne splendeur, est encore agréable, ouverte & assez peuplée.

Notre premier soin en arrivant à *Reggio*, fut de demander le Chanoine *Morezzano*, auquel nous avions été recommandés ; c'étoit effectivement l'homme le plus instruit, ou pour mieux dire le seul qui le fût dans cette Ville, des Antiquités & de l'Histoire de ce Pays, mais malheureusement il venoit de mourir. Tout ce que nous pûmes avoir pour le remplacer, fut un Ouvrage assez considérable, écrit en Latin, que cet habile Antiquaire venoit de composer depuis peu sur les Inscriptions de *Reggio* ; car c'est actuellement presque le seul genre d'Antiquités qui y existe. On trouve une grande quantité de ces Inscriptions incrustées dans les murailles de plusieurs Maisons modernes, & il y en a dans le nombre de fort curieuses, par les inductions qu'on en peut tirer sur la forme du Gouvernement de cette ancienne République.

Il paroît que cet Antiquaire étoit loin d'adopter tous les systêmes que l'on a composés sur le nom de *Reggio*, & qu'il s'en tient à croire que ce nom a été donné à cette Ville à cause de sa Constitution Monarchique & des Rois qui l'ont gouvernée dans son origine. Il se fonde dans cette opinion sur les passages de plusieurs Historiens qu'il cite, tels que Justin & d'autres (1). Il prouve ensuite que l'ancienne Ville de *Rheggium* ne fut jamais comprise au nombre des Villes libres de la Grèce, & que la nature de son Gouvernement en fut la cause. Ces anciens Grecs ayant eu en horreur tout ce qui étoit Monarchie, & regardant les Rois comme autant de Tyrans, ou faits pour le devenir.

Dans des siècles postérieurs & quelque temps après Pythagore, *Reggio* se

(1) Cet Ouvrage du Chanoine *Morezzano* mérite d'être consulté, pour la quantité de recherches savantes dont il est rempli. Il a été imprimé à Naples en 1770 sous ce titre. *Inscriptiones Reginæ Dissertationibus illustratæ.*

forma en Corps de République, & il paroît qu'elle se modela sur celle d'Athènes: ainsi qu'à Athènes des *Archontes* lui donnèrent des Loix; c'est ce qui est prouvé par plusieurs Inscriptions Grecques, placées & incrustées dans les murs de plusieurs Palais de cette Ville, dans lesquelles on voit les noms de ses différens Magistrats.

La quantité des Médailles de l'antique *Rheggium*, & dont le plus grand nombre représente différens attributs de Diane & d'Apollon, prouvent que cette Ville étoit plus particulièrement sous la protection de ces deux Divinités. Il y a même lieu de penser que le peu de Ruines antiques que l'on trouve encore à *Reggio*, sont les débris d'un Temple magnifique qui y avoit été élevé à Apollon : cette opinion se trouve encore justifiée par une Inscription fort curieuse, rapportée par *Morezzano*, & qui se trouve gravée sur un Marbre incrusté dans le mur à l'angle d'une Maison du Mont de Piété : la voici.

T. HERVENVS T. F. SABINVS TRIVIR. ÆD.
POT. II. TESTAMENTO LEGAVIT. MVNICIPI
BVS REGINIS IVL. IN PRYTANEO STATVAM
AEREAM MERCVRI. TRVLLAM ARGENTEAM
ANAGLYPTAM. P. II. S. LARES ARGENTEOS
SEPTEM P. II. S. PELVIM AEREAM CORINTHIAM.
ITEM IN TEMPLO APOLLINIS MAIORS
PVGILLARES MEMBRANACEOS OPERCV
LIS EBOREIS PYXIDEM EBOREAM. TABV
LAS PICTAS XVIII.
HEREDES EIVS PONENDA
CVRAVERVNT.

TITUS HERVENUS, fils de TITUS, Sabin, Triumvir, *deux fois* Edile, *a, par son Testament, légué aux Magistrats Municipaux des* Régiens Juliens, *une Statue de* Mercure *en bronze, pour être placée dans le* Prytanée. *Un Vase d'argent cizelé propre aux Sacrifices, du poids de deux* sesterces, *sept Dieux* Lares *du même métal, & du même poids de deux* sesterces. *Un Bassin d'airain de* Corinthe. *En outre a légué au grand Temple d'*Apollon *des Tablettes pour écrire, couvertes d'ivoire, avec l'Ecritoire faite de la même matière & dix-huit Tableaux.*

Les Héritiers d'HERVENUS ont eu soin de déposer tous ces dons.

Quelques

Quelques recherches que nous ayons pu faire, soit dans l'intérieur & les dehors de *Reggio*, soit dans les environs de la Ville, nous ne trouvâmes d'autres vestiges d'Antiquité, que deux portions d'un grand cercle, qui paroissent être les restes d'une vaste Rotonde, & d'un Temple que l'on assure avoir été consacré à Apollon, ce qui, comme nous venons de le dire, paroît assez probable, d'après toutes les Médailles. On nous fit voir encore quelques autres Fragmens antiques, tels qu'une petite Colonne cannelée en Marbre, un Autel orné & festonné de guirlandes, un Piedestal engagé dans un mur, & un Tronc de Colonne de granite de quatre pieds de diamètre. Mais il ne se rencontra rien dans tous ces restes de Monumens qui méritât beaucoup d'attention, & nous aurions quitté *Reggio* sans en avoir remporté une seule Vue, si celle de son Port ne nous eût arrêtés; cette Vue devint même intéressante par le mouvement qu'elle nous présenta & la variété des costumes que le hazard y amenoit.

Les diverses Fabriques qui forment d'une part l'Entrée & la Porte de la Ville, ses Magasins de bled & d'huile placés sur le bord de la Mer, & sur-tout la vue des Côtes de la Sicile, que l'on apperçoit de l'autre côté du Détroit, forment un tableau dont l'ensemble nous parut d'un effet très-piquant, & que l'on voit rendu ici avec exactitude.

Cette disette de Monumens, assez extraordinaire dans une Ville jadis si puissante, & qui d'ailleurs n'a sûrement point changé de sol, comme plusieurs autres Villes de la Grande-Grèce, peut s'expliquer par la manière dont sont construits les murs qui entourent la Ville, & que le Comte Roger a fait rebâtir. Il est facile de voir par les énormes pierres qui les composent, les *mattoni*, & tous ces anciens matériaux très-aisés à reconnoître, qu'ils ont été formés en entier, dans ces temps barbares, des débris de plusieurs Monumens antiques, peut-être très-précieux.

Nous aurions bien desiré retrouver le Tombeau de la fameuse Julie, fille d'Auguste & femme de Tibère, qui mourut si malheureuse à *Reggio*; mais, suivant toute apparence, elle n'y a jamais eu de Tombeau, ni d'autre Monument qui ait conservé sa mémoire à la postérité que la célébrité de ses amours & celle de ses malheurs.

Cette Ville, une des premières de la Grande-Grèce, & peut-être antérieure à tous les Etablissemens & aux plus anciennes Colonies des Grecs en Italie, passa successivement entre les mains des différens Maîtres, & finit par tomber au pouvoir des Romains, auxquels elle resta fidèle, quand toute l'Italie les avoit abandonnés. Elle fut dans la suite ruinée par *Totila*, & rebâtie par *Roger* dans le onzième siècle, puis saccagée par le Corsaire *Barberousse* en 1543, & quelques années après, en 1558, par le Bacha *Muſtapha*. Enfin *Reggio* eſt aujourd'hui réduite à dix ou douze mille Habitans, qui, dans l'heureux oubli où on les laiſſe, ſont uniquement occupés de la nourriture de leurs vers à ſoie, dont ils font un grand commerce, ainſi que de leurs Fabriques d'huile & de toutes ſortes d'eſſences.

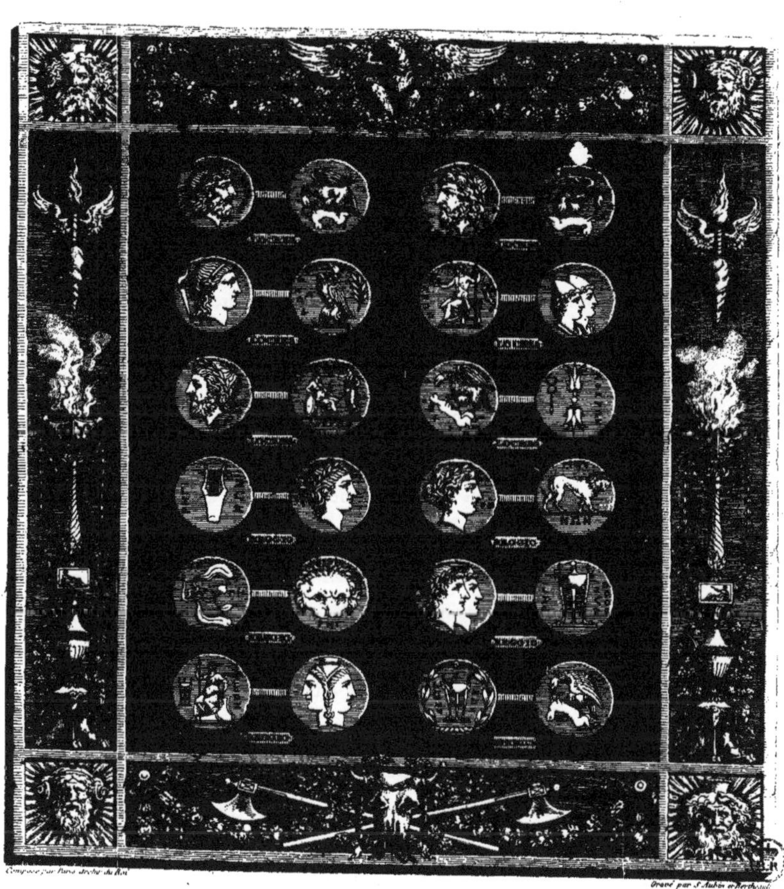

Composé par Paris Archte du Roi — Gravé par S. Aubin et Berthault

DEPUIS les premières nouvelles de l'horrible tremblement de terre, qui vient de détruire, dans le mois de Février dernier, une grande partie de la Calabre ultérieure, évènement dont nous avons cru devoir faire mention à la tête du dernier Chapitre de ce Voyage, il nous eſt parvenu ſur cet affreux déſaſtre, de nouveaux détails que nous inſérerons également à la tête de ce Chapitre-ci. Nous devons d'autant plus compter ſur leur authenticité, que ces triſtes nouvelles ſont extraites des relations envoyées à Sa Majeſté Sicilienne par le Maréchal *Pignatelli*, qu'elle avoit chargé de porter des ſecours de toute eſpèce à ce malheureux Pays; leur date eſt du deux du mois de Mars, & nous en allons donner ici la traduction.

A cette époque, les tremblemens de terre continuoient encore, & les ſecouſſes étoient non-ſeulement horizontales, mais verticales, les plus terribles & les plus dangereuſes de toutes; & l'on a remarqué qu'elles étoient toujours précédées par un mugiſſement intérieur dans les entrailles de la terre. Les plus fortes de ces ſecouſſes, depuis les premières arrivées à l'époque du 5 Février, ont été reſſenties le 27 & le 28 du même mois. Tout a changé de face dans cette partie de la Calabre, dit la relation Italienne, & c'eſt au point que, même dans les Cantons qui ont en apparence le moins ſouffert, le ſol & les terres ne ſont plus reconnus par leurs Propriétaires. *In quella Provincia tutto ha cangiato d'aſpetto, in modo che li ſteſſi terreni che apparentemente non hanno ſofferto, non ſi riconoſcono da loro Padroni.* Ce qui étoit Vallon s'eſt élevé & eſt devenu Montagne, & les Montagnes ſont devenues Vallées, quelques-unes même ſe ſont réunies, & des Rivières qui couloient entre deux ont diſparu dans certains endroits, & ont formé, dans d'autres, des Lacs immenſes au milieu des Terres.

IL paroît que dans ce déſordre de la nature entière, & d'après les violentes commotions qui ont été reſſenties aux environs du Mont *Aſpero*, Montagne que l'on a déja indiquée comme étant le centre de ce bouleverſement preſque général de la Calabre, l'on s'attend à voir s'élever un Volcan nouveau entre la Ville d'*Oppido* & *Santa Criſtina*, qui ſont les lieux les plus voiſins de cette partie de la chaîne des Apennins. Ce ſeroit ſans doute ce qui pourroit arriver de plus heureux, & ce que l'on devroit regarder comme la fin & le terme de cette terrible & funeſte tragédie.

A la ſuite de ces détails envoyés par le Maréchal *Pignatelli*, eſt jointe une autre relation faite par le *Preſide* de *Catanzaro*, Ville principale de la Calabre, dans laquelle ſont nommés tous les lieux qui ont été renverſés par le tremblement de terre, au nombre de plus de quarante, tant Villes que Bourgs ou Villages, avec celui des malheureux qui y ont péri, & qui monte à plus de vingt-huit mille. Nous nous arrêtons en frémiſſant ſur ce détail affreux à parcourir, & qui devient bien plus douloureux encore dans cet Ouvrage deſtiné à rendre les Vues & les Sites d'un Pays dont le plus grand nombre a peut-être entièrement changé de face, & n'offre plus aujourd'hui que des monceaux de ruines.

Il paroît, d'après toutes les relations qui nous ſont parvenues, que le Canton de la Calabre qui a le plus ſouffert, & qui ne doit préſenter dans ce moment que l'image la plus effrayante du cahos & de la deſtruction, eſt tout ce qui formoit les environs de la Ville d'*Oppido*, près le *Monte Aſpero*, ſavoir, *Caſoleto*, *Sinopoli*, *Sitizzano*, *Santa Chriſtina*. C'eſt dans cette partie que ſe ſont paſſés les phénomènes & les bouleverſemens les plus extraordinaires ; ils le ſont même au point, que l'on a de la peine à les croire poſſibles.

Une Plaine aſſez étendue toute plantée d'oliviers, dans le Territoire de *Caſoleto*, s'eſt enfoncée tout-à-coup juſqu'à la profondeur de trois cents palmes, ce qui fait environ deux cents vingt de nos pieds, & forme aujourd'hui une Vallée très-profonde, & comme un vaſte précipice.

Dans les environs de *Sitizzano*, un autre Territoire s'eſt rapproché de celui de *Caſoleto*, & a comblé le Fleuve *Litizano*, qui, obligé de ſe répandre, a formé un immenſe Lac dans tout ce Canton.

Il en eſt arrivé autant dans le Territoire de *Sinopoli*, où une autre Rivière a été également comblée, & a produit le même effet.

Une Montagne près du lieu appellé *Sinopoli* la vieille, s'étant détachée de ſa baſe, s'eſt écroulée, a recouvert trois Vallées, & ſa hauteur eſt diminuée d'environ un mille & demi.

Enfin dans le même Territoire de *Caſoleto*, une Ferme toute entière s'eſt élevée de bas en haut, à la distance ou la hauteur de deux portées de fusil, & sans avoir reçu le moindre endommagement.

UN bouleversement aussi prodigieux & aussi effrayant sembleroit impossible à croire, s'il n'étoit attesté par une foule de Témoins oculaires, & consigné dans les relations mêmes qui ont été envoyées au Roi de Naples. Voici ce que porte une de ces relations Italiennes, & comment ces faits y sont énoncés.

NEL Territorio di Casoleto *una vasta pianura di oliveto si abbasso circa* 300 *palmi, formandosi una precipitosa Valle.*

NEL Territorio di Sitizzano *altro vasto Territorio si uni coll'altro di* Casoleto, *chiudendo il fiume detto* Litizano, *cosi che si vede presentemente tra i due Monti uniti, un Mare.*

COSI e seguito ancora nel Territorio di Sinapoli, *e* Casoleto, *chiudendo altro fiume, che forma oggi lo stesso.*

LA Montagna sotto Sinopoli Vecchia, *distaccandosi dal primo centro, ha caminato tre Valli, abbasso circa un miglio e mezzo.*

NEL Territorio di Casoleto *una casa rurale dal basso si trovo' due tiri di scioppo in parte superiore, e sana.*

UN des caractères particuliers à ce terrible tremblement de terre, & qui semble ajouter encore à ce que tous les évènemens de ce genre ont pu présenter de plus funeste, c'est la durée & l'étendue de celui-ci, puisqu'il paroît que cet état d'agitation & de fermentation intérieure de la terre, dans toute l'extrémité de l'Italie, a continué de se faire ressentir non-seulement dans le mois de Février, mais même pendant tout le mois de Mars. Les nouvelles que nous recevons dans ce moment, à la fin d'Avril, nous apprennent que le 28 Mars dernier, les secousses se sont étendues jusques dans la Calabre citérieure, & que l'on y en a éprouvé de si fortes que la Ville de *Cosenza*, qui en est la Capitale, a été presqu'entièrement renversée.

NOUS n'avons point de détails certains de ce nouveau malheur, mais il y a tout lieu de penser que les secousses de la terre ont été bien violentes, puisqu'au même jour & à la même heure, vers les sept ou huit heures du soir, la commotion s'en est fait ressentir dans toute la Basilicate, & jusqu'à Naples, qui est à près de soixante lieues de *Cosenza*. Ces dernières secousses ont achevé de détruire ce qui pouvoit rester de Villes & d'Habitations dans la Calabre ultérieure, & doivent avoir encore occasionné des destructions nouvelles, & tous les malheurs qui en sont la suite (1).

QUELLE cruelle position pour nous que d'avoir à peindre & à parcourir dans ce moment-ci, un Pays entouré d'aussi terribles désastres! où ils nous précèdent, pour ainsi dire, & se prolongent sur notre route. C'est peut-être un intérêt de plus pour cet Ouvrage; mais il est bien affreux en même-temps, de ne pouvoir présenter à nos Lecteurs, à mesure que nous avançons dans ce malheureux Pays, que des Vues & des Sites de Villes & de lieux déja renversés & désolés par cet horrible fléau: tels que *Reggio*, dont nous avons donné plusieurs Vues dans notre dernier Chapitre: & dans celui-ci, *Scylla*, *Tropæa*, *Nicastro*, & enfin *Cosenza*, dont la situation & les environs, tels que nos Dessinateurs les ont représentés, lorsqu'ils y ont passé, leur offroient les points de Vue les plus riants, les plus riches & les plus pittoresques.

QUANT à la malheureuse *Messine*, toutes les lettres, toutes les nouvelles qui en sont parvenues, s'accordent à dire que l'on doit la regarder comme étant aujourd'hui entièrement renversée, qu'il n'y reste pas une maison, pas un Edifice sur pied. Ce qui donne encore beaucoup d'inquiétude sur le sort de cette Ville, & lui feroit pour les suites un tort irréparable, c'est que l'ébranlement des terres a été si violent dans cette extrémité de la Sicile, que tout ce qui forme & environne le Port de *Messine*, a été comme miné & attaqué jusques dans ses fondemens. Cette langue de terre qui s'avance en demi-cercle dans la Mer & forme naturellement un des plus beaux Ports qui existe dans le Monde, menace

(1) Abbiamo la notizia che il di 28 Marzo, verso le due ore di notte, si intese una scossa in Napoli che misse del apprenzione. Si è saputo poi che la stessa sera il terremoto terminò di rovinare la Calabria di ultra, con grande mortalita. Mentre che li Paesi che erano rimasti in piedi son affato rovinati, tra li quali *Catanzaro*, *Monteleone* e *Cosenza*. Di *Messina* non se ne discorre piu, perchè non vi è rimasto in piedi segno di Edificio. La maggior parte delli abitanti son salvi, ma molti moiono e per li incommodi, e per lo spavento.

d'ouvrir paſſage aux courants de *Carybde* qui en ſont à très-peu de diſtance, & s'ils ne ſont pas arrêtés par quelque digue puiſſante que l'on n'aura peut-être pas le temps de former, le Port de *Meſſine* ſera détruit pour toujours (1).

S'IL eſt une conſolation pour l'humanité au milieu des déſaſtres qui ſemblent ſe réunir pour la perte de cette malheureuſe Ville, c'eſt que de toutes celles qui ont été ravagées par cet affreux évènement, *Meſſine* eſt, à proportion, la Ville où il a péri le moins de monde : l'on aſſure que le nombre des victimes y monte au plus à ſept cents.

MAIS que l'on juge du déſaſtre horrible & de la déſolation que préſentent aujourd'hui les reſtes & les débris de cette Ville infortunée dont nous voudrions pouvoir détourner les yeux, & éloigner pendant quelque temps encore nos Lecteurs (2). Ce que nous nous empreſſons ſeulement de leur apprendre, c'eſt que tous les ſecours imaginables ſont portés de toutes parts à ſes Habitans, & qu'indépendamment de ce que le Roi de Naples leur a envoyé de vivres, d'habits & d'argent, le Roi de France, aux premières nouvelles du déſaſtre de *Meſſine* & de la Calabre, a fait partir de Toulon deux Frégates chargées de farines pour ſubvenir aux beſoins les plus preſſans du Peuple.

LE Grand-Maître de Malthe s'eſt auſſi particulièrement diſtingué en envoyant

---

(1) Cette enceinte du Port de *Meſſine* qu'on appelle *il Braccio di San Ranieri*, eſt longue d'environ huit cents pas, & n'en a que cent tout au plus de largeur. On a pratiqué dans l'intérieur de cette langue de terre, un chemin couvert ou ſouterrein, qui règne d'un bout à l'autre, & communique depuis le Fort *San Salvatore* qui eſt à l'extrémité, juſqu'à la Citadelle placée à la tête de cette Jetée naturelle faite dans la forme d'une faux. L'on ſait que *Meſſine* fut dans ſon origine appellée *Zancle*, parce que ce nom de *Zancle* vouloit dire *faux* ou *faucille*, dans l'ancienne Langue des *Sicules*, les premiers Habitans de la Sicile.

(2) Pluſieurs Perſonnes ont voulu nous engager à mettre au jour dans ce moment toutes les Vues de *Meſſine*, que nous avons déja fait graver d'après les Plans & les Deſſins des trois mêmes Artiſtes qui ont fait pour nous ce Voyage : ces Deſſins qui repréſentent les Vues les plus intéreſſantes de l'ancienne *Meſſine*, de ſon Port, de ſes Edifices, de ſes Places publiques & de tous ſes environs, pourroient effectivement paroître tout-à-l'heure, puiſqu'ils ſont entièrement gravés, mais nous avons indiqué dans une note au commencement de ce Chapitre, les raiſons qui nous ont portés à différer cette partie de l'Ouvrage. Il nous ſemble même que le déſaſtre qui vient d'arriver dans cette Ville pourroit être un motif de plus, puiſqu'il eſt vraiſemblable que d'ici à ſept ou huit mois que nous commencerons notre Voyage de Sicile, l'on aura pris quelque parti ſur le ſort de *Meſſine* & ſur ſa reconſtruction ; nous en ſerons informés, & nous pourrons inſtruire alors nos Lecteurs, non-ſeulement de ce qu'elle a été, mais de ce qu'elle doit être.

dans le Port de *Messine* les Galères de la Religion, sur lesquelles des tables sont continuellement dressées pour tous les Citoyens qui s'y présentent. Nous apprenons de plus en dernier lieu que le Général des Galères a cru devoir remplir encore plus les intentions bienfaisantes du Grand-Maître, en se chargeant de l'Hopital des malades, dans ce moment en très-grand nombre, & qu'ils y sont traités & entretenus au nom & aux frais de l'Ordre de Malthe, jusqu'à l'arrivée de nouveaux secours attendus de Naples.

RELATION des Tremblemens de Terre arrivés dans les Royaumes de Naples & de Sicile, depuis les premiers jours de Février, jusqu'en Mai 1783.

Traduite d'une Lettre de M. le Chevalier Hamilton, *Ambassadeur du Roi d'Angleterre, à Naples, &c., adressée à M.* Banks, *Baronnet & Président de la Société Royale de Londres.*

JE m'empresse, Monsieur, de vous envoyer & à MM. de la Société Royale, une légère esquisse des dommages infinis causés par l'horrible Tremblement de terre qui vient de désoler les deux Calabres & la Ville de *Messine*, & de vous rendre compte en même-temps des phénomènes les plus extraordinaires qui l'ont accompagné.

D'après les rapports les plus authentiques & les différens détails envoyés à Sa Majesté Sicilienne, il résulte que la partie de la Calabre qui a le plus souffert de cette calamité, est celle qui se trouvoit comprise entre le trente-huitième & le trente-neuvième degré de latitude, & que les plus fortes secousses semblent avoir eu lieu dans cette partie des Apennins appellée *Monte Deyo*, *Monte Sacro*, & *Monte Caulone*, en s'étendant vers la Mer Tyrrhénienne; que tout ce qui existoit de Villes, de Villages ou de Fermes, près de ces Montagnes, soit dans des lieux élevés ou dans la plaine, a été également renversé par les premières secousses du 5 Février, vers l'heure de midi; que c'est dans cette partie que sont arrivés les plus grands malheurs, & qu'il a péri le plus de monde, la perte ayant été moins grande à mesure que les Villes & les habitations étoient plus éloignées de ce centre. Mais que depuis, & notamment dans les secousses qui sont arrivées le 7, le 26, & le 28 Février jusqu'au premier de Mars, les dommages ont été plus considérables dans les Villes qui étoient à une plus grande distance. Qu'à partir de la première époque du 5 Février, la terre a été dans une agitation continuelle plus ou moins forte, son mouvement étant ou vertical, ou horizontal, ou d'oscillation & comme de tournoiement: & suivant la dénomination Italienne, *vorticoso*, *orizontale* & *oscillatorio*. Que cette prodigieuse agitation de la terre avoit répandu l'effroi parmi tous ces malheureux Habitans, au point qu'ils craignoient de voir continuellement s'ouvrir sous leurs pas des abîmes prêts à les engloutir.

Ces mêmes Relations portoient encore que pendant tout ce temps il avoit régné des pluies continuelles & violentes, accompagnées d'éclairs & de vents furieux, & que toute cette partie de la Calabre, que nous venons d'indiquer, étoit entièrement détruite & culbutée, au point que des Montagnes entières s'étoient abaissées, que d'autres s'étoient élevées, que dans quelques plaines il s'étoit formé des crevasses assez profondes pour rendre les chemins impraticables, que le cours de plusieurs Rivières avoit été interrompu, &c. &c. (1)

Tel étoit, Monsieur, le résultat de toutes les nouvelles qui m'étoient parvenues à *Naples* jusques vers la fin du mois dernier: mais étant, comme vous savez, infiniment curieux d'observer tout ce qui peut avoir rapport aux Volcans, & intimement persuadé qu'un tremblement de terre dont le foyer paroît être concentré dans un seul Territoire, devoit avoir pour cause

---

(1) M. HAMILTON ayant commencé le Mémoire qu'il a envoyé à la Société Royale, par y rassembler tout ce que les Relations Napolitaines pouvoient contenir de détails du Tremblement de terre, détails que nous avons déja donnés à nos Souscripteurs à la tête du Chapitre VIII de cet Ouvrage, tels qu'ils nous ont été envoyés dans le temps, nous avons cru devoir passer tout de suite à la partie de ce Mémoire où M. HAMILTON rend compte du Voyage qu'il a fait sur les lieux, pour voir par lui-même & nous faire part ensuite de ses observations.

quelque principe volcanique : desirant m'assurer par moi-même de plusieurs faits, & parvenir à la vérité toujours si difficile à connoître, sur-tout en pareille matière, j'ai pris la résolution d'employer une vingtaine de jours que je pouvois avoir avant les grandes chaleurs, pour faire un voyage dans les parties de la Calabre & de la Sicile, qui avoient le plus souffert du tremblement de terre, & en examiner par mes propres yeux les principaux & les plus singuliers phénomènes.

Je m'assurai donc d'un Espéronare Maltois, pour moi-même, & d'une Felouque Napolitaine pour mes Domestiques, & je partis de *Naples* le 2 Mai. J'avois eu soin de me munir, suivant l'intention de Sa Majesté Sicilienne, de passe-ports & de tous les ordres nécessaires pour les Commandans des différentes Provinces, afin que tous les secours & assistances possibles me fussent donnés dans le cours de mes observations.

Mon Voyage dans un de ces Espéronares Maltois, qui sont d'excellens petits bâtimens, & dont les Matelots sont très-adroits, fut d'abord assez agréable le long de la Côte de la Principauté de *Salerne*, & d'une partie de la Calabre, jusqu'au-dessus du Golfe de *Policastro*. Arrivé à la hauteur de *Citraro*, je commençai à appercevoir les premiers indices du tremblement de terre, quelques-uns des principaux Habitans ayant quitté leurs demeures pour habiter sous des tentes nouvellement dressées sur la Côte, quoique les maisons de la Ville n'eussent éprouvé aucun dommage.

A *Santo Lucido*, je m'apperçus que le Palais du Baron, ainsi que le clocher de l'Eglise avoient souffert, & que la plus grande partie des Habitans s'étoit bâti des baraques sur la Côte. Ces sortes de baraques ressemblent beaucoup à celles que construisent nos Paysans dans nos Foires de Campagne. Comme mon projet étoit d'arriver le plutôt qu'il me seroit possible dans les lieux les plus maltraités, ayant fort peu de temps à moi, & beaucoup à examiner, je me contentai de voir de loin *Nicastro*, *Maida* & *Santa Eufemia*, & je poussai jusqu'à *Pizzo*, Ville de la *Calabre* ultérieure, où je mis pied à terre le 6 de Mai au soir.

Cette Ville située au bord de la Mer & sur un tuf Volcanique, avoit été fort endommagée d'abord par les premières secousses du 5 Février, & a été ensuite entièrement détruite par celles du 28 Mars; mais comme les Habitans, dont le nombre montoit à environ cinq mille, avoient été assez avertis pour ne plus habiter dans leurs maisons & se retirer sous des tentes hors de la Ville, le nombre des malheureux qui y ont péri a été peu considérable. Mais leurs cabanes ou baraques faites à la hâte ayant été mal construites, & la plupart situées dans des lieux humides & mal-sains, une maladie épidémique en a fait mourir beaucoup; lorsque j'y ai passé, elle étoit encore dans toute sa force, malgré les sages précautions du Gouvernement pour en arrêter les progrès. Je crains bien que lorsque les chaleurs augmenteront, la même calamité ne se fasse sentir dans beaucoup d'endroits de ce malheureux Pays.

Les Habitans de *Pizzo* semblent presqu'habitués à leurs nouveaux logemens, quoique fort incommodes pour eux, & déja des boutiques de différens genres sont établies dans des espèces de rues qu'ils ont formées avec leurs mauvaises baraques. J'ai observé de là que le Volcan du *Stromboli*, qui est à cinquante milles environ de cette Ville, & que l'on apperçoit en pleine mer, paroissoit beaucoup moins animé; l'on m'assura que depuis le tremblement de terre, il avoit lancé moins de feux & de matières enflammées qu'il n'avoit fait les années précédentes. De légères secousses se faisoient encore sentir journellement sur la Côte, & effectivement la nuit que je passai à bord de mon Espéronare, que l'on avoit retiré sur le rivage, je fus éveillé par une assez forte commotion, qui me sembla avoir élevé l'extrémité de la barque, mais sans être accompagnée d'aucun bruit souterrain : mes domestiques qui étoient dans l'autre bateau, ressentirent la même secousse.

Le jour suivant, j'ordonnai à mes barques de gagner *Reggio*, & je fus à cheval jusqu'à *Monteleone*, distant de six milles environ de *Pizzo*, toujours sur les hauteurs & par un chemin de pierres & de craies à peine praticable dans cette saison, mais au travers de la plus belle & de la plus fertile contrée que j'aie jamais vue. Que l'on imagine le jardin le plus délicieux, semé d'oliviers, de mûriers, de vignes & d'arbres à fruit de toute espèce. Le dessous de ces arbres est de plus couvert de riches moissons en bled, en légumes, féves, & autres végétaux qui y réussissent parfaitement, quoique sous une ombre épaisse. Telle est l'idée que l'on peut se faire de toute la plaine de *Monteleone* : ajoutez encore que de différens côtés l'on y apperçoit de vastes bois de chênes, mêlés d'oliviers; parmi ces derniers, il y en a un grand nombre, qui me parurent trois fois plus gros que les oliviers de la *Campania felice*, & aussi forts que les chênes eux-mêmes, dont on feroit les plus belles charpentes. Ces forêts d'oliviers sont plantées régulièrement, & comme en ligne droite, dans quelques parties de la plaine, & irrégulièrement dans d'autres endroits.

Quoique l'objet de mon Voyage fût uniquement de m'arrêter dans les lieux qui avoient le plus souffert du tremblement de terre, mon attention étoit continuellement détournée : j'étois ravi d'admiration en observant la beauté & surtout la fertilité de cette riche Province, qui l'emporte de beaucoup sur tout ce que j'ai vu dans ma vie. Outre les deux riches productions de soie & d'huile dans lesquelles la *Calabre* surpasse tout autre Pays, elle abonde en bleds, en vins, en cotons, en fruits & végétaux de toute espèce, & si la population & l'industrie égaloient sa fertilité, le revenu de la *Calabre* ultérieure pourroit sûrement doubler dans fort peu de temps. J'ai vu plusieurs petits bois de mûriers, dont les Propriétaires me dirent qu'ils ne pouvoient pas retirer plus de la valeur de cinq schelings par acre de terrein, quoique chaque acre pût rapporter au moins cinq livres sterlings par an, s'ils avoient assez de bras pour cueillir les feuilles de leurs mûriers & soigner les vers.

La Ville de *Monteleone*, anciennement *Vibo Valentia*, est dans la plus belle situation, sur une hauteur qui domine & la mer & la riche plaine dont nous venons de parler : cette plaine est terminée par les *Appenins*, & couronnée par la montagne d'*Aspro Monte*, la plus élevée de toutes, semée de Villes & de Villages, mais qui ne sont plus, hélas ! que des monceaux de ruines. La Ville de *Monteleone* a peu souffert dans les premières secousses, mais elle a été très-endommagée par celle du 28 Mars, quoiqu'il n'y ait péri, à ce que l'on m'a dit, que douze personnes; tous les Habitans sont réduits à vivre dans des baraques, dont le plus grand nombre est construit de planches & de roseaux revêtus de plâtre en-dehors. Comme ce Pays a toujours été sujet aux tremblemens de terre, les Barons font ordinairement construire de ces baraques auprès de leur Palais, pour s'y réfugier aux premières allarmes. J'en ai habité une très-magnifique, qui étoit composée de plusieurs chambres bien meublées. Elle avoit été bâtie par le grand-père du Duc actuel de *Monteleone*; c'est à celui-ci que je suis redevable de la sûreté & de toutes les facilités que j'ai éprouvées dans ce Voyage. Il avoit eu l'honnêteté de me donner à *Naples* des lettres pour son Agent, qui, non-seulement me reçut avec toutes sortes d'attentions, mais encore eut soin de me procurer toutes les provisions nécessaires, soit pour mes gens, soit pour mes chevaux; il me donna de plus deux Gardes très-instruits de tous les chemins du Pays, avec ordre de m'accompagner, & sans lesquels je n'aurois pu, sans quelque accident, traverser, comme je l'ai fait, en quatre jours, tout le Pays qui est entre *Monteleone* & *Reggio*; personne, à moins de l'avoir éprouvé, ne peut se faire une idée de l'horrible état des chemins de la *Calabre*, même dans cette saison, ni aussi de la bonté des chevaux du Pays.

On se réunit à dire que pendant le tremblement de terre chaque secousse étoit accompagnée d'un bruit sourd, qui sembloit venir du côté de l'Ouest: le mouvement de la terre alors commençoit par être horisontal, & finissoit par être vertical. Ces dernières secousses étoient les plus funestes: il m'a paru que cette observation avoit été générale dans toute la Province. L'on a remarqué encore qu'avant qu'elles se fissent ressentir, l'air paroissoit plus calme & les nuages fixes, étant comme sans aucun mouvement; & d'ordinaire, immédiatement après, il tomboit une pluie d'orage. J'ai parlé à plusieurs de ceux des Habitans qui avoient été renversés par la violence de quelque secousse, & la plupart m'ont assuré que le mouvement, le balancement de la terre étoit alors si fort & si terrible, que les cimes des plus gros arbres touchoient presqu'à terre de droite & de gauche; on voyoit les chevaux & les bœufs écarter leurs jambes le plus qu'ils pouvoient, pour n'être pas renversés; c'étoit même, dit-on, un signe certain des approches de quelque nouvelle secousse. J'ai observé que dans les parties qui avoient le plus souffert par le tremblement, la frayeur du Peuple étoit encore si récente, & les esprits tellement frappés d'épouvante, que le braiement d'un âne, le hennissement d'un cheval, ou le cri d'une oie, faisoient toujours sortir les Habitans de leurs baraques, & étoient, comme vous pouvez croire, l'occasion de plus d'un *Pater noster*, ou d'un *Ave Maria*.

En sortant de *Monte Leone*, je descendis dans la plaine, après avoir passé à travers plusieurs Villes ou Villages plus ou moins ruinés, en raison de leur plus ou moins de distance de la plaine. La Ville de *Mileto*, située dans le milieu, me parut absolument détruite, pas une maison n'y étoit sur pied. Je vis à quelque distance de là à *Soriano*, la belle maison des Dominicains convertie en un monceau de ruines. Comme mon objet n'étoit pas de m'arrêter à des ruines, mais d'examiner les phénomènes produits par le tremblement de terre, je poussai jusqu'à *Rozarno*. Je ne veux point cependant oublier ici une remarque assez singulière qui a été faite sur plusieurs animaux, que l'on a trouvés vivans, après avoir été longtemps ensevelis sous des décombres, sans aucune espèce de nourriture: il y eut notamment à *Soriano* deux cochons gras, qui sont restés ainsi pendant quarante-deux jours: ils étoient devenus extrêmement foibles & maigres, comme on peut penser, mais ils se sont rétablis promptement. Ce fait m'a été certifié par un des Ingénieurs du Roi, qui étoit présent, lorsqu'on les a retrouvés.

Il m'a paru certain dans le Voyage que je fis ce jour-là, que toutes les habitations situées sur des lieux élevés, & dont le sol étoit mêlé de pierre & de sable à-peu-près pareil au granit, mais sans consistance, avoient moins souffert que celles qui étoient dans la plaine, ces dernières étant entièrement ruinées. Le sol de cette plaine est d'un argile sablonneux, blanc, rouge ou brun, mais où le blanc domine & se trouve mêlé de plusieurs coquilles marines, & sur-tout de *Petoncles*. Cette vallée d'argile est traversée dans quelques endroits par des rivières & des torrens, qui descendent du sommet des montagnes, & qui ont produit de larges & profondes ravines au travers de la campagne.

Aussi-tôt que nous eûmes passé les ruines de la petite Ville de *San Pietro*, nous nous trouvâmes en vûe de la Sicile, ayant en face le sommet du Mont *Etna*, qui fumoit considérablement. Avant d'arriver à *Rosarno*, & près du gué de la rivière de *Mamella*, nous nous trouvâmes dans une plaine marécageuse, où je remarquai dans beaucoup d'endroits, un grand nombre de petites crevasses qui s'étoient faites dans la terre, & qui avoient la forme d'autant de cônes renversés; ces cônes étoient recouverts d'un sable pareil au sol qui les environnoit. L'on nous dit que durant le tremblement du 5 Février, une source d'eau, mêlée de sable, avoit été lancée de chacune de ces crevasses, à une hauteur considérable, & un Paysan que je trouvai là, & qui avoit été couvert de cette eau & de ce sable, m'assura qu'il n'avoit point trouvé que l'eau l'eau fût chaude, comme quelques Perſonnes me l'avoient dit; il ajouta qu'avant l'apparition de ces fontaines, la rivière s'étoit deſſéchée, mais que bientôt elle étoit revenue à ſon premier état. J'ai trouvé enſuite que le même phénomène s'étoit reproduit conſtamment pour toutes les autres rivières de la *Calabre*, à cette terrible époque du 5 Février.

Ce phénomène peut s'expliquer aiſément, en ſe rappellant que les premières ſecouſſes ont été verticales, ou de bas en haut, ce qu'en effet tous les Habitans de la plaine m'ont atteſté. La ſurface de la plaine s'étant élevée tout-à-coup, ces rivières qui ſont peu profondes, ont diſparu naturellement, & la plaine retombant enſuite avec violence à ſon premier niveau, les eaux qui s'étoient répandues deſſous ont dû naturellement, par un effet de cette preſſion ſubite, ſe faire jour avec force au travers des terres, & produire ce jailliſſement ſur toute la ſurface. J'obſervai que dans d'autres parties où le même phénomène avoit eu lieu, la terre étoit toujours baſſe & couverte de joncs.

Entre cette place & *Roſarno*, nous paſsâmes la Rivière appellée *Meſſano* ou *Metauro*, près de la Ville que nous venons de nommer, ſur un Pont de charpente de ſept cents palmes de long, bâti depuis peu par le Duc de *Monteleone*. Par les fentes & les crevaſſes qui ſe ſont formées ſans doute dans le lit de la Rivière au moment du tremblement de terre, le Pont s'eſt ſéparé entièrement d'un côté, & le niveau du ſol ſur lequel étoient placés les piliers ayant été fort tourmenté, le Pont a pris dans toute ſa longueur une forme ondulée, & la baluſtrade ſupérieure de chaque côté a été ſur-tout ſingulièrement chantournée, mais les deux parties du Pont s'étant enſuite rejointes enſemble, il eſt poſſible d'y paſſer actuellement. L'homme qui eſt chargé d'en avoir ſoin, m'a dit auſſi que par les ſecouſſes du tremblement, la grande Rivière avoit été miſe à ſec pendant quelques ſecondes, & que retournant enſuite dans ſon lit avec violence, elle avoit inondé tous les environs. Quand je parle du tremblement de terre arrivé dans la Plaine, il faut toujours faire attention que ce fut la première ſecouſſe du 5 Février, qui a été ſans contredit, la plus terrible de toutes, & qui a été d'autant plus funeſte, qu'elle eſt arrivée ſans le moindre avertiſſement.

La Ville de *Roſarno*, où étoit le Palais du Duc de *Monteleone* n'eſt plus qu'un monceau de ruines, & les murailles dont il reſte environ ſix pieds de hauteur, ſervent actuellement pour appuyer les baraques. Sur trois mille Habitans, on compte qu'il n'en a péri que le nombre de deux cents. On a remarqué à *Roſarno*, & cette obſervation a été preſque générale dans tous les lieux que l'on a été viſiter après leur deſtruction, que les hommes trouvés morts ſous les ruines, étoient tous dans l'attitude de lutter & de faire effort contre le danger, mais que les femmes ayant ſeulement les mains & les bras élevés au-deſſus de leurs têtes, paroiſſoient comme livrées au déſeſpoir : & lorſque le hazard avoit fait trouver leurs enfans auprès d'elles, on les voyoit toutes les ſerrant entre leurs bras, ou dans quelque autre poſition qui ſembloit indiquer le deſir de les mettre à l'abri du danger. Exemple bien touchant de la tendreſſe maternelle!

Le ſeul bâtiment qui eſt reſté entier à *Roſarno*, eſt une forte & ſolide Priſon de la Ville, dans laquelle on a retrouvé trois malheureux, qui, probablement auroient péri comme beaucoup d'autres, s'ils avoient pu ſe ſauver de leurs fers.

Après avoir dîné dans une baraque, dont le Maître me dit avoir perdu cinq perſonnes de ſa famille, j'avançai vers *Laureana*, traverſant ſouvent à ſec le lit de la Rivière *Metauro*. Les environs de *Laureana*, qui eſt ſituée ſur une élévation, me parurent le Jardin d'*Eden*, je n'ai rien vu dans ma vie qu'on y puiſſe comparer. La Ville eſt conſidérable, cependant le tremblement de terre ne s'y étant point fait ſentir à l'improviſte comme dans la plaine, perſonne n'y a péri dans le moment: mais depuis, ſoit maladies, ſoit fatigues exceſſives, ſoit des ſuites de la frayeur, il y eſt mort cinquante-deux perſonnes. Ce fut un bon & honnête Gentilhomme de *Mileto*, Dom *Dominico Acquanetta*, un des premiers de la Ville, qui me reçut dans ſa baraque. Le jour ſuivant, il m'accompagna dans deux Fiefs qui lui appartiennent, *Macini* & *Vaticano*, dont il a été fort queſtion dans toutes les relations, & que l'on dit avoir entièrement changé de ſituation; le fait eſt vrai, & peut s'expliquer aiſément.

Ces deux Fiefs ſont ſitués dans une Vallée entourée de Terreins élevés, & la ſurface du Terrein qui a été changé de place, étoit probablement depuis long-temps ruinée en-deſſous par des petits ruiſſeaux qui deſcendent des Montagnes, & que l'on voit couler à découvert aujourd'hui, depuis que la ſuperficie du ſol a été enlevée. Ces ruiſſeaux ont une pente trop rapide dans la Vallée, pour croire que le niveau en eût été auſſi parfait qu'on l'avoit repréſenté. Je ſuppoſe que le tremblement ayant ouvert tout-à-coup quelque dépôt conſidérable des eaux de pluie amaſſées dans les Montagnes qui entourent la Vallée, ces amas d'eau auront pris ſubitement leur cours, ſous le ſol, déja ruiné, comme nous venons de l'obſerver, par le cours ancien de ces ruiſſeaux: elles auront pu alors ſoulever avec force cette large plaine d'oliviers, de mûriers, ainſi que la chaumière qui y étoit bâtie, & la tranſporter toute entière avec tout ce qui l'entouroit de plans d'arbres & de végétation, à un mille au bas de cette même Vallée où elle exiſte actuellement, avec tous les arbres tels qu'ils y étoient. Ces deux Fiefs ou *Ténemens* peuvent avoir environ un mille de long ſur un demi-mille de large.

L'on me fit voir dans le voiſinage pluſieurs fentes très-profondes, qui n'ont pas plus d'un pied de large actuellement, mais qui ayant été beaucoup plus ouvertes dans le moment des ſecouſſes du tremblement, ont englouti un bœuf & près de cent chèvres. Je remarquai dans cette même Vallée, pluſieurs de ces creux dans la forme de cônes renverſés, d'où l'on me dit qu'il étoit ſorti avec violence, comme à *Roſarno*, une grande quantité d'eaux chaudes, mêlées de ſable: je n'ai cependant point entendu affirmer que l'eau fût réellement chaude, comme il avoit été marqué dans les relations envoyées au Gouvernement. Une partie du ſable lancé au-dehors avec l'eau a ſeulement une apparence ferrugineuſe, & ſemble avoir été attaquée par le feu: l'on me dit auſſi que lorſque l'eau étoit récemment ſortie, elle avoit une forte odeur de ſoufre, mais c'eſt ce que je n'ai pu vérifier.

Je paſſai de là & toujours au travers de cette fertile Contrée juſqu'à la Ville de *Poliſtène*, mais ſans pouvoir, au milieu d'un Pays auſſi riche, rencontrer ni une ſeule maiſon, ni une ſeule habitation entière. Là où il y avoit eu une maiſon, je n'appercevois qu'un tas hideux de ruines & de décombres, à côté une pauvre & méchante baraque, & pour tout Habitant, deux ou trois malheureux eſtropiés, aſſis triſtement à la porte, & quelques femmes ou enfans ſe traînants avec des béquilles. A la place de la Ville même, je ne pus voir qu'un amas de ruines, & tout autour une vaſte enceinte de huttes ou de cabanes, dont une plus grande que les autres ſervoit d'Egliſe; les cloches étoient appendues à une ſorte de potence peu élevée; une conſternation générale répandue ſur tous ces Habitans, terminoit le tableau le plus triſte qu'il ſoit poſſible de rencontrer.

Je voyageai quatre jours entiers dans cette Plaine, où les ſecouſſes du tremblement avoient été de la plus extrême violence. La Ville de *Poliſtène* étoit grande, mais mal ſituée entre deux rivières ſujettes à ſe déborder. De ſix mille Habitans, il en avoit péri deux mille cent le jour fatal du 5 Février. Le Marquis de *Saint-Georges*, Baron de toute cette Contrée, que j'eus le bonheur d'y rencontrer, paſſoit ſa vie à ſecourir tous ſes Vaſſaux. Après avoir donné des ordres pour enlever les décombres de la Ville, il avoit fait élever lui-même toutes les baraques ſur un terrein ſalubre, pour y recueillir les reſtes de ces infortunés. Il a fait auſſi conſtruire quelques cabanes plus étendues pour y ſerrer les vers à ſoie, que j'y vis déja travailler. Il eſt certain que l'activité & la généroſité de ce Prince ſont également dignes d'éloges, & autant que j'en ai pu juger juſqu'ici, l'on peut dire qu'il n'a point de rival.

J'obſervai que la Ville de *Santo Giorgio* ſur une montagne, à environ un mille de diſtance, quoique devenue inhabitable, n'a pourtant point été raſée & renverſée, comme tous les autres Villages ſitués dans la plaine. Il y avoit un Couvent de Religieuſes à *Poliſtene* : curieux de ſavoir ſi elles avoient pu ſe ſauver, je demandai au Marquis de m'indiquer la baraque où l'on les avoit réunies, mais de vingt-trois que ces pauvres Religieuſes étoient, on n'avoit pu en ſauver qu'une ſeule vivante, celle-là n'étoit âgée que de quatorze ans.

Après avoir dîné avec le Marquis dans une humble cabane que l'on avoit conſtruite près des ruines d'un magnifique Palais qu'il habitoit auparavant, je traverſai un ſuperbe bois d'oliviers & de chênes pour arriver à *Caſal Nuovo.* C'eſt dans ce lieu que l'on me fit voir la place où avoit été la maiſon de ma malheureuſe amie, la Princeſſe de *Gerace.* L'on ſait qu'elle a perdu la vie dans ce lieu, avec plus de quatre mille de ſes vaſſaux, le même jour 5 Février. Quant à la Ville elle eſt réduite à rien.

Dans d'autres endroits, l'on voit ſubſiſter encore des murailles & des maiſons, mais ici, l'on n'apperçoit ni rues, ni veſtiges d'aucune habitation. Tout y eſt renverſé, & ne forme plus qu'un amas de décombres & de ruines. Un Habitant de cette Ville me dit que dans le moment du tremblement de terre, le haſard l'avoit fait ſe rencontrer ſur une élévation, qui dominoit toute la plaine où étoit *Caſal Nuovo*, & qu'aux premières ſecouſſes de tremblement, ayant jetté les yeux ſur la Ville, il put à peine en appercevoir l'emplacement, ſur lequel s'élevoit une eſpèce de nuage pareil à une fumée blanchâtre : effet naturel de la chûte de tous les édifices qui s'écrouloient les uns ſur les autres.

Je paſſai enſuite au travers des Villes de *Caſtellace* & de *Milicuſco* (toutes deux dans le même état que *Caſal Nuovo*) avant d'arriver à *Terra Nuova*, ſituée entre deux rivières, & dans une plaine agréable; mais ces rivières réunies avec les torrens qui deſcendent des montagnes, ont peu-à-peu, & par la ſuite des temps, creuſé de profonds ravins dans le terrein d'argile ſablonneux, dont cette plaine eſt compoſée. Ce ravin de *Terra Nuova*, n'a pas moins de cinq cents pieds de profondeur, & trois quarts de mille de large.

Ce qui peut avoir amené de la confuſion & peu de vraiſemblance dans les détails qui ont été envoyés ſur les phénomènes du tremblement de terre dans cette plaine de *Terra Nuova*, vient ſans doute de ce que l'on n'a pas aſſez examiné la nature du ſol où elle ſe trouvoit ſituée. L'on nous a dit que la Ville avoit été renverſée de la place où elle étoit, & tranſportée à un mille de diſtance, ſans dire un mot du ravin qui étoit au-deſſous d'elle; que les bois & les champs de bled tout entiers avoient été enlevés de la même manière, tandis que dans la vérité ce n'eſt, mais dans une plus grande proportion, que ce que nous voyons tous les jours dans de plus petits eſpaces, lorſque des parties de chemins creux ayant été minées par les eaux de pluie ſe trouvent détachées & tranſportées dans les fonds des ravins par leur propre poids. Ici la grande profondeur du ravin de *Terra Nuova*, & la violente commotion du ſol ont été cauſe que deux vaſtes portions de terre ſur leſquelles une grande partie de la Ville étoit aſſiſe, ont été détachées & portées dans le ravin, environ à un demi-mille de la diſtance où elles étoient en premier lieu, & ce qu'il y a de plus extraordinaire, c'eſt que des Habitans de ces maisons au nombre de plusieurs centaines, qui avoient fait avec elles ce singulier saut, en ont été retirés vivans, & sans avoir eu le moindre mal.

J'ai parlé moi-même à un des Habitans qui avoit fait cet extraordinaire voyage, étant dans sa maison avec sa femme & sa servante: ni l'un, ni l'autre n'avoient été blessés; il me dit seulement que sa femme l'avoit bien été un peu, mais qu'elle se portoit à merveille actuellement. Le hasard m'ayant porté à lui demander quelle blessure sa femme avoit reçue, je ne pus m'empêcher de sourire, quoiqu'assurément rien ne fût moins risible, lorsque cet homme me répondit d'un grand sang-froid que sa femme avoit eu les deux jambes & un bras cassés, avec une fracture à la tête, telle qu'on lui voyoit la cervelle à découvert. En général il m'a paru que les Calabrois avoient beaucoup plus de force & de fermeté que les Napolitains, & qu'ils ont soutenu cette calamité avec un courage dont je ne les aurois pas cru capables. De sept cents Habitans qu'il y avoit à *Terra Nuova*, à peine en est-il échappé quatre cents.

Mon Guide, qui étoit un Prêtre, & de plus le Médecin du Pays, avoit été renfermé au milieu des ruines de sa maison par les premières secousses du tremblement, mais il en fut ensuite délivré par d'autres secousses qui suivirent immédiatement. Il y a eu, à ce que l'on m'a dit, différens exemples de ce fait dans plusieurs endroits de la *Calabre*.

Dans d'autres parties de la plaine, près du ravin & de l'endroit où étoit la Ville de *Terra Nuova*, j'ai vu plusieurs arpens de terre avec les arbres & les champs de bled, qui avoient été transportés dans le ravin, sans avoir même été dérangés, de façon que les récoltes & les arbres se trouvoient dans le même état où ils étoient avant cet évènement: quelques pièces de terre étoient couchées dans une situation inclinée, d'autres absolument retournées sans dessus dessous. Un peu plus loin, l'on me fit voir deux immenses parties de terre qui avoient été détachées de deux côtés opposés l'un à l'autre, & qui ayant rempli la vallée, avoient obstrué le cours de la rivière, en sorte que les eaux forment actuellement un grand lac. Voilà quel est l'état véritable des lieux, & ce qui a occasionné tous les contes que l'on a débités de montagnes que l'on faisoit marcher, & qui s'étoient réunies les unes aux autres.

Dans le moment du tremblement, où la rivière a disparu à *Terra Nuova* comme à *Rosarno*, pour reparoître quelques momens après sur ses pas, elle a submergé & inondé tout le ravin à la hauteur de trois pieds, entraînant avec elle les maisons & leurs Habitans, l'on m'a assuré que l'eau avoit alors contracté un goût de sel, comme l'eau de la mer: mais cette assertion mérite d'être confirmée.

Toute la Ville de *Melocchi di Sotto*, près de *Terra Nuova*, a eu le même sort, & un canton de vignes de plusieurs arpens, fut entraîné dans le fond du ravin, mais sans le moindre dérangement, quoique dans une situation un peu inclinée. Quelques moulins à eau qui étoient sur la rivière ayant été enclavés entre deux parties de terrein détachées, comme nous venons de l'expliquer, ont été soulevés en entier, & se trouvent actuellement sur un tertre élevé, & beaucoup plus haut que le niveau de la rivière. Il est certain que sans les détails & les explications dont nous venons de rendre compte, relativement à la position & à la forme des lieux, de semblables faits sembleroient tenir du prodige.

De *Terra Nuova*, je passai à *Oppido*. Cette Ville est située sur une montagne composée d'un gravier ferrugineux, différent des terres argilleuses qui se trouvent dans les voisinages, & est entourée par deux rivières qui coulent dans un ravin plus large & plus profond que celui de *Terra Nuova*. De vastes parties de terrein y ont été également entraînées, & l'ont rempli presqu'en entier; le cours des rivières en a été interrompu, & leurs eaux forment aujourd'hui de grands lacs. Plusieurs maisons d'*Oppido* qui étoient sur cette partie de rochers

ont

ont ſuivi ſa chûte, ainſi que des plantations conſidérables de vignes & d'oliviers qui ont été transportées d'un côté du ravin à l'autre, quoiqu'il y ait la diſtance d'un mille à franchir.

Il m'a été bien atteſté dans ce lieu, qu'un Payſan, qui labouroit ſon champ dans le voiſinage avec une couple de bœufs, avoit été enlevé, lui, ſon champ & ſa charrue de l'autre côté de ce ravin, ſans avoir été bleſſé, ni lui, ni ſes bœufs; & d'après tout ce que j'ai vu & examiné par moi-même, le fait me paroît très-croyable (1). On feroit un volume de faits & accidens ſinguliers dans ce genre, produits par le tremblement de terre dans cette vallée, & je ne doute point que les Membres de l'Académie de *Naples* qui ont été envoyés ſur les lieux, ayant des Deſſinateurs avec eux, n'ayent ſoin de les recueillir.

Après avoir parcouru les Ruines d'*Oppido*, je voulus deſcendre dans le ravin, pour examiner avec attention une partie des changemens qui y étoient arrivés; je puis dire que c'eſt dans ce lieu que j'ai pu prendre, plus qu'ailleurs, une idée de la violence & des prodigieux effets du tremblement de terre : ils y ſont exactement ſemblables à ceux que j'ai décris à l'article de *Terra Nuova*, mais ſur une beaucoup plus grande échelle. Indépendamment de ce que ce renouvellement du Cahos, ce bouleverſement total a détourné le cours de deux rivières, dont l'une eſt même aſſez conſidérable, (ce qui fait craindre que ce déſordre ne produiſe bientôt un très-mauvais air dans le pays) j'ai vu des parties de plaines détachées & tranſportées, dans l'étendue de pluſieurs arpens, couvertes de gros chênes & d'oliviers, ſans parler des autres productions de bleds & de légumes, qui continuoient à croître & étoient auſſi entières que ſi elles n'euſſent pas été dérangées de leur première ſituation, quoiqu'à plus de cinq cents pieds au-deſſus de l'ancien niveau de la plaine, & à la diſtance d'environ trois quarts de mille (2).

Comme les flancs & les parois du ravin, dans les endroits d'où ces maſſes énormes de terrein ont été détachées, ſont actuellement perpendiculaires & à découvert dans toute leur hauteur, j'ai été à portée d'obſerver que les couches ſupérieures du ſol étoient compoſées d'une terre rougeâtre, & les couches de deſſous d'un argile blanc, ſablonneux, très-compact & ſemblable à une pierre tendre. Les impulſions que ces vaſtes maſſifs de terrein ont reçues, ſoit par les violentes ſecouſſes de la terre, ſoit qu'elles aient été encore aidées par quelques convulſions volcaniques, m'ont paru avoir agi avec plus de force dans les couches inférieures & plus compactes, que dans les couches de terre ſupérieures. J'ai conſtamment obſervé que ces parties de terre argilleuſes avoient été en général portées à pluſieurs centaines de verges plus loin que les autres, & repoſoient en blocs énormes &, pour la plus grande partie, de forme cubique, ce ſol inférieur ayant été plus facile à détacher que les parties ſupérieures. Cette obſervation ſemble pouvoir rendre raiſon de cette révolution prodigieuſe, & de l'ordre dans lequel on voit des terreins entiers couverts d'arbres, de vignes, de productions de toute eſpèce, tranſportés dans le même état où ils étoient auparavant ce terrible évènement. Ce fait curieux m'a paru mériter d'être obſervé, quoiqu'il ne ſoit peut-être pas aiſé à décrire & à entendre.

Dans une autre partie de cette fondrière immenſe, on voit une montagne iſolée & compoſée de ce même argile, qui probablement a été détaché autrefois par quelqu'ancien tremblement de terre, à une époque très-éloignée. Cette maſſe de terrein, qui peut avoir deux cents cinquante pieds de haut ſur environ quatre cents de diamètre à la baſe, eſt deſcendue en

(1) It is well atteſted, that a countryman, who was ploughing his field in this neighbourhood with a pair of oxen, was tranſported with his field and team, clear from one ſide of a ravine to the other, and that neither he, nor his oxen, were hurt. After what I have ſeen, I verily believe this may have happened.

(2) Sometimes I met with a detached piece of the ſurface of the plain (of many acres in extent) with the large oaks and olive-trees, with lupins or corn under them, growing as well, and in as good order, at the bottom of the ravine, as their companions, from whom they were ſeparated, do on their native ſoil in the plain, at leaſt 500 feet higher, and at the diſtance of about three quarters of a mile.

dernier lieu dans le ravin, ainſi qu'il eſt bien atteſté, & a voyagé l'eſpace de quatre milles dans la terrible ſecouſſe du 5 Février (1). L'abondance des pluies qui ſont tombées en même-temps, le poids des autres maſſes de terrein fraîchement détachées, que j'ai vues amaſſées par derrière, & ſur-tout la pente très-rapide du ſol, peuvent expliquer ce phénomène, qui de la manière dont il a été rendu à *Naples*, avoit toute l'apparence d'une fable.

Les baraques élevées pour loger le reſte des Habitans de la Ville d'*Oppido*, entièrement renverſée, ſont conſtruites ſur un terrein ſalubre & à la diſtance d'un mille de l'ancienne Ville. J'y trouvai le Seigneur de ce Pays, le Prince de *Cariati*, occupé à ſoulager & ſecourir ſes malheureux Vaſſaux. Il me montra deux jeunes filles, dont l'une d'environ ſeize ans, étoit reſtée onze jours ſans nourriture ſous les ruines des maiſons d'*Oppido*. Elle fut trouvée ayant un enfant de cinq ou ſix mois entre les bras; l'enfant étoit mort, à ce qu'elle avoit dit, le quatrième jour. Cette jeune fille put me rendre compte de tout ce qu'elle avoit ſouffert, dans cette cruelle poſition, ayant eu, par le moyen d'une petite ouverture que le haſard avoit conſervée, aſſez de lumière & d'air pour reſpirer, & pouvoir compter le nombre des jours qu'elle étoit reſtée enſevelie; ſa ſanté paroiſſoit aſſez bien rétablie; elle buvoit aiſément, mais elle éprouvoit encore de la difficulté à avaler rien de ſolide. L'autre jeune fille n'avoit guère que neuf ans; elle n'étoit reſtée que ſix jours dans les ruines, mais dans une poſture & une ſituation ſi gênée, qu'une de ſes mains, qui s'étoit trouvée preſſée ſur une joue, y avoit formé comme un trou, une cavité pour s'y loger (2).

D'*Oppido*, j'avançai au travers de ce même Pays, toujours également fertile, mais au milieu de Villes & de Villages ruinés, pour gagner *Seminara* & *Palmi* ſur le bord de la mer. Il avoit péri quatorze cents perſonnes dans ce même lieu de *Palmi*, & les corps de ces malheureuſes victimes n'avoient point encore été découverts ni brûlés comme dans d'autres parties que j'avois viſitées, car j'en vis retrouver deux devant moi, pendant que j'y étois. Je me ſouviendrai toute ma vie de l'expreſſion de déſolation & d'abbattement d'une femme qui étoit aſſiſe ſur les ruines de ſa maiſon, la tête appuyée ſur les mains & ſur les genoux, l'œil attentivement occupé à ſuivre les coups de pioche des Travailleurs, & toujours dans l'eſpérance de retrouver le corps de ſon enfant.

Il ſe faiſoit dans la Ville d'*Oppido* un commerce conſidérable d'huile, dont quatre mille bariques étoient réunies au moment de ſa deſtruction : toutes ces jarres & ces bariques ayant été briſées en même-temps, avoient formé comme une rivière d'huile, qui avoit coulé juſques dans la mer pendant pluſieurs heures. Cette huile, mêlée avec les bleds renfermés dans les greniers, exhaloit une odeur fétide qui, jointe encore à la corruption des corps, faiſoit craindre que l'augmentation des chaleurs n'en rendît les ſuites funeſtes pour les Habitans de ce canton. Mon guide me dit qu'il avoit été enſeveli ſous les ruines de ſa maiſon dès la première ſecouſſe, mais que par celle qui ſuivit immédiatement, il s'étoit trouvé aſſis à l'air & à cheval ſur une poutre à la hauteur de quinze pieds au moins (3).

De *Palmi* je fus gagner *Bagnara* & *Solano* au travers de montagnes fertiles & couvertes des plus beaux bois. Des chênes ſuperbes s'élevoient ſur la cîme des rochers, & des torrens

(1) In another part of the bottom of the ravine there is a mountain composed of the ſame clay ſoil, and which was probably a piece of the plain detached by an earthquake at ſome former period; it is about 250 feet high, and about 400 feet diameter at its baſis: this mountain, as is well atteſted, has travelled down the ravine near four miles, haveng been put in motion by the earthquake of the 5 th of February.

(2) The other girl was about eleven years of age; she remained under the ruins ſix days only; but in ſo very confined and diſtreſsful a poſture, that one of her hands, preſſing againſt her cheek, had nearly worn a hole through it.

(3) He found himſelf ſitting aſtride, *à califourchon*, of a beam at leaſt fifteen feet hig in the air.

rapides remplissoient souvent les fonds des vallées étroites dans lesquelles j'étois obligé de passer, ce qui rendoit les chemins très-mauvais & fort peu sûrs. Mes deux gardes prirent le parti de se séparer, l'un marchant devant moi & l'autre derrière; la route se trouvoit obstruée par les chûtes des arbres & des rochers, ce qui nous obligea souvent d'en prendre encore de plus dangereuses : heureusement les chevaux Calabrois ont le pied aussi sûr que des chèvres. Nous éprouvâmes au milieu de ces mauvais pas une assez vive secousse de tremblement de terre, accompagnée d'une forte explosion, assez semblable à celle d'une mine qui saute en l'air, mais mon bonheur voulut qu'aucun des rochers ni des arbres que je voyois suspendus au-dessus de nos têtes ne se détachât dans ce moment-là.

Après avoir passé les bois de *Bagnara*, *Sinopoli* & *Solano*, je traversai de riches campagnes semées de bled & de lin, naturellement ornées de bosquets & de groupes d'arbres semés çà & là, aussi pittoresquement que le pourroient être nos plus beaux parcs. Ce charmant paysage continue ainsi jusqu'à l'extrémité d'une plaine élevée, d'où l'on découvre tout le Phare de *Messine*, les côtes de la *Sicile* jusqu'à *Catane*, & le terrible Mont *Etna*, qui s'élève fièrement au-dessus, & termine ce magnifique tableau, un des plus beaux & des plus riches que l'on puisse imaginer.

Il régnoit déjà malheureusement dans cette belle & fertile contrée, un commencement de maladie épidémique qui pourroit devenir funeste avec les chaleurs, & qui est une suite naturelle, tant de cette affreuse calamité, que du mauvais air produit par les débordemens des rivières. Quelques Pêcheurs m'ont assuré que la nuit du 5 Février, le sable des bords de la Mer étoit chaud & brûlant, & que l'on avoit vu sortir du feu de la terre dans plusieurs endroits. Cette circonstance m'a été répétée plusieurs fois dans le Pays; mais je pense que ce phénomène ne peut avoir été causé que par des exhalaisons électriques sorties de la terre dans les momens des plus violentes secousses, ainsi que nous voyons les fumées des volcans être une suite naturelle des grandes éruptions; car je n'ai vu dans toute cette tournée aucun signe de matière volcanique sortie des fentes & des crevasses formées par le tremblement.

Depuis cette plaine de *Bagnara* jusqu'à *Reggio*, les chemins sont bordés de maisons de campagne & de bosquets d'orangers. Je n'ai point vu que les habitations y fussent autant endommagées que dans les lieux que j'avois traversés; néanmoins elles étoient toutes abandonnées, & nous trouvâmes les Habitans campés dans des baraques entourées de tous ces boccages de mûriers, d'orangers & de figuiers, dont tous les environs de *Reggio* sont couverts. Je fus visiter une des principales Habitations du Pays, que l'on me dit être des plus riches de cette partie de la grande *Grèce*, à environ un demi-mille de *Reggio*, & je la trouvai véritablement curieuse à voir. Elle appartient à un Gentilhomme dont, par paranthèse, le nom de baptême est *Agamemnon ;* on ne peut décrire le nombre & la beauté de tous les arbres fruitiers dont sa maison est entourée, en orangers, limons, cédras & bergamotiers. Le sol sablonneux, la douce chaleur de son exposition, & la possibilité d'amener une eau limpide & claire par de petits canaux qui arrosent le pied de tous ces arbres, contribuent sans doute à en augmenter la prodigieuse végétation. D. *Agamemnon* m'assura que c'étoit pour lui une mauvaise année, quand il ne retiroit de son jardin, qui n'est pas très-grand, que cent soixante-dix mille limons, deux cents mille oranges, qui me parurent aussi bonnes que celles de *Malte*, & deux cents quartauts d'essence de bergamote, que l'on exprime de l'écorce du fruit. J'appris encore une autre singularité de ces délicieux jardins de *Reggio*, c'est que l'on fait tous les ans deux récoltes de fruit de chaque figuier, l'une au mois de Juin, & l'autre dans le mois d'Août.

Mais pour retourner à mon sujet, dont j'avoue que j'étois souvent détourné par la beauté & la fertilité extrême de cette riche Province, j'arrivai vers le coucher du soleil à *Reggio*, que je trouvai moins endommagée que je ne m'y attendois; cependant la frayeur en avoit fait sortir tous les Habitans, pour se baraquer sous des tentes hors de la Ville; mais n'ayant encore pu voir depuis mon arrivée dans la Calabre, que des ruines & des décombres, c'étoit pour moi un spectacle agréable & nouveau que de rencontrer quelques maisons entières, ou une Eglise avec un clocher encore sur pied. Il est certain que d'après l'horrible fléau qui vient de désoler tout ce Pays, la frayeur & l'épouvante se sont emparées de ses malheureux Habitans, au point qu'il y a tout lieu de croire que longtemps après que la tranquillité sera revenue, & après la cessation absolue des tremblemens de terre, un grand nombre d'entr'eux continueront de vivre, comme ils font actuellement tous, sous des baraques, quoiqu'elles soient en général, & excepté une très-petite quantité, bien mal construites.

Reggio a été effectivement très-maltraitée par ce dernier tremblement, mais il s'en faut de beaucoup qu'elle soit détruite. Au reste, l'Archevêque de cette Ville, Prélat sensible, actif & plein d'humanité, s'est distingué & s'est fait le plus grand honneur depuis le commencement de cette calamité, ayant entièrement disposé de ses revenus, des ornemens des Eglises, & vendu ses chevaux & ses équipages, pour secourir les malheureux. Excepté cet exemple & quelques autres en bien petit nombre, j'ai observé dans presque tous les lieux où j'ai passé, une indolence, un abattement, & une inactivité dans tous les Habitans, qui ajoutoient encore à leur malheur, quoiqu'il semble que de pareils évènemens devroient donner & inspirer à l'ame la plus grande énergie. Il faut espérer que le Gouvernement infatigable dans ses efforts, parviendra, par la sagesse de ses moyens, à réparer le mal, & à prévenir les suites de cette consternation générale, qui finiroit par causer la ruine absolue d'une des plus riches Provinces de l'Europe.

La soie & les essences de bergamote, de limon & d'orange, sont les grands articles de commerce de *Reggio* : je suis sûr qu'il ne s'en exporte pas moins de cent mille quartauts par année. L'on donne les fruits à manger aux bœufs & aux vaches, après en avoir enlevé les écorces: aussi ai-je entendu dire que dans cette saison, la chair de ces animaux a un goût de bergamote, qui peut paroître fort désagréable.

Le digne Archevêque de cette Ville m'a donné des détails de divers tremblemens de terre arrivés à *Reggio* à différentes époques, & nouvellement en 1770 & 1780, où tous les Habitans au nombre de plus de seize mille, ont passé plusieurs mois sous des tentes. Cette longue expérience a passé des hommes aux animaux, & l'on prétend qu'entr'autres les oyes ont un instinct qui les distingue sur tous, & leur fait pressentir plutôt qu'aux hommes les approches de ces funestes évènemens.

Ce que *Reggio* a perdu d'Habitans à ce dernier tremblement, est en proportion du peu de dommage qu'ont reçu les maisons de la Ville, & n'excède pas cent vingt-six personnes. Comme il est arrivé l'après-midi, & qu'il s'est fait sentir par degrés, les Habitans ont eu le temps de se sauver de leurs maisons. L'on sçait que cette Ville a été autrefois détruite par un évènement semblable, avant la guerre des *Marses*, & qu'ayant été rebâtie par Jules-César, elle prit alors le nom de *Reggio Julio*.

Le 14 de Mai, je laissai *Reggio*, mais le vent étant contraire, je fus obligé de faire atteler quelques bœufs à ma barque pour gagner la pointe de *Pezzolo*, en face de *Messine*, d'où en bien peu de temps la force des courans nous fit arriver, à l'entrée de la nuit, dans le Port de cette Ville. La Tour du Phare, vue au clair de la lune, & ce superbe Port à demi ruinés, me frappèrent par leur aspect pittoresque. Il est certain que le tremblement de terre, quoique très-violent à *Messine*, a été bien moins terrible pour cette Ville & pour *Reggio*, qu'il ne l'a été dans les plaines de la Calabre.

Le

Le lendemain matin je fus visiter la Ville, & je vis effectivement que cette magnifique façade de bâtimens appellée la *Palazzata*, dont tous les édifices régulièrement construits s'étendoient dans la forme d'un croissant autour du Port, avoit été dans quelques endroits totalement renversée, mais qu'elle étoit aussi moins ruinée dans d'autres : j'observai qu'il s'étoit formé quelques fentes dans le Quai, dont une partie s'étoit abbaissée d'environ un pied plus bas que le niveau de la mer. Il est vraisemblable que ces fentes ou crevasses ont été occasionnées par le mouvement horisontal de la terre, & par la même cause qui avoit renversé & détaché des parties entières de terrein dans les ravins d'*Oppido* & de *Terra Nuova* : la mer sur le bord du Quai est d'une telle profondeur, que les plus gros vaisseaux peuvent y aborder, conséquemment la terre dans ces violentes commotions, ne trouvant point d'appui du côté de la mer, se sera nécessairement fendue dans quelques endroits ; je suppose que le plus grand dommage des édifices qui bordoient le Quai, provient des crevasses qui se seront ainsi formées sous leurs fondations.

Plusieurs maisons sont encore sur pied, & beaucoup d'autres sont peu endommagées, même dans la partie basse de *Messine*, & j'ai remarqué que sur les hauteurs & dans les situations les plus élevées, le tremblement de terre n'y avoit presque point produit d'effet. Une preuve évidente qu'il a été beaucoup moins violent dans cette Ville que dans les plaines de la Calabre, c'est que le Couvent de *Santa Barbara*, & le Noviciat des Jésuites, tous deux situés sur les hauteurs, n'ont souffert aucun dommage, & que l'horloge de cette dernière maison n'y a pas même été dérangé, quoique les tremblemens de terre qui ont affligé tout ce Pays, y durent depuis quatre mois, & que de légères secousses se soient fait encore sentir dans le mois de Mai. En outre, tout le monde sçait que sur trente mille Habitans qu'il y avoit à *Messine* lors du tremblement, il n'en a péri que sept cents.

J'ai au reste trouvé des rues entières inhabitées, des boutiques ouvertes & abandonnées, la frayeur ayant contraint tous les Habitans à se baraquer sous des tentes, dans les champs & dans les campagnes autour de la Ville. Ces tentes y sont construites à d'assez grandes distances les unes des autres, ce qui est un grand inconvénient pour une Ville de Commerce, & à moins qu'on ne prenne les plus grandes précautions pour entretenir la propreté dans l'assemblage de toutes ces incommodes habitations & élevées à la hâte, il est bien à craindre que la malheureuse *Messine* ne soit de nouveau exposée à souffrir encore de quelque maladie épidémique dans le temps des grandes chaleurs, ainsi que nous l'avons déjà vu dans quelques parties de la *Calabre*.

Je n'ai pu m'empêcher de faire une remarque, en rencontrant un grand nombre de Religieuses, que l'on avoit, ainsi que les autres Habitans, également mises à l'abri sous des baraques : en les voyant se promener sous la direction & la tutelle de leurs Confesseurs, j'observai qu'elles avoient toutes un air de gaieté, que leur donnoit sans doute le peu de liberté, dont ces pauvres Religieuses jouissoient au moins dans le malheur commun. Cette observation m'en a rappellé une à-peu-près pareille que des écoliers que j'avois rencontrés se promenans en troupe & fort gaiement auprès de *Reggio*, avoit fait naître. Aussi dans le Journal de mon Voyage, que j'écrivis à la hâte, & que j'ai fait transcrire de même pour vous l'envoyer, cette observation est ainsi énoncée ; » *Tremblemens de terre, également agréables* » *aux Religieuses & aux Ecoliers* «.

Plusieurs personnes m'ont assuré que dans le moment des secousses de tremblement, l'on avoit vu sortir du feu de ces crevasses du Quai, dont nous avons parlé, mais il n'en existe sur la place même aucun indice visible, & je suis persuadé que ce n'étoit autre chose que des vapeurs chargées d'une grande quantité de feu électrique, ou d'une sorte d'air inflammable, ainsi que nous l'avons observé dans la *Calabre*.

Une circonstance encore assez curieuse qui nous prouve que les animaux peuvent, ainsi que nous l'avons déjà remarqué, vivre assez longtemps, sans prendre absolument aucune nourriture, c'est que deux mulets appartenans au Duc de *Belviso*, sont restés ensévelis & vivans sous des ruines, l'un pendant vingt-deux, & l'autre pendant vingt-trois jours; ils ont été ensuite quelques jours sans vouloir manger, mais buvants considérablement, & ils sont aujourd'hui tout-à-fait rétablis. Il y a un grand nombre d'exemples d'autres animaux, qui en ont également échappé, entr'autres plusieurs chiens, & notamment une poule qui appartenoit au Vice-Consul d'Angleterre à *Messine*, & qui fut retrouvée encore vivante sous les ruines de la maison au bout de vingt-deux jours: elle n'a pas voulu non plus manger pendant quelque temps, mais elle buvoit beaucoup, & se porte actuellement à merveilles. En réunissant ces différens faits, ainsi que l'exemple des jeunes filles d'*Oppido*, & celui des cochons de *Sorriano*, il résulte que ces jeûnes aussi horriblement prolongés sont toujours accompagnés d'une soif cruelle & de la perte totale de l'appétit.

D'Après les informations que j'ai prises sur la nature des secousses que la terre a éprouvées à *Messine*, il paroît que les premières, celles du 5 Février, ont été verticales; & que celles des autres jours ont été plutôt horisontales, & la terre comme tournante sur elle-même. Les Gens de mer ainsi que tous les Pêcheurs de la Côte de la *Calabre*, m'ont dit que pendant tout le temps qu'ont duré ces terribles tremblemens de terre, l'on avoit pu prendre très-abondamment sur le sable un espèce de petit poisson appellé en Italien *Cicirelli*, & qui ressemble beaucoup à ce que nous nommons en Anglois *White-bait*, mais un peu plus fort. Ce poisson que l'on ne trouve d'ordinaire que dans le fond de la mer, & qui est fort rare, & fort recherché par cette raison, avoit été rejetté sur la rive, & en telle quantité, qu'il servoit de nourriture au pauvre Peuple. Il est très-vraisemblable que le sable du fond de la Mer ayant été échauffé vivement par les feux Volcaniques qui se seront formés au-dessous, les tremblemens continuels de la terre auront fait sortir ces poissons hors de leurs retraites & les auront obligés de s'élever sur la superficie de la Mer.

J'ai trouvé au reste que la Citadelle de *Messine* n'avoit reçu aucun dommage considérable, & qu'elle étoit dans le même état que je l'avois laissée il y a quinze ans. Le Lazareth a souffert, il est vrai, plusieurs crevasses, de même nature que celles qui sont arrivées au Quai, & par la même cause, mais le Port en lui-même n'a éprouvé aucun mal réel dans les derniers tremblemens. L'Officier qui commandoit dans la Citadelle, m'a assuré que le jour fatal du 5 Février, & les trois jours suivans, la Mer à trois quarts de mille de cette Forteresse, s'étoit élevée avec un bouillonnement très-extraordinaire, un bruit horrible & très-alarmant, mais que dans les parties plus éloignées du Phare, elle étoit presque dans un calme parfait. Cette observation paroît être une nouvelle preuve que ce sont les exhalaisons ou éruptions Volcaniques du fond de la Mer qui probablement ont causé la plus grande violence de ces tremblemens de terre.

Je partis de *Messine* le 17 Mai, & continuai ma route dans mon Espéronare le long de la côte Sicilienne jusqu'à la pointe de l'entrée du Détroit où je mis pied à terre; j'y rencontrai un Prêtre qui s'y étoit trouvé pendant la nuit du 5 au 6 Février, lorsque la grande vague avoit passé par-dessus cette pointe de terre, arrachant des arbres, & laissant derrière elle des milliers de poissons, qu'elle avoit déposés sur la terre ferme, après avoir entraîné avec elle plusieurs bateaux & environ vingt-quatre personnes. Ce pauvre Prêtre avoit été lui-même couvert de la vague, & n'avoit pu sauver sa vie qu'avec beaucoup de difficulté. Il me dit d'abord que l'eau étoit chaude, mais comme j'étois curieux de m'assurer de la certitude de ce fait, intéressant à vérifier, je lui demandai s'il en étoit bien sûr, & comme je le pressai beaucoup, il convint que l'eau n'étoit pas plus chaude qu'elle ne l'est ordinairement dans les chaleurs de l'été. Il me dit aussi que cette vague s'étoit élevée avec un bruit effrayant, à une très-grande hauteur, & avec une telle rapidité qu'il avoit été impossible de l'éviter. La Tour qui est sur la pointe du Phare étoit à moitié détruite, & un malheureux Prêtre qui s'y trouva y perdit la vie.

Je traversai le Détroit pour gagner *Scylla*, où je desirois de rejoindre mon ami le Père *Minazzi*, Dominicain, homme respectable & habile Naturaliste; il est lui-même natif de *Scylla*, & actuellement chargé par l'Académie de *Naples*, de lui envoyer une description des phénomènes qui ont accompagné dans ce lieu le tremblement de terre. Avec son assistance, & étant sur les lieux mêmes, je vins à bout de m'instruire parfaitement de ce qui avoit occasionné cette vague formidable, dont, à ce que l'on avoit prétendu, l'eau étoit bouillante. Tout le monde sait combien cette terrible vague a été fatale au Baron de ce Pays, le Prince de *Scylla*, puisqu'elle l'a entraîné lui-même de dessus le rivage dans la mer, avec deux mille quatre cents soixante & treize de ses Vassaux.

Voici comment le fait est arrivé. Le Prince de *Scylla* ayant remarqué que pendant la première secousse du 5 Février, une partie d'un rocher, près de *Scylla*, avoit été emportée & jettée dans la mer, & craignant que celui de *Scylla* même ne se détachât aussi, crut plus prudent de se réfugier dans des bateaux sur le bord de la mer, & de se retirer dans un petit port ou espèce d'anse qui se trouve au pied du rocher. La seconde secousse du tremblement étant survenue vers minuit, renversa une nouvelle montagne toute entière, beaucoup plus haute encore que celle de *Scylla*; celle-ci étant tombée avec un bruit épouvantable dans la mer, quoique dans un temps parfaitement calme, en fit soulever les eaux à une hauteur extraordinaire; la vague fut se briser à l'autre côté du détroit sur la pointe de terre appellée *Punta del Faro*, mais avec une telle violence, qu'en retournant avec fureur & directement sur le rivage, où ce Prince & les malheureux Habitans de *Scylla* s'étoient réfugiés, ils furent tous fracassés avec leurs bateaux contre les rochers, ou entraînés & précipités dans la mer: ceux qui avoient échappé à la première & à la plus grande vague, furent entraînés par une seconde ou une troisième qui étoient moins considérables, mais qui succédèrent immédiatement à la première, & balayèrent tout ce qui étoit sur le rivage.

J'ai conversé ici avec plusieurs hommes, femmes & enfans, qui ont été cruellement maltraités par ce terrible évènement: mais si l'on vouloit recueillir tous les faits, toutes les circonstances extraordinaires, & les malheurs de toute espèce qui sont arrivés dans cette ville, ainsi que dans toutes celles que nous avons vues détruites dans les plaines de la Calabre, on en formeroit un très-gros volume (1).

Dans mon retour à *Naples*, où j'arrivai le 23 Mai, le long de la côte des deux Calabres & de la Principauté citérieure, je ne mis pied à terre qu'à *Tropea*, *Paula* & dans la baie de *Palinure*. Je trouvai *Tropea*, qui est situé au haut d'un rocher dominant sur la mer, très-peu endommagé: cependant tous les Habitans s'étoient sauvés dans des baraques, ainsi qu'à *Paula*. Le 15 Mai il y eut à *Tropea* une secousse assez violente, mais qui fut de peu de durée, & pendant tout mon voyage & le séjour que j'ai fait, tant dans la Calabre que dans la Sicile, j'en ai encore compté cinq, trois desquelles furent assez alarmantes.

Je suis réellement honteux, Monsieur, de vous envoyer cet extrait de mon journal si mal en ordre, & fait si fort à la hâte; mais j'ai réfléchi que si je ne vous l'envoyois pas tout de suite, ce sujet deviendroit vieux & rebattu pour la Société Royale qui est sur le point de se séparer pour tout l'Eté, & de deux inconvéniens j'ai préféré de choisir le moindre. De pareils

(1) M. HAMILTON cite ici quelques-uns de ces accidens funestes arrivés à *Scylla*, dont nous avons cru devoir supprimer le récit, ainsi que d'autres détails qui, tout intéressans qu'ils peuvent être, nous ont paru apporter ici quelques longueurs. A cette omission près, & qui est peu considérable, la Traduction que nous offrons est parfaitement conforme à l'Original. Nous ne doutons point que cette Notice, cette Relation d'un Voyage fait dans ce moment-ci en Calabre, & par un Observateur aussi éclairé, ne soit agréable à nos Lecteurs, & qu'ils ne la trouvent, ainsi que nous, du plus grand intérêt.

croquis tout imparfaits & tout incorrects qu'ils puissent être, ont cependant, comme en Peinture, le mérite d'une première esquisse, dont l'esprit & tout le prix disparoissent souvent, lorsque le tableau est correctement fini : mais avant de vous quitter, permettez-moi de réunir ici le résultat de mes observations, & de vous faire part des raisons qui me portent à croire que les derniers tremblemens de la Calabre & de la Sicile n'ont été occasionnés que par quelque volcan nouveau, dont il y a toute apparence que le foyer doit être placé, soit dans le fond de la mer entre l'Isle de *Stromboli* & la côte de la Calabre, soit au-dessous des plaines situées vers *Oppido* & *Terra Nuova*.

Si sur une Carte géographique d'Italie, vous mesurez avec votre compas une Echelle de milles Italiens, & que vous y preniez l'étendue de vingt-deux milles : fixant ensuite votre point central sur la Ville d'*Oppido*, que je crois le lieu où le tremblement de terre a exercé sa plus grande force, si vous formez un cercle, dont le rayon sera, comme je viens de le dire, de vingt-deux milles, vous y trouverez compris toutes les Villes & les Villages qui ont été entièrement ruinés, ainsi que les lieux où il a péri le plus d'Habitans, & où sont survenus les changemens les plus visibles sur la surface de la terre : étendant ensuite votre compas sur la même Echelle jusqu'à soixante-douze milles, & en conservant le même centre, si vous formez un autre cercle, vous trouverez dans toute cette plus grande étendue tous les lieux qui auront plus ou moins souffert, à proportion de leur éloignement plus ou moins grand du centre supposé de cette catastrophe.

Une autre remarque que j'ai encore faite, a été que de deux Villes à égale distance du centre, dont l'une seroit située sur une Montagne, & l'autre dans une plaine ou dans un fond, cette dernière avoit toujours beaucoup plus souffert que l'autre; ce qui paroît une preuve évidente que la cause & le principe du bouleversement partoient nécessairement du fond & des entrailles de la terre. Il en résulte encore que le fond de la Mer étant plus voisin de la cause volcanique, devroit être, (s'il y avoit moyen de le voir,) infiniment plus tourmenté que la superficie de la terre.

Enfin l'idée que je me représente de tout le local actuel de ces tremblemens de terre, est qu'ils ont été occasionnés de la même manière & par les mêmes causes qui ont formé les Isles Eoliennes ou *Lipari*; que peut-être il s'est fait une nouvelle ouverture au fond de la Mer, & cela très-probablement entre *Stromboli* & la Calabre ultérieure, car tout le monde convient que c'est de cette partie de la Mer que sembloit partir le plus décidemment le bruit souterrein; & que les fondemens d'une nouvelle Isle ou Volcan, que nous ne voyons point encore, peuvent exister sous les eaux : il est même possible qu'il se passe des siècles, lesquels pour la nature ne sont que des moments, avant que cette Isle soit entièrement formée, & qu'elle paroisse au-dessus du niveau de la Mer. La nature est toujours active, mais sa marche & ses actions sont, en général, conduites avec tant de lenteur, qu'elles sont à peine apperçues par l'œil des mortels, ou rapportées dans ce court espace que nous appellons l'histoire, quelqu'anciennes qu'elles puissent être. Il est possible aussi que toute la destruction & le bouleversement que je viens de décrire, ne procèdent simplement que des exhalaisons des vapeurs renfermées dans les entrailles de la terre, vapeurs toujours causées par la fermentation des minéraux qui produisent les Volcans, & qui se feront fait jour dans les endroits où elles ont rencontré le moins de résistance.

Lorsque les détails que l'Académie Royale de Naples doit publier, seront mis au jour avec les Cartes, les Plans & les Dessins des lieux & des sites curieux que j'ai décrits, je me flatte que cette esquisse imparfaite pourra devenir de quelque utilité. Vous savez, Monsieur, combien sans l'aide des Plans & des Dessins, il est difficile de se rendre intelligible sur un sujet tel que celui-ci.

A Naples, ce 23 Mai 1783.

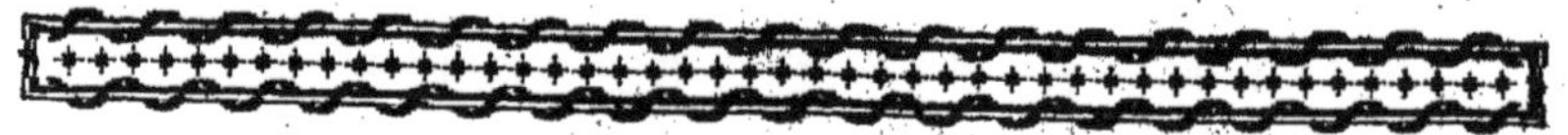

VOYAGE PITTORESQUE DE LA GRANDE-GRÈCE.

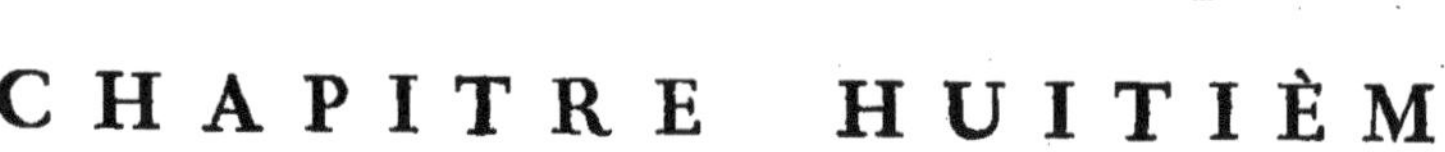

CHAPITRE HUITIÈME.

SUITE DU VOYAGE DE LA CALABRE (1).

ROUTE DEPUIS LE DÉTROIT DE MESSINE JUSQU'AU NERINO,

EN PASSANT

PAR TROPEA, NICASTRO, COSENZA.

LES approches de l'hiver, & la crainte des pluies, qui d'ordinaire commencent tous les ans en Italie vers la fin de l'automne, furent ce qui nous détermina à abandonner la Sicile, malgré tous nos regrets pour *Messine* & ses environs délicieux. Ayant donc achevé d'examiner ce que cette Ville pouvoit renfermer de plus curieux & de plus intéressant à voir, le 29 Novembre 1778 nous nous

(1) Plusieurs Personnes nous ayant fait observer qu'il seroit plus naturel, avant d'entreprendre le Voyage de la Sicile, de terminer entièrement celui de la Grande-Grèce, nous avons pensé devoir interrompre pour un moment la marche que nos Dessinateurs ont réellement suivie en passant tout de suite de *Reggio* à *Messine*. Nos Souscripteurs pourront voir sur la Carte générale du Voyage, ainsi que par la description sommaire que nous leur en avons donnée, le chemin qui leur reste à faire pour terminer le circuit de la Côte occidentale du Royaume de Naples, c'est ce que nous devons parcourir dans les trois Chapitres qui nous restent à leur donner dans ce moment-ci. Ces trois Chapitres, avec celui du Discours Préliminaire ou Recherches sur la Grande-Grèce, qui doit y servir d'Introduction, compléteront le troisième Volume de notre Voyage.

Nous nous sommes déterminés à faire ce léger changement à la marche que nous projettions d'abord de suivre, d'autant plus volontiers, que nous avons pensé qu'il seroit infiniment plus agréable aux Souscripteurs de pouvoir jouir de ce troisième Volume, & de le faire relier tout de suite, s'ils le jugent à propos, en y renfermant tout ce qui regarde la Grande-Grèce, comme le quatrième doit comprendre également ce qui appartiendra à la Sicile.

embarquâmes pour repaſſer en Italie ; malheureuſement nous ne pouvions éviter la terrible Quarantaine qui nous y attendoit à notre arrivée (1).

Cette certitude & le temps que nous ſerions obligés d'y employer inutilement, nous firent prendre le parti d'abréger notre Voyage, en ne retournant point à *Reggio*, que nous avions déja vu, & d'aller directement par Mer gagner *Tropæa*, d'autant plus que nous évitions par ce moyen d'être peut-être encore retardés dans notre route par des Fleuves conſidérables de la Calabre, le *Metauro* & le *Metrano* que nous aurions eu à traverſer, & qui ſouvent dans cette ſaiſon, ſont débordés, au point d'arrêter quelquefois les Voyageurs pendant pluſieurs jours.

Ce que nous regrettions le plus, étoit de ne pouvoir deſſiner que de loin le Rocher de *Scylla* ; cependant comme nous étions curieux d'emporter au moins une idée de cet Ecueil célèbre, un de nos Deſſinateurs en prit d'abord une Vue de l'autre côté du Détroit, & tel qu'on le voit du Phare même de *Meſſine*. L'autre Vue eſt beaucoup plus détaillée, étant deſſinée d'auſſi près qu'il nous fut poſſible d'en approcher, car indépendamment de la crainte que nous avions d'être entraînés par les courants, nous avions encore celle des coups de fuſil des Gardes-Côtes, ce qui nous obligea de nous tenir toujours à quelque diſtance.

VUES DU ROCHER ET ÉCUEIL DE SCYLLA, PRISES EN TRAVERSANT LE DÉTROIT DE MESSINE.

PLANCHES SOIXANTE-DOUZIÈME ET SOIXANTE-TREIZIÈME.

Ce célèbre & terrible Ecueil de *Scylla* n'eſt autre choſe qu'un Rocher preſque iſolé & coupé à pic, que l'on voit s'avancer dans la Mer, au milieu d'une Anſe formée ſous de hautes Montagnes dont toute cette Côte de la Calabre eſt environnée. L'on apperçoit de loin un Château poſé ſur la crête de la Montagne,

(1) Cette Quarantaine eſt en effet très-redoutable ; & la peur que nos Voyageurs en avoient avec raiſon, venoit, ainſi que nous le verrons dans le cours de leur Voyage de la Sicile, de ce qu'ayant été faire une courſe légère à *Malthe*, ils furent à leur retour en Sicile, obligés de reſter dans le Port de *Syracuſe* pendant vingt-huit ou trente jours, ſans autre aſyle que la barque même qui leur avoit ſervi pour leur Voyage. L'on ſait que depuis la terrible peſte de *Marſeille* en 1720, & celle qui détruiſit preſque la Ville de *Meſſine* en 1743, l'on eſt de la plus grande rigueur dans tous les Ports de la Méditerranée, pour les Bâtimens & les Voyageurs qui y arrivent par Mer.

avec un Village assez considérable, qui descend ensuite le long du Rocher par une pente rapide, jusqu'au bord de la Mer. Il nous parut qu'il y avoit dans le bas une espèce de petite Rade sur une plage étroite & propre à recevoir seulement quelques bateaux de Pêcheurs. L'on voit en avant de l'Ecueil de *Scylla* d'autres Roches aigües & déchirantes, où l'onde & les courants venant à se briser avec un bruit effroyable, ont donné lieu à ces fictions de têtes de chiens qui intimidoient autrefois les Navigateurs par leurs hurlements, & allongeoient leurs têtes redoutables pour dévorer les Passants (1).

Un Vaisseau qui seroit entraîné par les courants, quand il s'en est approché jusqu'à un certain point, quelque forte voile & quelque vent qu'il ait, ne peut effectivement éviter l'Ecueil où la force supérieure du courant l'entraîne, & s'il vient alors à donner sur les Rochers, sa perte est aussi prompte que certaine. Il ne faut cependant pas croire que *Scylla* soit également fatal dans tous les instants, & nous avons vu pendant notre séjour à *Messine*, qu'un Vaisseau Mahonois, qui, dans un orage étoit venu chercher asyle au milieu de ces Ecueils, l'y trouva, en évitant heureusement le courant & passant avec adresse derrière les Rochers.

L'Entrée de cette partie du mouillage à *Scylla*, prise en y arrivant du côté de la grande Mer, est en général assez praticable. Le danger se trouve beaucoup plutôt à la sortie, & quelquefois même cette sortie devient impossible dans de mauvais temps : les Bâtimens se trouvants dans un abri absolu par les hautes Montagnes qui les entourent, ne sauroient gagner le vent dont ils ont besoin pour être poussés au large. Le malheureux Mahonois éprouva ce sort là, &, comme dit le proverbe, ne sortit de *Scylla* que pour tomber en *Carybde*, car un Pirate qui avoit su son arrivée, l'attendit au sortir de l'Ecueil, & fut le prendre à six milles de *Messine* sous le Cap *Scaletto*.

Pendant que nous étions occupés à dessiner & à prendre différentes Vues de *Scylla*, chacun de notre côté, le vent vint à fraîchir, le ciel se couvroit de plus en plus, la vague étoit déja forte. Le *gregal*, qui dominoit nous poussoit sur la funeste Côte du Golfe de *Gioia*, Côte fort dangereuse, & dont encore l'impitoyable Quarantaine nous obligeoit de nous éloigner ; nous opinâmes donc tous de retourner tout de suite au Phare de *Messine*, où nous arrivâmes un instant après, car le Détroit dans cet endroit n'a pas trois milles de largeur. Nous passâmes la nuit

(1) *Præstat Trinacrii metas lustrare Pachyni*
Cessantem, longos & circumflectere cursus,
Quam semel informem vasto vidisse sub antro
Scyllam, & Cæruleis canibus resonantia saxa.
Virg. Æneid. L. III.

Il y a lieu de croire que le bruit que font les vagues de la Mer, en se brisant avec violence contre les cavités des Rochers, & qui ressemble effectivement beaucoup aux cris & aux aboiemens d'une meute de chiens que l'on entendroit dans l'éloignement, a donné lieu à cette étrange & bizarre imagination.

dans une maison de Pêcheur, & le lendemain le vent ayant heureusement passé du *gregal* au *scirocco*, nous mîmes à la voile à une heure après midi, & fîmes canal en tirant droit au Cap *Vaticano*.

Dès que nous eûmes dépassé la Tour du Phare, nous vîmes de loin le *Stromboli*, qui, à cette distance, ne paroît être qu'une grosse Montagne isolée en forme de cône, & dont la double cime envoie continuellement dans l'air des tourbillons de flamme & de fumée. Un peu plus loin, il y a un autre Volcan, appellé *Panaria*, qui est dans la même forme, mais beaucoup moins élevé, ensuite les autres petites Isles Eoliennes, que nous avions tant de regret de laisser derrière nous, sans pouvoir les aller examiner de plus près, mais l'inévitable quarantaine que nous aurions eue à y appréhender également, ne nous permit de les voir & de les dessiner que de loin (1).

De l'autre côté, & sur la Côte de la Calabre, nous dépassions *Bagnara*, petite Ville un peu au-dessus & dans le genre de *Scylla*, dont il semble que l'on ait également versé les maisons du sommet de la Montagne, & qu'elles soient restées accrochées le long de la pente escarpée de la Côte. Plus loin la Ville ou Bourg de *Pàlmi* est mieux assis sur une Terrasse qui nous parut très-cultivée.

VUES DE LA VILLE
ET
DU PORT DE TROPÆA.
PLANCHE SOIXANTE-QUATORZIÈME.

NOTRE *scirocco* se soutenoit toujours *bon-frais*, & nous laissâmes enfin derrière nous cette terrible & menaçante partie des Isles de *Lipari*. Du côté de la Calabre nous entrevîmes *Gioia*, au fond d'un Golfe auquel il donne son nom, & qui est situé dans un Pays plus uni & moins sauvage, *Nicotera* & le Cap *Vaticano* commençoient à se découvrir, & il nous parut que les Sites & les détails pouvoient en être intéressans : mais au coucher du soleil le vent vint à baisser & à tomber si absolument, que nous fûmes obligés de faire à la rame sept milles qui nous restoient encore à parcourir. L'ennui & sur-tout le bruit uniforme des Rameurs nous endormirent tous, & nous n'arrivâmes à *Tropæa* qu'à quatre heures après minuit.

(1) La Description & les Vues des Isles Volcaniennes se trouveront à la fin du Volume de la Sicile, comme en faisant partie.

Nous

Nous passâmes le reste de la nuit balottés dans le Port de *Tropæa* & assez mal à notre aise ; enfin à la pointe du jour, nous apperçûmes cette petite Ville perchée sur un Rocher, & perpendiculairement placée au-dessus de nos têtes ; il en descendit bientôt une députation qui vint pour nous reconnoître ; heureusement elle se trouva composée de Gens plus honnêtes & plus humains qu'à *Syracuse*, car après avoir reçu nos Passe-ports & s'être plaints de la nécessité & de l'obligation où ils se trouvoient de nous retenir ainsi en captivité, ils s'employèrent obligeamment à nous secourir & à nous trouver un asyle ; bientôt le Syndic de la Ville & le Marquis *Pelia* pour lequel nous avions des lettres de recommandation, vinrent nous en proposer un, que nous aurions choisi nous-mêmes, tant sa situation nous parut singuliere & pittoresque : c'étoit une espèce de Château abandonné ou d'Hermitage bâti sur le haut d'une Roche escarpée, qui ne tient à la terre que par un Pont, & qui s'avance dans la Mer comme le Château de *Pierre-Encise* à Lyon.

Rien ne ressemble plus effectivement à cette prison célèbre en France, que l'espèce d'Hermitage ou de Donjon dans lequel nous fûmes confinés ; mais comme tout est affaire de comparaison dans la vie, & que le Lazareth de *Syracuse* nous avoit rendu peu difficiles, nous trouvâmes celui-ci d'un agrément & d'une commodité infinies ; nos Gardes nous servoient, nous nous trouvions parfaitement logés, & ce qui n'étoit pas indifférent pour nous, dans une position charmante, ayant d'un côté la Ville de *Tropæa*, dans le Site le plus pittoresque, de l'autre côté la Mer qui venoit battre jusqu'au pied de notre Rocher, & en face le terrible *Stromboli* à soixante milles de nous.

Nous eûmes bientôt fait notre établissement, nous nous distribuâmes quelques greniers ou galetas abandonnés, dont nous fîmes nos chambres à coucher, une vieille Chapelle gothique nous servoit de sallon d'assemblée ; c'étoit là où nous recevions ceux qui venoient nous visiter, & dans nos momens de loisir, un de nos passe-temps les plus amusans consistoit à faire de loin des signes & des mines aux Femmes de la Ville qui nous lorgnoient de leurs fenêtres, & avec lesquelles nous avions de loin des conversations suivies, car en Italie, on apprend à tout dire avec ce moyen, qui ne laisse pas, quand on y est accoutumé, d'avoir sa grace & ses finesses.

Le reste de notre exil fut employé à dessiner dans les environs de *Tropæa*, & à prendre des Vues de notre Habitation sous differens aspects. Une de ces Vues, que nous avons fait graver ici, représente les dehors de la petite Ville de *Tropæa*, assise sur des Rochers coupés à pic, avec les Chemins ou plutôt les Escaliers qui ont été creusés dans la Roche même, pour pouvoir y aborder.

En face & sur le bord de la Mer est le Rocher isolé, au haut duquel étoit le petit Hermitage qu'on nous avoit donné pour retraite. L'Artiste auquel nous devons cette jolie Composition, ne manquant jamais de tirer parti de tout ce qu'il rencontroit, & voyant continuellement autour de notre Rocher des Pêcheurs dont les succès étoient souvent d'un grand intérêt pour lui, a imaginé d'orner les devants de son Tableau avec le sujet d'une Pêche des plus abondantes, & dont les détails & les différens Accessoires rendent agréable un des Sites les plus sauvages que l'on puisse rencontrer.

VUE DE L'HERMITAGE DE TROPÆA.

PLANCHE SOIXANTE-QUINZIÈME.

LA Vue que l'on présente dans cette Gravure, N°. 75, est encore celle du même Hermitage de *Tropæa*, mais l'aspect en est pris du côté opposé, & tel que l'on apperçoit le Rocher lorsqu'on y arrive par Mer.

C'est sur la sommité même de ce singulier Rocher qu'étoit placé notre donjon; après en avoir été les Prisonniers, nous en étions devenus les Maîtres, & en vrais Seigneurs Châtelains, nous en fîmes les honneurs aux Chevaliers de la Ville qui venoient nous rendre leurs visites. La Noblesse est assez nombreuse à *Tropæa*, quoique cette Ville soit très-petite; mais attendu qu'elle est regardée comme Ville Royale, & qu'il y en a peu dans la Province, tous les Nobles du Pays s'y retirent, ne voulant point habiter les Cités Baronnales où leurs enfans naissent Vassaux, & par cette espèce de tache du Patronage, sont exclus des grands honneurs de la Noblesse, & de l'entrée au Chapitre de l'Ordre de Malthe.

Dès que la crainte de la peste fut enfin passée, & que nous pûmes quitter notre gîte aërien, nous fîmes notre entrée dans la Ville, que nous trouvâmes bâtie sur la plate-forme d'un autre Rocher & s'avançant également dans la Mer; elle en est presque environnée, excepté par le côté qui tient aux Montagnes, & où se trouve l'entrée de la Ville. Elle étoit autrefois défendue par un Château & un fossé creusé dans le Roc; on nous dit qu'au commencement du siècle il y avoit encore dans ce Château des canons de bronze, mais que le Roi d'Espagne les a fait depuis changer contre de vieux canons de fer, qui ont écrasé leurs affuts, & ne se releveront jamais, suivant les apparences, de l'affaissement où ils reposent.

Il n'y a à *Tropæa* aucune espèce d'Antiquité, & il y a lieu de croire que l'origine qu'on lui donne dans le Pays eſt chimérique. L'on prétend que le nom de *Tropæa* vient de *Trophea*, & que cette Ville fut ainſi nommée, lorſque Scipion retournant de la conquête de Carthage y reçut les honneurs du Triomphe. L'on pourroit objecter peut-être à cette prétention, qu'il n'y a pas grande apparence que Scipion ait choiſi pour une Fête, de la plus grande pompe & du plus grand appareil chez les Romains, un lieu auſſi eſcarpé, ſans Port, ſans Ville, & ſans eſpace pour y loger une armée, auſſi n'y trouve-t-on rien qui vienne à l'appui de cette opinion; des Rues étroites, de mauvaiſes Fabriques, pas un veſtige de Monument, & pas une tradition qui diſe même qu'on ait ſeulement trouvé une Monnoie Romaine dans tout ſon Territoire.

Ce Territoire de *Tropæa* conſiſte dans une petite Plaine, très-peu étendue, élevée & dominée par de plus hautes Montagnes; elle eſt au reſte très-cultivée & très-fertile: des ruiſſeaux y arroſent des jardins agréables, plantés de limons & d'orangers, dont les Habitans font des eſſences qu'ils portent eux-mêmes en France; ils vendent auſſi des tapis ou *couvertes* faites avec le coton qu'ils cultivent & travaillent eux-mêmes; induſtrie & activité bien rares dans les deux Royaumes de Naples & de Sicile.

Nous partîmes de *Tropæa* le 5 Décembre: après avoir monté très-rapidement pendant l'eſpace de trois milles, & laiſſant à main droite l'Apennin que nous côtoyions, nous trouvâmes un chemin agréable & bon pour voyager à cheval à travers un Pays riche, abondant en bled & très-bien cultivé; nous apperçûmes bientôt *Monteleone* à dix-ſept milles de *Tropæa*.

Monteleone eſt un gros Bourg bâti ſur le penchant d'une Monticule, avec un vieux Château; on y compte dix-huit mille Habitans & douze Monaſtères. Le Payſage en eſt agréable, & coupé de plantations d'oliviers grands comme des chênes. Après nous y être repoſés quelques momens, nous continuâmes notre chemin, qui ſe maintint bon & uni pendant trois milles, mais nous eûmes enſuite une éternelle & déſaſtreuſe deſcente de plus d'une lieue de longueur, & qu'il fallut faire encore, pour ſurcroît de malheur, par une pluie épouvantable.

Nous arrivâmes à l'entrée de la nuit au *Pizzo*, bâti ſur le bord de la Mer avec un aſſez bon Château. Il y a dans ce lieu une population de neuf mille Habitans, dont la plupart ſont des Mariniers. Nous allâmes loger chez un d'eux qui nous reçut avec cette franchiſe & cette cordialité dignes des premiers âges: accueil que nous rencontrâmes dans toutes les campagnes de la Calabre, car les Payſans Calabrais, malgré leur mauvaiſe réputation, n'ont que la barbe & l'habit plus noir que les autres. Nous avons même remarqué dans tout notre Voyage, & parcourant tout le Pays preſque en entier, que ceux chez qui le beſoin d'argent eſt le plus preſſant, le demandent d'une façon très-modérée, & ſont tout à vous quand vous les ſatisfaites honnêtement, & que ceux qui ſont un peu plus à leur aiſe, loin de rien demander, ſont pleins de nobleſſe, généreux, empreſſés & obligeans. Nos Hôtes contents de nous, ne ſavoient comment nous traiter, pour que nous le fuſſions d'eux : tout étoit à nous dans leur maiſon, & tous s'empreſſoient à nous ſervir, enfans, amis & voiſins.

Le lendemain nous deſcendîmes ſur le bord de la Mer, pour y voir l'emplacement où étoit autrefois ſituée l'antique *Hipponium*. Cette ancienne Ville Grecque fut depuis appellée par les Romains *Vibona Valentia*, ainſi qu'elle eſt indiquée ſur la Carte Théodoſienne, & maintenant par corruption *Bivona*. Cette Ville avoit un Port au fond du Golfe formé par le Cap *Zambrone*. On dit qu'en Eté, lorſque la Marée eſt baſſe & tranquille, on apperçoit encore quelques veſtiges des antiques Conſtructions d'*Hypponium* que les ſables n'ont pas recouvert totalement. Au reſte la campagne de *Bivone* eſt couverte d'une quantité de caſſines éparſes, & de jardins : ce qui joint à ſa ſituation en Terraſſe dominante ſur la Mer, reſſemble beaucoup à la campagne des environs de *Marſeille*, avec l'avantage du couvert des arbres qui rendent toute cette Côte délicieuſe.

Nous partîmes du *Pizzo*, & après avoir remonté la Montagne, & fait dix milles par un mauvais chemin, nous vînmes aboutir à celui auquel on travaille maintenant ; ouvrage infiniment utile, qui va rendre déſormais cette belle Province praticable aux Voyageurs, & ouvrira le commerce pour tout l'intérieur du Pays. Nous trouvâmes près du Fleuve *Angitola*, une Deſcente taillée en rampe dans le Rocher & les préparatifs d'un Pont que l'on va conſtruire ſur le Fleuve que nous paſſâmes à gué. De là nous longeâmes dans une grande Plaine baſſe, où l'on rencontre des Marais & le Lac *del Fico*, vis-à-vis duquel eſt la Poſte. C'eſt dans cet endroit de la Botte que l'Italie ſe trouve le plus reſſerrée, puiſqu'elle n'a pas dix lieues de traverſe.

VUES

VUES DE LA VILLE DE NICASTRO
ET
DES MONTAGNES DE LA CALABRE QUI L'ENVIRONNENT.

PLANCHES SOIXANTE-SEIZIÈME ET SOIXANTE-DIX-SEPTIÈME.

NOUS continuâmes notre route par un chemin de ſable qui nous conduiſit juſqu'au bord du Fleuve *Amato*. Ce Fleuve ou plutôt ce Torrent couvre & dévaſte ſouvent en hiver un large Pays par ſes inondations, ſes ramifications, & la rapidité de ſon cours; un des grands travaux du nouveau chemin ſera de tracer un cours conſtant à ce Fleuve, de le contraindre juſqu'au point de pouvoir le paſſer ſur un ſeul Pont. Nous trouvâmes déja ſur la place une partie des matériaux de ce Pont projetté.

Après avoir traverſé l'*Amato*, nous ſuivîmes un autre petit Torrent, qu'il fallut auſſi paſſer à gué, mais il étoit alors ſi peu conſidérable, que nous pûmes le traverſer facilement; nous le ſuivîmes pendant quelques milles, au travers d'une forêt d'oliviers, qui nous conduiſit juſqu'aux Portes de *Nicaſtro*. La ſituation de cette petite Ville, que nous appercevions appuyée ſur un fond de Montagnes toutes couvertes de bois, préſentoit de loin le tableau le plus ſingulier & le plus pittoreſque. Ce petit Torrent, appellé *il Fiume di Santo Polito*, dont nous avions toujours ſuivi les bords, formoit ſur-tout, en y arrivant, l'effet le plus heureux. Nous le voyions ſe précipiter par caſcades du haut des Montagnes, qui répandent dans tout ce Pays la verdure & la fraîcheur la plus délicieuſe.

Cette forêt d'oliviers fait toute la richeſſe des Habitans de *Nicaſtro*, ſituée à l'angle de deux Montagnes qui la défendent des vents du nord d'oueſt: le climat y eſt ſi doux & ſi tempéré, qu'au 7 Décembre nous y trouvâmes les arbres avec la verdure que nous avons en France au mois d'Août ou de Septembre. L'aſpect de la Ville eſt auſſi pittoreſque que la température en eſt agréable; elle eſt traverſée d'un bout à l'autre par une belle Rue bordée d'arbres, avec de jolies Fabriques qui s'élèvent en Amphithéâtre. Un Monticule couvert de maiſons, & ſur le haut duquel exiſtent encore les Ruines d'un vieux Château, termine le tableau; le tout ſurmonté de deux rideaux de bois épais, qui apportent leur ombre juſques ſur les maiſons & ſemblent placer la Ville dans un Parc.

Au-dessus de ce bois règnent encore d'autres Montagnes bien plus élevées, & dont la cime couverte de neige, forme avec la température & le climat de la Vallée, le contraste le plus singulier. La Ville nous parut assez peuplée, d'autant que lorsque nous passâmes sur la Place du Marché où notre arrivée fit évènement, tout le Monde se mit en haie pour nous recevoir, ainsi qu'un *Monsignore* Calabrois qui voyageoit en litière avec tout son train, & que le hazard nous fit rencontrer en arrivant à *Nicastro*.

Nous remarquâmes, entre autres, quelques Dames avec des coëffures hautes comme sous Louis XIV, & avec la robe de feue Madame *d'Escarbagnas*. C'étoit l'heure de la conversation où elles alloient sans doute, précédées & accompagnées d'autres Femmes en forme de Laquais, jambes nues & peu modestement troussées, l'une portoit la queue de la Dame, & l'autre l'*ombrello* ou parasol en avant. Cet appareil comique, avec la démarche fière & un salut affecté, dont on nous honora en passant, nous parurent parfaitement assortis.

Nous partîmes le lendemain, & continuâmes à monter par de périlleux chemins tous ces amphithéâtres de Montagnes; mais nous nous trouvâmes tout-à-coup transportés en hiver, lorsque nous fûmes arrivés au sommet : les arbres étoient déja dépouillés de leurs feuilles, au milieu des brouillards & des frimats. Nous rencontrâmes ensuite des lieux déserts & incultes, où nous fûmes assaillis par des nuages qui nous couvrirent en entier. Avec cela nos Guides mal instruits finirent par nous égarer dans ces Pays sauvages, & après avoir passé la journée à errer dans d'immenses forêts de châtaigniers aussi vieux que le Monde, & avoir marché jusqu'à la nuit, de Vallées en Vallées, de Sommets en Sommets, nous nous trouvâmes presqu'au point d'où nous étions partis le matin, à quatre lieues de *Nicastro*, dans une petite Ville ou Village appellée *Nicolosimi*, où l'on nous prit pour des aventuriers, qu'il n'étoit pas trop sûr d'héberger.

Tous les Habitans de *Nicolosimi* étant dehors de la Ville pour leur commerce ou leurs affaires, nous ne trouvâmes que des Femmes qui se sauvoient dans leurs maisons, & ne nous parloient que par la fenêtre. Cependant nous parvînmes à en rassurer quelques-unes qui s'apitoyèrent sur notre sort. Elles amenèrent avec elles pour plus grande sûreté, le Curé du lieu, qui d'abord nous fit donner une chambre, & quand on fut bien assuré que nous étions de bonnes Gens, de simples Voyageurs sans aucuns mauvais projets, on nous assura que quoiqu'il n'y eût rien dans le Village, ou fort peu de chose, nous ne mourrions pas de faim pour ce soir-là. Effectivement, sans vouloir recevoir d'argent, chacun contribua à nous former une petite collation de fort bonne mine.

Le peu d'Hommes qui se rassembla, s'empressoit à nous servir, tandis que les Femmes, qui étoient toutes jolies, nous préparèrent des lits très-durs, mais avec des draps fort blancs. Après le ſouper, la converſation commença à s'établir, & ce à quoi nous ne nous attendions guères, il fut queſtion de Littérature. Nous ne fûmes pas peu étonnés d'apprendre que l'on connoiſſoit *Voltaire* à *Nicoloſimi.* L'on ſe fit mutuellement beaucoup de queſtions, auxquelles on répondit gaiement de part & d'autre, enfin nos Hôtes ne nous laiſsèrent que par diſcrétion & parurent fort contens de nous & de leur ſoirée.

Nous partîmes le lendemain à la pointe du jour, pour nous rendre à *Coſenza*, à dix-huit milles de *Nicoloſimi.* Il fallut nous enfoncer de nouveau dans de grandes forêts de chênes & de châtaigniers, à travers les Torrens, les Roches & les Fondrières, & dans des chemins ſi épouvantables, que c'étoit plutôt un aſſemblage de précipices qu'une route praticable. Toujours dans le danger ou d'être précipités de deſſus nos chevaux, ou que les chevaux ne nous écraſâſſent en tombant ſur nous, & à tout moment encore dans la crainte d'être ou arrêtés tout-à-fait, ou dans la déſeſpérante néceſſité de retourner ſur nos pas. Dans ce paſſage de l'Apennin, les Torrents & les chûtes d'eau ſont dans la même proportion & preſqu'auſſi fortes que dans les Alpes.

Nous arrivâmes de bonne heure à *Rogliano*, gros Village dépendant de *Coſenza* & de la Calabre citérieure, où nous étions recommandés à un Couvent de Dominicains; car dans tout ce Pays, les Moines étoient toujours notre reſſource ordinaire, tantôt bonne, tantôt mauvaiſe. Ceux-ci nous firent attendre fort long-temps un mauvais déjeûner, pendant lequel nos Muletiers furent s'enivrer, ſur la bonne-foi que les huit milles qui nous reſtoient à faire, étoient dans des chemins unis & parfaitement bons: mais nous ne fîmes au contraire que changer de genre & d'eſpèce de précipices; après avoir juſque-là eſcaladé des Rochers, au riſque de nous caſſer le col, nous nous trouvâmes tout-à-coup tranſportés dans un Pays aſſez uni, il eſt vrai, mais d'une terre graſſe & forte, & en outre rempli de trous ſi affreux, que nos mules ne pouvoient s'en tirer. Nos Poſtillons ſe croyoient enſorcelés, s'en prenoient aux Moines & juroient comme des Muletiers embourbés, en retirant leurs mules par la tête ou par la queue.

Au milieu de tous ces embarras, nous regrettions beaucoup d'être obligés de nous occuper ſans ceſſe du chemin que nous avions à tenir & du ſort de nos montures, car il eſt impoſſible de voir & de parcourir un Pays plus riche, plus peuplé & auſſi cultivé que la plus grande partie des Montagnes que nous rencontrions ſur notre route. Les Villages les mieux bâtis s'y touchent preſque, & l'on peut dire que nous n'avons point de Province en France plus habitée, & plus abondante en toutes ſortes de productions que toute cette partie de la Calabre & que les environs de *Coſenza.*

VUE DE COSENZA,

VILLE DE LA CALABRE CITÉRIEURE.

PLANCHE SOIXANTE-DIX-HUITIÈME.

LA Ville de *Cosenza* étant de toutes parts environnée de Montagnes, on ne l'apperçoit, pour ainsi dire, que lorsqu'on y est arrivé : elle est située au pied d'une des plus élevées, au confluent & presqu'à la naissance du *Basiento* & du *Crati*; & ses environs, ornés de Ponts, d'Aqueducs & de Constructions pittoresques, forment une des plus belles scènes de Paysage que l'on puisse voir.

Cette Capitale de la Calabre citérieure bâtie par les Esclaves fugitifs des Lucaniens, prise par eux, puis sur ceux-ci, par les Brutiens, soumise par Annibal, & ensuite dévastée par les Romains : cette Ville fameuse qui vit mourir devant ses murs *Alaric*, le Vainqueur de ces Vainqueurs de la Terre, ne conserve rien, mais absolument rien, ni de ses Antiquités, ni de sa splendeur passée ; elle est même assez misérable, malgré la bonté de son Territoire, & peu peuplée, car le nombre de ses Habitans ne va pas à dix mille ames.

Ne trouvant & ne pouvant appercevoir le plus petit Fragment d'Antiquités, nous demandâmes si l'on ne pourroit pas nous faire voir au moins quelques Monnoies antiques, quelques Médailles de l'ancien *Brutium*, mais à peine les Gens du Pays en connoissoient-ils le nom ; enfin nous allâmes au confluent des deux Rivières, & sur les bords du *Crati*, où l'on prétend qu'*Alaric*, ce fameux Roi des Goths, ce Conquérant du Nord, surpris, en 410, par une mort subite devant *Cosenza*, fut enterré avec les riches dépouilles qu'il avoit apportées du sac de Rome. C'est ce Site, & un des plus intéressans qu'il y ait dans cette partie de la Calabre, qui fait le sujet de la Gravure que l'on voit ici, N°. 78.

Après avoir remis les Lettres que nous avions du Ministre, pour le Préside de *Cosenza*, & lui en avoir demandé d'autres pour les Syndics de son District, il voulut nous mener à l'Opéra que nous fûmes assez étonnés de ne pas trouver très-mauvais, & le lendemain nous nous remîmes en route.

En sortant de *Cosenza*, nous entrâmes dans un Vallon fermé à droite & à gauche, par les Montagnes de l'Apennin, dont les sommités étoient déja couvertes de neige ; nous suivîmes le *Crati*, qui coule dans une Plaine d'une lieue de largeur, que l'on ne peut mieux comparer qu'à un grand potager planté d'arbres fruitiers,

fruitiers, d'oliviers & de mûriers, sous lesquels on faisoit encore les récoltes les plus abondantes de toutes sortes de grains. Tous les environs de cette Plaine sont ornés des plus jolies maisons, ce qui lui donne l'apparence du plus riche & du plus commerçant de tous les Pays.

Il faut se répéter que l'on est en Calabre, pour ne se pas croire sur les rives de la *Seine* ou de la *Loire*, & pour perdre l'idée que l'on a généralement à Naples, dans toute l'Italie & ailleurs, que cette Province de la Calabre est un Pays sauvage, désert & pauvre, tandis qu'il n'y manque que des chemins & des bras, pour en faire le *Pérou* & les *Indes* pour le Royaume de Naples. Mais il semble que par une fatalité attachée à cette Contrée, elle ait dû constamment être tenue sous l'empire & le voile de la barbarie.

Les *Brutiens* en furent les premiers Habitans : l'on sait que ce Peuple rude & farouche, prévoyant l'ambition des Romains, & pour échapper à leurs armes toujours victorieuses, se rangea du côté d'*Annibal*, & s'attacha au parti du seul Ennemi qui les eût attaqué avec succès; mais après la retraite d'*Annibal*, punis, vaincus, rebelles & soumis alternativement, les Brutiens éprouvèrent le sort des Peuples qu'on ne peut réduire qu'en les détruisant.

Les Goths & les Sarrasins vinrent ensuite. Conquérans barbares, qui passoient comme des torrents; ils furent remplacés par les Normands, qui plus cruels que tous les autres, firent tomber ce beau Pays sous le joug des Loix féodales & de l'anarchie. Ce Gouvernement destructeur a tenu jusqu'à nos jours cette Nation dans une servitude faite pour énerver toute émulation, toute activité, & qui est cause que les Calabrois conservants peut-être encore de leur caractère primitif, semblent, en murmurant de leurs chaînes, ne s'occuper qu'à gâter tout ce que la plus belle & la plus féconde nature produit en dépit d'eux, dans cette délicieuse partie de l'Italie.

On pourroit dire que ce Pays offre encore à-présent l'image de ce qu'étoit la France dans le onzième siècle, si ce n'est cependant que ses Barons n'ont ni forteresses, ni pont-levis, que leurs créneaux sans canons se ruinent de jour en jour & se détruisent, tandis qu'ils vont se ruiner eux-mêmes à la Cour de Naples. Une différence plus heureuse pour le Pays, & plus essentielle encore, c'est que, d'après le système actuel du Gouvernement de Naples, on commence à obliger les Moines à faire la dépense des grands chemins qui doivent ouvrir cette Province au commerce, & la rendre peut-être un jour & très-riche & très-florissante.

Nous passâmes deux fois le *Crati* à gué, Torrent qu'il sera bien difficile de contenir dans cette partie montagneuse de la Calabre. Sujet à s'enfler par des crues d'eaux ſubites, ce Fleuve couvre ſouvent & inonde une grande étendue de Pays, menace les Habitans & les habitations, arrête les Voyageurs, & les met quelquefois en danger, par la profondeur du lit qu'il ſe creuſe d'un moment à l'autre.

Ayant enſuite rencontré ſur la route une Fontaine, appellée *Fontana di Scipione*, nous nous y arrêtâmes pour nous rafraîchir quelques moments, ſans trop nous inquiéter d'où lui pouvoit venir ce beau nom. Au reſte cette Fontaine n'a rien de recommandable à préſent, que la fraîcheur & la bonté de ſon eau. Nous apperçûmes bientôt, & laiſsâmes à notre droite la petite Ville de *Biſignano*, bâtie à l'entour d'un Rocher: c'eſt, à ce qu'on prétend, l'ancienne *Biſidiæ*, Ville ſituée à l'extrémité du *Brutium*, ce qui nous avertit que nous allions quitter le Pays des *Brutiens*, & entrer dans la *Lucanie*.

Nous continuâmes de côtoyer la gauche du *Crati*, & après avoir fait vingt-quatre milles dans la Vallée, nous la vîmes ſe terminer par la Montagne ſur laquelle eſt bâtie *Tarſia*. Malgré l'élévation de cette petite Ville, & l'écoulement qu'elle pourroit ſe procurer, nous trouvâmes les rues remplies d'une fange fétide ſi épaiſſe & ſi profonde, qu'il n'étoit pas poſſible d'en aborder. Nous eſpérions avoir tout gagné en ſortant de ce cloaque, & nous fûmes chercher un aſyle dans un Couvent qui ſe trouvoit ſitué hors de la Ville, mais nous n'en fûmes pas plus heureux, car jamais il n'y eut de gîte plus ſale, plus dégoûtant & plus abandonné. Tout nous annonçoit, en y entrant, la plus mauvaiſe nuit, & la réception à laquelle nous devions nous attendre : un Cloître tombant en ruines, des murs s'entr'ouvrants de toutes parts, & qui ſoutenoient à peine un toît menaçant : un corridor que les cochons achevoient de dépaver: & au bout de tout cela, la plus froide de toutes les cuiſines, où nous ne trouvâmes à notre arrivée, qu'un chien maigre & un chat plus maigre encore, qu'une misère commune rendoit amis.

Ce qu'il y a de certain, c'eſt qu'il n'y eut jamais de Couvent plus ſtrictement obſervateur du vœu de pauvreté : des haricots à l'eau & des haricots à l'huile compoſoient le chétif ſouper des Pères, que l'on nous propoſa de partager avec eux, quelques œufs durs qu'on y joignit par extraordinaire furent tout ce qu'on put nous offrir de plus magnifique ; auſſi ſans crainte d'avoir gagné d'indigeſtion, & jugeants du reſte de la Maiſon par le Réfectoire, nous retournâmes paſſer la nuit dans la cuiſine, autour de la cheminée, & là, enveloppés dans nos manteaux, nous nous réſignâmes en attendant patiemment le lever de l'aurore.

VALLON DE SYBARIS,

VU DANS L'ÉLOIGNEMENT DE DESSUS LES MONTAGNES DE LA CALABRE, PRÈS DE CASTRO VILLARI.

PLANCHE SOIXANTE-DIX-NEUVIÈME.

JAMAIS le retour du ſoleil ne s'étoit fait plus déſirer, & jamais il ne nous avoit paru plus pur à ſon lever que dans le vilain gîte dont nous avions tant d'impatience de ſortir. Auſſi dès que les premiers rayons du jour vinrent frapper nos yeux, n'ayant pas la plus petite toilette à faire, nous fûmes bientôt à cheval & bientôt en route.

Après avoir deſcendu la Montagne de *Tarſia*, nous nous trouvâmes dans une grande Forêt, traverſée ſucceſſivement par quatre petits Torrents qu'il fallut paſſer à gué. Nous nous arrêtâmes à la *Maſſeria* ou Ferme de *Serracina*, pour faire repoſer nos chevaux, enſuite nous commençâmes à regrimper une nouvelle Montagne, d'où bientôt nous découvrîmes la Mer Adriatique & la belle Plaine de *Sybaris*, ainſi que les beaux Côteaux qui la bordent.

Quoique de très-loin, la vue de tout ce magnifique Pays nous fit encore le plus grand plaiſir, ſur-tout lorſque nous fûmes arrivés juſqu'au Village de *Saint-Baſile* encore plus élevé, & d'où l'on découvre à la fois la Vallée de *Sybaris* & celle de *Coſenza*; ces deux ſuperbes Vallées entourées de Montagnes, de l'effet le plus impoſant, & le Territoire abondant & fertile du riche Bourg de *Caſtro Villari* que nous avions encore ſous nos pieds, nous préſentoient le tableau & l'aſpect d'un des plus beaux Pays de l'univers.

Nous ne pouvions nous déterminer à laiſſer derrière nous des Sites & des poſitions, dont la vue ſembloit nous délaſſer & nous dédommager de toutes nos fatigues, & ce ne fut qu'avec regret que nous continuâmes notre route. Le premier endroit qui ſe préſenta à nous, fut la petite Ville de *Murano*, bâtie en pyramide ſur une Roche pointue, & conſtruite ſi ſingulièrement que la porte d'une maiſon ſe trouve toujours de plein pied avec le toît de celle qui eſt vis-à-vis. De chaque côté ſont des eſcaliers, ruſtiquement taillés dans la Roche, & qui ſervent de rues ou plutôt de communication d'une maiſon à une autre. Ce fut dans cette étrange Ville, plus faite pour être habitée par des chèvres que par des hommes, que nous paſsâmes la nuit, mais tout nous paroiſſoit charmant auprès du Couvent de *Tarſia*, dont le ſouvenir nous pourſuivoit encore.

Nous partîmes de *Murano* avant le jour, & après avoir marché pendant quelques milles, nous rencontrâmes une Plaine appellée *Campo di Neve*. Cette Plaine de quatre milles de longueur, & entourée de hautes Montagnes qui forment un Baſſin triſte & ſauvage, eſt placée ſur un Terrein ſi élevé, que l'on y trouve de la neige & de la glace preſque en tout temps. Deſcendants enſuite dans une Vallée étroite par un chemin fatigant & périlleux, & laiſſants derrière nous le *Monte Malaſpina*, nous arrivâmes au bord du *Nerino*, qui ſépare la Calabre de la Baſilicate.

VOYAGE

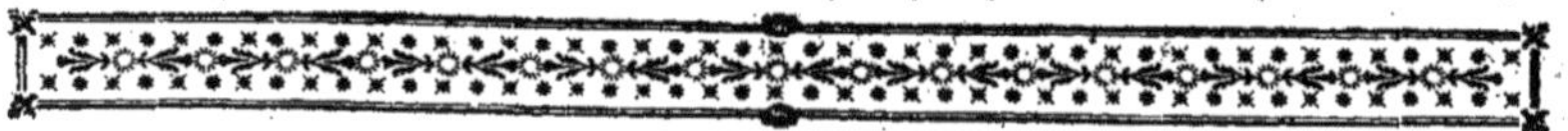

VOYAGE PITTORESQUE DE LA GRANDE-GRÈCE.

CHAPITRE NEUVIÈME.

PROVINCE DE LA BASILICATE.

ROUTE DEPUIS LES CONFINS DE LA CALABRE JUSQU'À LA PRINCIPAUTÉ DE SALERNE, *EN PASSANT* PAR LAGO-NEGRO, LA POLLA ET PÆSTUM.

NOUS ne nous apperçûmes point, en quittant la *Calabre* pour paſſer dans la *Baſilicate*, que nous avions changé de Pays : celui-ci, qui formoit l'ancienne *Lucanie*, eſt également hériſſé de Montagnes très-élevées, leurs cimes eſcarpées & couvertes de neige pendant une grande partie de l'année, s'élèvent juſques dans les nues.

Nous vînmes dîner à la *Rotonde*, bâtie ſur un Rocher en pain de ſucre, & terminée, ainſi que preſque toutes les Villes du Pays, par les Ruines de quelque ancien Château. Nous en partîmes auſſi-tôt après dîner, & continuâmes notre route entre les Monts de l'Apennin, traverſant à chaque inſtant de petits Torrents, dans des Forêts ou des Pays âpres & ſauvages, & toujours par des chemins impraticables.

Nous arrivâmes au Bourg de *Caſtellucio*, mais ſans vouloir nous y arrêter. Ce Bourg eſt diviſé en deux parties, l'une dont toutes les maiſons qui la compoſent ſemblent accrochées contre un Rocher inacceſſible, & l'autre un peu moins extraordinairement conſtruite, eſt placée dans le lieu que traverſera le grand chemin auquel on travaille actuellement. Nous doublâmes le pas pour arriver à *Lauria* que nous ne pûmes atteindre qu'à une heure de nuit, & avec d'autant plus de peine, que l'obſcurité dans laquelle nous nous trouvions augmentoit beaucoup l'embarras & la difficulté des chemins ; il faiſoit ſi noir, lorſque nous entrâmes dans cette petite Ville, qu'à peine pouvions-nous diſtinguer ſa ſituation. Tout ce que nous pûmes appercevoir, après être deſcendus pendant fort long-temps pour y arriver, c'eſt qu'il règne dans toute la longueur, & au-deſſus des maiſons de la Ville, une Roche menaçante qui s'élevoit à pic ſur nos têtes, & que l'obſcurité d'une nuit très-épaiſſe ne pouvoit nous dérober.

VUE DE LAGO NEGRO,

VILLE SITUÉE DANS LA BASILICATE.

PLANCHE QUATRE-VINGTIÈME.

NOUS partîmes de *Lauria* après y avoir paſſé la nuit, mais trop matin encore pour pouvoir en connoître la poſition ; nous avions fait vingt-huit milles la veille, ayant marché une heure avant le jour, & une heure après ; nous en avions autant à faire pour arriver à *la Sala*, où nous voulions aller coucher. Nous partîmes donc deux heures avant le jour, regrettant fort de ne pouvoir jouir davantage du Pays ſingulier que nous avions à traverſer, ainſi que des étranges chemins par leſquels nous paſſions.

Au crépuſcule nous nous trouvâmes dans une vaſte forêt, entre les arbres de laquelle nous apperçûmes la cime dorée de l'Appenin, qui dans toute cette partie de l'Italie, & ſur-tout au lever du ſoleil, forme le coup-d'œil le plus majeſtueux & le plus impoſant ; enfin tantôt à pied, & tantôt à cheval, gravîſſant ſans ceſſe de Rochers en Rochers, nous arrivâmes à un lieu appellé *Lago Negro*, dont la ſituation eſt vraiment la plus extraordinaire du monde. Ce Bourg, conſtruit au milieu de toutes ces Montagnes & avec un antique Château placé ſur la ſommité même d'une Roche coupée à pic & abſolument iſolée, nous fournit en y arrivant une des Vues les plus ſingulières & les plus pittoreſques que nous ayions rencontrées dans tout ce Pays. Une petite Rivière, que l'on appelle *Sorgipiano*, couloit au pied de la Montagne. *Lago Negro* eſt au reſte aſſez bien bâti, & nous parut même aſſez peuplé. Il y a dans le centre de la Ville une grande Place, que nous ne fîmes que traverſer. De *Lago Negro* pour arriver à *Caſal*

Nuovo, l'on a encore huit autres milles à faire, à travers d'autres Montagnes, mais qui n'ont rien de remarquable.

Casal Nuovo ne l'est pas davantage, mais quand on a passé la petite Montagne sur laquelle il est bâti, le Pays s'applanit peu à peu, & l'on entre dans une Vallée étroite que l'on appelle *Val di Diana*; elle a vingt-quatre milles de long sur trois de large. Le Fleuve appellé *Fiume Negro*, serpente & coule doucement dans cette jolie Vallée, que nous trouvâmes parfaitement unie & très-fertile. Elle est bordée de deux belles chaînes de Montagnes, à mi-côte desquelles l'on voit, de quatre milles en quatre milles, des Bourgs riches & bien bâtis.

Le premier endroit que l'on rencontre dans cette Vallée est *Monte Sano*, à quatre milles de *Casal Nuovo*, dépendant de *San Laurenzo della Padula*. Ce *San Laurenzo* est une Chartreuse fort riche qui en est peu éloignée: on lui donne dans le Pays les titres de *Comtesse* ou *Duchesse* de quatre Bourgs & d'une grande partie de la Vallée. Nous allâmes à ce Couvent dont l'extérieur nous frappa par sa magnificence; nous ne fûmes pas moins surpris de la manière noble & on ne sauroit plus honnête avec laquelle nous fûmes reçus. Malgré les querelles que ces Religieux avoient avec la Cour, & la crainte des taxes dont ils sont menacés, ils convinrent avec nous que leur Maison jouissoit de richesses considérables.

Ce Couvent pourroit être regardé comme une petite Ville, où tous les Métiers de chaque espèce sont établis. On y compte quatre-vingt Religieux & environ trois cents Personnes tant Maîtres que Valets, qui y sont nourris toute l'année; un enclos immense, de beaux jardins, des logemens agréables, & tout ce qu'il faut pour rendre un homme sage heureux, lorsqu'il peut prendre son parti sur la perte de sa liberté.

C'étoit une sorte d'enchantement pour nous, que de retrouver au milieu de ces Montagnes, & d'un Pays où le luxe avoit fait si peu de progrès, toutes les commodités de la plus grande aisance, un excellent souper, servi avec élégance, des chambres d'une propreté recherchée, & des lits d'une bonté parfaite. Nous finîmes par nous endormir dans l'admiration des contrastes, & en comparant à notre aise cette charmante demeure à celle de *Tarsia*, que nous avions toujours sur le cœur.

Le lendemain on nous fit voir le Trésor, qui répond bien à la grande opulence de la Maison. On peut remarquer, entre autres curiosités, & à travers des richesses immenses en argent & en pierreries, un Soleil d'or d'un excellent goût & d'un beau travail, ainsi qu'un Devant d'Autel d'argent massif, aussi magnifique que riche: on nous fit voir encore des Vases de fleurs, travaillés dans le même métal, & avec une vérité de nature extraordinaire, mais où l'on pourroit regretter que la finesse du travail soit en pure perte & produise aussi peu d'effet.

Nous trouvâmes dans la Chapelle du Chapitre un des plus jolis Tableaux de *Giordano* : ce Peintre facile, qui a eu un genre à lui & qui a peint dans la manière de tous les autres, a imité ici celle de *Pietre di Cortone*, y a mis toutes les graces & le charme de ce Peintre, avec une légèreté, une liberté de pinceau qui lui étoit particulière. Ce Tableau repréſente le Sommeil de l'Enfant Jeſus ; rien n'eſt plus gracieux que la Tête de la Vierge, rien de plus naturel & d'un plus beau faire que la Figure de l'Enfant: c'eſt enfin un des Tableaux d'Egliſe, qui par ſon agrément & le précieux avec lequel il eſt peint, auroit le plus de ſuccès dans le Cabinet d'un Curieux.

Il y a de plus une Bibliothèque conſidérable à voir, & ſur-tout un *Muſæum* que nous eûmes à regretter, parce que le Prieur qui étoit à Naples en avoit la clef. On y poſsède une Inſcription trouvée dans la Ville antique de *Sandrino*, dont on voit encore quelques veſtiges dans le Territoire du Couvent, & tout près du Bourg de *la Padula*. Les Moines nous aſſurèrent qu'on n'en reconnoiſſoit l'enceinte qu'à quelques pierres des murailles, qui étoient abſolument tout ce qui en reſtoit. Le vent qui avoit changé & nous avoit amené un temps déplorable nous obligea de les en croire ſur leur parole.

Nous nous remîmes en route par une pluie ſi abondante que les Montagnes dont nous étions environnés furent bientôt couvertes de caſcades & d'effets d'eau les plus pittoreſques du monde, mais les chemins n'en devinrent que plus mauvais. Nous paſsâmes devant *la Sala*, ſituée ſur une Montagne élevée, avec un vieux Château qui la domine, car toutes ces petites Villes, bâties du dixième au quinzième ſiècle, avec les mêmes beſoins & les mêmes moyens, ſe reſſemblent abſolument, & préſentent toutes le même aſpect.

Vis-à-vis de cette Ville de *la Sala*, eſt celle de *Diana* que l'on voit de l'autre côté de la Vallée & qui lui donne ſon nom. Cette petite Ville eſt mieux ſituée, étant aſſiſe ſur la plate-forme d'une de ces Montagnes, iſolée & détachée de la chaîne de toutes les autres : c'eſt à peu de diſtance de *Diana* que le *Fiume Negro*, après avoir formé un Lac, va ſe perdre enſuite ſous terre, pour ne reparoître qu'à *la Pertoſa* à huit milles plus loin. Dans cette eſpace, la Rivière traverſe & paſſe ſous la Montagne ſur laquelle eſt bâtie *la Polla*, Village qui ferme la Vallée, & qui n'eſt connu dans le Pays que par les anguilles délicieuſes qu'on y trouve & que l'on prend dans le Lac qui en eſt voiſin.

Ce Village de *la Polla* ne laiſſe pas aujourd'hui que d'avoir ſon intérêt, & préſente ſur-tout aux Antiquaires un Monument qui mérite leur attention. C'eſt un Marbre antique, une Inſcription que l'on voit encaſtrée dans le mur même de l'Auberge où l'on s'arrête ſur la route. Cette Inſcription, quoique rapportée

par

par plusieurs Auteurs, nous a paru mériter d'être insérée ici en entier, autant par sa curiosité que parce qu'elle a été interprétée très-différemment par ceux qui en ont fait mention.

VIAM. FECEI. AB. REGIO. AD. CAPVAM. ET.
IN. EA. VIA. PONTEIS. OMNEIS. MEILIARIOS.
TABELARIOSQVE. POSEIVEI. HINCE. SVNT.
NOVCERIAM. MEILIA. ↀI. CAPVAM. XXCIII.
MVRANVM. ↀXXIIII. COSENTIAM. CXXIII.
VALENTIAM. CↀXXX. AD. FRETVM. AD.
STATVAM. CCXXXI. REGIVM. CCXXXVI.
SVMA. AF. CAPVA. REGIVM. MEILIA. CCCXXI.
ET. EIDEM. PRAETOR. IN.
SICILIA. FVGITEIVOS. ITALICORVM.
CONQVAEISIVEI. REDIDEIQVE.
HOMINES. DCCCCXVII. EIDEMQVE.
PRIMVS. FECEI. VT. DE. AGRO. POBLICO.
ARATORIBVS. CEDERENT. PAASTORES.
FORVM. AEDEISQVE. POPLICAS. HEIC. FECEI.

L'objet de cette Inscription est, comme on voit, d'indiquer les noms & les distances de toutes les Villes principales que l'on rencontroit sur la Voie antique qui régnoit depuis *Capoue* jusqu'à *Reggio*. Quelques Auteurs & le Chanoine *Moresano*, entre autres, dont nous avons parlé à l'article de *Reggio*, croyent que cette Voie Romaine étoit la *Via Appia*, & ce dernier apporte d'autant plus d'intérêt à ce Monument, que, suivant lui, on avoit ignoré jusques-là quelle étoit l'étendue & le cours de cette célèbre Voie Romaine. Cet Antiquaire ne devoit pas cependant ignorer que la Voie Appienne finissoit à *Brundusium*, aujourd'hui *Brindes*, sur la Mer Adriatique.

Un autre Savant très-instruit dans la connoissance des Inscriptions antiques, & des Voies Romaines, que nous avons consulté à ce sujet, M. l'*Abbé Chauppy*, pense au contraire que cette grande Voie Publique, qui traversoit toute l'Italie Méridionale depuis *Capoue* jusqu'à *Reggio*, s'appelloit *Via Popilia*, & qu'elle a été construite par le Préteur *Popilius*. Il se fonde sur ce que ce Préteur fait lui-même dans cette Inscription le détail de tous ses travaux, & dit, entre autres, avoir fait construire dans ce lieu un *Forum*, ainsi que d'autres Edifices publics. Cette nouvelle opinion nous paroît effectivement bien plus vraisemblable, & d'ailleurs est prouvée par le nom même de l'endroit où se trouve aujourd'hui ce Monument curieux, & qui dans les anciens Itinéraires, ainsi que sur la Carte Théodosienne, est nommé *Forum Popilii*.

L'on fait à quel point les noms des lieux peuvent changer par le laps des temps, mais une forte de rapport qu'il y a encore entre les deux noms, joint à l'Infcription antique, au Marbre même que l'on a trouvé fur la Place & dans le même lieu, paroît fuffifant pour démontrer que *la Polla* d'aujourd'hui eft le *Forum Popilii* des Anciens.

VUE DES CASCADES DE FIUME NEGRO,

ET

DU MOULIN DE LA PERTOSA,

SITUÉ DANS LA VALLÉE DE DIANA DANS LA BASILICATE.

PLANCHE QUATRE-VINGT-UNIÈME.

NOUS couchâmes à *la Polla*, dans l'Auberge du *Procaccio*, après avoir fait feulement douze milles, à caufe de la pluie & des mauvais chemins. Nous en partîmes de très-bonne heure, & arrivâmes au jour à *la Pertofa.* Nous revîmes effectivement cette même Rivière, que nous avions perdue en route, reparoître parmi des Rochers grouppés naturellement & de la manière la plus pittorefque; elle forme, en fortant avec bruit de deffous ces Roches plufieurs cafcades, dont l'enfemble orné de verdure, compofe un des Payfages & un des Tableaux les plus piquans que l'on puiffe voir en ce genre.

Nous côtoyâmes le Fleuve qui fuit en murmurant encore de la prifon dont il vient de s'échapper avec fracas. Tout le Payfage d'alentour eft agréable & frais. La Vallée cependant eft étroite & devient enfuite plus sèche, en tournant du côté de *Scigliano*, près duquel nous allâmes rafraîchir, à un petit endroit qu'on nomme *Supino.* A quelques milles plus loin, le Pays s'ouvre, on commence à découvrir la Mer, la fituation de *Pæftum,* la Maifon Royale de *Perfano*, la Pointe ou Cap de *Minerve*, & enfin l'Ifle de *Caprée*, & fur la Côte, *Evoli* & la *Forêt noire.*

Nous commençions à fentir la différence du climat, & l'air beaucoup moins vif & plus chaud en arrivant au Pont d'*Evoli.* Nous trouvâmes, à partir de ce Pont, la grande Route nouvelle & telle qu'elle vient d'être faite depuis *Evoli* jufqu'à Naples, de la plus grande beauté. Cette Ville d'*Evoli*, autrefois *Eburi*, étoit fituée aux confins de la Lucanie & du *Picentin*, Pays qu'on appelle aujourd'hui la *Principauté citérieure.*

On ne trouve plus aucun veſtige de cette Ville antique. La moderne *Evoli* eſt aſſez bien bâtie ; ſa ſituation eſt même agréable & ſa population eſt aſſez nombreuſe : elle fut érigée en Comté par la Reine *Jeanne* première, en faveur de *Robert Gabano*, un de ſes Confidens, que l'on ſoupçonna dans le temps d'avoir participé à la mort du Roi André.

VUE GÉNÉRALE DES TEMPLES DE PÆSTUM,

PRISE EN ARRIVANT DU CÔTÉ DU COUCHANT.

PLANCHE QUATRE-VINGT-DEUXIÈME.

DANS le deſſein d'arriver de bonne-heure aux Temples de *Pæſtum*, nous partîmes d'*Evoli* à la pointe du jour, en ſuivant la route de *Perſano*, Maiſon de Plaiſance du Roi de Naples, qui en eſt à quatre milles de diſtance. Cette Maiſon, bâtie par le Roi Catholique au milieu de la Forêt, n'a rien de remarquable, ou plutôt n'a d'autre agrément que ſa commodité pour la chaſſe ; à quatre milles plus loin encore, nous paſsâmes *la Selé*, Rivière dans laquelle vient ſe jetter le *Fiume Negro*, & par un aſſez beau chemin nous arrivâmes enfin à *Pæſtum*.

Cette ancienne Ville, appellée par les Grecs *Poſſidonia*, fut fondée, à ce que l'on croit, par les Doriens ; elle fut enſuite entourée de murs par les Sybarites, lorſque chaſſés de *Sybaris* par ceux de *Thurium*, ils vinrent chercher aſyle chez les Doriens : ayant obtenu de s'établir dans leur Ville, ils travaillèrent à l'embellir, la partagèrent enſuite avec ſes premiers Habitans, & finirent par les en chaſſer. Les Lucaniens l'enlevèrent depuis aux Sybarites, & les Romains, à leur tour, l'ayant priſe ſur ces Peuples, y envoyèrent une Colonie l'an de Rome 479.

Solin eſt parmi les Auteurs anciens, un de ceux qui a le plus fait mention de *Pæſtum* dans ſes Ouvrages, & qui nous a laiſſé quelques détails ſur l'hiſtoire de cette Ville. *Strabon* en parle auſſi en faiſant l'énumération des anciens Peuples qui habitoient l'Italie avant les Romains. » *Après les Habitans de la Campanie*, dit cet » Hiſtorien, *viennent les Samnites & les Picentins, que les Romains établirent à* » *la Baie de* POSSIDONIA, *nommée à préſent* PÆSTUM, *d'après le nom de la Ville* » *qui y eſt ſituée. Les Sybarites y bâtirent une muraille, qui va juſqu'à la Mer, &* » *obligèrent les Habitans de ſe retirer plus avant dans les Terres* «.

L'on ne peut douter, comme l'on voit, d'après ce paſſage de *Strabon*, qu'à l'époque où les Sybarites sont venus s'établir dans cette partie de l'Italie, il n'y eût déja une Ville de *Possidonia* existante : mais il y a tout lieu de croire que ce fut aux Sybarites, déja célèbres par leur luxe & leur goût pour les arts, que ces Temples magnifiques que l'on y voit encore, ont dû leur origine.

Quoiqu'il soit bien difficile d'assigner avec quelque certitude un temps à l'époque la plus florissante de cette Colonie des Grecs de *Pæstum*, à ce temps heureux, où ces Peuples, amis des arts, élevoient dans le sein de la paix ces superbes Monumens, il est au moins vraisemblable qu'il a dû précéder celui des guerres que Denys, Tyran de Syracuse, vint apporter dans ce beau Pays ; temps que l'on fait remonter à trois ou quatre siècles avant l'Ere Chrétienne, vers l'an de Rome 360. L'Histoire nous apprend que ce Tyran ambitieux & inquiet, après avoir vaincu les Carthaginois & les avoir chassé de la Sicile, étoit venu porter la guerre chez les Grecs établis dans l'Italie, n'ayant pour cela d'autre raison ni d'autre motif, que d'employer les Troupes qu'il avoit rassemblées pour affermir sa puissance dans son propre Pays, & qui lui seroient alors devenues inutiles. A la suite de ces guerres, Denys ayant été obligé de retourner en Sicile, les Grecs eurent à se défendre contre les Peuples qui habitoient l'intérieur même du Pays, les Brutiens, les Sicaniens. *Possidonia* tomba alors au pouvoir de ces derniers, & il est à croire que ce fut alors l'époque de sa chûte, même avant que les Romains s'en fussent emparés.

Nous voyons parmi les détails qu'*Athenée* nous a laissés de la destruction & de l'asservissement successif de ces Colonies Grecques, un passage fort intéressant que cet Auteur rapporte, d'après *Aristoxenes*, Philosophe, Disciple d'*Aristote*, & Musicien célèbre de *Tarente* : » Nous faisons, dit-il, à-peu-près la même chose » que les Possidoniens du Golfe de *Tyrrhene*, lesquels étant Grecs d'origine, » sont devenus Barbares, *Tyrrheniens*, ou plutôt Romains ; s'assemblant, suivant » leur coutume, à certains jours de Fête, ils rappelloient à leur souvenir leur » nom & leurs anciens usages, ils en déploroient la perte, & se séparoient après » avoir mêlé leurs larmes & uni leurs regrets & leur douleur. C'est ainsi que nos » Théâtres devenus barbares, & le goût de la Musique s'étant tout-à-fait » corrompu, nous nous assemblons en petit nombre pour pleurer ce changement, » en nous rappellant ce que fut jadis notre ancienne Musique (1) «.

Il en fut de même de tous les arts cultivés dans ces malheureuses Colonies Grecques, que la jalousie & l'oppression des Romains détruisirent entièrement. Nous voyons cependant dans les Historiens, & dans *Tite-Live*, entre autres, des

(1) *Aristoxenes* de Tarente vivoit environ 324 ans avant J. Ch. Il reste de ce Philosophe des Elémens harmoniques que *Meursius* a fait imprimer avec des Remarques.

preuves de l'attachement que *Pæstum* conserva pour les Romains : dans différentes occasions, & après des malheurs arrivés à la République, comme après les défaites de *Cannes* & de *Thrasimene*, où les Romains furent vaincus par Annibal, les Habitans de *Pæstum* leur envoyèrent des secours d'argent considérables, & particulièrement un grand nombre de coupes d'or.

Depuis ce temps, il n'est plus fait mention dans l'Histoire de cette antique Ville de *Pæstum*, que par les Poètes du siècle d'Auguste, *Ovide*, *Virgile*, & quelques autres après eux, qui ont vanté la fertilité de son Territoire, & sur-tout l'abondance de ses roses qui fleurissoient deux fois l'année (1).

Les Historiens nous fournissent encore moins de lumières sur le sort de cette ancienne Colonie : l'on voit seulement dans la Collection de *Muratori*, qu'au temps de l'invasion des Sarrasins en Italie, cette Ville tomba sous leur puissance, qu'ils s'y fixèrent & s'établirent particulièrement à *Agropoli*, dans le voisinage de *Pæstum*. Ce ne fut qu'en 915 que les Sarrasins abandonnèrent le Pays, après avoir été vaincus par plusieurs Princes Italiens qui s'étoient réunis contre eux, & en avoient fait un grand carnage ; mais avant de quitter la Ville de *Pæstum*, ces Barbares y mirent le feu, & ce fut sans doute alors l'époque de la destruction entière de cette Ville infortunée, dont il ne reste plus depuis long-temps que les débris imposants de trois de ses Temples que la faulx du temps a heureusement épargnés.

L'on assure que ce ne fut que deux siècles après, environ dans le onzième siècle, que *Robert Guiscard* ayant fait fouiller dans les ruines de *Pæstum*, en fit transporter un grand nombre de Colonnes précieuses, que l'on voit aujourd'hui dans la Cathédrale de *Salernes*. Nous pouvons donc dire avec le célèbre *Pope*, que le temps n'a pas lui seul amené la destruction de ces Monumens respectables, & que la barbare ignorance des Hommes y a peut-être encore plus contribué.

Some felt the silent stroke of mould'ring age
Some hostile fury, some Religious rage
Barbarian blindness, Christian zele conspire
And Papal piety, an Gothic fire.

---

(1) La réputation des Roses de *Pæstum* étoit sûrement bien célèbre dans l'antiquité, car l'on ne finiroit point en citations à faire de tous les Poètes de ce temps. Il semble que toutes les fois que l'idée des Fleurs & des Roses leur passoit dans la tête, ils ne pouvoient s'empêcher de parler de celles de *Pæstum*. Virgile, Properce, Ovide, Ausone, & Martial sur-tout.

Forsitan & pingues hortos quæ cura colendi
Ornaret, canerem, biferique Rosaria Pæsti
Virg. Geo. IV. 118.

Nec Babilon æstum, nec frigora Pontus habebit
Calthaque Pæstanas *vincet odore Rosas.*
Ovid. ex Ponto. II.

Pæstanis *rubeant æmula labra* Rosis.
Martial. IV.

Vidi Pæstano *gaudere Rosaria cultu*
Exoriente nova roscida Lucifero.
Auson. XIV.

VUE GÉNÉRALE ET PLUS DÉTAILLÉE
DES
TROIS TEMPLES DE PÆSTUM,
PRISE DU CÔTÉ DU LEVANT.
PLANCHE QUATRE-VINGT-TROISIÈME.

On fait des descriptions souvent si éloignées de la vérité, & l'on prend des idées si monstrueuses, d'après ce qu'on lit & ce que l'on entend raconter, que nous nous attendions à trouver *Pæstum* un désert marécageux, les Temples perdus, ou ensevelis dans les joncs ou les broussailles, un air infect, un Pays désert & sauvage : nous eûmes donc lieu d'être fort étonnés de voir la plus belle situation, sur les bords d'un Golfe d'une grande étendue, une Plaine fertile, entourée de Montagnes cultivées en vignes & en bled, des habitations qui n'annoncent point la misère, & des Habitans qui ne souffrent que de la mauvaise eau qu'ils sont obligés de boire & quelquefois du mauvais air qu'on y respire (1).

On raconte en France que *Pæstum* fut découvert par un Chasseur égaré, qui rencontra ces Temples en cherchant son chemin : cependant cette Contrée est découverte, cultivée de tout temps, & sous les yeux des Habitans d'une petite Ville très-peuplée, dont l'Evêque ne peut ignorer que son Evêché tire son origine de *Pæstum*; il y a même encore sa plus ancienne Eglise avec une maison considérable, qui lui est destinée, & où il faut qu'il vienne prendre possession de son Evêché. Cette Eglise & l'habitation de l'Evêque sont si voisines de ces Edifices, ils sont si isolés, si conservés & si apparens, qu'ils n'ont jamais pu être, ni long-temps inconnus, ni cachés, que par les ténèbres des siècles d'ignorance. Alors l'on ne voyoit dans ces beaux restes de la plus ancienne Architecture Grecque, que des masses de pierre, qui ne méritoient pas ce respect & cette admiration, qu'avec plus de connoissance nous leur accordons maintenant.

Ce qui reste des murs de l'ancienne *Possidonia* fait voir très-distinctement la forme de la Ville qui étoit un quarré irrégulier d'à-peu-près quatre milles de tour, sur un Terrein parfaitement uni. Les murailles sont presqu'entièrement

(1) Il seroit facile, à ce qu'il nous a paru, de remédier à cet inconvénient, en donnant plus d'écoulement aux eaux du petit Fleuve *Salso* qui passe sous les murs de la Ville : n'étant point contenu & se répandant dans la campagne, ses eaux se corrompent par les chaleurs, & rendent l'air mal-sain pendant les trois mois d'Août, Septembre & Octobre.

conſervées encore, dans certains endroits, à la hauteur de vingt pieds ſur ſix pieds d'épaiſſeur ; elles ſont bâties de groſſes maſſes de pierre poſées à ſec & flanquées de Tours quarrées, d'eſpace en eſpace, avec des portes ceintrées. Nous entrâmes par le côté du Nord, & nous apperçûmes en arrivant les trois grands Temples rangés en flanc, & partageant un peu obliquement toute la largeur de la Ville.

VUE DU PETIT TEMPLE
EXASTILE PÉRIPTERE DE PÆSTUM.
PLANCHE QUATRE-VINGT-QUATRIÈME.

Le premier de ces Temples, celui que l'on rencontre d'abord en arrivant par le côté du Couchant, eſt le moins grand des trois ; il a ſix Colonnes de face ſur treize de profondeur, & conſerve ſeulement ſon Architrave avec des parties du Fronton des deux extrémités. Ces Frontons étoient moins ſurbaiſſés que ceux des Temples de ce genre, que nous verrons en Sicile, & ſont par cette raiſon un moins bon effet ; il ne reſte plus rien des *Antes* ou murs intérieurs, & les ruines de cet Edifice ne préſentent plus qu'un Périſtile entouré de Colonnes, comme celui de *Segeſte* en Sicile, avec cette différence que ce dernier a quelques particularités dans ſes ornemens & que les Colonnes ſont environnées d'un Tambour extérieur.

A très-peu de diſtance de ce Temple de *Pæſtum*, l'on trouve quelques veſtiges d'un Amphithéâtre qui paroît avoir été fort petit, & dont tout ce qui reſte de ſon ancienne conſtruction, annonce que ce ne fut jamais un Edifice conſidérable. Il n'eſt plus poſſible de découvrir aucun des Gradins, mais en meſurant à-peu-près la grandeur totale, l'on voit qu'il pouvoit avoir environ deux cents cinquante pieds de long ſur cent quatre-vingt-dix de large.

Tout à côté & ſur la même ligne, ſont les ruines d'un autre Edifice détruit juſqu'au ſol : la forme en étoit quarrée à l'extérieur, & un des côtés paroît prendre intérieurement celle d'un demi-cercle. Il y avoit un Périſtile au couchant, formé de Colonnes cannelées avec des Chapiteaux d'une eſpèce que nous n'avions vu dans aucun Edifice antique. Le Chapiteau étoit orné de larges feuillages & de quatre grandes volutes concaves : à chaque angle, l'on voit encore que l'Architrave étoit décoré de plates bandes, & les Friſes ornées de figures de chevaux & d'hommes, placées entre chaque Trigliphe. Nous ne trouvâmes rien de la Corniche ; mais l'on voit que les Chapiteaux des Pilaſtres étoient du même genre, ainſi que les Baſes des Colonnes.

VUES INTÉRIEURES ET EXTÉRIEURES DU GRAND TEMPLE PÉRIPTERE DE PÆSTUM.

PLANCHES QUATRE-VINGT-CINQUIÈME ET QUATRE-VINGT-SIXIÈME.

A LA ſuite de ces Edifices, l'on arrive au grand Temple, un des plus beaux, des plus conſervés, & certainement un des plus magnifiques Monumens de l'antiquité. Il eſt compoſé de ſix Colonnes de face, ſur quatorze de profondeur. Les trois Gradins qui lui ſervent d'aſſiſe ou de ſocle, ſont bien exhauſſés & d'une belle proportion; & quoique les Colonnes de ce Temple ſoient fort courtes, n'ayant que cinq fois leur diamètre de hauteur, leur eſpacement d'un diamètre d'une Colonne à l'autre, produit à l'œil l'effet le plus heureux: au reſte cet Edifice eſt entouré au pourtour d'un ſuperbe & magnifique Périſtile, ſoutenu & appuyé d'une autre enceinte intérieure de Colonnes.

Ce Temple principal de *Pæſtum* eſt, ainſi que nous l'avons déja remarqué, entièrement ſemblable, quant à ſa conſtruction & à ſa forme, à tous les Temples des Grecs, connus dans ce genre; nous verrons que ceux de la Sicile ne préſentent que des différences infiniment peu ſenſibles.

Celui-ci offre ſeulement une particularité dans ſa diſtribution intérieure, c'eſt que dans le ſecond Périſtile, qui eſt compoſé de deux Pilaſtres avec deux rangs, chacun de ſept Colonnes portantes un ſimple Architrave, il règne ſur cet Architrave un ſecond Ordre de plus petites Colonnes de même genre, dont les Chapiteaux & le Couronnement arrivant à la hauteur de l'Entablement extérieur, recevoient peut-être la charpente qui couvroit l'Edifice, & dont l'on voit encore les mortaiſes entaillées dans la partie intérieure de l'Entablement.

Il eſt cependant incertain ſi ce Temple étoit, ou n'étoit pas couvert; & il y a même plus lieu de croire, d'après les deſcriptions que *Vitruve* nous a laiſſées de ce genre de Monumens, que malgré ce ſecond petit Ordre de Colonnes, & l'emploi auquel on le croyoit propre, l'Edifice reſtoit découvert dans la partie du milieu; eſpèce de Temple que les Grecs nommoient *Hypetre*, en latin *ſub Æthere*. Ils étoient, dit cet Auteur, ſemblables en tout aux Temples *Dypteres*, avec cette différence qu'ayant dans l'intérieur un double rang de Colonnes en hauteur,

hauteur, *in altitudine*, diſtantes & éloignées des murs & de l'enceinte du Temple, le milieu de l'Edifice reſtoit découvert, *ſine tecto* (1).

Près de ce beau Monument, il y en a encore un troiſième dans le même genre, mais bien moins régulier dans ſes proportions & dans ſon effet. Cet Edifice, composé de neuf Colonnes de face ſur dix-huit de profondeur, paroît d'une forme longue & écraſée. Il étoit également entouré d'un mur ou enceinte intérieure. Au reſte ce Temple que l'on peut croire par ſa nature & l'enſemble de ſa conſtruction, de l'antiquité la plus reculée, & plus ancien encore que les deux autres, eſt de l'eſpèce indiquée par *Vitruve* ſous le nom de *Pſeudo Dyptere* ou faux *Dyptere*, c'eſt-à-dire que, quoiqu'il annonce par le nombre des Colonnes qui ſe préſentent à ſon Portique, devoir être entouré d'un double rang de Colonnes, il n'en a réellement qu'un ſeul, & en cela il reſſemble aux deux autres Temples de *Pæſtum*, mais ceux-là n'ayant que ſix Colonnes de front à leur entrée, ſont ce que les Grecs appelloient *Hexaſtile Periptere* (2).

Ce dernier Monument offre encore une particularité relativement au nombre de neuf Colonnes qui ſupportent le Fronton ou Périſtile principal. Il en devoit réſulter que l'entrée du Temple étoit néceſſairement interrompue par la Colonne qui ſe trouvoit dans le milieu du Périſtile, d'autant que cette première Colonne étoit ſuivie d'une ligne ou rangée d'autres, qui traverſoient dans le milieu tout l'Edifice d'un bout à l'autre.

Il eſt très-vraiſemblable que ce rang de Colonnes étant de la même proportion que celles du Périſtile, devoit en ſupporter un ſecond Ordre auquel les Architectes avoient eu recours, pour ſoutenir le comble du Temple, attendu la grande largeur dont il avoit été conſtruit. Tel eſt au moins l'emploi & l'uſage auquel M. *Le Roy*, dans ſon Traité ſur l'Architecture des Grecs, penſe que ce ſeul rang de Colonnes ainſi iſolées, ait dû ſervir. Cet Auteur fait à ce ſujet mention d'un autre Temple ſitué à *Egine*, dont le Périſtile, qui avoit cinq Colonnes de face étoit également partagé par un rang de Colonnes dans toute ſa longueur.

---

(1) Hypætros *vero decaſtilos eſt in Pronao & Poſtico; reliquia omnia eadem habet quæ Dypteros. Sed interiore parte Columnas in altitudine duplices remotas à parietibus ad circuitionem ut Poſticus Periſtiliorum: medium autem ſub Divo eſt ſine tecto, aditusque Valvarum ex utraque parte in Pronao & Poſtico.* Vit. L. III.

(2) *Peryptere* eſt le nom généralement donné par les Grecs à tout Edifice ou Temple qui étoit entouré de Colonnes. *Dyptere* déſignoit celui qui étoit entouré de deux rangs de Colonnes.

COUPES, PLANS ET DÉTAILS DES TEMPLES DE PÆSTUM.

PLANCHES QUATRE-VINGT-SEPTIÈME ET QUATRE-VINGT-HUITIÈME.

L'IMPORTANCE & l'intérêt de ces précieux Monumens de l'antiquité nous ayant engagé à nous en occuper avec quelque détail, nous avons pensé qu'il seroit agréable, sur-tout aux Amateurs de l'Architecture, de retrouver ici les mesures & les dimensions exactes de ces Edifices, telles qu'elles ont été levées sur les lieux, & rendues avec le plus grand soin sur ces deux Planches.

La longueur totale du grand Temple, prise en dehors des Colonnes, est de cent quatre-vingt-deux pieds neuf pouces; la largeur est de soixante-treize pieds dix pouces; le diamètre des Colonnes est de six pieds un pouce six lignes, & l'Entre-colonnement de sept pieds trois pouces, pris entre les deux Colonnes du milieu du Péristile, qui forment l'entrée du Temple. Les Colonnes de l'intérieur ont quatre pieds trois pouces de diamètre.

Le Temple *Pseudo Dyptere*, c'est-à-dire celui dont le Frontispice présente neuf Colonnes de face, & dix-huit sur la face latérale, a de longueur cent soixante-deux pieds six pouces & soixante-onze pieds de largeur. Le diamètre des Colonnes a quatre pieds six lignes, & quatre pieds neuf pouces d'Entre-colonnement: les Colonnes de l'intérieur sont les mêmes.

Enfin le plus petit Temple dont le Frontispice a six Colonnes de face & treize dans la partie latérale, a de longueur quatre-vingt-dix-sept pieds deux pouces sur quarante pieds cinq pouces de largeur, mesures prises au-dehors des Colonnes qui ont quatre pieds de diamètre & quatre pieds trois pouces d'Entre-colonnement.

Tous ces Temples étoient bâtis de masses d'incrustations fort ressemblantes à celles du Fleuve *Sarnò*, mais d'une épaisseur & d'une proportion considérables. On ne doit pas même douter que ce ne soit à la solidité & à la dureté de ce genre de pierres que ces Edifices ont dû leur conservation. Près du troisième Temple, on trouve une des Portes de la Ville qui étoit décorée de Pilastres: c'est à cette Porte que couloit & coule encore le petit Fleuve *Salso*, dont les eaux, quoique très-rapides & bien claires, sont d'un goût saumâtre (1).

(1) Il faut que ce soit la nature du Terrein qui lui donne ce goût de salaison; car tous les fruits de ce Canton participent du même goût, & le vin même qu'on y recueille est salé. Cette Rivière se jette à près d'un mille de là dans la Mer, & l'on prétend que lorsque la Mer est calme, on peut appercevoir des restes de Construction d'un ancien Port, ce qui prouveroit que la Mer auroit gagné sur ces Parages, au lieu de s'être retirée.

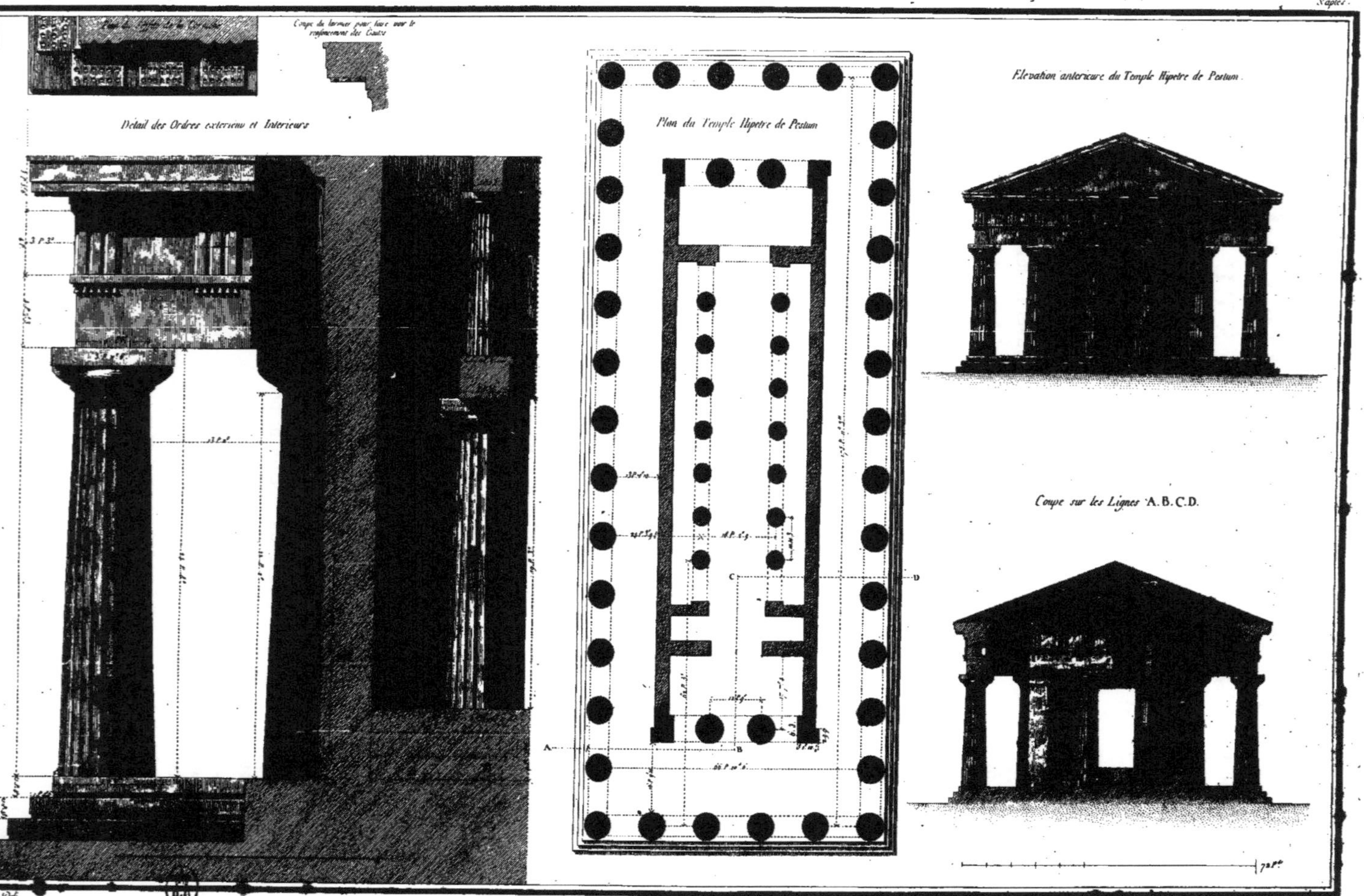

Plan et Elevation Géométrale, avec les Details en grand, du Temple Hipetre de Pestum.

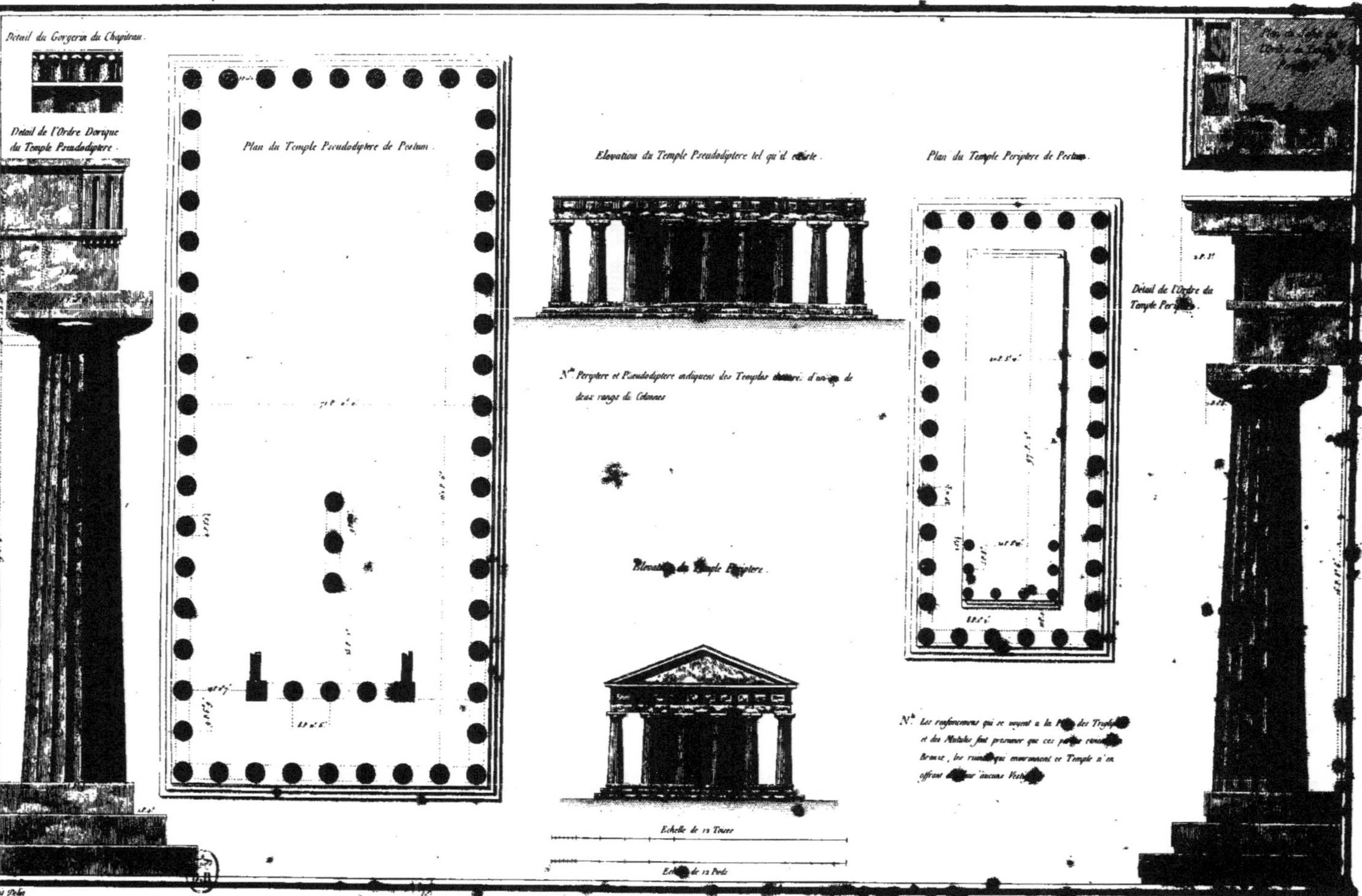

Plan, Elevation, et Details du Temple Periptere et Pseudodiptere de Pestum.

N.º 15.

A. P. D. R.

Nous suivîmes les Murailles antiques, bâties en entier de grandes pierres si bien jointes & si bien ajustées ensemble, que l'on n'a pas eu besoin d'y employer de ciment pour les lier & les unir. La Porte principale, qui regarde *Capaccio* & les Montagnes, s'est conservée dans tout son entier : elle est ceintrée, mais sans ornement ; c'étoit la Porte extérieure de la Ville. Il y en avoit une seconde intérieure, mais l'on n'y voit plus que la naissance des Chambranles. C'est à côté de cette Porte qu'étoit l'Aqueduc, qui amenoit l'eau de la Montagne & la portoit dans la Ville. On en voit encore de grands vestiges, qui font voir qu'il étoit sans aucune espèce de décoration ni de magnificence.

Ces antiques Monumens, dont on retrouve encore les restes imposans à *Pæstum*, ne sont pas les seules preuves de la puissance de cette ancienne Colonie. Ses anciennes Médailles en sont un témoignage au moins aussi incontestable. Le nombre que l'on en connoît allant à plus de soixante, on ne peut douter qu'elles n'aient été frappées à des époques différentes. Il y en a même dans le nombre de la plus grande antiquité, & l'on prétend que ces très-anciennes Médailles de *Pæstum* doivent être des premiers temps où ces Colonies Grecques ont commencé à avoir & à faire frapper des Monnoies de métal. Celles en or sont de la plus grande rareté : & parmi les Médailles d'argent, on en voit beaucoup d'*incuses*, c'est-à-dire qui n'ont été frappées que d'un seul côté, ainsi que les plus anciennes Médailles de *Sybaris*, & les caractères Grecs y étant aussi placés de droit à gauche ; ce qui prouve qu'elles doivent être du même âge.

Le Type le plus ordinaire de ces Médailles de *Pæstum* est une Figure de Neptune armée de son Trident, ou bien un Trident tout seul, symbole qui indiquoit que la Ville de *Pæstum*, bâtie sur le bord de la Mer, étoit particulièrement sous la protection de Neptune. Au revers, on y voit un Cheval qui étoit, comme l'on sait, consacré à cette Divinité, ou un Bœuf, symbole de l'Agriculture, ainsi qu'une Corne d'Abondance qui en est l'Emblême le plus ordinaire. Sur quelques Médailles de *Pæstum*, on trouve encore la Figure d'une Truie, animal consacré à la bonne Déesse, à Cérès, Divinité du Labourage.

VUE DE LA VILLE DE SALERNE.

PLANCHE QUATRE-VINGT-NEUVIÈME.

LA nuit nous ayant forcés de quitter ces précieux restes de l'antiquité, nous retournâmes à une assez mauvaise Auberge, où, après un frugal souper, nous nous couchâmes sur les tables & sur les bancs de la cuisine, & attendîmes ainsi le jour. Le lendemain, nous allâmes de grand matin prendre encore quelques

Vues des Temples & quelques mesures qui nous manquoient, avant de partir pour *Salerne* qui est à vingt-sept milles de *Pæstum.* A quatre milles de *Salerne*, on commence déja à appercevoir cette Ville dans une situation des plus agréables, à l'angle d'un Golfe profond, & abritée par la chaîne des Montagnes du *Gragnano*, qui forment une des branches les plus élevées des Apennins.

Nous ferons dans le Chapitre prochain la description de cette Ville & de ses Antiquités.

Dessiné par Paris Archit. du Roi — Gravé par S.t Aubin et Berthault.

VOYAGE

VOYAGE PITTORESQUE DE LA GRANDE-GRÈCE.

CHAPITRE DIXIÈME.

RETOUR À NAPLES,

EN PASSANT

PAR SALERNE, L'ABBAYE DE LA CAVA, NOCERA DEI PAGANI, L'ISLE DE CAPRÉE, SORRENTE, MASSA, ET CASTELLA-MARE.

LA Ville de *Salerne*, dont nous avons donné dans le dernier Chapitre & le Site & la Vue, telle qu'elle se présente sur le bord de la Mer, abritée par de hautes Montagnes, & dans la plus belle & la plus délicieuse position de la nature, avoit été construite en premier lieu, si l'on s'en rapporte à Pline, plus avant dans l'intérieur des Terres, & au revers de ces mêmes Montagnes (1). Si donc d'autres Historiens, tels que Strabon & Tite-Live, placent *Salerne* sur le Rivage, *in oram Maritimam*, & telle qu'elle existe aujourd'hui, ce n'est sans doute que parce qu'après la Guerre d'Annibal, elle fut rebâtie une seconde fois par les Romains, des démolitions de l'antique Ville de *Picentia*, qui s'étoit rendue aux Carthaginois.

On ne peut douter que par les suites & dans les beaux temps de l'Empire Romain, *Salerne* ne soit devenue une Ville fort riche & fort puissante: sa situation fut chantée par tous les Poëtes du siècle d'Auguste, & elle fut mise au rang des Colonies Romaines. Nous voyons même que les Empereurs y nommoient des Gouverneurs, qui étoient chargés de maintenir sous leur puissance, toutes les

(1) *A Surrento ad Silarum Amnem 30 millia passuum Ager Picentinus, fuit Tuscorum; Templo Junonis Argivæ ab Jasone condito insignis.* INTUS OPIDUM SALERNI, *Picentia.* Plin. LIII, ch. V.

conquêtes qu'ils faisoient successivement dans la *Lucanie* & le *Brutium*, & que ces Gouverneurs résidoient tantôt à *Reggio*, & tantôt à *Salerne*, comme il est prouvé par une Inscription antique du règne d'Adrien.

Dans les siècles postérieurs, *Salerne* aura sans doute subi les mêmes révolutions & le même sort que toutes les autres Villes de l'Italie, jusqu'à ce qu'enfin, après avoir été prise & saccagée de nouveau par les Sarrasins, elle fut rendue au Christianisme par le Duc Robert, dans le onzième siècle. On voit aujourd'hui dans l'Evêché, & sous le Portique de la Cathédrale de cette Ville, une Collection de Marbres antiques & de Monumens que l'on peut regarder comme autant d'Archives de toutes ces époques.

Aujourd'hui *Salerne* est la Capitale de toute cette partie du Royaume de Naples que l'on appelle la Principauté citérieure. Ce qui paroîtra peut-être assez extraordinaire dans l'histoire des différentes révolutions de cette Ville, c'est que ce fut au temps même où les Sarrasins & les Maures s'étoient établis dans tout ce Pays, que l'on doit faire remonter l'origine du moment le plus brillant de *Salerne*, & sur-tout de son Ecole de Médecine jadis si célèbre (1). La réputation que cette Ecole avoit déja acquise dès le commencement du douzième siècle étoit telle, que des Princes & des Rois envoyoient & venoient eux-mêmes pour la consulter. Le Duc Roger défendit par une Loi expresse, à qui que ce soit, d'exercer la Médecine, qu'il ne fût examiné & approuvé par les Docteurs de *Salerne*, & cette Loi fut ensuite confirmée, en 1150, par l'Empereur *Frédéric Barberousse*, qui renouvella les mêmes défenses sous peine de confiscation de biens & d'un an de prison (2). Ce fut alors que cette Ecole de *Salerne*, érigée en Académie, composa sa Collection d'*Aphorismes*, intitulés, *De Conservanda Valetudine*, &c., Ouvrage qui fut regardé comme le meilleur que l'on eût fait jusqu'alors en ce genre, & qui s'étant répandu dans toute l'Europe, mit le comble à la célébrité de l'Ecole de *Salerne*; elle le dédia à Robert, fils de Guillaume le Conquérant.

Depuis ce temps la Ville de *Salerne* fut une des Villes de l'Italie où les Lettres

(1) Il y avoit alors parmi ces Sarrasins chez lesquels l'étude de la Médecine étoit particulièrement cultivée, un certain *Costantino*, surnommé l'Africain, à cause du Pays où il étoit né; cet homme qui étoit fort savant dans les Langues & dans les Lettres, après avoir beaucoup voyagé, & exercé la Médecine dans plusieurs Pays, vint se fixer à *Salerne*. L'on prétend que ce Sarrasin s'étant fait Religieux à l'Abbaye de Mont Cassin, y fit beaucoup d'Elèves, & que ce fut à ses leçons que cette Abbaye dut en grande partie la célébrité qu'elle acquit alors. Ce qu'il y a de certain, c'est qu'on lit à ce sujet dans l'Historien *Giannoni* que les Religieux du Mont Cassin étoient regardés comme les plus habiles Médecins du temps, & que le Pape Innocent II, par un Décret rendu dans un Concile tenu à Rome en 1139, leur défendit de se livrer davantage à l'étude d'une science dont la pratique pouvoit dégénérer en de grands abus, & paroissoit d'ailleurs inutile à des Religieux.

(2) *Ne quis ad faciendam Medicinam admitteretur, nisi à Medicis* Salerni *&* Neapolitani *probatus, ac consecutus esset potestatem medendi, quam licentiam vocant; sed sub pœna carceris annui & proscriptionis omnium fortunarum.*

& les Sciences ont été le plus cultivées. Dans le treizième siècle, Saint Thomas d'Aquin & Saint Bonaventure y fondèrent une sorte d'Académie, ou Société Littéraire, à laquelle ils donnèrent le nom de *I Concordi*, nom qu'ils avoient sans doute choisi pour annoncer que leur intention étoit d'apporter une fin aux vaines disputes des Théologiens, seul genre d'esprit & d'étude qui fût alors répandu & goûté en Europe.

VUE DE L'INTÉRIEUR DE L'ÉGLISE CATHÉDRALE DE SALERNE.

PLANCHE QUATRE-VINGT-DIXIÈME.

LA Cathédrale de *Salerne* est regardée comme une des plus anciennes Eglises de l'Italie : elle fut d'abord élevée, à ce que l'on croit, dans le septième siècle : détruite depuis par les Sarrasins, elle fut ensuite rétablie par Robert le Normand. On l'a encore restaurée presque de nos jours, mais assez peu heureusement ; car l'on peut dire qu'il n'y a rien dans cet Edifice qui mérite attention, si ce n'est tout ce qui y est antique, ou même ce qui y reste de l'Architecture gothique, & qui pourroit faire regretter ce qui a été depuis remplacé par les Architectes modernes. L'on en peut juger par la Chaire à prêcher, ainsi que par la Tribune & le Jubé, qui sont de la plus grande richesse, soit par le choix des Marbres, soit par le travail précieux de la Mosaïque. Ces Monumens du onzième siècle ont réellement un style qui ne manque ni de noblesse ni d'élégance, & portent avec eux une sorte de caractère original, qui n'est point sans mérite.

Le Pavé du Chœur, les côtés de l'Autel, & la Niche de la Chapelle de Saint Grégoire sont du même temps. Les Piliers des bas-côtés, restaurés maintenant en Pilastres, formoient autrefois des grouppes de Colonnes, comme on en voit dans plusieurs Eglises gothiques. En rétablissant cet Edifice, l'on a trouvé deux magnifiques Colonnes de verd antique, que l'on a arrangées assez mal-adroitement, & dont on a fait deux Candelabres aux deux côtés du Chœur (1).

(1) L'on apperçoit la sommité de ces Colonnes dans le fond de l'Eglise. L'Artiste qui a dessiné la Vue de cet Edifice gothique, a imaginé, pour y répandre de l'intérêt, d'y représenter une scène funèbre, dont il fut témoin, en s'arrêtant dans cette Eglise. C'est la Vue d'un Service qui s'y fait en l'honneur de quelque Commandeur de Malthe, qui étoit sans doute mort depuis peu dans cette Ville. Le Peintre s'est plu à orner cette Cérémonie funèbre de tout l'appareil possible, sans nuire cependant à l'effet total de l'Edifice, & en y donnant une idée de ce qui peut s'y voir de plus intéressant, c'est-à-dire la Tribune & le Jubé ornés, comme l'on voit, de Colonnes & de Mosaïques antiques.

Il y a aussi dans la même Eglise, trois Tombeaux antiques, ornés de bas-Reliefs, dont le travail & le *faire* ne sont pas très-excellens, ni d'une grande correction de Dessin, mais la composition en est noble, & d'un style antique. L'un de ces bas-Reliefs paroît représenter un Triomphe de Bacchus & un autre celui d'Ariadne. Sur un troisième de ces bas-Reliefs, qui décore le Tombeau d'un Evêque, on est assez surpris de trouver l'Enlèvement de Proserpine, & la Course de Cérès cherchant sa Fille. Le travail de cette dernière Sculpture antique est plus recherché, sans être d'un meilleur Dessin.

VUE DE LA COUR OU PORTIQUE DE L'ÉGLISE CATHÉDRALE DE SALERNE.

PLANCHE QUATRE-VINGT-ONZIÈME.

AUTOUR de la Cour qui sert de Péristile à cette Eglise, il y a une Galerie couverte, portée par des Colonnes de Marbre blanc, & de granite, de toutes formes & de tous genres : celles en Marbre sont d'un style & d'un travail qui peut faire croire qu'elles ont appartenu à quelque belle Fabrique Romaine. Sous cette Galerie, on a rassemblé quatorze Tombeaux en Marbre, les uns Grecs, les autres Romains du temps des Consuls. Tous ces Tombeaux antiques ont été restaurés & ajustés à l'usage de la Catholicité. L'on y voit des Vases ou Cuvettes où sont représentées des Chasses ou des Bacchanales, avec des espèces de couvertures ou couronnements modernes, sur lesquels sont sculptés des Vierges ou quelques Figures d'Evêques, sans égard pour une compagnie si prophane.

Le plus important de ces Monumens représente en bas-Relief la Chasse de Méléagre; allégorie si souvent employée & représentée sur les Tombeaux des Anciens, sans que de nos jours nous en puissions deviner le motif. Un autre de ces Tombeaux est décoré de Têtes de Victimes, chargées de bandelettes & de guirlandes d'un excellent goût, & d'une belle exécution.

Au milieu de la Cour, l'on voit un Jet d'eau qui est reçu dans une Cuvette antique d'une grande beauté. Ce Morceau de granite de treize pieds de diamètre, & tout d'une seule pièce, a été autrefois employé vraisemblablement à décorer quelque Monument du temps des Princes Lombards. On voit encore dans cette Cour plusieurs Colonnes renversées de granite gris & rouge d'Egypte, d'une

élévation

élévation & d'un prix qui annoncent qu'elles ont dû appartenir à quelques grands Edifices.

Les Portes de l'Eglise sont en bronze, fort riches, & d'un style assez mâle pour le temps où elles ont été faites. Sous le Fronton du Portail on a replacé une Inscription du même temps, qui tient toute la longueur de la Frise, & qui porte, comme on voit, la Dédicace ou la Consécration de l'Eglise, faite par le Duc Robert, à l'Evangéliste Saint Mathieu, Patron de la Ville.

MAET. EVANGELISTÆ PATRONO VRBIS
ROBERTVS DVX R. IMP. MAXIMVS TRIVMPHATOR
DE AERARIO PECVLIARI.

Sous cette Eglise de *Salerne* il y en a une autre souterraine, mais qui a été gâtée par les stucs ou les restaurations modernes avec lesquels on a couvert & enduit tout ce qui étoit d'Architecture antique. Une des curiosités de cette Eglise souterraine est un Fragment de Colonne tronquée, que l'on fait voir avec vénération, attendu que sur cette Colonne, on a, dit-on, martyrisé un Saint, ce qui est cause que depuis ce temps il s'y opère un Miracle perpétuel (1).

Le Pape Saint Grégoire qui vivoit vers la fin du sixième siècle est en grande vénération à *Salerne*, parce qu'il s'y retira sur la fin de sa vie, & y mourut : l'on trouve dans sa Chapelle une longue Inscription sur un Marbre, où on lit, entre autres, qu'un *Colonna*, Archevêque de cette Ville, ayant ordonné de rechercher dans cette Chapelle le corps du Saint Pape qui y avoit été inhumé plus de cinq cents ans avant, on avoit été fort étonné de le retrouver en son entier. L'Inscription rapporte tous les détails de ce Miracle, qui arriva en 1088.

Il y a encore près du Palais Episcopal les restes d'une autre Eglise, beaucoup plus ancienne, & que l'on dit du temps de *Saint Bonosio*, premier Evêque de *Salerne*, dans le cinquième siècle ; comme on nous assura qu'elle avoit été construite de Fragmens antiques, nous fûmes curieux d'y aller, mais fort peu édifiés de trouver cette vieille Eglise transformée aujourd'hui en écurie. L'on y voit effectivement de grosses Colonnes cannelées, fort massives, à moitié enterrées, & composées de débris antiques, mais surmontées de mauvais Chapiteaux dans le goût de ce siècle, c'est-à-dire du bas temps Grec. La lumière sourde & mystérieuse qui régnoit

(1) Ce prétendu Miracle n'est autre chose qu'un effet très-physique & très-naturel, dont la cause est masquée assez adroitement. On a entaillé la tranche de la Colonne, de manière qu'en adaptant l'oreille sur un trou qui vient répondre à la superficie, l'on entend le même bruit que produiroit le passage de l'air par l'ouverture de ces grandes coquilles de Mer de l'espèce des *Buccins* ou *Conques marines*. Les Sacristains de l'Eglise ne manquent pas de donner cet effet qui est la chose la plus simple du monde, pour le bouillonnement du sang du Martyr.

dans ce vieil Edifice, engagea un de nos Dessinateurs d'en prendre une Vue, dont l'effet paroîtra assez piquant : c'est le sujet du N°. 92.

L'on rencontre de toutes parts à *Salerne* des Fragmens de Colonnes, des bas-Reliefs antiques, & des Autels du temps des Romains ; nous en apperçûmes un, entre autres, sur lequel il y avoit l'Inscription suivante. L'on peut croire qu'elle avoit été faite pour être placée sur la base d'une Statue élevée à Constantin par les Habitans de *Salerne*. Cette Inscription est aujourd'hui devant l'Hôtel de Ville.

REPARATORI ORBIS SVI
D. N. FLAVIO. VALERIO
CONSTANTINO PIO
FELICI INVICTO
AVGVSTO
ORDO POPVLVSQVE SALERLITANVS
DEVOT. NVMINI MAIESTATIQVE EIVS.

La population actuelle de *Salerne* est de dix-huit mille ames, parmi lesquelles on compte vingt-quatre Monastères. Les rues sont bien pavées, les Auberges assez propres ; il y a une petite Jetée suffisante pour abriter quelques Bâtimens, mais peu de commerce. Au reste le mouvement & les criailleries de la populace nous annoncèrent déja le voisinage de *Naples*.

VUE DE L'ARRIVÉE ET DES DEHORS
DU
BOURG DE LA CAVA, PRÈS SALERNE.
PLANCHES QUATRE-VINGT-TREIZIÈME ET QUATRE-VINGT-QUATORZIÈME.

NOUS partîmes de *Salerne* pour nous rendre à *la Cava*. Un beau chemin taillé à mi-côte sur le Rocher, nous conduisit bientôt à *Vietri*, qui est un superbe Village bien bâti, avec de belles Fabriques. Là, le chemin entre dans les Montagnes, & se resserre sans cesser d'être roulant. Le Paysage est si riche & si varié que l'on peut dire que tout ce Pays est pour des yeux de Peintres, une charmante Galerie de Tableaux. Les Montagnes au pied desquelles est situé le Bourg de *la Cava*, offrent de loin le point de vue le plus pittoresque, & toute la campagne est couverte de jolies cassines, ou maisons de plaisance.

Nous quittâmes la grande route pour prendre à gauche celle du Monastère de *la Trinita*, fameux par ses Archives & la singularité de son site, & où l'on dit que le *Poussin* & *Salvator Rose* ont été chercher les modèles de ce genre, grand, noble & sévère, qui les caractérise. Nous n'y trouvâmes cependant rien qui ait pu plaire beaucoup à ces deux Peintres célèbres de Paysage : l'on n'y voit qu'une nature sauvage sans des formes très-heureuses, des Rochers pauvres, & des Montagnes couvertes de taillis & de broussailles, qui n'inspirent & ne peignent point l'idée que l'on peut se faire des belles horreurs en ce genre.

Ce triste Désert fut dans son origine la retraite des Habitans du Canton dans le temps de l'invasion des Sarrasins. Le Moine *Alphieri*, parent du Comte *Drogon* le Normand, auquel la Principauté de *Salerne* tomba en partage, rassembla les Habitans épars & fonda la Ville & le Couvent de *la Cava*, appellé ainsi à cause de la Grotte qui leur avoit d'abord servi de retraite, & qui devint le site mal-sain du Couvent.

Ce Monastère fut par les suites rétabli & doté par le Comte *Roger*, qui lui donna la Seigneurie de la Ville & de tous les Pays d'alentour : cette première Ville de *la Cava* fut abandonnée pour le Bourg, que l'on voit aujourd'hui de dessus le chemin, & de l'autre côté d'un Ravin profond que l'on passe pour y arriver. Ce Couvent fut aussi rebâti tel qu'il existe actuellement, c'est-à-dire plus grand, plus commode qu'il n'étoit, dans une position plus élevée & plus saine, mais sans magnificence. On a détruit la Grotte pour bâtir l'Eglise. Les Archives sont précieuses, en ce qu'elles contiennent des concessions qui attestent les Titres de possession du Couvent. On nous fit voir la donation du Comte *Roger*, signée de sa main ; les manuscrits du Code des Loix des Princes Lombards. Les Familles du Royaume y retrouvent aussi des Titres qui n'existent que là, parce que dans les troubles du Royaume, *la Cava* est le seul dépôt qui ait toujours été respecté (1).

(1) On trouve dans le *Musæum Italicum* du Père *Mabillon*, quelques détails sur cette ancienne Abbaye de *la Cava*, Ordre de Saint Benoît, & entre autres l'époque de sa Fondation, inscrite dans une Chartre du Prince *Weymard*, Duc de *Salerne*, datée de l'an 980. Il paroît même par ce Diplôme que partie de ce Monastère existoit déja alors, mais ce savant Antiquaire semble être persuadé qu'il ne remonte pas avant le dixième siècle.

VUE INTÉRIEURE
D'UN TEMPLE ANTIQUE À NOCERA,
AVEC
LA COUPE ET L'ÉLÉVATION DE CE MONUMENT.
PLANCHES QUATRE-VINGT-QUINZIÈME
ET QUATRE-VINGT-SEIZIÈME.

NOUS continuâmes notre route pour arriver à *Nocera*, l'ancienne *Nuceria*, aujourd'hui appellée *Nocera di Pagani*. Un Monument antique fort intéressant que nous avions à voir dans cette Ville nous y arrêta quelque temps ; nous en prîmes les mesures, & une Vue intérieure, ainsi que la Coupe & le Plan Géométral, que nous donnons ici gravés avec les détails les plus exacts, N°. 96.

La forme de ce joli Monument tient beaucoup, comme l'on voit, d'un Temple antique, connu à Rome sous le nom de Temple de Bacchus. Le Plan en est également circulaire, & la Voûte soutenue par un double rang de Colonnes intérieures, avec une Galerie qui tourne autour. Il y a de plus à celui-ci, vers le milieu du Temple, une espèce de Bassin octogone, autour duquel l'on voit huit petites Colonnes des Marbres les plus rares & les plus précieux. Ces Colonnes sont isolées les unes des autres, & il est assez difficile de connoître quelle en étoit la destination. Une partie conserve encore ses Chapiteaux, les autres n'en ont plus (1).

L'on peut voir par la coupe de ce Monument, que dans l'intérieur de ce Bassin qui est circulaire en-dedans, il y a des Gradins par lesquels on descendoit sur un Plan plus enfoncé, & un peu plus bas que le sol général, ce qui a fait penser, & non sans vraisemblance, que cet Edifice avoit été destiné à un Bain public; peut-être aussi, & suivant plus d'apparence encore, auroit-il été plutôt employé à former un Baptistaire dans la primitive Eglise, comme aujourd'hui il sert d'Eglise Paroissiale à *Nocera*, sous le nom de Sainte Marie Majeure.

---

(1) Il est à props d'observer que la Corniche intérieure, ainsi que les petites Statues d'Enfans tenants des guirlandes, & placées sur le haut de ces Colonnes, tels qu'on les voit représentées dans la coupe de ce petit Monument, n'existent point sur les lieux ; l'Artiste auquel nous devons ce Plan, les a ajoutées dans son Dessin, pour donner une destination & un emploi quelconque à ces Colonnes. Il est certain que l'idée de ces Enfans formants une chaîne autour de cette petite enceinte intérieure est très-jolie & seroit d'un effet agréable : mais il faut être vrai avant tout.

Quoi

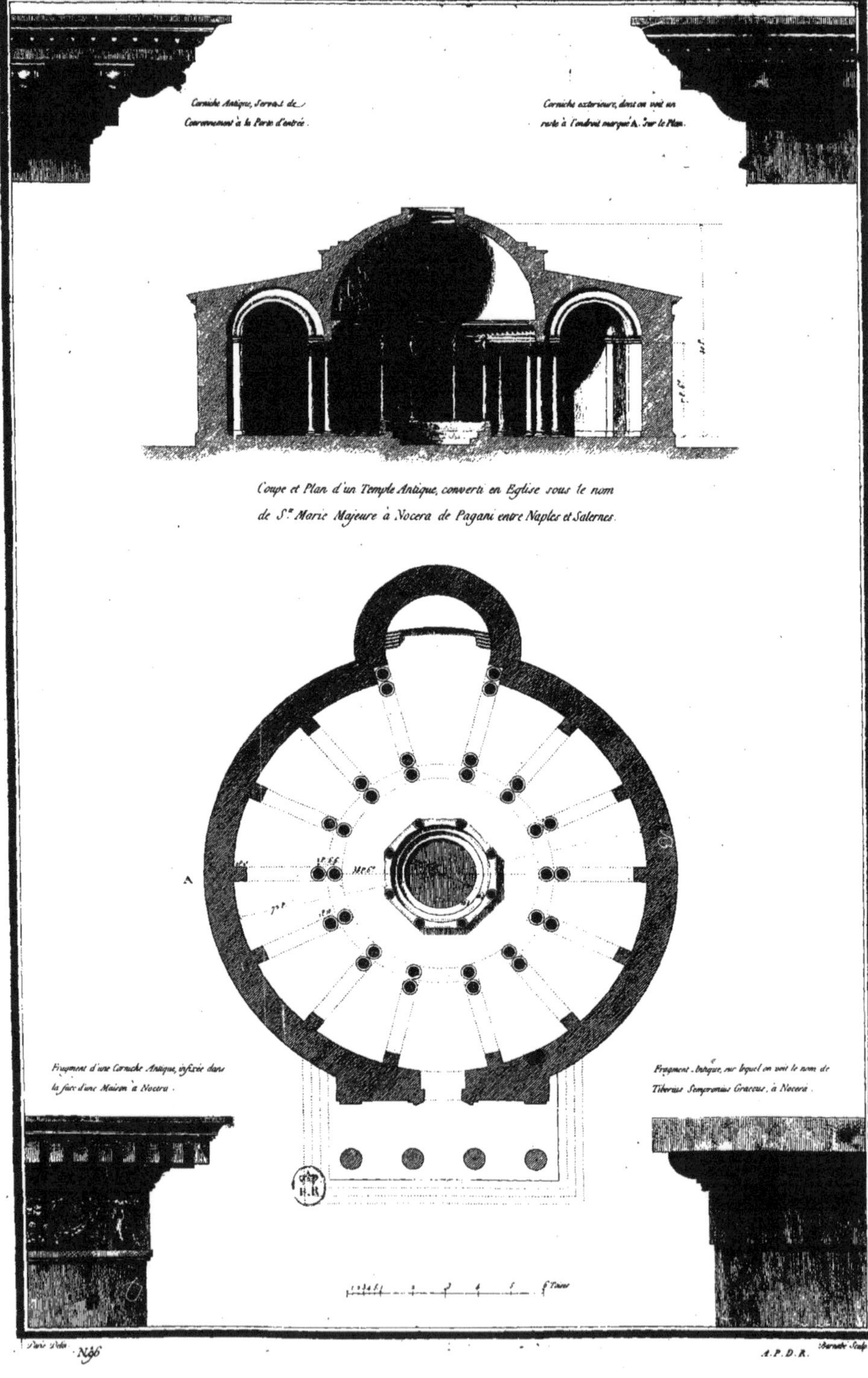
Corniche Antique, Servant de
Couronnement à la Porte d'entrée.
Corniche exterieure, dont on voit un
reste à l'endroit marqué A. sur le Plan.
Coupe et Plan d'un Temple Antique, converti en Eglise sous le nom
de S.te Marie Majeure à Nocera de Pagani entre Naples et Salernes.
A
Fragment d'une Corniche Antique, infixée dans
la face d'une Maison à Nocera.
Fragment Antique, sur lequel on voit le nom de
Tiberius Sempronius Graccus, à Nocera.
Toises
Paris Delin.
N.° 96
A.P.D.R.
Barabé Sculp.

Quoi qu'il en ſoit de l'emploi auquel il a pu autrefois être deſtiné, l'on ne peut diſconvenir que la beauté de ſes Marbres, dont pluſieurs ſont d'albâtre oriental & de verd antique, ainſi que la pureté & le goût exquis des Chapiteaux & des Baſes des Colonnes qui y étoient employées, ne ſoient une preuve certaine de la magnificence de l'ancienne *Nucerie*, & de la perfection à laquelle les arts y étoient portés. Il eſt au reſte très-vraiſemblable que ces Colonnes, auſſi parfaites pour l'exécution que précieuſes pour leur matière, ſont du plus beau temps des Romains, & d'une époque fort antérieure au reſte de l'Edifice, qui paroît être du temps du bas-Empire (1).

Quelques Antiquaires penſent que le nom de *Pagani* donné depuis quelques ſiècles à cette Ville de *Nocera*, ne lui vient que par corruption du mot *Paghi*, qui en Italien, veut dire, *Ferme*, *Biens de Campagne* dont les environs & le Territoire fertile de *Nocera* ſont couverts, quoiqu'aſſez généralement l'on penſe dans le Pays que l'origine de ce ſurnom *Pagani*, eſt la même que celle de *Saraceni* donné à la *Luceria* de la Pouille, c'eſt-à-dire qu'elle ſera due à l'établiſſement de quelques Familles de Sarraſins auxquels l'Empereur Frédéric II permit de venir ſe fixer à *Nocera*, comme à *Lucera*.

Quoi qu'il en ſoit de cette étymologie aſſez peu intéreſſante par elle-même, nous voyons dans Tite-Live que l'ancienne *Nucerie*, dont nous parlons, a joué un rôle diſtingué dans les Guerres entre les Carthaginois & les Romains, que fidèlement attachée à ces derniers, elle fut détruite & renverſée de fond en comble par Annibal. Le même Hiſtorien nous apprend auſſi qu'après le départ de ce Général, les Habitans de *Nuceria*, qui s'étoient réfugiés à Rome, s'étant adreſſés au Sénat pour avoir la permiſſion de rebâtir leur Ville, les Romains y envoyèrent une nouvelle Colonie; que *Nucera* devint alors plus puiſſante & plus riche qu'avant ſon déſaſtre.

Ce ne fut pas le ſeul évènement malheureux que cette Ville ait éprouvé; car indépendamment des révolutions qui, à différentes époques, lui ont été communes avec le reſte des Villes d'Italie, elle fut renverſée en grande partie, à ce que nous raconte Sénèque, par ce terrible tremblement de terre, qui, la

(1) Rien ne peut nous indiquer à cet égard aucune époque déterminée, & l'hiſtoire parle toujours d'une manière ſi vague & ſi peu claire de *Nuceria*, qu'on ne ſait jamais s'il eſt queſtion de celle-ci ou de pluſieurs autres Villes du même nom, qui exiſtoient en Italie. Il y a même pluſieurs Hiſtoriens qui comptent quatre Villes de *Nuceria*, l'une auprès de *Mantoue*, vulgairement connue ſous le nom de *Luzara*, & en dernier lieu célèbre par une bataille entre les Impériaux & les François en 1735, dans laquelle le Général *Mercy* fut tué; une autre dans l'*Umbrie*, renommée par ſes eaux minérales. La troiſième eſt la *Lucerie*, dont nous avons parlé en paſſant dans la *Pouille*, diſtinguée par le ſurnom de *i Saraceni*, & enfin cette quatrième qui étoit déſignée dans l'antiquité par le ſurnom d'*Alfaternon*, & aujourd'hui par celui de *i Pagani*.

Quatuor in Italia numerantur ejus nominis Nuceriæ, una in Apennino ſita, Brachianorum antiqua poſſeſſio: alia in Campania. Tertia item in Apennino propè Mutinam, quarta in Apulia. Raff. Volter. L. VI. Geogr.

neuvième année du règne de Néron, renversa une grande partie d'*Herculanum*, & de *Pompeii*, & qui s'étendit jusqu'à *Sorrente*, *Stabie*, &c., ainsi que sur une grande partie des Villes de la Campanie.

Nous remarquâmes que toutes les campagnes de *Nocera* sont déja couvertes & fertilisées par les cendres du Vésuve, que l'on apperçoit de là dans son plus grand développement. C'étoit à peu de distance de cette Ville qu'étoit situé sur une Montagne un vieux Château dont l'on peut voir encore les ruines, & des Remparts duquel le bouillant Urbain VI excommunioit l'armée du Roi de Naples, qui l'y assiégeoit vivement en 1378 (1).

VUES DE L'ISLE DE CAPRÉE,

PRISES DE DESSUS LA MER.

PLANCHES QUATRE-VINGT-DIX-SEPTIÈME ET QUATRE-VINGT-DIX-HUITIÈME.

L'ISLE de *Caprée* étant le seul endroit qui nous restoit à voir avant de retourner à *Naples*, nous voulûmes en faire le Voyage, & ayant au sortir de *Nocera* passé encore devant *Pompeii*, que nous ne pûmes revoir de si près sans un reste d'intérêt, nous vînmes coucher sur le bord de la Mer à *Castella Mare*, que l'on croit situé tout près du lieu où étoit autrefois l'ancienne *Stabia*.

Nous nous embarquâmes donc le lendemain à la pointe du jour par un bon vent qui se soutint la moitié du chemin, mais qui, changeant tout-à-coup, ne nous permit d'arriver qu'avec beaucoup de peine & avec une vague assez forte; après quatre heures & demie de navigation, nous débarquâmes à la Marine de *Caprée*, qui est une grande Anse en demi-cercle, défendue des vents du Levant & du Couchant par deux grands Rochers qui s'avancent dans la Mer, & du Midi, par le Terrein même de l'Isle qui s'élève en Amphithéâtre. C'est dans le fond de cet Amphithéâtre qu'est placée la Ville de *Caprée* ou *Capri*, dans la situation la plus

(1) Voici ce qu'un Duc de *Monte Leone*, qui vivoit alors, nous raconte dans une vieille Chronique du temps, de la singulière défense de ce Pontife guerrier, & des vaines fureurs dans lesquelles il entroit plusieurs fois par jour, lançant au travers des fenêtres du Château les excommunications les plus terribles contre l'armée du Roi, au son de toutes les cloches, & entouré de torches allumées. *Ando Papa Urbano col Principe di Capua suo Nipote a Nocera, il Rè mando il Contestabile ad assediar-lo con tre Trabucchi, che li tiravano notte e di, come fussero stati Saracini. Il Papa si diffendeva come poteva, e tre, e quatro Volte usciva alla finestra, e con Campanelli, e Torchi malediceva, è scomunicava l'essercito del Rè, e questo dopo lo faceva ogni giorno.* Plac. Troili, Hist. gen. di Nap. Part. I.ª

heureuſe, la plus agréable pour elle, & la plus pittoreſque en même-temps pour ceux qui arrivent dans l'Iſle.

Nous logeâmes chez un Batelier, dans une des maiſons qui ſont ſur les bords de la Mer, d'où nous découvrîmes l'Iſle d'*Iſchia*, celle de *Procida*, la Pointe de *Misène*, le Château de *Bayes*, *Pouzzoles*, *Pauſilippe*, *Naples*, *Portici*, le *Véſuve*, la Côte de *Sorrento*, & enfin la Pointe de *Minerve*, ce qui compoſe la totalité du crater de *Naples*, & formoit un vaſte & ſuperbe Baſſin, où nous voyions promener une foule de Barques & de petits Bâtimens de toute eſpèce. Dès que nous fûmes arrivés, nous nous hâtâmes d'aller parcourir cette Iſle ſi fameuſe, par le long ſéjour de Tibère, par l'excès & les recherches des débauches & des cruautés de ce Tyran qui, de cet Ecueil menaçant, faiſoit trembler tout l'Empire, & cet Empire étoit l'Empire Romain, c'eſt-à-dire l'Univers connu alors. Tibère n'avoit que ſoixante-ſept ans, lorſque, las de ſe contraindre, il y alla cacher l'aſpect dégoûtant que donnoient à ſon viſage les puſtules dont il étoit couvert. Il n'y fut ſuivi que de *Séjan*, de quelques Chevaliers Romains, agens de ſes crimes & de ſes affreuſes débauches, & de *Coccius Nerva*, qui ſe laiſſa mourir de faim, pour n'en être pas témoin.

Défiant, farouche, voluptueux & cruel, il ne pouvoit mieux choiſir ſa retraite que ſur ce Rocher, où, ſous le climat le plus doux, il trouvoit un printemps perpétuel, des ſites enchantés au milieu des Roches terribles, qui, coupées à pic & d'une élévation prodigieuſe, ne laiſſent d'abordage qu'en un ſeul endroit. Ce fut même, ſuivant *Suétone*, ce qui engagea Tibère à s'y fixer. *Capreas ſe contulit præcipuè delectatus inſula, quod uno, parvoque littore adiretur, ſepta undique præruptis immenſæ altitudinis Rupibus, & profundo Mari.* L'on voit à la quantité de ruines & de veſtiges de Conſtructions, que l'on rencontre à chaque pas dans cette Iſle, qu'elle devoit être couverte autrefois de jardins & de Palais.

Mais avant d'entrer dans la deſcription actuelle de l'Iſle de *Caprée*, il ne ſera peut-être pas déplacé de rendre compte ici à nos Lecteurs du peu de notions que l'antiquité nous a laiſſé ſur l'ancien état de cette Iſle célèbre.

Tous les anciens Hiſtoriens s'accordent à penſer que ce fut des Grecs qui les premiers vinrent s'établir à *Caprée*, & l'on ne peut douter que le nom de *Teleboas*, le plus connu que cette Iſle ait porté dans l'antiquité, ne lui ſoit venu de ce que les *Téléboens*, originaires de *Samos* dans la Grèce, ont été ſes premiers Habitans. Il paroît que dans ces temps anciens, *Caprée* étoit peuplée d'une eſpèce d'hommes ſauvages, qui, n'ayant preſque d'autres demeures que les antres & les cavernes dont cette Iſle eſt remplie, ſembloient fuir & éviter la lumière; c'eſt ce que *Rutilus Gallus* paroît avoir voulu peindre par la manière dont il caractériſe les Habitans de *Caprée*, qu'il appelle *Lucifuges* (1). Toute l'antiquité au reste nous peint ces Insulaires comme ayant été de tous les temps très-habiles dans la navigation, & ils sont encore aujourd'hui les meilleurs Marins de tout le Pays. Nous savons de plus qu'ils avoient une Tour ou Fanal bâti sur les hauteurs de leur Isle, & dont les feux allumés toutes les nuits servoient dans l'éloignement de guide aux Matelots. *Papinius* nous parle de cette Tour ancienne, & qui étoit encore très-renommée de son temps (2).

Theleboumque domos, trepidis ubi dulcia Nautis
Lumina nocti vagæ tollit Pharus æmula Lunæ.

Mais ce fut particulièrement sous les règnes d'Auguste & de Tibère que cette Isle devint plus connue & plus célèbre par le séjour qu'y firent ces deux Empereurs, & sur-tout Tibère ; nous avons vu dans le peu de détails que nous avons déja donnés sur cette Isle à la fin de notre second Volume, qu'Auguste attiré par la douceur du climat de *Caprée*, voulut y séjourner quelque temps, & que pour cet effet il proposa aux Napolitains de l'échanger avec lui contre l'Isle d'*Ischia* qu'il leur abandonna en propriété. Nous voyons dans Suétone qu'Auguste se plaisoit infiniment dans celle de *Caprée*, qu'il appelloit le séjour du repos & de l'oisiveté, parce qu'il ne vouloit absolument s'y occuper que de ses plaisirs, & ne penser à aucune affaire de l'Empire.

Le même Historien nous raconte qu'un des amusemens auxquels cet Empereur parut prendre le plus de plaisir pendant le séjour qu'il y fit, fut d'assister à des espèces de Drames ou Pièces exécutées par des jeunes Gens, habitans de l'Isle, dont les uns étoient Grecs, & les autres Romains. Auguste avoit établi pour loi dans l'exécution de ces Pièces, que tous ceux qui étoient Grecs parleroient & s'habilleroient à la Romaine, & que ceux qui étoient Romains au contraire parleroient Grec, & porteroient un habit suivant l'usage de cette Nation. Cette singularité fit distinguer les Pièces par les noms des différens habillemens des Grecs & des Romains, la *Toge* & le *Pallium*. Auguste prenoit un tel intérêt à ces espèces de Drames, sur lesquels nous n'avons d'ailleurs aucuns détails, qu'ils furent très-souvent représentés à *Naples*, & qu'on les y goûtoit beaucoup alors :

(1) *Processu Pelagi jam se Caprearia tollit,*
Squalet Lucifugis, Insula plena viris. Rutt. Gall.

(2) Ce *Papinius* étoit Préfet du Prétoire sous Septime-Sévère, père de *Caracalla*. Ce dernier Empereur ayant fait assassiner son propre frère *Geta*, voulut engager *Papinius* à composer pour le Sénat un Discours dans lequel il chercheroit à pallier ou à diminuer l'horreur de cette action horrible ; mais ce véritable Romain ne voulut point y consentir, & eut le courage de lui répondre qu'il étoit plus facile de commettre un parricide que de l'excuser. *Caracalla*, furieux de cette réponse de *Papinius*, lui fit trancher la tête en 212, à l'âge de trente-sept ans.

l'Empereur chargea même un de ses Courtisans les plus affidés, l'Africain *Masgaba*, d'y présider (1).

Ce fut, suivant tous les Historiens, à *Caprée*, qu'Auguste passa les derniers jours de sa vie ; il étoit depuis quelque temps attaqué d'une dyssenterie, qui augmenta si considérablement, qu'on le détermina à retourner à Rome : mais il fut obligé de s'arrêter à *Nola*, à quelque distance de Naples, où il mourut, le 19 Août de l'an 14 de notre Ere, étant âgé de soixante-quinze ans. Ce ne fut que douze ans après que Tibère vint se fixer entièrement dans cette Isle, après avoir abandonné le gouvernement de l'Empire à ses Ministres. Mais si *Caprée* avoit été sous Auguste le séjour de la paix, de la liberté & des lettres, elle devint sous Tibère celui de l'esclavage, de la haîne, & du vice dans toute sa laideur.

Voici la peinture que Tacite nous a laissée de la position de cette Isle si célèbre de son temps. » Cet Empereur fut se cacher, (dit cet Historien) & se renferma » seul à *Caprée*, Isle distante de trois milles du Promontoire de *Sorrente* : cette » retraite solitaire lui plaisoit fort, sur-tout à cause qu'elle étoit d'un accès difficile, » sans Port, sans asyle, même pour les moindres Barques qui n'y peuvent aborder » qu'avec danger : abritée des vents du Nord, les hivers ne s'y font jamais ressentir, » & les chaleurs de l'été y sont tempérées par de continuels zéphyrs : entourée » d'une espace de Mer considérable, la vue dont on y jouit présente la perspective » du Pays, le plus riche, le plus fertile, & qui l'étoit bien plus encore, avant » que les fureurs du Vésuve en eussent renversé & détruit pour long-temps une » très-grande partie « (2).

Suétone est parmi les anciens Auteurs, un de ceux dans lesquels on retrouve le plus de détails sur la vie & le séjour de Tibère à *Caprée*, mais ces détails sont si licentieux & si obscènes, qu'il est impossible de les traduire dans notre Langue, l'on peut dire même qu'ils ne sont pas moins d'horreur à lire que les cruautés de ce monstre, dont le même Historien nous rend également compte : ainsi nous croyons devoir nous dispenser d'en faire part à nos Lecteurs.

Parmi les différentes Constructions & les Palais superbes que Tibère avoit fait élever à *Caprée*, & qui, si l'on en croit Tacite, étoient au nombre de douze,

(1) *Ibique Ephebos exercentes Ludicra, spectavit, lege propositâ, ut Romani Græco, Græci Romano habitu & sermone uterentur. Habitus, ut Græci* Togam *Romanorum, Romani Græcorum* Pallium *sumerent. Hinc Fabulæ Togatæ & Palliatæ, à Græcorum & Romanorum rerum argumento. Incolis præterea, à Neapolitanis redemptæ Capreæ, ab Augusto frequentes redditæ sunt, cui negotio præfecit Masgabam è dilectis unum.* Cas. Cappac. Camp. Hist. pag. 115.

(2) *Capreas se in insulam abdidit, trium millium freto ab extremis Surrentini Promontorii disjunctam. Solitudinem ejus placuisse maxime crediderim, quoniam importuosum circa Mare, & vix modicis navigiis pauca subsidia; neque adpulerit quisquam nisi gnaro custode. Cœli temperies hieme mitis, objectu montis, quo sæva ventorum arcentur. Æstas in favonium obversa, & aperto circum Pelago Peramæna prospectabilia, pulcherrimum sinum antequam Vesuvius Mons ardescens faciem loci verteris.* TACIT. L. IV.

les Hiſtoriens font mention de Salles ou de Grottes (*Sellariæ*) ſituées le long du Rivage, qui étoient autant de retraites conſacrées à la débauche. » L'on voit » encore, dit *Capaccio*, une de ces Cavernes dont l'entrée eſt fort ſombre & fort » étroite, mais qui s'élargit & acquiert même un peu plus de clarté, à meſure » que l'on avance dans l'intérieur du Rocher. Son voiſinage de la Mer, & les » ſuintemens des eaux qui en ont couvert & comme tapiſſé toute la voûte de » brillans ſtalactites, en rendent le ſéjour d'une fraîcheur ſurprenante.

» Tout le Rivage eſt bordé de débris de Conſtructions antiques, qui rappellent » encore les formes grandes & majeſtueuſes des Fabriques Romaines; mais qui » ne préſentent plus aujourd'hui qu'une ſuite de Rochers arides & habités par » différentes eſpèces de poiſſons *cruſtacés*, tels que les crabes & les écreviſſes » de Mer « (1).

Après nous être arrêtés quelques moments dans une de ces Grottes abandonnées & ſauvages, & où rien ne rappelle l'idée des plaiſirs & des fêtes voluptueuſes auxquelles elles étoient deſtinées, nous commençâmes à gravir ſur la Montagne par le chemin le plus fréquenté. Nous viſitâmes d'abord la partie orientale où eſt aujourd'hui un Hermitage que l'on voit entouré de Ruines, & de Fabriques énormes, dont il ne reſte plus, en entier, que quelques Conſerves d'eau. Ces vaſtes Réſervoirs étoient, ſuivant les apparences, deſtinés à renfermer les eaux néceſſaires pour arroſer les Jardins qui étoient au-deſſous. Devant ces Conſerves d'eau, il y a d'autres Subſtructions & des arrachemens de Mur que l'on ſuit encore long-temps, & qui peuvent faire croire qu'autrefois dans cet endroit, il y avoit un très-grand Palais, dont ces reſtes informes ne ſont, ſuivant les apparences, que les Soubaſſemens. On y trouve encore des Revétiſſemens de Marbre avec des morceaux de Colonnes. Ce Palais, placé à l'extrémité de l'Iſle, étoit terminé d'un côté par l'eſcarpement de la Roche même, coupée à pic de quatre cents pieds de haut & battu par la Mer.

On voit dans Suétone, que c'étoit de ce Palais iſolé, & bâti à l'extrémité de cette Roche élevée, que Tibère faiſoit précipiter ſes victimes ſous ſes yeux, après avoir épuiſé ſur elles les plus longs & les plus cruels ſupplices, & que dans la crainte qu'il ne leur reſtât quelque ſouffle de vie, des Soldats les attendoient au bas avec des crocs & des rames pour les achever & les mettre en pièces (2).

(1) *Inter ſpeluncas, una reliqua eſt, quam ingreſſu valde obſcuram cernes, in lucidum deinde ſinum deſinit, in quem ſuperne aquarum ſtillicidiis, Mare nimis delectabile redditur; jacent in littore Ædificiorum fragmenta, quæ Romanam majeſtatem præ ſe ferunt. Abierunt in ſcopulos, cruſtatis piſcium generibus habitatos.* CAPACCIO, Hiſt. Camp. p. 115.

(2) *Carnificinæ ejus oſtenditur locus Capreis, unde damnatos, poſt longa & exquiſita tormenta, precipitari coram ſe in mare jubebat, excipiente claſſiariorum manu, & contis atque remis elidente cadavera, ne cui reſidui ſpiritus quidquam ineſſet.* SUET. in Tib. §. LXII.

L'autre côté de l'Isle pouvoit être occupé par des Jardins en Terrasse, & vis-à-vis est un autre Rocher isolé, & sûrement couvert autrefois de Fabriques & de Constructions considérables; on distingue encore parmi ces Ruines deux Galeries circulaires l'une sur l'autre, & au sommet les restes d'un vieux Palais dans la situation la plus avantageuse, avec la vue sur les deux Rivages & sur les deux Mers. Au-dessous étoit une autre Construction en demi-cercle, & en sens contraire, dont il existe encore quelques débris, & dont la forme ou la demi-circonférence a un mille de diamètre.

Au centre de ce beau Théâtre, est une petite Montagne qui semble s'élever exprès pour faire perspective : jamais plus beau mouvement de Sites, & jamais plus beau plan pour en tirer un grand parti; car les Anciens avoient cet avantage sur nous, de se laisser conseiller par la nature, d'y ajouter, de l'embellir, sans vouloir follement l'assujettir à des beautés de symmétrie auxquelles elle se refuse. C'est sans doute la plus belle & la plus délicieuse partie de l'Isle; elle est occupée aujourd'hui par des Chartreux qui y ont fait construire des Terrasses jusques sur les pointes des Rochers de la Côte du Midi.

Nous parcourûmes tout ce Terrein, & nous suivîmes ces Terrasses qui devoient produire de si grands effets, & dont les formes sont encore si heureuses, & les contrastes si prononcés, que l'imagination se retraceroit encore avec plaisir ces lieux, délicieux dans leur magnificence, si l'enchantement ne cessoit, en se rappellant le monstre hideux qui les habitoit, & si le souvenir de ses sales voluptés ne répugnoit autant que ses cruautés.

Nous rentrâmes à la nuit tombante chez notre Marinier, très-satisfaits de nos recherches, & du pittoresque de *Caprée*. Le lendemain, à la pointe du jour, nous montâmes d'abord sur la Montagne où est le Château : ce n'est aujourd'hui que la vieille mazure d'une Fabrique qui a toujours été de la plus mauvaise forme, & n'a jamais eu que l'avantage de sa situation. Nous y trouvâmes encore quelques arrachemens de Murailles antiques, mais sans pouvoir en décider ni le plan ni la forme. Nous en descendîmes pour monter ou plutôt escalader la plus haute Roche de l'Isle. Son escarpement prodigieux sépare l'Isle en deux, & en laisseroit les deux parties absolument étrangères l'une à l'autre, si l'on n'avoit fabriqué un escalier de cinq cents marches, par lequel on gravit pour arriver à une plate-forme sur laquelle est bâti un second Bourg presqu'aussi grand & plus riche que l'autre. Ce Bourg porte encore le nom d'*Ana Caprée* ou *Caprée* supérieure, nom que les Grecs lui avoient donné à cause de sa position sur la sommité de l'Isle. Ανα ayant en grec la même signification que *supra* en latin.

Cette grande moitié de l'Isle, qui va gagner par un plan incliné jusqu'à l'autre partie de la Côte du Couchant, eſt très-cultivée & très-abondante. On y recueille d'excellent vin ; les Habitans y ſont très-induſtrieux, & il y règne une activité qui, en général, caractériſe aſſez les Inſulaires ; les Femmes y ſont preſque toutes jolies & bien habillées, les Hommes actifs, laborieux, & tous, ou Pêcheurs ou travaillans à conſtruire les Vaiſſeaux du Roi de Naples. Nous trouvâmes également ſur la ſuperficie des veſtiges de Fabriques & de Conſtructions antiques, qui nous conduiſirent à un vieux Château encore plus élevé de cent cinquante pieds que le haut de l'eſcalier, ce qui fait au moins ſix cents pieds au-deſſus de la Mer, avec des eſcarpemens preſque perpendiculaires. L'on domine de là ſur une étendue de Mer immenſe, ainſi que ſur toutes les Villes & les lieux remarquables de cette Côte depuis le Cap *Licoſia* juſqu'à *Gaëte.*

Après avoir fait toutes nos obſervations, qui malheureuſement ne nous avoient pas procuré de grandes découvertes, nous redeſcendîmes & vînmes dîner de grand appétit, & épuiſés de laſſitude. L'après-midi, nous fûmes nous promener ſur le bord de la Mer, & dans les parties de l'Iſle que nous n'avions pas encore vues, & où il étoit impoſſible d'aborder. Nous y trouvâmes des Ruines de mille pas de longueur, les unes emportées par la Mer, les autres enfouies ſous la terre, ou bien habitées par des Cultivateurs, mais rien de ſuivi ni d'intéreſſant. Il eſt vraiſemblable que c'eſt de ce côté qu'étoit bâti le Palais d'Eté de l'Empereur, parce qu'il ſe trouvoit placé à l'ombre du ſoleil du midi par le grand Rocher dont nous venons de parler, & rafraîchi par la *tramontane* & l'air de la Mer. Nous y vîmes des ruines de Fabriques, qui étoient, ſelon toute apparence, des Bains : on y voit & l'on y diſtingue même encore la forme & les reſtes d'une grande Rotonde, en partie couverte des eaux de la Mer.

Il paroît que cette Rotonde étoit décorée avec magnificence, autant que l'on peut croire, d'après des moitiés de grandes Colonnes de Marbre qui ſont encore ſur le lieu. La Mer a tellement dégradé toutes ces Conſtructions antiques, quoique quelques-uns de ces Murs aient ſeize pieds d'épaiſſeur, qu'il n'eſt plus poſſible de prendre aucune idée ni de leur forme, ni de leur diſtribution.

Nous trouvâmes ſur ces débris antiques une quantité de cordes tendues, auxquelles les Habitans de l'Iſle attachent les filets dont ils ſe ſervent pour prendre les cailles. On nous aſſura que dans certains temps de l'année, ces petits animaux y arrivent en ſi grande abondance, qu'on en prend pour plus de cent ducats par jour, ce qui fait un des grands profits des Habitans, & feroit la richeſſe de l'Iſle, ſi ces pauvres gens avoient l'induſtrie de les nourrir, de les engraiſſer, & de les vendre pendant l'hiver à Naples.

Enfin, après avoir fait à-peu-près le tour de l'Iſle, qui peut avoir douze milles de de circuit, l'avoir traversé dans son diamètre qui est fort court, relativement à la longueur, avoir visité les deux Bourgs qui contiennent, à eux deux, neuf mille Habitans, & après avoir pris les Vues & les Aspects qui nous parurent être les plus intéressans, nous prîmes le parti de quitter un lieu, autrefois si vanté pour ses délices, mais qui ne doit le peu qui lui en reste aujourd'hui, qu'à la douceur & à la température de son climat.

VUE PRISE LE LONG DE LA CÔTE DE SORRENTE, PRÈS DE MASSA.

PLANCHE QUATRE-VINGT-DIX-NEUVIÈME.

Le lendemain à la pointe du jour, le vent étoit contraire, cependant dès que nous nous fûmes mis sous le vent de la Côte, nous jouîmes du plus beau calme. Nous coupions de Cap en Cap, & arrivâmes bientôt à *Massa*, petit Bourg situé dans le fond d'une Anse, & qui avoit autrefois un Château sur le bord de la Mer. Ce Château est aujourd'hui absolument détruit, & ses Ruines ne nous présentèrent rien d'intéressant. Mais nous n'eûmes pas plutôt quitté ce lieu, que sans nous éloigner du Rivage, nous rencontrâmes les Sites les plus agréables par leur mouvement & par les Fabriques pittoresques dont toute cette Côte est meublée: l'on en peut juger par cette jolie Vue qu'un de nos Artistes dessina de dedans la Barque, devant un endroit appellé *Puoto*, & situé entre *Massa* & *Sorrente*.

Pendant le temps qu'un de nos Dessinateurs étoit occupé à prendre cette Vue, nous remarquâmes une chose qui nous parut fort singulière; c'étoit un poisson volant, qui sortit de l'eau tout près de notre bateau, il fit un vol très-droit, très-rapide, & alla retomber dans la Mer, à quarante pas de l'endroit d'où il étoit sorti (1).

(1) Les Naturalistes font mention de plusieurs espèces de poissons auxquels on a donné le nom de poissons volants, tels sont, l'*Hirondelle de mer*, le *Milan marin*, le *Muge volant* & le *Faucon de mer*. Toutes ces espèces de poissons, peu différens quant à la forme, se ressemblent, en ce qu'ils ont tous des nageoires épineuses, à membranes très-alongées, dont ils se servent pour voler, comme les oiseaux se servent de leurs ailes pour se soutenir dans les airs. Leur vol est rapide & soutenu, tant que leurs nageoires qui leur servent d'ailes restent mouillées & flexibles, mais dès qu'elles sont desséchées par l'impression de l'air, ce qui arrive au bout de fort peu de temps, ces animaux sont obligés de se replonger dans leur élément naturel: ces sortes de poissons volans sont fort rares dans nos Mers, sur-tout dans l'Océan, & ne se rencontrent guères que vers les Tropiques, où on les voit s'élancer par centaines hors de l'eau; il y en a aussi quelquefois dans la Méditerranée, mais assez rarement. Les *Dorades*, les *Goulus de mer*, & les autres poissons voraces les poursuivent avidement. C'est alors qu'ils les évitent en s'élançant dans l'air, & s'y soutenant pendant quelques moments. Mais malgré ce moyen que la nature a donné à ces animaux pour échapper à leurs ennemis, il leur arrive souvent, en voulant éviter ceux qui les poursuivent dans la Mer, d'être assaillis par les oiseaux de proie qui ne sont pas moins redoutables pour eux.

VUE DE SORRENTE
ET
D'UNE PARTIE DE LA CÔTE,
PRISE DE DESSUS MER.

PLANCHE CENTIÈME.

SUR la Pointe qui couvre *Sorrento*, nous apperçûmes les ruines d'une très-grosse Fabrique Romaine : les restes de cette Construction antique nous firent juger de sa grandeur, sans pouvoir nous indiquer rien de plus. Il en existe cependant encore quelques Murs & quelques Substructions ceintrées, mais la Mer a dévoré tout ce qui pouvoit indiquer quelle en étoit la forme. Dès que nous eûmes dépassé la Pointe, nous découvrîmes les environs délicieux de *Sorrento*, bâti dans une gorge de Montagnes, dont on apperçoit l'entrée entre deux longues Terrasses qui se prolongent le long du Rivage dans la distance de plus de cinq mille pas de longueur, & dans la situation la plus riante & la plus pittoresque. Toute cette plate-forme n'est qu'un bosquet entouré de cassines, où les Habitans de Naples viennent en *villagiature*. L'on peut dire que les Jardins de *Sorrente* sont le potager de la Capitale, comme son Marché est le magasin des comestibles. Tout y croît en abondance, & y est également bon, végétaux & animaux. L'on connoît de réputation le veau de *Sorrente* ; le gibier de toute espèce y est également parfait ; & parmi les différentes productions de la terre, l'on doit citer particulièrement les vignes de *Sorrente* : on en retire un vin exquis que les Anciens assimiloient, pour la qualité, à leurs fameux vins de *Falerne*.

La nature est si prodigieusement active dans tout le Canton & les environs de *Sorrente*, que l'on y voit souvent des Nourrisses de l'âge de quatorze ans. Il y en a aussi de cinquante-cinq, & celles-ci, à ce qu'on assure, ne savent comment tarir leur lait. Les arbres y sont toujours verds, & on n'y connoît point l'hiver. Le grain croît sous la vigne qui s'accroche aux arbres fruitiers ; & une infinité de plantes de toute espèce ajoutent encore à la fraîcheur & à la richesse des Sites, par les contours multipliés que ces plantes parasites forment d'un arbre à l'autre. C'étoit à Noël que nous y passâmes, & la végétation étoit encore si forte & si abondante, que les branches & les feuillages des arbres bornoient la vue de toutes parts. Les orangers y viennent jusques dans les fossés & sur les pierres ; il est vrai que pour expliquer cette prodigieuſe végétation, il faut ſavoir que ce que l'on prend au premier coup-d'œil pour être de la pierre, n'eſt autre choſe qu'un Tuf volcanique, & que ces longues Terraſſes dont nous parlions tout-à-l'heure, & qui viennent ſe terminer ſur le bord de la Mer, ce Rempart naturel dont la tranche a l'aſpect de la plus belle Roche, eſt un lit de cendres de ſoixante pieds d'épaiſſeur, tout d'un ſeul & même lit, ſans aucune variété dans les matières dont il eſt compoſé, & ſans l'intermiſſion d'aucune lave (1).

Il n'eſt pas étonnant que la fertilité de *Sorrente*, les charmes de ſa ſituation, ſi vantée de tous les temps, aient fait naître mille fables ſur ſon antiquité & ſur les noms de ſes Fondateurs. Mais l'opinion la plus naturelle, eſt celle qui attribue ſon origine à la Colonie Grecque qui s'établit en premier lieu à *Cumes*; c'étoit, comme nous l'avons vu, la plus ancienne Ville que les Grecs élevèrent en Italie; & ce fut cette même Colonie qui fonda la Ville de Naples même & le plus grand nombre de celles qui exiſtoient dans cette partie de la *Campanie*.

Le nom ſeul du Cap ou Promontoire de *Minerve* ſur lequel *Sorrente* eſt ſitué, & qui, ſuivant tous les Auteurs, a pris ſon nom d'un Temple anciennement élevé à cette Divinité, protectrice des Grecs, ſemble en être encore une preuve. Si nous en croyons *Strabon*, ce Temple de *Minerve* fut bâti par *Uliſſe* (2). L'antiquité nous fournit au reſte très-peu de lumières & de détails ſur cette ancienne *Surrentum*. Il ne nous reſte que les éloges que les Hiſtoriens & les Poètes faiſoient avec raiſon de l'abondance de ſes productions, & de la fertilité extrême de ce Pays délicieux. Il y a tout lieu de penſer que ce fut la réputation qu'il eut dans tous les temps à cet égard, qui lui attira vers le milieu du ſeizième ſiècle le déſaſtre dont toutes les hiſtoires du temps nous font les deſcriptions les plus lamentables.

Elles nous racontent comment, en 1558, le 13 Juin, jour de Saint Antoine de Padoue, le terrible *Muſtapha-Baſſa*, après avoir pillé *Reggio* à l'extrémité de la Calabre, parut tout-à-coup devant *Sorrente* à la pointe du jour, avec cent

(1) Il faudroit parcourir la campagne au loin pour trouver le crater dont toutes ces matières volcaniques ſont autrefois ſorties. Suivant toute apparence il ſe rencontreroit au fond de la Vallée; les Montagnes qui la bordent étant de pierre franche, & de la même nature que la chaîne de l'Apennin, dont cette Côte eſt une branche. On ne peut non plus attribuer des amas de cendres auſſi prodigieux au Véſuve, à cauſe de ſon trop grand éloignement. Il auroit d'ailleurs couvert les lieux d'alentour auſſi-bien que celui-ci, & l'on peut aſſurer que ces cendres & ce tuf ſont indubitablement plus anciens que la grande éruption du Véſuve, du ſiècle de Titus, puiſque l'on trouve un grand nombre de Ruines & de Conſtructions antiques qui ont été autrefois élevées ſur ce Terrein volcanique, & à des époques plus reculées.

(2) *Pompeiis conterminum eſt Surrentum Campanum, unde Minervæ Promontorium, quod & Sirenuſarum Promontorium quidam vocant. In ſummâ eſt fanum Minervæ ab* ULISSE *conditum.* Strab. L. V.

vingt Galères remplies de Turcs, qui escaladèrent la Ville, & la mirent à feu & à sang : comment, après avoir forcé & mis à mal les Religieuses, pillé les Eglises & les Monastères, ces Barbares emmenèrent avec eux en servitude une grande partie des Habitans de *Sorrente* qui avoient échappé au carnage, & dont le nombre montoit à douze mille prisonniers (1).

En observant la quantité de Ruines & de Fragmens antiques que l'on trouve répandus de toutes parts dans cette Ville, on ne peut douter que les Romains ne l'aient autrefois embelli de plusieurs Monumens. *Sorrente* avoit alors rang de République (*Surrentina Respublica*) & de Colonie Romaine, se gouvernant par ses propres Magistrats, ainsi qu'on peut le voir par plusieurs Inscriptions antiques, & entre autres, par celle-ci gravée sur le Piédestal d'une Statue élevée à un de ses Préteurs, en reconnoissance de ses travaux & de sa bonne administration.

FLAVIO. FVRIO. FAVSTO. V. C. TRIBVNO.
AB. ORIGINE. PATRONO.
OB. MERITA. LABORVM. VNIVERSVS. ORDO.
ET. POPVLVS. SVRRENTINORVM.
STATVAM. NOBILITATI. EIVS.
FACIENDAM. CVRAVIMVS.

Sur d'autres Marbres, l'on voit plusieurs Inscriptions en l'honneur de *Trajan*, de *Constantin*. Il y en a d'autres encore, qui nous apprennent qu'il y avoit autrefois à *Sorrente* un Temple dédié à *Vénus*, & un autre à *Cérès*.

Sous le Portique de l'Archevêché, dans la Cour & au Portail de la Cathédrale, on trouve des Fragmens de Corniches & de Colonnes qui annoncent les restes de plusieurs vastes Edifices. On y voit encastrés, entre autres, deux bas-Reliefs en

(1) La mattina di 13 di Giugno, primache comparisse l'aurora, calato in Terra buon numero di quei Barbari dietro la Marina di Massa; le Galée circondevano tutta la costa, e vennero al Capo di Sorrento : e non vegendo gente di Guardia, si sprinsero avanti la Marina della Citta, trovarono abbandonati quei Lidi, ma non ardivano di smontare : allorache (come fu fama) un Turco schiavo di un Nobile, gridando da quelle rupi, invitogli al bottino. Discesero dunque in terra, e montando su l'erto, Giunsero al Monasterio di San Gregorio, oggi detto di San Vincenzo, dove gittate al suolo le porte; fecero cattive le suore, che nulla sospettavano di si fatta disgracia. Il Governatore della Citta, spagnuolo di Natione, con *Pompeo Marzano*, ed altri Gentiluomini tentarono coraggiosamente di opporsi alla barbaria de' Turchi, ed impedirono loro con l'armi in mano per buona pezza il camino. Ma sopragiunto un fresco stuolo di barbari, sopra fatti dal numero, e perduto il Governatore (da un colpo di Archibuggio tolta vita) vedendo inevitabile il fato della lor patria, cercarono scampare della cattivita colla fuga verso i monti di Vico. Cosi rimase quella Citta alla discrezione degli Ottomani. Sofferse un crudelissimo sacco, nel furore de' quali caduti i vechi sotto le scimittarre degli aggressori, furono condotti gli altri in una misera servitu. E' fama che i Prigioneri ascendessero a 12 millia persone. *Plac. Troily, Tom. V, pag. 279.*

Marbre,

Marbre, qui ont pu être ou des Piédestaux ou des Autels, dont le style fait bien regretter qu'on les ait laissés se dégrader au point où ils le sont (1).

Enfin sur une petite Place qui est près de la Cathédrale, on a conservé sur un Piédestal, le Fragment d'une Figure Egyptienne à genoux, dont il ne reste plus que la moitié inférieure ; nous y remarquâmes un travail bien au-dessus de tout ce qui est connu dans ce genre, dont le style s'adapte si heureusement à l'Architecture, mais qui, si rarement, est d'un trait & d'un contour pur.

En revenant, nous rencontrâmes encore une grande quantité de Colonnes de Marbre précieux, & de beaux Chapiteaux répandus çà & là dans la Ville, & après l'avoir parcourue d'un bout à l'autre, nous fûmes nous reposer à notre Auberge, où l'on ne manqua pas de nous servir de ce fameux veau de *Sorrente*, qui auroit eu besoin peut-être d'un meilleur Cuisinier. Ensuite nous nous embarquâmes pour aller dessiner, de dessus la Mer, les Vues de ce beau Pays, qui pris de ce côté, est aussi *grandiose* dans ses formes & dans son ensemble, qu'agréable dans ses détails.

Nous continuâmes de là notre route pour *Naples*, en suivant la Côte, qui n'est plus aussi riante. Nous passâmes sous des Roches escarpées, & nous fûmes assez étonnés de sentir, quoique dessus Mer, & à une assez grande distance, l'odeur des Sources sulfureuses, qui coulent de toutes parts le long de cette Côte : elle est couverte dans toute cette partie, de grands bois, qui s'exploitent d'une manière assez particulière.

Les Bûcherons, après avoir coupé leur bois, le conduisent du faîte des Montagnes & l'amènent jusque sur le bord de la Mer par un moyen assez simple, & qui est fort ingénieux. Ils tendent de grandes cordes de distance en distance, de Vallée en Vallée, & toujours en descendant du côté du Rivage, ils accrochent chaque charge de bois à la corde, le long de laquelle, par une petite poulie, le bois est conduit, coule & arrive jusqu'à un repos, où des hommes l'attendent pour l'accrocher de nouveau à une autre corde, & ainsi de suite. Par ce moyen très-simple, du haut des Montagnes très-élevées, & à une grande distance, des coupes de bois considérables arrivent ainsi très-rapidement, en traversant les airs, jusques dans les Barques qui doivent le transporter.

(1) Dans la Cour du même Palais, on a encastré dans le mur des Trophées d'armes en bas-Reliefs, en Marbre, qui ont appartenu à quelque Arc de Triomphe, ou au Piédestal de quelque Colonne Triomphale dans le genre de celui de la Colonne Trajane. Au-dessus de la Porte de l'Eglise, on a mis en attique un Fragment d'Arabesque en bas-Relief d'un travail pur & précieux, & dans la même Eglise l'on a adroitement adapté de précieuses petites Colonnes antiques aux Ornemens modernes qui décorent la Chaire à prêcher & le Siége Episcopal.

Nous jouîmes de ce ſpectacle induſtrieux & aſſez amuſant pendant toute la route qui nous reſtoit à faire le long de la Côte de *Sorrente* juſqu'à *Caſtellamare*, où nous n'arrivâmes qu'après le ſoleil couché. Le jour ſe trouvant alors trop avancé pour aller plus loin, nous prîmes le parti d'y paſſer la nuit, & de remettre au lendemain matin notre retour à *Naples*.

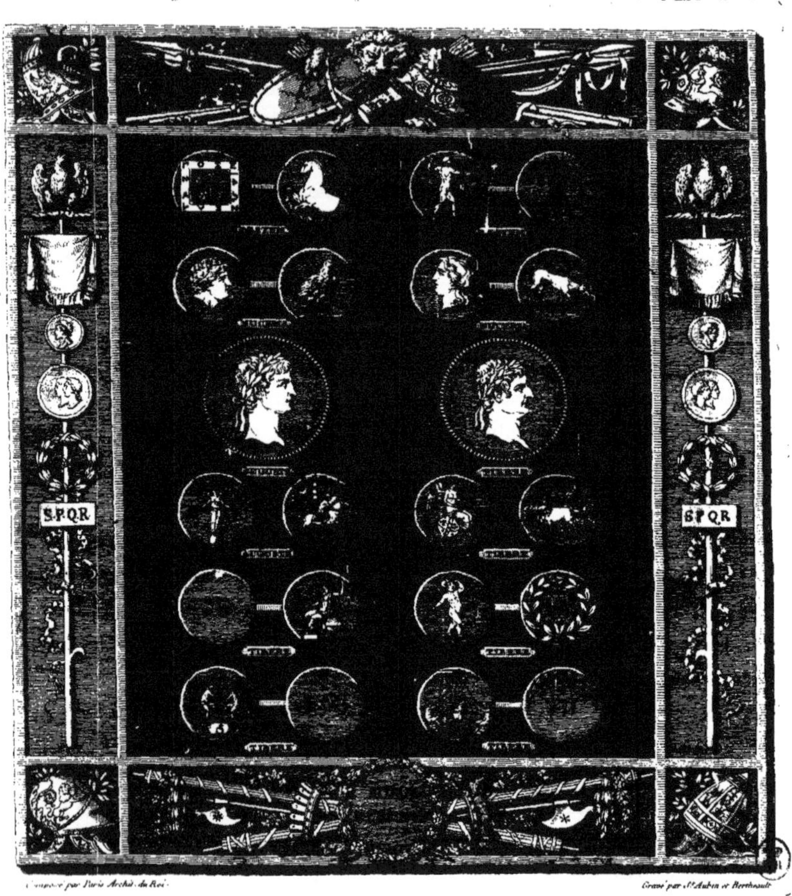

Composé par Paris Archit. du Roi. — Gravé par St Aubin et Berthault

CARTE

CARTE THÉODOSIENNE,

CONNUE SOUS LE NOM

DE CARTE DE PEUTINGER.

UN Monument antique dont il nous reste à nous occuper dans ce moment, est la fameuse *Table Théodosienne*, ou *Carte* de *Peutinger*, dont nous avons parlé quelquefois dans le cours de ce Voyage, & que nous avons promis de faire connoître à la fin de ce Volume. Au premier coup-d'œil, cette Carte paroîtra sans doute bien incorrecte & bien étrange, mais malgré tous ses défauts, elle n'en mérite pas moins beaucoup de curiosité, si l'on veut sur-tout faire attention que c'est en ce genre le seul Monument qui nous reste des Anciens.

Il ne sera peut-être point indifférent à plusieurs de nos Lecteurs de leur dire ce que c'est que cette Carte de *Peutinger* dont ils ne voient ici qu'un segment, une très-petite partie, mais suffisante cependant pour en donner une idée, & d'ailleurs la seule qu'il devenoit intéressant de mettre sous leurs yeux, puisque c'est la représentation des Pays, ou plutôt des chemins que nous avions à parcourir avec eux.

L'étendue de l'Empire Romain, & la distance prodigieuse où étoient de Rome

& de l'Italie, les Pays dans lesquels on avoit à envoyer des armées, pour faire des conquêtes nouvelles, ou pour conserver les anciennes, obligèrent de pourvoir aux marches & approvisionnements de ces Troupes. Ce fut sans doute ce qui amena la nécessité de former des espèces de Cartes Géographiques, sur lesquelles, sans s'embarrasser de la forme des Pays, l'on ne faisoit qu'y tracer les grands chemins, & les Voies publiques, ainsi que les distances qu'il y avoit d'un lieu à un autre, afin de pouvoir, par ce moyen, régler d'avance les différentes stations des Troupes & les lieux où elles devoient séjourner quelques jours, ce qu'on distinguoit par *Stationes* ou *Mansiones*.

Nous voyons dans *Pline* que l'on distribuoit de ces *Cartes Itinéraires* aux Généraux qui partoient pour des expéditions éloignées, aux Officiers qui étoient chargés de régler les marches des Légions, ainsi qu'aux Magistrats qui avoient l'inspection des voitures publiques. Il y a même lieu de croire qu'il devoit y avoir des modèles, & comme des *Prototypes* en ce genre, tels qu'a pu être cette Carte-ci, d'après lesquels on formoit des copies qui ne contenoient qu'un Pays, qu'une division particulière suivant le besoin qu'on en avoit.

C'est donc un de ces Itinéraires de tout l'Empire Romain, dont nous présentons ici un fragment. L'Original de cette singulière Carte, si renommée parmi les Antiquaires, & telle qu'on la conserve dans la Bibliothèque Impériale à Vienne, n'est autre chose qu'un long rouleau de vingt pieds & demi de longueur sur un pied de large. Il est composé d'onze morceaux de vélin attachés & réunis ensemble, sur lesquels sont tracés, comme nous venons de dire, tous les noms de ces Voies publiques & des chemins qui existoient dans l'Empire Romain, c'est-à-dire dans tout le Monde connu alors. C'est-là ce qu'on appelle la *Carte Théodosienne*, publiée sous le nom de Carte de *Peutinger*.

Il passe d'abord pour une chose assez constante que cet Itinéraire a été fait sous le règne de l'Empereur Théodose, & que ce fut vers la fin du quatrième siècle, & dans le cours des Guerres que ce Prince eut à soutenir en Allemagne, que la Carte se trouva égarée, & tomba, on ne sait comment, entre les mains des Barbares, où elle resta oubliée pendant plusieurs siècles. On ignore absolument ce qu'elle devint depuis l'époque de la mort de *Théodose*, qui arriva à *Milan* en 395, jusqu'au quinzième siècle, que *Maximilien* premier, Empereur d'Allemagne, & connu par son amour pour les Lettres & les Savans, engagea un certain *Conrad Celtès*, de faire en Allemagne & ailleurs des recherches, dont le but étoit le progrès des sciences.

Ce Savant fut assez heureux dans le cours de ses Voyages, pour que l'Original de cette Carte précieuse lui tombât sous la main, à *Spire*, Ville du Palatinat, dans une Bibliothèque où il étoit oublié & enseveli depuis des siècles. *Celtès* ne tarda pas à en sentir tout le prix, il en fit l'acquisition, & l'emporta avec lui; l'on ne sait point s'il en donna connoissance à son retour à l'Empereur *Maximilien*, il paroît au contraire que la Carte en question resta ignorée jusqu'à la mort de ce *Celtès*, qui la laissa par son Testament à un autre Savant nommé *Conrad Peutinger*, & que ce ne fut que quarante ans après, qu'un Jurisconsulte célèbre d'*Augsbourg*, nommé *Marc Welser*, obtint de *Peutinger* la permission de la rendre publique; ce qu'il fit, en la faisant graver & imprimer à *Venise* sous ce titre: *Fragmenta Tabulæ antiquæ, in quis aliquot per Romanas Provincias Itinera, ex Peutingerorum Bibliotheca, edente & explicante M. Welsero. Venetiis* 1591. Ce fut la première Edition de cette Carte antique, connue dès-lors également sous le nom de *Table Théodosienne.* Il y en a eu depuis trois ou quatre Editions mais plus ou moins remplies d'erreurs & d'incorrections.

Ce curieux Monument, & que l'on peut dire même unique, après avoir passé dans différentes mains, & avoir appartenu, entre autres, au célèbre Prince *Eugène*, qui en fit recueillir & coller avec le plus grand soin les onze morceaux, ou parties de vélin qui le composoient, a enfin passé dans la Bibliothèque Impériale à *Vienne*, où il est précieusement conservé. On en a fait en 1753 une superbe Edition dédiée à l'Impératrice Reine, & c'est d'après cette dernière Edition, imitée & copiée avec la plus grande exactitude sur l'Original, que nous avons extrait les cinquième & sixième segments que nous avons réunis sur une même Carte, & que nous mettons ici sous les yeux de nos Lecteurs (1).

(1) Il n'y a effectivement que onze pièces ou morceaux de vélin, dont l'ensemble réuni compose la Carte de *Peutinger*, telle qu'elle a été publiée en premier lieu par *Welser*, copiée depuis dans différentes Editions, & enfin telle qu'elle a été publiée en dernier lieu à Vienne par *Christ Von Scheyb* en 1753. Cette Carte n'est malheureusement point entière, même dans cette Edition de Vienne, & ne l'est dans aucune; il est aisé de voir que la première partie, celle qui devoit former précisément le chef ou le titre de la Carte, a été égarée, & qu'elle y manque. L'on voit en effet que c'est par la fin d'un mot que la Carte commence, on n'en trouve que les dernières lettres ITANIA, lesquelles devoient être, suivant toute apparence, la fin du mot AQUITANIA: de plus on apperçoit dans la partie supérieure de ce premier segment de la Carte, une petite portion & un fragment de l'Angleterre, qui n'y est point terminée; & enfin l'Espagne & une grande partie des Gaules que les Anciens appelloient l'Aquitaine, y manquent absolument.

Une autre observation, qui n'est pas plus indifférente, & que tout le monde peut faire avec nous, en observant cette dernière Edition de 1753, parfaitement imitée sur la Carte de Vienne, c'est que tous les noms & les mots dont elle est composée sont écrits en caractères Allemands ou Gothiques, d'où il résulte que ce que l'on conserve aujourd'hui précieusement dans la Bibliothèque Impériale, n'est sûrement autre chose qu'une Copie, & même très-informe & très-incorrecte, faite dans le treizième siècle, par quelque Moine d'Allemagne, d'après l'Original antique; cet Original n'existe plus peut-être, ou s'il existe encore, on doit penser qu'il n'a pu être écrit avec d'autres caractères ni d'autres lettres que les lettres romaines ou latines, & jamais avec des caractères gothiques, qui n'étoient sûrement pas connus & ne pouvoient avoir lieu du temps de *Théodose*.

Quant au mérite même, & à l'intérêt du Monument antique dont nous nous occupons ici, il est nécessaire, comme nous l'avons dit d'abord, de ne pas perdre de vue, que ce n'est absolument point ici une Carte de Géographie ordinaire, dans laquelle l'on ait prétendu rendre compte en aucune façon, ni de la forme, ni de la situation des Villes & des Pays, relativement les uns aux autres, mais seulement une Carte Itinéraire, où sont marqués les noms des lieux principaux par où passoient les grandes routes & les Voies publiques.

Nous ne pouvons douter que les Anciens n'aient eu, non-seulement des Géographes habiles, mais même, si l'on en croit *Strabon*, *Pline* & d'autres Historiens, que ces Géographes n'aient eu l'art d'exécuter des Cartes & des Tables, sur lesquelles étoient exactement représentés les différens Pays de la Terre connue alors. *Strabon* nous dit qu'*Anaximander*, Disciple de *Thalès*, fut le premier qui, du temps de *Tullius Servius*, Roi des Romains, eut l'art de représenter, par des traits, sur une Carte, la forme des lieux (1); elles se traçoient d'abord sur des surfaces sphériques, afin que les Méridiens & les parallèles fussent de véritables cercles, mais l'embarras de leur construction fit chercher le moyen de les tracer sur des surfaces plates : celle qu'*Aristagoras* porta avec lui dans la Grèce, & de laquelle parle *Hérodote*, étoit de cette dernière espèce.

Les Athéniens eurent plusieurs Artistes en ce genre, & sous Alexandre, au rapport de Pline, *Diognetus* & *Biton*, lui servirent comme d'Arpenteurs, pour lui mesurer & décrire les Pays où il alloit porter la Guerre. Le même Auteur dit encore expressément qu'*Agrippa* avoit fait faire pour *Auguste* une Carte universelle mesurée par milles, & qui étoit la plus exacte que l'on eût connu jusqu'alors, mais aucune de ces Cartes des Anciens n'a été respectée par le temps & n'est parvenue jusqu'à nous, ce qui a rendu la découverte de celle-ci d'autant plus précieuse.

Les seuls Monumens antiques qui aient une sorte de rapport avec la Carte Théodosienne, sont deux ou trois Itinéraires, ou espèces de *Cosmographies*, sur lesquelles on voit également indiqués la distance & le nombre des milles qu'il y avoit entre les Villes. Le plus célèbre, connu sous le nom d'*Itinéraire Antonin*, paroît avoir été fait absolument pour le même but que la Table Théodosienne, c'est-à-dire de servir de guide & d'instruction pour la conduite & les logemens des Troupes Romaines sur toutes les différentes routes de l'Empire (2).

(1) *Illum quidem prius, de situ Orbis descriptam edidisse Tabulam.* Strab. Lib. I.

(2) L'on ignore absolument quel est celui des *Antonins*, sous lequel cet Ouvrage a été fait. L'on sait d'ailleurs qu'antérieurement, & du temps même de *César* & d'*Auguste*, on avoit dressé des Itinéraires semblables. De plus, il y a dans celui-ci des noms de Villes qui n'existoient pas ni de leur temps, ni même de celui d'*Antonin Pie*, qui mourut l'année 161. L'on pourroit donc croire que cet

Il

Il devient donc, à ce que nous croyons, infiniment curieux de rapprocher ces deux espèces de Monumens antiques sur une même Carte, & c'est ce que nous avons pensé devoir faire, en y employant ce que la forme excessivement allongée de la Table Théodosienne nous laissoit ici d'espace vuide, & le remplissant avec ceux des articles de l'Itinéraire d'*Antonin* qui y ont rapport ; mais c'est sur le rapprochement & le rapport de ces anciens Monumens, que l'on doit sentir qu'il y a plus d'une remarque à faire.

Il est certain que si ces deux Itinéraires ont de grandes ressemblances entre eux relativement à leur objet, qui paroît être le même, ils ne renferment pas moins de dissemblances, soit pour un très-grand nombre de noms de Villes différemment marquées sur l'un & l'autre Itinéraire, soit pour les distances & le nombre des milles entre les lieux & les Villes indiqués sur chaque route. Il est aisé de sentir qu'ayant été faits à des époques fort différentes, & à plusieurs siècles l'un de l'autre, il est fort possible que les chemins aient varié dans plusieurs endroits, & que par conséquent les distances soient devenues différentes. Il en est de même des lieux & des Villes par où ces routes passoient, & qui ont pu être désignés sur un Itinéraire & oubliés sur l'autre.

Mais malgré tous ces défauts, & toutes les incorrections dont ces deux Monumens antiques sont remplis, & sur-tout la difficulté qu'on trouvera toujours, toutes les fois qu'on voudra les comparer & les accorder ensemble, l'on ne peut cependant disconvenir qu'ils ne renferment infiniment de curiosité, & ne soient fort intéressans à connoître, soit à cause de l'utilité dont ils peuvent être pour l'intelligence des anciens Auteurs, soit en même-temps, en ce qu'ils nous représentent & réunissent dans un très-petit espace, & sous un même point de vue, la totalité des grands chemins & des Voies publiques des Anciens.

Ces chemins militaires, faits par les Romains dans la partie seule de l'Italie, étoient en très-grand nombre, car indépendamment des douze Voies majeures, que l'on voit indiquées sur la Carte antique, toutes partantes de Rome, à savoir, les Voies *Flaminienne*, *Salare*, *Nomentane*, *Tiburtine*, *Preneſtine*, *Lavicane*, *Latine*, *Appienne*, *Laurentine*, *Oſtienne*, *Aurélienne* & *Triomphale*, l'histoire en cite encore douze autres qui partoient également de Rome, & un plus grand

Itinéraire ayant été fait sous les premiers Empereurs & rétabli sous l'un des *Antonins*, il aura été augmenté depuis, sans qu'on ait cru devoir lui donner un nouveau nom. Il y a différentes Editions de l'Itinéraire d'*Antonin* : celle qui nous a servi de modèle dans l'extrait que nous avons ajouté sur notre Carte, est l'Edition faite par *Jérôme Surita*.

Indépendamment de cet Itinéraire, nous en avons encore deux autres dans le même genre, dont l'un a été fait par un Evêque de Bordeaux, qui, dans le temps des Croisades, fit le Voyage de Jérusalem : & un autre plus ancien sous le nom de l'Anonyme de *Ravennes*, que l'on croit avoir été composé dans le quatrième siècle par un Moine de cette Ville.

nombre qui commençoient dans différens endroits de l'Italie, & qui étoient faites pour communiquer d'une Ville à l'autre ; c'est parmi ces dernières que l'on comptoit les Voies *Æmilienne*, *Trajane*, *Domitienne*, *Popilienne*, &c. (1)

Toutes ces routes & beaucoup d'autres encore qui, dans l'Itinéraire d'*Antonin*, alloient jusqu'à quarante-sept routes militaires différentes, avoient été faites suivant les détails que *Pline* nous en a laissés dans l'étendue de mille & vingt milliaires italiques, qu'il donne de longueur à l'Italie, lesquels équivalent à cinq cents de nos lieues, sur une largeur de quatre cents dix milles, ou deux cents lieues environ, de sorte qu'au dire de *Bergier*, que nous consultons sur ces détails, dans son excellent Ouvrage des grands Chemins de l'Empire, Livre III, chap. XVIII & XIX, en supputant la quantité de milles qu'il y a sur ces routes, on trouvera que dans l'Italie seule, les Romains avoient fait quatre milles cinq cents lieues de chemins pavés (2).

Nous ne présentons ici, comme on le voit, de cette Carte de *Peutinger*, que la partie méridionale de l'Italie, à partir depuis Rome exactement, jusqu'à

(1) Indépendamment de l'Inscription antique de *la Polla* dont nous avons parlé dans notre neuvième Chapitre, page 151, & d'après laquelle, suivant le sentiment de M. l'Abbé *Chauppy*, nous avons donné à cette longue Voie des Romains qui alloit de *Capoue* à *Reggio* le nom de *Viâ Popilii*, nous devons aux recherches du même Savant, la connoissance d'un autre Monument qui paroît effectivement venir à l'appui de cette opinion : c'est une Inscription antique qui existe à *Nola*, à peu de distance de *Capoue* ; elle avoit été faite pour être mise au bas de la Statue d'un *Pollius* qui, dans le nombre des différens services qu'il avoit rendu à sa Patrie, avoit sans doute fait entièrement rétablir une Voie que l'on appelloit alors *Via Populi*. La ressemblance du nom sur un Monument trouvé dans une Ville également située sur la même route, peut être regardée comme une preuve de plus que ce doit être la même *Voie Popilienne* dont il s'agit. Voici l'Inscription.

POLLIO IVLIO CLEMENTIANO
SVBVENTORI CIVIVM
NECESSITATIS AVRARIAE
DEFENSORI LIBERTATIS
REDONATORI VIAE POPVLI
OMNIVM MVNERVM RECREATORI
VNIVERSA REGIO ROMANA
PATRONO PRAESTANTISSIMO
STATVAM COLLOCAVIT.

(2) Il est nécessaire d'observer que dans cette étendue de cinq cents lieues que *Pline* donne à l'Italie sur sa longueur, & deux cents lieues de largeur, il n'a voulu parler que de la longueur même du chemin, qui partant d'*Aouste* au pied des Alpes, par *Rome* & *Capoue* jusqu'à *Reggio*, pouvoit former ces cinq cents lieues, à raison de ses contours & de ses circuits extrêmement multipliés. C'est même ce que cet Auteur désigne clairement par l'expression, *cursu meante*, qui caractérise toutes les sinuosités & les détours que l'on étoit obligé de faire pour suivre cette route, l'Italie n'ayant sûrement pas trois cents lieues de long, ni cent de large. Voici le passage même de Pline. *Patet longitudine ab Alpino fine* Prætoriæ Augustæ, *per* Urbem, Capuamque, *cursu meante*, Rhegium *oppidum*, *in humero ejus situm*, *à quo veluti cervicis incipit flexus*, *decies centena*, *& vigenti M. passuum : multoque amplior mensura fieret lacinium usque ; ni talis obliquitas in latus digredi videretur. Latitudo ejus varia est* CCCCX *millium inter duo Maria*, *inferum & superum*, *amnesque* Varum *atque* Arsiam : *media*, *atque fermè circa Urbem* Romam, *ab Ostio* Aterni *amnis*, *in Adriaticum Mare influentis ab Tiberina Ostia* CXXXVI. Pli. L. III. Nat. Hist. c. V.

l'extrémité du Royaume de *Naples*, ce qui étant joint avec la Sicile, forme l'objet entier de notre Voyage. Nous avons cru seulement pour en faciliter l'intelligence, devoir, par des chiffres & des *astériques*, qui renvoyent à une Table de Notes gravées sur la même Carte, rétablir & corriger quelques-uns des noms de Villes mal écrits sur la Carte antique, ou du moins sur la Copie qui en a été faite à *Vienne*, afin que l'on puisse aussi plus facilement suivre ces anciennes Voies, & les comparer avec celles qui se trouvent sur nos Cartes modernes, d'après les observations de nos meilleurs Géographes (1).

Le seul embarras, & qui certes n'est pas petit, c'est qu'un grand nombre de ces Voies ne sont pas suivies exactement sur la Carte de *Vienne*, que nous avons eue pour modèle : elles s'y voient abandonnées, reprises ; d'autres de ces Voies qui communiquent de l'une à l'autre, ne sont point distinguées par un nom particulier ; d'où il résulte une confusion & un embarras, qui font de cet ancien Monument un vrai labyrinthe, d'où il n'est pas aisé de sortir. Les conseils & les lumières de M. l'Abbé *Chauppy* ont été pour nous ici le fil d'*Ariadne*, & c'est sous ses yeux que nous avons cru devoir colorier quelques-unes de ces principales Voies des Romains, avec des couleurs différentes, pour qu'on puisse les distinguer plus facilement les unes d'avec les autres.

La Voie *Appienne*, qui étoit la plus étendue & la principale de ces Voies antiques, celle que les Romains appelloient par excellence *Via Regina* ou *Regina Viarum*, sera coloriée en rouge, comme étant la couleur la plus apparente ; cette Voie partoit de Rome & alloit se terminer à *Brindes*. La Voie *Latine*, commençant également à Rome, sera coloriée en verd ; celle-ci forme, comme l'on voit sur la Carte, trois branches différentes, & se divisoit à un endroit que l'on nommoit *ad Flexum*, sans doute à cause de la courbure de la Voie, à soixante-dix milles de Rome : elle se terminoit à *Bénévent*. C'est de cette Ville de *Bénévent* que partoit la Voie *Trajane* pour aller jusqu'à *Brindes*, où elle finissoit ainsi que la Voie *Appienne*, nous colorerons cette Voie *Trajane* en jaune. Le bleu indiquera la Voie *Domitienne* qui étoit peu considérable pour sa longueur ; elle commençoit à *Sinuessa*, sur la

(1) C'est ainsi que sur la Carte originale la Voie Appienne se trouvant interrompue à *Eclano* au-dessus de *Bénévent*, nous avons continué à l'indiquer par un trait colorié, & ensuite depuis *Sublubatia* jusqu'à *Mesochoro*.

Il en est de même de la Voie Trajane qu'il étoit impossible de reconnoître dans l'ancienne Carte. En partant de *Bénévent*, la Voie revient sur ses pas jusqu'à *Aecas*, de là *ad Pyrum* le trait du chemin n'existe plus, nous l'avons rétabli par une couleur particulière, pour la distinguer des autres routes.

La grande Voie Popilienne se trouvoit aussi interrompue à *Acerronia*, avant d'arriver au lieu appellé *Forum Popilii*, que nous avons prouvé par les Inscriptions être le même lieu que l'on appelle aujourd'hui *la Polla* ; nous avons également rétabli cette Voie jusqu'à *Mendicoleo*, que notre savant Guide pense avoir dû être écrit *Medio loco*, parce qu'effectivement, par le nombre des milles, ce lieu se trouve être placé dans le milieu de la Voie, entre *Capoue* & *Reggio*.

Voie *Appienne*, & ne s'étendoit pas au-delà de la Campanie. Enfin la Voie à laquelle nous avons cru devoir donner, comme on vient de le voir, le nom de *Popilienne*, sera coloriée en orangé ; cette dernière étoit une des plus étendues de ces anciennes Voies Romaines, elle commençoit, ainsi que nous l'avons déja dit, à *Capoue*, & traversoit, depuis cette Ville, toute l'Italie Méridionale jusqu'à *Reggio*.

Nous n'entrerons point au surplus dans d'autres détails à ce sujet, quoiqu'ils ne soient pas à beaucoup près sans intérêt, & nous nous hâterons d'aller retrouver nos Voyageurs que nous avons laissés au moment de s'embarquer à *Reggio* pour traverser le Détroit & passer en Sicile.

TABLE

TABLE DES CHAPITRES,

AVEC LES NOMS

DES PLANCHES ET DES VUES

CONTENUES DANS CE TROISIÈME VOLUME.

CHAPITRE PREMIER.

CARTE de l'ancienne Italie Méridionale formant aujourd'hui le Royaume de Naples, anciennement appellée Grande-Grèce. N°. 11.

CHAPITRE TROISIÈME.

CHAPITRE QUATRIÈME.

CHAPITRE CINQUIÈME.

CHAPITRE SIXIÈME.

CHAPITRE SEPTIÈME.

CHAPITRE HUITIÈME.

CHAPITRE NEUVIÈME.

CHAPITRE DIXIÈME.

EXPLICATION

EXPLICATION DES FLEURONS ET VIGNETTES.

FRONTISPICE.

LE Temps parcourt l'espace, & répand successivement la lumière & les ténèbres. La pensée de ce Fleuron, simple, vraie & rendue d'une manière grande & neuve, nous a paru convenir parfaitement à la peinture que nous avons à faire dans ce Volume, d'un Pays autrefois le séjour de la lumière & de la Philosophie, mais depuis long-temps retombé dans une barbarie presqu'universelle. L'on nous objectera sans doute, que cette Figure d'Homme, dans toute la force & la vigueur de l'âge, ne caractérise point assez le Temps, & qu'il est généralement reçu de le représenter sous l'emblême d'un Vieillard; mais cette convention est-elle bien exacte, & n'est-il pas au contraire plus vrai de dire que le Temps ne vieillit point? d'ailleurs le Clepsydre ou Sablier placé sur la tête de la Figure suffiroit pour le caractériser & ne laisser aucune incertitude.

VIGNETTE à la tête du Discours Préliminaire ou Recherches sur la Grande-Grèce.

L'ALLÉGORIE suivante, & que nous devons au même Artiste, nous a paru également ingénieuse. La Grande-Grèce personnifiée sous la Figure d'une belle Femme, se repose sur le rivage de la Mer; ses pieds même sont baignés par les flots, pour nous indiquer que les Colonies & les Villes puissantes que les Grecs vinrent autrefois fonder en Italie, étoient toutes placées le long des Côtes, & sur le bord de la Mer. Ses deux mains sont appuyées sur les Urnes cinéraires de *Pythagore* & d'*Architas*, pour marquer qu'elle a dû toute sa gloire à ces deux grands Philosophes de l'antiquité, dont l'un étoit né à *Tarente* même, & l'autre passa la plus grande partie de sa vie dans les Villes principales de la Grande-Grèce, & particulièrement à *Crotone* & à *Métaponte*.

Des rayons de lumière partent de ces deux Urnes, & vont se répandre sur le reste de cette agréable Composition, encore embellie par les Génies des sciences & des arts, qui viennent rendre hommage aux cendres de ces deux grands-Hommes.

FLEURON placé à la fin du Discours Préliminaire.

NOTRE intention a été de réunir & de rappeller dans ce Fleuron, les noms & le souvenir des Hommes célèbres que la Grande-Grèce a produits, ou du moins de ceux que nous plaçoient aussi des *Thermes*, représentants ou *Hercule* ou *Mercure*, comme les Dieux tutélaires des Voies publiques. L'on n'a point oublié non plus d'indiquer quelques-unes de ces Pierres élevées sur les bords du chemin, de dix pieds en dix pieds, pour servir aux Voyageurs, à monter à cheval ou à en descendre (1).

FLEURON, page 192.

C'EST cette principale Colonne Milliaire, ce *Milliarium Aureum*, dont nous parlions tout-à-l'heure, qui termine cette Notice & lui sert de Fleuron. Les différentes Inscriptions que l'on y voit gravées, indiquent qu'elle fut placée en premier lieu sous l'Empereur *Vespasien*, dans le premier siècle de l'Empire, cet Empereur ayant été après *Auguste* un de ceux qui s'occupa le plus de son embellissement.

L'on voit, par une seconde Inscription également gravée sur le Fût de la Colonne, que peu d'années après, l'Empereur *Nerva* fut obligé de la rétablir. Et enfin, par la troisième, que sous le règne d'*Hadrien*, des Huissiers, ou Appariteurs du Sénat & des premiers Magistrats, *Viatores*, firent élever cette même Colonne sur un Piedestal de Marbre.

IMPERATOR CAESAR VESPA- SIANVS AVG. PONT. MAX. TRIB. POT. VI IMP. XVII P.P. CENSOR VI DESIG. VIII.	IMP. NERVA CAES. AVG. PONT. MAX. TRIB. POT. COS. III PATER PATRIAE REFECIT.

IMP. CAESARI DIVI
TRAIANI PARTHICI DIV.
NERVAE NEPOTI
TRAIANO HADRIANO
AVG. PONT. M. TRI. P. II COS. II
VIATORES QVI IPSI ET COS. ET
PR. CAETERISQVE MAGISTRAT.
APPARENT ET H. V.

Les deux bas-Reliefs antiques que l'on voit gravés à côté de la Colonne Milliaire, ont été pris sur un Autel votif, conservé au Capitole à Rome. L'un de ces bas-Reliefs représente sans aucun doute une Voie publique, désignée par une Femme appuyée sur une roue, emblême assez ordinaire chez les Anciens; elle tient un fouet de la main droite; la palme qu'elle a dans l'autre main nous sembleroit indiquer que ce Monument a eu quelque rapport avec la Voie Triomphale; c'étoit, comme l'on sait, une des douze Voies publiques qui partoient de Rome ou venoient y aboutir, ainsi qu'on peut le voir sur la Carte de *Peutinger*, à la fin de ce Volume. C'étoit celle par laquelle les Empereurs ou les Généraux faisoient leur entrée à Rome, quand ils avoient obtenu

(1) Lisez l'Histoire des grands Chemins de l'Empire Romain, par Bergier, *Lib. IV*, *cap. XXXIX*.

les

les honneurs du Triomphe ; & nous voyons; dans *Suétone* & dans *Tacite*, qu'après la mort d'*Auguste*, le Sénat ordonna que la Pompe funèbre de cet Empereur entreroit à Rome par la Voie Triomphale (1). L'Inscription SALVOS IRE est, ainsi que toutes celles de ce genre, relative à la sûreté des chemins & des Voyageurs.

L'on voit aussi une Inscription pareille ou à-peu-près sur l'autre bas-Relief, SALVOS VENIRE, & dont l'objet est sans contredit le même. Nul doute que cet Autel n'ait été élevé comme un vœu fait aux Divinités tutélaires des Voyageurs. Resteroit à déterminer encore ici ce que signifioit cette espèce d'aviron que tient cette Femme dans une main; ne pourroit-on pas croire qu'il devoit indiquer de longs Voyages également faits par mer & par terre?

Nous avons de plus enrichi ce Fleuron avec quelques-unes des Médailles qui ont été frappées à l'occasion de ces mêmes Voies publiques, comme, par exemple, lorsque l'Empereur *Trajan* a fait construire le chemin qui porte encore son nom *Via Trajana*, soit pour célébrer une Loi ou une Ordonnance rendue par quelque Empereur, pour la sûreté & l'entretien des chemins, ainsi que l'on voit plusieurs de ces Médailles avec cette Inscription, *quod Viæ munitæ sunt ;* ou bien enfin pour rappeller le souvenir de quelque libéralité nouvelle de l'Empereur, ainsi que celle par laquelle *Nerva* exempta les Villes d'Italie de fournir des voitures & des chariots pour les marches des Légions, avec la Légende *Vehiculatione Italiæ remissa.*

Cette simple base de Colonne que nous voyons au revers de deux Médailles d'*Auguste*, annonce encore par son Inscription, dont on ne voit que les lettres initiales de chaque mot, qu'elles avoient été frappées par l'ordre du Sénat, & que les chemins furent alors rétablis, au moyen des fonds que l'Empereur avoit fait porter au Trésor public. Voici comme se présentent sur les Médailles, ces lettres initiales. S. P. Q. R. IMP. CAE. QVOD. VI. M. S. EX EA. P. Q. IS. AD. AE. D., & c'est ainsi qu'elles doivent être expliquées. *SENATUS Populusque Romanus, Imperatori Cæsari, quod viæ munitæ sunt, ex eâ pecuniâ quam is ad Ærarium detulit.*

(1) *T... consultatum de honoribus, ex queis maxime insignes visi, ut Portâ Triumphali duceretur funus.* Tacit. Annal.

FAUTES D'IMPRESSION A CORRIGER.

PAGE 15, ligne 16, de *Lucera* nous nous acheminâmes vers *Manfredonia*, qui en est à *trois milles*; lisez, *trente-trois milles.*

Supplément du Chapitre VII, explication libre des Vers de *Lucrèce*, disparues ; lisez, *disparu.*

De l'Imprimerie de CLOUSIER, rue de Sorbonne.

Vue de la fontaine de Ste Sophie à Benevent.

Dessinée d'après nature par Chastelet

A.P.D.R.

Vue d'une ancienne Porte de Benevent

N° 4. de la Série.

A.P.D.R.

Dessiné par Desprez — Gravé par Varin

Vue d'un vieux Château, bâti près de LUCERA dans la Pouille, par l'Empereur Frederic II. vers l'Année 1240.

N.° ... A.P.D.R.

Dessiné par Chatelet — Gravé par Varin

Vue de l'Entrée des Carrières et des Rochers qui terminent le Mont Gargano près de MANFREDONIA, dans la Pouille, Cap ou Promontoire vulgairement appellé l'Eperon de la Botte.

N.° 6. ... A.P.D.R.

Vue Extérieure d'une Eglise de Capucins à Siponte
Construite de Débris antiques et dans le même Lieu où étoit l'ancienne Siponte

Vue intérieure d'une Chapelle Souterraine à Siponte
Dessiné par Desprez architecte et pensionnaire du Roi à l'Acad. de France

Dessiné par Des Prez — Gravé par Cathelin

Vuë de l'Eglise de La Madona di S.ta Croce di Barletta

A.P.D.R.

Vue de Monte Sant-Angelo Prise de l'entrée de l'Eglise et le jour de la fête du Saint

Dessiné par Des Prez architecte et pensionnaire du Roi à l'Ecole de France

A ROME

A.P.D.R.

Vue des Restes de l'antique Ville et du Château de CANNES,
et quelques débris de Tombeaux parmi lesquels est un ancien Arc, vraisemblablement
et mal à propos appellé dans le Pays, Arc de Terentius Varron

A. P. D. R.

Vue de CANOSA Ville de la Pouille
anciennement Canusium.

A. P. D. R.

Débris de Constructions antiques, situés près de Canosa dans la Pouille; Ruines dont on ignore le nom et que l'on pourroit croire les Restes de quelque ancien Monument de la primitive Eglise.

Vuë de l'entrée d'une Eglise appellée la Chiesa Madre, près de CANOSA, et d'une Chappelle Gothique où est renfermé le Tombeau de Boemond Prince d'Antioche, mort aux Croisades en l'an 1111

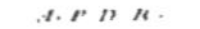

Gravé à l'eau forte par Duplessis Bertaux

Terminé par Duquevauviller

Vuë de l'Eglise principale et de la Place publique de Trani,
L'une des Villes de la Pouille, situeé sur les bords de la Mer Adriatique.

Dessiné par Des Prez pensionnaire du Roi à l'académie de France à Rome.

N° 16 G.de Grèce

A. P. D. R.

Gravé à l'eau forte par Berteaux — Terminé par Du Parc

Vuë extérieure de Bisceglia, dans la Pouille ;
Ville que l'on croit être l'ancienne Vigiliæ : Dessinée d'après Nature par Des Préz.

N. 17. 6e Livr. — A. P. D. R.

Gravé à l'eau forte par Berteaux — Terminé au burin par H. Guttenberg

Vuë de Giovenazzo, [illegible] Ville de la Pouille,
Située sur les bords de la Mer.
Dessinée par Des Préz, pensionnaire du Roi à l'Académie de France.

N. 18. 6e Livr. — A ROME. — A. P. D. R.

Gravé à l'eau forte par Du Plessis Bertaux — Terminé par Berthault

Vuë de la Ville et du Port de Bari,

Dessinée par Des Prez

Dessiné par Chatelet — Gravé par Marin

Vuë de l'entrée et d'une des Portes de la Ville de Bari

Avec la Petite Ville anciennement appellée Barium ou [illegible]

Vuë intérieure de l'Abbaye de San Vito di Poliguano.

Dessiné par Des Prez, pensionnaire du Roi à l'Académie de France, à Rome.

N° 21 ... A. P. D. R.

Dessiné par Des Prez

Vuë du Village de Mola situé sur le bord de la Mer dans la Terre de Bari.

N° 22 ... A. P. D. R.

Vuë extérieure d'une Grotte rustique, et formée par la Nature, sur le bord de la Mer, près de l'Abbaye de San Vito di Polignano.

N° 24.

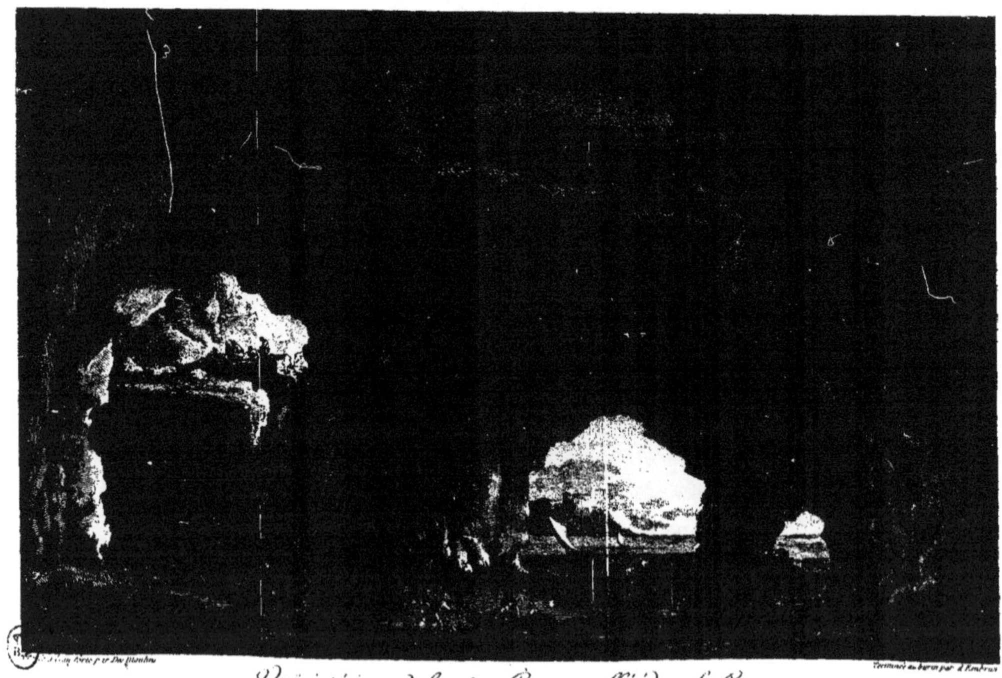

Vuë intérieure de la même Grotte, appellée dans le Pays
Grotta di Palazzo.
Dessinée d'après Nature par Chastelet.

N° 25.

Terminée au burin par A. Embrun

A. P. D. R.

Vuë de la Ville de Brindes ou Brondisi anciennement Brundusium Port célèbre des Romains sur la Mer Adriatique.

Dessiné par Desprez, archit. pension. du Roi à l'Académie de France à Rome.

Vuë du Château de Brindes et d'une partie de son Port.

Gravé à l'eau forte par Berthault — Terminé par Liénard

Vuë du Cloistre des Dominicains de Leccé dans la Terre d'Otrantes. —

N° 29 [illegible] — Dessiné par Renard Archit. Pensionnaire du Roi à l'Acad. de France à Rome.

Dessiné par Des Prez — Gravé par Berthault

Vue du Village de Squinzano situé entre Brindisi et Leccé dans la Terre d'Otrantes

N° 28 [illegible]

A. P. D. R.

Dessiné par Des Prez

Vuë du Campanille de Soletta,
Village situé dans la Terre d'Otrantes.

A. P. D. R.

Vuë du Bourg ou Village de Moglié
dans la Terre d'Otrantes.

Dessiné par Des Prez Archit. Pensionn. du Roi à l'Acad. de France, à Rome.

A. P. D. R.

Dessiné par Des Prés — Gravé par Marum

Vuë du Port et de la Ville de Gallipoli,
située sur le Golfe de Tarente.

N° 33 G.de Grèce

A. P. D. R.

Dessiné par Chatelet — Gravé par [illegible]

Grotte anciennement taillée dans les Rochers, près de l'antique
Ville de Mandurium dans la G.de Grece,
aujourd'hui, Casal nuovo près de Tarente

N° 34 G.de Grèce

Grotte dans laquelle est une Fontaine célèbre, connue sous le nom de la Fontaine de Pline.

A. P. D. R.

Premiere Vue de la Ville et du Golfe de Tarente
prise de la partie du Port appellé Mare piccolo.

A.P.D.R.

Seconde Vuë du Port de Tarente, prise du côté
du Marché aux Poissons.

A.P.D.R.

Dessiné par Chastelet — Gravé par De Ghendt

Vuë de l'Aqueduc de Corigliano en Calabre.

Dessiné par Chastelet — Gravé par Nicolet

Vuë d'une Fabrique de Reglisse
à Corigliano.

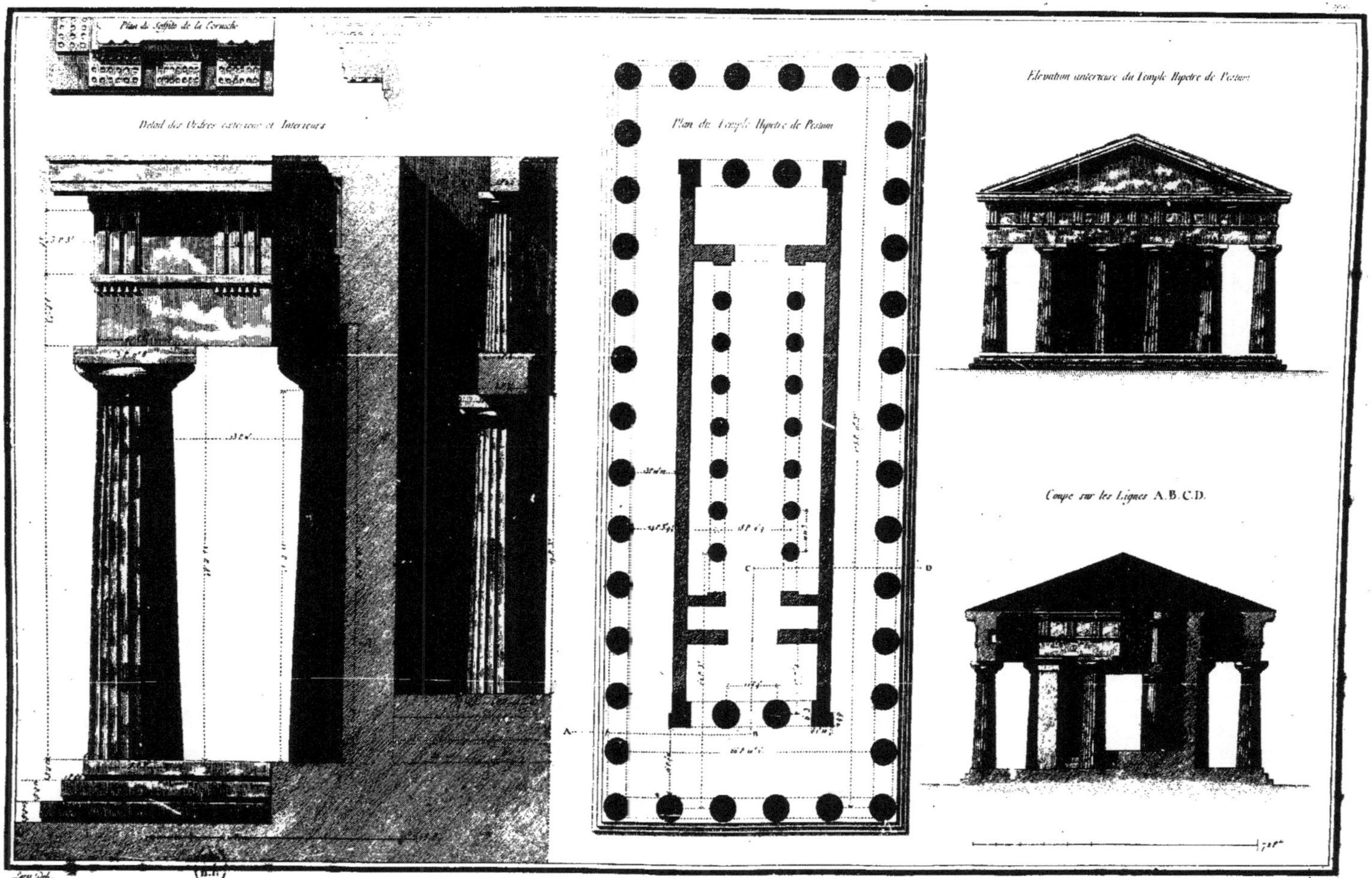

Plan du Soffite de la Corniche

Detail des Ordres exterieurs et Interieurs

Plan du Temple Hipetre de Pestum

Elevation anterieure du Temple Hipetre de Pestum

Coupe sur les Lignes A.B.C.D.

Paris Del.

Bardé Sculp.

Plan et Elevation Géométrale, avec les Details en grand, du Temple Hipetre de Pestum.

N.° 24 Bis

A.P.D.R.

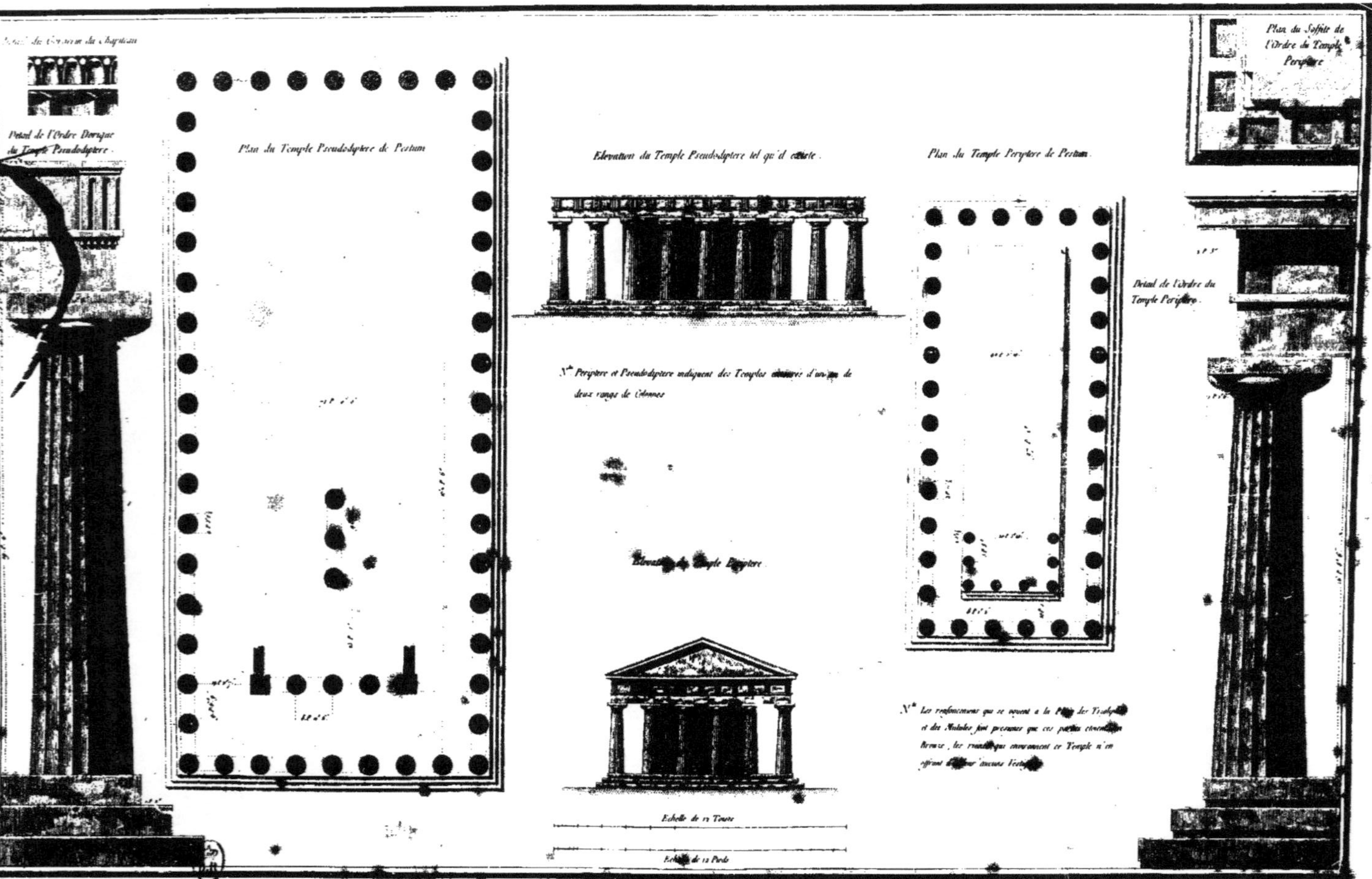

Plan, Elevation, et Details du Temple Periptere et Pseudodiptere de Pestum.

N.° 15.

A. P. D. R.

Corniche Antique servant de
couronnement à la Porte d'entrée
Corniche extérieure, dont on voit un
reste à l'endroit marqué X sur le Plan.
Coupe et Plan d'un Temple Antique, converti en Eglise sous le nom
de S.te Marie Majeure à Nocera de Pagani entre Naples et Salernes
Fragment d'une Corniche Antique, enfixée dans
la face d'une Maison, à Nocera
Fragment Antique, sur lequel on voit le nom de
Tiberius Sempronius Graccus, à Nocera.
6 Toises

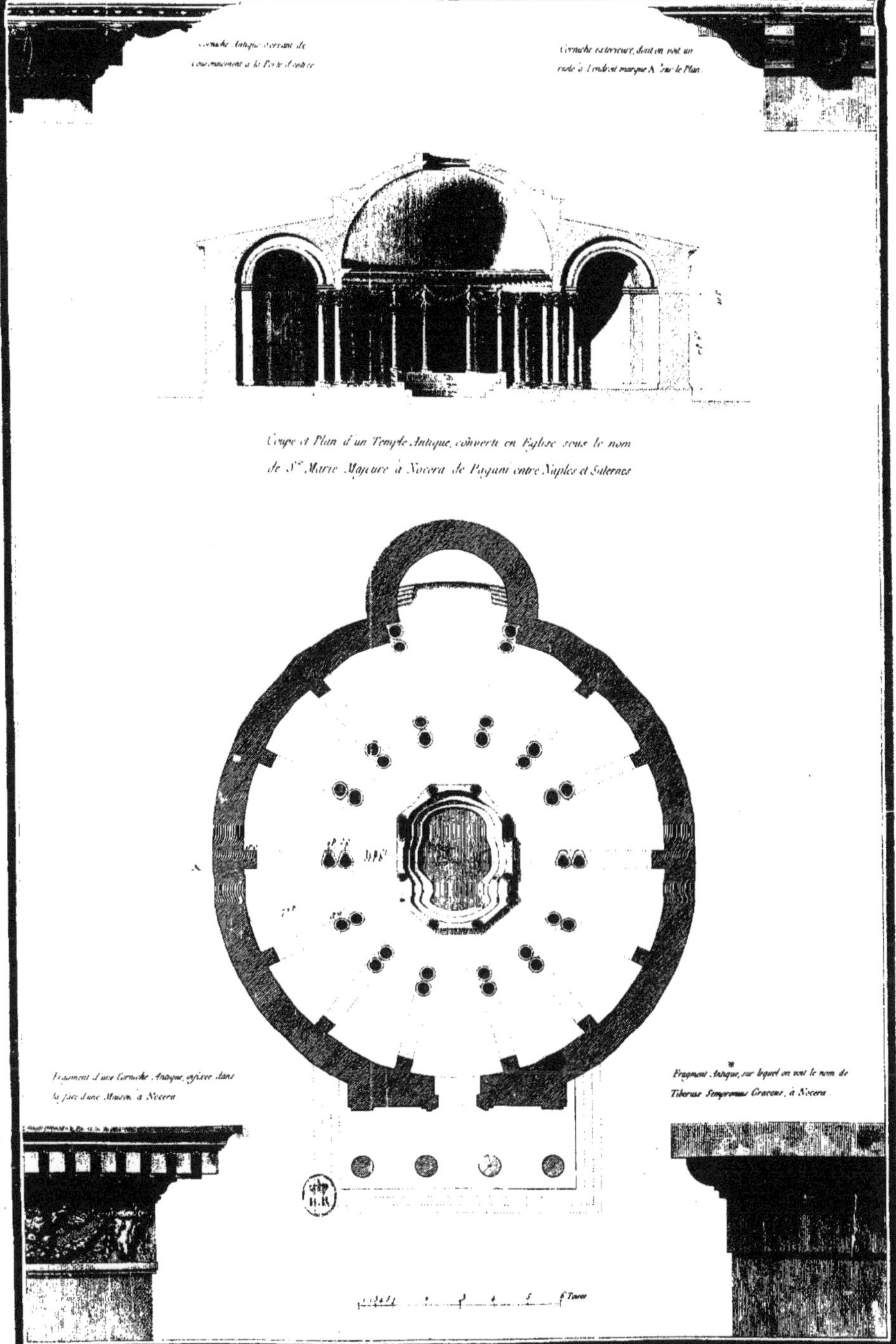

N.o 96 A.P.D.R.

www.ingramcontent.com/pod-product-compliance
Ingram Content Group UK Ltd.
Pitfield, Milton Keynes, MK11 3LW, UK
UKHW012014240726
13965UKWH00002B/371

9 782013 487177